U0154364

教育哲學

于偉　著

五南圖書出版公司 印行

原　序

　　寫作本書的初衷，是爲那些沒有受過哲學訓練，但是又想對教育研究作更多哲學思考的人提供一本入門教材。沒有想到，這樣一個簡單的念頭卻使本書歷經了近十五年，數易其稿，依然遲遲未能付梓。個中緣由在於初稿每每不能令我本人非常滿意。更重要的是，坊間教育哲學的著作已經不少，本書的目的絕不是再爲其中添上一本，增加讀者的負擔。那麼，編寫本書的理論旨趣又是什麼呢？

　　教材的傳統角色是「權威」和「專業」，然而，編寫一本教育哲學教材卻恰好要求我們要對這種知識的自滿保持謹慎。其原因一方面在於哲學一向被看作思想的戰場，哲學家們在所有的問題上都爭論不休，以至於維根斯坦只好說，哲學的典型特徵是「我不知道出路何在」。因此，爲某種知識貼上「權威」標籤的做法，本就不符合哲學的本性。另一方面更重要的原因是，在爲學生開設多輪「教育哲學」課程後，我意識到目前的教育哲學課程體系還存在一種風險：在眾多的理論課程中，教育哲學有可能成爲另外一門理論課程，一門有待學習、理解和加以應用的專業課程。在課堂討論中，學生們樂於做一個「理智的偷懶者」，他們像求助權威一樣求助於哲學家，用「正如某某人（杜威、布魯納、傅柯等）所說」作爲觀點，然後結束討論。這種對於「教材的順從」，多次使我陷入深思。因此，在設計本書的編寫大綱時，我們試圖以一個客觀的第三者身分去講述那些不同觀點的爭論，但是絕不輕易捲入爭論或加以評判；相反的，我們把權威和批評的角色保留給讀者。我相信，哲學的探索是一種精神對話，只有讀者批判性的質疑才能使我們走得更遠。

　　探索教育哲學的道路有許多條，或許最重要的一條就是與歷史

上的那些先哲對話，跟隨他們一起在思想的叢林小路上漫步，與他們一起探索前進的方向，邁開踏實的腳步，參與人類追尋智慧的歷險過程。因此，本書在撰寫中十分重視史論結合和文字的可讀性。我們儘量由淺入深、深入淺出，用通俗易懂而非學究氣的學術語言來講述觀點，力求做到不喪失哲學應有的品格和愛智慧的追求。我們希望本書能具有拋磚引玉的作用，使將要步入教育行業工作的年輕學子們能加入哲學的反思中。斯騰豪斯（L. Stenhouse, 1926-1982）說，教師應該成為研究者，而不是外來研究者的研究對象。只有教師，在日常的基礎上，才有機會獲得課堂的關鍵資料。這種觀點既是一種實踐的觀點，也是一種哲學的觀點，它鼓勵教育工作者擔負起哲學反思的責任。

哲學曾經是思想的地基、知識的拱頂和科學的女王。儘管在哲學的發展歷程中，現代的哲學家們很少再有構造體系的激情了，然而，就哲學作為「思想對話」的精神追求而言，我堅信蘇格拉底式的教育理念：沒有對話，就沒有交流；沒有交流，就沒有真正的教育。對話在哲學教育中尤其重要。在研究生教育階段，我要求學生更加主動、積極地參與課堂教學。我把他們分成若干學習小組，每個小組選定一個專題，圍繞此專題重點閱讀經典，然後寫出報告提綱，與我在課堂上交流、討論。我在課堂上主要根據學生提出的問題進行講解。透過與學生的對話和交流，我深感成功的教學是一個教學相長的過程。因此，本書的出版首先要感謝那些我已無法一一記下名字、但在課堂中留下智慧和思考的學生，正是他們的疑問與批評啟發了本書的寫作。

在此也不能不感謝海內外學術界的許多前輩、同行對我的啟發與引導。撰寫本書時，我曾集中精力蒐集了民國時期范壽康、吳俊升、瞿菊農、傅統先等先賢出版的教育哲學著作十餘種，基本上梳理出了中國大陸教育哲學在引進階段、初創階段和成型階段的概貌；同時，為了深入掌握臺灣地區教育哲學的歷史與現狀，我又赴臺陸續蒐集賈馥茗、歐陽教、詹棟樑等人所著教育哲學著作五十餘種，基本上瞭解

了臺灣教育哲學在學科性質、研究對象、學科體系和研究方法等方面的本土特點。可以說，梳理學術界前輩、同行著作的過程，使本書在結構、體例、主題的選擇上獲益匪淺，在此由衷地表示感謝。同時，本書也一直得到海內外教師和同人的關注、支援和幫助，他們是黃濟老師、陸有銓老師、石中英教授、金生鈜教授、王坤慶教授、郝文武教授、鞠玉翠教授、高偉教授、陳建華教授、侯懷銀教授、陶志瓊教授、溫恆福教授、尚志遠教授，臺灣學者黃藿教授、溫明麗教授、簡成熙教授、楊洲松教授，以及我校柳海民教授、馬雲鵬教授、楊兆山教授。在此對以上諸位一併表示衷心的感謝。

本書在理論資源上側重於對西方教育哲學思潮的引介和梳理，對於中國傳統教育哲學思想雖有涉及，但僅為浮光一掠，並未深入展開。上述缺憾，望讀者知之。我的導師王逢賢先生生前十分關心本書的出版，多次囑咐我要寫出教育哲學的教育味道。儘管進行了某些探索，但離王先生的要求還相差甚遠，謹以這本不成熟的小書告慰王先生的在天之靈。

在本書十餘年的編寫過程中，我的歷屆研究生張夏青、胡嬌、欒天、趙光磊、關景媛、高曉文、楊晶、宋巍、安蕾、張聰、連芳芳、王雁、李雅琛、魏柳英、郭翔、高甜、張敬威等都做了大量具體的資料蒐集、整理、撰寫和校訂工作，在此表示感謝。這裡要特別感謝博士生導師王澍副教授，她是陸有銓教授的高足，作為東北師範大學教育哲學團隊的核心成員，她是本書的主要策劃、修訂和統稿人之一，為本書的出版付出了辛勞。

本書能順利出版，要感謝教育科學出版社劉明堂、韓敬波兩位主任的鼎力支持。在實際的編輯過程中，責任編輯韓敬波女士付出了巨大的努力，對她的認真、嚴謹致以敬意。

由於本書的參考文獻較多，篇幅所限，僅列出了部分論著的篇名。感謝所有引證其文獻並給予我們佐證與啟示的專家、學者，掛一漏萬，誠請包涵！教育哲學流派繁雜，限於時間、精力和學識，本書

僅就教育哲學思想中影響較大的若干主題進行初步研究,疏漏和錯謬之處在所難免,還請海內外方家斧正。

　　黑格爾曾把哲學比作密涅瓦(Minerva,羅馬神話中的智慧女神)的貓頭鷹,因為牠不是在旭日東升時翱翔藍天,而是在薄暮降臨時悄然起飛。哲學反思應是深沉的、自甘寂寞的,它需要我們從「日常緊迫的興趣中」超脫出來,具有「精神上、情緒上深刻的認真態度」,甘於暮光中的沉靜,點亮心燈,漸入澄明之境。

于　偉

2014年3月記於

東北師範大學田家炳樓

《教育哲學》臺版序
——一條大河波浪闊

一

　　儘管哲學的研究通常被設想爲是一項需要在沉靜、寂寞的環境中進行艱苦反思的活動，但知識的生產者不可能「在孤獨中創作自己的作品，他們需要和同行進行辯論和討論，以形成自己的思想。」[1]這是路易斯・科塞（Lewis Coser）對現代「知識人」角色（科塞稱爲「理念人」，Ideas of Man）的準確概括。回顧我自己的教育哲學生涯，學術年會在確保自己與同行之間保持定期的、「制度化」的交往方面至關重要。中國教育學會教育哲學專業委員會自1986年籌備、1988年成立以來，在黃濟先生、陸有銓先生的帶領下，已經召開了十七次學術年會（截至2016年8月）。正是在歷次的教育哲學年會上，我能有幸與黃濟、陸有銓、石中英、王坤慶、金生鈜、郝文武、陳建華、尚致遠等教育哲學領域內的前輩和同行交流、討論並結緣。也正是在學術年會上，我能夠第一次聆聽到來自海峽對岸的臺灣教育學者的「聲音」和想法。

　　事實上，我從很早之前就對臺灣教育哲學的發展產生了濃厚的興趣，這又與我在探索中國教育思想史中的學術志趣有密切關係。傳統的教育哲學史往往關注菁英的、經典的、在場的、主流的教育思想，

---

[1]　科塞認爲，「正如各種動物只在適合牠們生長的環境中生長一樣，各種類型的人，也只有在遇到適宜的制度化環境時才能發展。」「知識分子需要經常和自己的聽眾進行交流、和自己的同行維持交往」，這種交流需要「制度化」的滿足。見：路易斯・科塞，理念人——一項社會學的考察[M]，郭方等譯。北京：中央編譯出版社，2004：3-4。

按照「大寫歷史」的方式進行「菁英列隊」或「經典論述」，這就使得被權威和意識型態邊緣化的文獻資料很難納入研究者的視野。為此，我曾幾次赴臺陸續蒐集了百餘種臺灣教育哲學著作，它們構成了我感知、分析和勾勒臺灣教育哲學發展現狀的第一手文獻。此後，我又進一步結識了簡成熙、溫明麗、但昭偉、楊洲松、林逢祺、黃藿等臺灣教育哲學研究團隊的專家成員，在「文本」之外、與他們「面對面」地交流、探討兩岸教育哲學研究的現狀與契機。2013年前後，我利用東北師範大學「東師學者」計畫「吸引和彙聚更多海外著名學者來東師講學，促進學術交流與合作」的機會，陸續邀請簡成熙、但昭偉等教育哲學領域內的著名學者來東師講學，使青年教師、年輕學子也能與臺灣學者有當面交流、親聆教誨的機會；最後，我曾幾次赴臺參觀、訪問，觀摩期間也使我對臺灣教育哲學在學術傳統、研究團隊、學術建制和學科特色等方面的發展有了更深刻的印象。

二

布迪厄（Pierre Bourdieu，又譯為布赫迪厄）曾在《自我分析綱要》中提醒人們，學術創作與個體習性、學術場和理論旨趣之間存在著密切的關係。[2]因此，對我自己的學術經歷作一介紹和分析也是必要的。我自己的學術興趣主要聚焦在「現代性與教育」、「中國教育哲學百年學科史」和「兒童哲學探索」幾個方面。

我的學術訓練是從「現代性[3]與教育」這一論題開始的。儘管並

2　布迪厄，自我分析綱要[M]，劉暉譯。北京：中國人民大學出版社，2012：139。

3　「現代性」（Modernity）通常被設想為是啟蒙運動以來形成的一種特殊的精神氣質和思想觀念，包含理性、主體性、自由、科學和世俗性等各種不斷獲得合理性的進步觀念。對康德而言，現代性意味著人類擺脫他人照看的自我監護狀態，人可以「勇敢地使用自己的理智」來評判一切。（康德，歷史理性批判文集[M]，何兆武譯。北京：商務印書館，1996：22。）韋伯則認為，現代性就是

不是刻意爲之，但這一論題在我開始撰寫的年代還尚屬時髦，這與時代的狀況密切相關。自20世紀50年代以來，西方社會及其文化領域出現了一系列引人注目的新現象，它們都事關一種「現代性焦慮」（Anxiety）的不安情緒，一種被稱作「解毒劑」、並冠以「後現代主義」的思潮相繼在文學、藝術、哲學和教育等領域顛覆著人們的傳統觀念。從形式上看，後現代主義是一種與現代性迥然不同的思維方式，它強調否定性、非中心化、破壞性、反正統性、不確定性、非連續性、多元性等特徵。例如，利奧塔（Lyotard，又譯李歐塔）在《後現代狀況》（1974）一書中寫道：「我把『後現代』一詞定義爲對元（後設）敘事的懷疑」；傅柯（Foucault，又譯爲福柯）提出對傳統「知識型」批判的觀點；德希達（Derrida）針對「邏各斯中心主義」進行徹底的批判，並主張對現代一切文本運用「解構」策略；格里芬（Griffin）則採取辯證否定的態度反思現代性等等。[4]這些批判性的觀點共同型構了人們在談論現代性時，相互纏繞、眾說紛紜的後現代語境。

20世紀80年代初，中國改革開放的大門迎來政治經濟變革的同時，也迎來了後現代思潮的拜訪。在後現代主義思潮的影響下，中國學術界開始對中國教育理論研究進行反思、評價、批判。一是反對科學主義、本質主義，宣導反本質主義的教育觀；反對建立在傳統經典科學基礎上的所謂「原子教育學」，反對教育培養理性人、大寫的人

世界的理性化和驅魅過程。它是「這樣的知識或信念：只要人們想知道，他任何時候都能知道；從原則上說，再也沒有什麼神祕莫測、無法計算的力量在起作用，人們可以透過計算掌握一切，而這就意味著爲世界除魅」。（韋伯，學術與政治[M]，馮克利譯。上海：上海三聯書店，1998：29。）可以說，現代性的演進過程就是一個不斷趨向合理化的過程。抽象還原、定量計算、準確預測和有效控制是它所遵循的基本邏輯。

4 于偉，現代性的省思——後現代哲學思潮與我國教育基本理論研究[M]。北京：教育科學出版社，2014：1。

（即重要的領導者），宣導培養遊戲人、生態人和小寫的人。宣導建立在現代科學基礎上的「量子教育學」；反對教育理論研究中的自然科學形式，宣導敘事研究和質化研究。二是反對理性主義教育觀。反對用傳統的認識論來研究教學過程，宣導教學中的體驗和感悟；宣導建構主義的知識觀，強調知識的建構性、社會性、情景性、複雜性和默會性；宣導研究性學習，反對接受式學習。第三，反對教師的權威，反對教師的主體性、主導性，呼喚生命教育觀；反對機器人教育觀。[5]如此種種，不一而足。

上述批判性「話語」集中「爆發」的局面必然帶來如下問題：即如何揭示國外熱點思潮影響中國教育基本理論研究的內在機制、動力和途徑？如何為堅持和完善啓蒙運動以來所形成的現代性及其教育觀問題尋找出路？如何合理地審視後現代主義思潮在中國的教育改革和思想傳播中所發揮的作用？為回應上述議題，《現代性與教育》一書的主要論題與邏輯結構從「後現代語境中教育觀的現代性焦慮與哲學應答」這一主題出發，圍繞著現代性的核心理念，從理性、人類中心主義、科學及世俗性四個向度，對教育觀的現代性焦慮及其哲學應答進行分析、梳理、論證。本書除關注上述核心議題外，同時也旨在回應如下問題：即在教育觀的現代性與後現代性的爭論中，哪些新的社會文化現象被收進了我們的視野？按照這樣一種新的後現代主義認知模式，先前已形成共識的文化傳統又經過了怎樣的整合？哪些認識被推到了後臺，被淡化了；而哪些認識被移到了前臺，受到強調而突顯了出來？這些問題才是最為重要的。可是我們知道，這場爭論並沒有得出任何現成的結論，它只留下了卷帳浩繁、無異於一片渾濁的話語。因為它們各自的出發點和歸宿點是那麼的不同，這些話語實際上不是處在同一個平面上，這就亟需我們對它們再進行一番梳理整合、總結評介的工作。

⁵ 于偉，現代性與教育[M]。北京：北京師範大學出版社，2008：30。

　　《現代性與教育》歷經醞釀十年，系統思考三年，寫作三月而成。雖屬「十年磨一劍」，但就本書的容量與我的功力相比，我仍深感時間苦短，論證粗而不精。不過在王逢賢先生的指導下，透過本書的寫作，我的最大收穫就是進一步澄清了模糊、甚至是錯誤的認識，實現了我的哲學觀、教育觀的轉變。一是由抽象的人性論立場轉向了歷史唯物論，也就是由倫理主義轉向了歷史主義。我曾熱衷於從抽象的人性論和倫理主義出發宣導終極關懷，批判現代性及其教育觀的危機。二是由激進、偏激轉向了穩健和平和。由單純的思辨轉向了跨學科，尤其是吸收了經濟學、生物學和現代科學發展的領先成果，改變了以往的論辯辭藻華麗而論證蒼白無力的狀況，少了烏托邦式的暢想與感悟，多了對中國現實的關注。[6]由此也引發了我在學術興趣上的略微轉移。

　　我的第二方面學術興趣主要集中在「中國教育哲學百年學科史」。它源於我對如下一連串問題的長期思考：如何透過話語的「實證性研究」，揭示教育思想產生的「真實歷史」？「光榮榜」和「花名冊」式的菁英思想史敘寫模式，掩蓋了哪些「失語」的學者和「沉默」的聲音？如何在文獻的組織、分割、分配與安排中還原教育話語產生和形式變化的歷史情境，發現教育知識和思想陳述的構成規則？循著上述思考線索，我發現傳統的教育哲學史對特定人物、特定時段和特殊區域內的研究著力點，存在諸多薄弱的環節。教育思想史的考察需要立足於對「真實歷史」的實證性研究，它應該以大量的、豐富的文獻資料作為研究基礎，是一個爬梳、整理和考訂比較的過程。然而，已有文獻研究對中國教育哲學史議題的學術聚焦和研究分布上存在不均衡性：一是由於史料的不足或者對史料的忽視，導致人物本身及其教育思想未有被後來研究者發現或者挖掘程度不夠深厚，比如范壽康、吳俊升、瞿菊農、傅統先等人；二是從「連續」歷史觀出

6　于偉，現代性與教育[M]。北京：北京師範大學出版社，2008：401-402。

發，將1949-1979年大陸教育哲學的研究誤識爲思想史上的「斷裂」或「空白」，導致對這一時期孟憲承、瞿菊農等人的思想研究幾乎處於失語狀態；三是由於歷史原因和著述傳統，將臺灣教育哲學的研究邊緣化爲沒有話語權的文獻資料。上述特定人物、特定時段和特殊區域內的教育哲學歷史以及它們之間所存在的散布體系，正是一項值得被詳細分析的思想歷史，這不僅是由於教育哲學史研究需要打開塵封的、眞實的歷史，讓被壓抑的「聲音」講話，更重要的是，這種分析有助於揭示現在被我們普遍接受的與教育哲學有關的思想、知識和常識是如何獲得其合理性的——不在於文獻說了什麼，說的是眞是假，而是文獻怎麼說、在何時說和爲什麼要這樣說而不是那樣說。因此，我的研究興趣又進一步聚焦在以下幾項任務上：

一是重視對「思想史上的失蹤者」進行挖掘，試圖透過對史料比較詳實的蒐集、整理與分析，盡力還原在現代教育哲學史上幾近「失語」的學者及其思想。所謂「失語」，至少包含三個層面的涵義與原因：一是由於「菁英列隊」或「經典論述」忽視而未能被有效挖掘的人物及其教育思想，比如范壽康、瞿菊農、郭晉華等人；二是由於歷史原因被劃分爲「御用文人」而使其教育哲學思想基本上被遮蔽，比如姜琦、常乃德、葉青等人；三是在其他教育思想領域相對知名，而對其教育哲學思想幾乎鮮有挖掘，比如陳科美、楊榮春、馬宗榮等。[7]爲此，我陸續指導自己的幾名研究生開展了如下主題的系列研究：《教育思想場域中的知識、情感與權力——以20世紀30年代「中國教育哲學討論」爲中心的研究》（欒天，2012）、《吳俊升教育哲學思想研究——基於〈教育哲學大綱〉爲中心的考察》（李立柱，2011）、《瞿菊農教育哲學思想研究》（李春影，2016）、《必要的張力——惲代英教育理想與教育實踐關係研究》（詹智宏，

7　欒天，教育思想場域中的知識、情感與權力——以20世紀30年代「中國教育哲學討論」爲中心的研究[D]。東北師範大學博士學位論文，2012：21。

2011）等；我自己也相繼發表了《陳元暉先生的教育學家之路》
（2014）、《福柯的「歷史本體論」與教育思想研究的可能性選
擇》（2011）等論文，在研究中儘量保持「文獻實證」的態度，對散
布在中國教育哲學上各種各樣的「沉默」知識形式加以考察。近年將
我的團隊研究成果爬梳拓展，以期形成《民國教育哲學的知識譜系與
話語構成》一書。

　　二是關注教育思想史中的非連續性、空白、偶然與斷裂；「連
續」與「斷裂」只是相對的概念。即便是在教育哲學史的發展歷
程中，也存在「失蹤者」、「非議者」、「短暫者」和「生不逢時
者」，它們常常成為思想史上的「斷裂」節點和「空白」。譬如在判
斷1949–1979年大陸教育哲學的研究現狀時，學界普遍認為這一時期
基本上處在「停滯期」。理由是：解放後由於全面學習前蘇聯的教學
計畫和制度，而當時蘇聯是不設教育哲學這一學科的，因此，教育哲
學在中國出現了一片「真空地帶」，一些教育哲學工作者只好轉而從
事教育基本理論的教學和研究。但透過系統的歷史梳理即可發現，從
1949–1979年大陸教育哲學的研究並非是思想史上的「非連續性」環
節和「空白」。相反的，中國教育理論界開始進行自主性反思，並試
圖建立具有中國特色的教育哲學理論。20世紀50年代末期，孟憲承
教授曾撰寫過類似語錄式的教育哲學思想。他研究了實驗論與教育、
理想論與教育、實在論與教育的思想觀點。到了1960年代，此時有
了一些介紹當代西方教育哲學流派的編譯本出現，如人民教育出版社
1964年出版了一本《當代資產階級教育哲學》，該書為美國教育哲
學家白恩斯、布勞納合編的《教育哲學》第三編「教育哲學各流派」
的譯本，由瞿菊農翻譯。傅柯認為「斷裂」正是變化和轉換開始的地
方，而話語陳述構成規則的變化是「斷裂」產生的原因，因此要關注
非法的、受壓制的、局部的、間斷的、失去資格的知識。這促使研究
者在追尋教育思想的連續性的同時，也關注歷史中那些間斷的、受壓
制的、沒有被追認的教育思想及其教育話語，因為這種關注可能會揭

示不同個體及學術共同體在政治、經濟和文化等錯綜複雜的權力關係中產生的層次差異和矛盾衝突，即規則和秩序的變化。[8]

三是系統地梳理臺灣教育哲學的本土特點。教育哲學史研究的文獻範圍需要進一步擴大，需要關注被歷史原因和著述傳統邊緣化了的資料，即過去受到批判與壓制的、基本上沒有話語權的文獻資料：譬如，在研究資料的地域分布方面，試圖爬疏和整理臺灣教育哲學在學科性質、研究對象、學科體系和研究方法等方面的本土特點。臺灣教育哲學起源於民國時期的教育哲學，幾十年來，因為地理環境、社會環境、文化環境等多種因素的影響，臺灣教育哲學發展迅速，學科特色鮮明。但截至目前，大陸學者對臺灣教育哲學的研究和引介極少，臺灣教育哲學的著作和教材也鮮有引入大陸。為此，我指導自己的研究生在這方面作了一些初步的探索：如《後現代哲學思潮對臺灣教育哲學的影響問題研究 —— 基於十年來臺灣34本教育哲學著作的文本分析》（潘宛瑩，2011）、《當代臺灣教育哲學非正式微組織研究 —— 基於五位臺灣學者的質性研究》（高甜，2014）等；讀者在本書《教育哲學》中也能看到我對臺灣教育哲學發展歷程的梳理、概要和分析。[9]

我的第三方面研究興趣是「兒童哲學探索」。柏拉圖在《泰阿泰德篇》中說：「驚訝，這尤其是哲學家的一種情緒，除此之外，哲學沒有別的開端。」然而，驚訝絕不是少數成年人的專利，兒童天生具有這種可貴的情結，他們對自己和世界都懷有無限的驚訝與好奇，因此他們不斷發出「為什麼」的信號，提出「我是誰」、「我從哪裡來」、「世界是什麼」等根本問題。而且，哲學並不是從一開始就習慣於用艱深晦澀的體系來表達「驚訝」，它常常以一種不拘一格而又

---

8 樂天，于偉，福柯的「歷史本體」論與教育思想研究的可能性選擇[J]。教育科學，2011(06)：21-26。

9 詳見本書第二章中「臺灣教育哲學的研究歷史與現狀」的相關內容。

豐富多彩的形式出場：如赫拉克利特利用警句，巴門尼德借助詩歌，柏拉圖更是開始以戲劇對話錄的形式撰寫哲學作品，中國的莊子也善於用充滿想像、文采絢麗的散文風格來展現哲學思想。直至亞里斯多德時，哲學才開始擺脫文學的形式而逐漸走向抽象化、學術化，變得晦澀難懂，並日益脫離大眾視野，成爲哲學家書寫哲學著作時的主要風格。[10]因此，哲學如何與文學「復歸」，如何把哲學概念以日常語言的方式表達出來，並從生活中自然地引出哲學意義上的困惑，以兒童自身的經驗敘述整個驚訝、好奇與探究的過程[11]，對兒童的哲學話語進行原生態研究，便成爲我下一步思考兒童哲學的關注點之一。

三

臺灣教育哲學傳承著民國時期的教育哲學，同時又竭力系統地、完整地引介西方教育哲學，引入新興的研究方法來反省臺灣自身的學術傳統，由此在學術建制和學科特色方面均形成了迥異於中國大陸的本土特點。回望臺灣教育哲學一甲子的發展史，臺灣教育哲學在學科建設上的特色，成爲大陸教育哲學相互參照、借鑑的重要經驗之一。

在宏觀教育哲學學術環境方面，臺灣教育哲學在教材、專著、論文集，在翻譯引介西方同行成果，甚至在本土化方向上的努力，從1949年開始就一直得到發展，已經具有良好的學術傳統。臺灣教育哲學研究的這支隊伍從第一代起就有多元的留學背景，接受過英、美、德、甚至希臘的學術訓練，受過中華傳統文化的薰陶，較之大陸，臺灣教育哲學無疑更具有中西融合、傳承傳統、推陳出新的能

---

[10] 高振宇，兒童哲學誕生的哲學基礎[J]。學前教育研究，2008(07)：34-36。

[11] 2015年10月，我曾率東北師範大學附屬小學團隊赴臺參觀了「毛毛蟲兒童哲學基金會」的工作室，他們在兒童哲學教材翻譯、本土圖書開發、兒童讀書會推廣方面的探索，使我留下了深刻印象。

力。雖然我們也能認識到臺灣教育哲學目前還是引入得多、輸出得少，但是臺灣教育哲學中西合璧面向世界的基礎無疑是厚實的，而這對中國教育哲學的未來發展有著至關重要的意義[12]，值得大陸留心取經，加速追趕。

當然，與大陸相較，臺灣教育哲學也面臨著一些發展中的問題。其中，和大陸相似的是，教育哲學對教育實踐、教育政策方面的影響力不足，對教育學界的影響力也不足。[13]與大陸不一樣的地方在於：臺灣的教育哲學學術社群規模不大，學術市場和學術人口都有限，因此可能需要一個整合型的制度設計，以群策群力的方式來推動學術發展。[14]這就更需要兩岸教育哲學團隊能加強交流，互為支持、同偕發展。

本書能與臺灣讀者見面，我要真誠地感謝臺灣屏東大學簡成熙教授的推薦、導讀和審校；感謝教育科學出版社及韓敬波女士慷慨支持，承蒙版權惠允，使得本書的繁體字版能順利付梓；能在蜚聲海內

---

[12] 簡成熙在《百年來華人世界教育哲學之發展》中，對海峽兩岸教育哲學發展的比較優勢作出了很好的概括。在評述臺灣教育哲學的發展優勢時認為，臺灣的教育哲學發展在華人世界中一枝獨秀，自1949年之後直接延續了大陸1930年代以降之成果。相較於中國大陸要到1980年代終止破壞後，才得以重建，臺灣在與西方接軌及中華文化本位傳承，實具有相對優勢。賈馥茗、伍振鷟、張光甫、陳迺臣等臺灣第二代學者作品，充分展現了中西融合的特色，值得兩岸共同珍惜。詳見：《百年教育的回顧：傳承與創新》，學富文化事業有限公司，2011，頁327–369。

[13] 石中英，教育哲學導論[M]。北京：北京師範大學出版社，2004：61。

[14] 簡成熙在展望臺灣教育哲學的未來時曾呼籲加快學術建制的建設，認為歐美先進國家相關的教育哲學學會，對於凝聚學術人力、形成教育決策、培養後進、學術分工，以及檢討教學等，都有不可抹滅的貢獻。在學會的贊助下，若能有定期的學術研討，並發行專業刊物，也將更能記錄臺灣教育哲學的發展，並為本土教育理念的型塑，留下歷史的文獻軌跡。詳見：《臺灣教育哲學的回顧與前瞻：1949–2005》，教育資料與研究雙月刊，2005(66)，頁1–24。

外的五南圖書出版著作，倍感榮幸，感謝五南圖書出版公司在編輯、校對和出版過程中付出的辛勤勞動，2015年10月我曾專門到五南圖書公司與總編輯見面並獲贈圖書，這一畫面至今在我的心目中存留著美好的印跡。謹對支持、幫助和關注本書出版的海內外所有人士致以衷心謝忱。筆者學識譾陋，孤陋寡聞，紕繆之處，在所難免，尚希海內高明和廣大讀者不吝指教與匡正。

于偉

寫於東北師範大學附屬小學教研工作坊

2016-8-28

于偉《教育哲學》臺版導讀
—— 遲來的饗宴，情牽兩岸教育哲學情

一、邂逅

今年（2016）臺灣教育哲學會正式成立。中國大陸早已於1988年在中國教育學會下成立「教育哲學專業委員會」。英國倫敦大學自1947年正式開設教育哲學，並於1964年成立大英教育哲學會，美國則早在1940年就有教育哲學會的專業組織。今年也是美國教育哲學巨擘杜威（J. Dewey）之經典作《民主與教育》出版100週年，該書的副標題即為「教育哲學導論」。其實，教育哲學在1930年代的中國，早已成為重要的教育學專業科目之一。整個說來，教育哲學作為一門學術或學科領域，在20世紀已卓然有成，不僅在學術上已成為哲學專業的一支，更在師範院校或師資培育上扮演重要的角色。從學術上來看，教育哲學可為教育學專業提供重要理論基礎；在實務上，更可時時為教育專業提供多元、深邃的哲學反思，其重要性實不言而喻。

中國大陸1949年之後接受俄式的學術分類，取消了教育哲學之學科名稱，代之以教育原理或教育基本理論之名，1979年之後才重新恢復。臺灣教育哲學承繼著1949年前國民政府在大陸時期之傳統，冷戰時期更加緊追隨英美腳步。因為歷史政治的因素，兩岸之間教育哲學學術的發展也不免隔閡。所幸，2000年以後，透過兩岸教育哲學界的努力，已相互交流。我個人認為，有兩項因緣，兩岸教育哲學的發展，會有進一步的融合趨勢。首先，臺灣的教育哲學長於引進西方（特別是英美）發展動態，大陸由於學術人口眾多，近20年來，也加緊跟進西方，許多重要的教科書、專論都有新譯本，如Nel

Noddings在2013年以84高齡之新作*"Education and Democracy in the 21Century"*，迅速由陳彥旭、韓麗穎譯出《21世紀的教育與民主》（人民出版社，2015），一葉知秋，這使得兩岸教育哲學界共同可資參與西方學術討論的素材一致。再者，大陸近年來比較能實事求是地看待1949年以前國民政府時期的成果（更明顯的例子是肯定國民政府在對日八年抗戰中「正面戰場」的艱辛成就），有多位學者致力於重新出版、整理民國初年以降的作品；更有多位研究生致力於當時學者學術事功之爬梳。當然，兩岸之間也有各自待解決的議題，而臺灣雖不乏左派批判教育學之介紹，但對於大陸以馬列主義爲最高指導原則的學術發展，也不免陌生。進一步的深化交流，實有必要。當此之時，我很高興能引介東北師範大學于偉教授的《教育哲學》大作至臺灣。我相信能有助於進一步提升兩岸之交流，也能爲臺灣的師長學子欲瞭解大陸教育哲學發展之動態，提供方便的法門。我以下的介紹，假想讀者是臺灣的師長及研究生，大學生或因尚未選習，不免執著於術語而墜入五里雲霧，但也無妨，在修習過程中，隨時翻閱，假以時日，也將能深造自得。我期許本導讀能使師長同道更加掌握大陸教育哲學發展，研究生們能欣賞對岸之研究課題，大學部的學生也能因此學習對岸的成果，共同建構華人世界教育哲學的新頁。

二、遲來的饗宴：大陸教育哲學發展巡禮

在導讀于著《教育哲學》前，且讓我就個人有限的交流體驗，先大致勾繪一下大陸教育哲學發展。我們知道，1949年之後，大陸學術向蘇聯看齊，一則是教育以馬列思想作上位指導，無須仰賴其他派別；再者，蘇聯教育學類，無教育哲學之分類，以教育基本理論代之。我手頭上適有石佩臣主編之《教育學基礎理論》（東北師範大學，1996）及瞿葆奎主編之《教育基本理論》（福建教育出版社，1998）。以後者爲例，「教育起源」、「教育本質」、「教育

規律」、「教育功能」、「教育價值」、「教育目的」、「傳統教育與現代教育」、「元（後設）教育學研究」等構成全書體例大要，這些主題是道地的教育哲學探索內容。至於，大陸以「毛澤東教育思想」、「馬克思主義的全面發展理論」、「社會主義初級階段教育理論」等，作為最高指導原則所形成的專題更是不在話下。這些理論或成於兩岸冷戰對峙時，臺灣學界也並不完全熟悉，其間馬列思想特有的唯物辯證書寫文風，對臺灣讀者而言，更有理解上的隔閡[1]。

1979年大陸教育部所召開之全國教育科學規劃會議上，建議恢復教育哲學開設。黃濟（1921-2015）等首先傳承民國時期之遺緒，1985年之《教育哲學》可算是解放後的第一本教育哲學專著，後來增補成《教育哲學通論》（山西教育出版社，1998），該書計分三篇：「中國傳統教育哲學思潮」、「現代西方教育哲學流派」、「教育哲學的基本問題」。黃濟與臺灣已辭世的先進賈馥茗（1926-2008），曾是北平師範同學，他們終生都致力於中華教育文化之開展。本書第二篇有關西方教育哲學流派，與稍早陸有銓《現代西方教育哲學》（河南教育出版社，1993），所引介之進步主義、要素（精粹）主義、永恆主義、改造（重建）主義、新行為主義、存在主義、分析教育哲學、及附錄之「當代西方新馬克思主義教育觀述評」類似，這些派別也大體上持循美學者T. Brameld在《教育哲學類型》（*Patterns of Educational Philosophy*, 1950）以降至1980年代美國教育哲學教科書上的內涵[2]。1970年代以降，包括筆者在內臺灣成長的

---

[1] 鑑於中國大陸教育基本理論研究有其深厚傳統，也與教育哲學團隊人力互通，臺灣教育哲學界仍應留意大陸基本理論之研究。可參考馮建軍《教育基本理論研究20年》（福建教育出版社，2012）。

[2] 于偉教授提供筆者一本《郭晉華教授文集》（中國和平出版社，1996）。黃濟、王策三序言中指出，1973-1977年間，郭晉華（1922-1992）翻譯外文文教資料100餘篇，90萬餘字。1980年撰寫了〈西方現代教育哲學流派簡介〉，該文列出實用主義、進步主義、永恆主義、要素主義、改造主義、存在主義、

一代，也大致是經由這些美國教育學派，踏入教育哲學之殿堂。

　　2000年後，隨著大陸經貿提升，國際交流頻繁，大陸教育哲學之發展更呈現多元風貌。以石中英的《教育哲學》（北京師範大學出版，2007）為例，除了介紹中國、英國、美國教育哲學發展史外，另闢人生、知識、理性與教育之關聯。值得我們注意的是，石著也各自專章討論自由、民主、公正與教育之關聯。陳建華之《基礎教育哲學》（北京大學出版社，2009），對政治哲學之啓發也有新義[3]。當然，金生鈜、王坤慶、劉鐵芳、高偉、舒志定等或從文學、柏拉圖、存在哲學、詮釋學、馬克思學等出發完成的專著，都另有特色，無法在此細談[4]。

分析哲學的教育觀，這可能是大陸最早全面同時引介上述諸學派之重要文獻，從其內容來看，也大致掌握了美國一手的資料。此外，〈1955-1979年西方教育哲學〉、〈歐美教育哲學簡介〉，幾全以英美1960年代以降的教育分析哲學為主，甚至兼及了西方馬克思、新馬克思主義，諸文均收入《郭晉華教授文集》。一般而言，對於前述思潮之引介，臺灣早於大陸。不過，歷經文革動盪十年，百廢待舉，前述作品很有可能醞釀於文革期，成於文革之後、改革開放之初，睹大陸前賢如郭晉華教授在困厄年代之孜孜不倦，筆者身處臺灣，仍心懷敬意。

[3] 金生鈜主編之「當代教育哲學新發展」叢書，目前出版的都以政治哲學為主，如《教育與正義》（金生鈜）、《教育與強制》（周興國）、《教育與權利：兒童的權利及其優先性》（王本余）、《自然與自由：盧梭與現代性教育困境》（曹永國）、《教育與公共性》（范改霞），以上俱為2012年福建教育出版社出版。更早，馮建軍之《教育公正：政治哲學的視角》（福建教育出版社，2008）、湛衛青《人權與教育》（北京師範大學出版社，2009）。從以上專著中，臺灣讀者大致可看出，中國大陸學者在體現社會主義的道路上，致力於吸納西方自由民主理念之嘗試性努力。

[4] 這裡當然無法全面介紹大陸教育哲學發展動態，最新的介紹可以參考馮建軍《中國教育哲學研究：回顧與展望》（北京師範大學出版社，2015）一書。有關臺灣之發展，可以參考筆者〈臺灣教育哲學的回顧與前瞻：1949-2005〉、〈百年華人世界教育哲學之發展〉，二文俱收錄簡成熙《新世紀教育哲學的回

　　由於大陸學術人口眾多，利於學術分工，主要西方哲學經典都有多套的譯本，也方便教育哲學工作者參考。我們大致可以說，千禧年之後的10年，中國大陸教育哲學已從其本有的馬列思想傳統、西方哲學傳統經典及晚近英美德等教育哲學視野中整合[5]，兼容並蓄於傳統中華文化的智慧，值得臺灣學者參考。

三、本書之旨趣

　　大致掌握了大陸教育哲學之發展後，我們就可看出于偉教授大作的優點與特色。首先，就章節的選擇，已涵蓋了教育哲學晚進發展的重要課題。前兩章交待教育哲學之意義與學術歷史發展，再以人的存在切入（第三章）。接著從認知的層面，探討理性、認識論與教育（四、五章）。然後進入政治哲學中的核心概念，自由、民主與公正的討論（六、七、八章）。最後以德育、美育作結（九、十章）。尤有進者，作者將西洋哲學從希臘三哲到近代哲學——笛卡兒、洛克、休謨、康德、黑格爾等思潮巧妙融入各章中，讀者幾乎可以在每章中都置身於西洋哲學之巡禮。更難能可貴的是，作者游刃有餘地將傳統、現代與後現代之教育哲學觀[6]，適時融入。許多晚近重大之主

顧與前瞻》（臺北：高等教育出版社，2015）一書。

[5]　中國大陸近年也很重視西學進入中土後的反思，侯懷銀之《西方教育學在20世紀中國的傳播和影響》（東北師範大學出版社，2011）曾列舉四本書，說明這些對中國影響力重要的西方著作。J. F. Herbart之《普通教育學》、J. Dewey之《民主主義與教育》、聯合國教科文組織在1972年之《學會生存：教育世界的今天和明天》（*Learning to be: The world of education today and tomorrow*），該書在1979年中譯。J. S. Brubacher之《高等教育哲學》（*On the Philosophy of Higher Education, 1977*），1987年譯出，流通於大陸。臺灣讀者也可在該書中大致瞭解1949年後中國大陸師生對西方教育的啟蒙認識。

[6]　就我所知，于偉教授也算是大陸教育學界較早鑽研後現代思潮有成的學者，尤專長傅柯，以《現代性與教育：後現代語境中教育觀的現代性視野》（北京師範大學出版社，2008）、《現代性的省思：後現代哲學思潮與我國教育基本理

題，都可在各章節中尋得蛛絲馬跡。不拘泥於傳統哲學學派的架構，直接融入教育哲學派別旨趣中直入教育議題，也將能爲讀者展示教育哲學導入教育實踐之範例。雖是教科書體例，作者在各章之間引介教育哲學之餘，仍不忘致力於呈顯個人對相關教育主張之論評，而流露出言志之學問自許。作爲少數最先拜讀該書之臺灣讀者，我個人對於第二章大陸、臺灣教育哲學發展之情，第三章人的工具性與詩意性存在的討論，第四章有限理性的圓融，第七章呈顯盧梭思想個性與群性之對立與調合，批判教育學批判資本主義民主與揭露其困境之評述，還有第十章引介李澤厚美學與將晚近生態美學、文化研究納入美育範疇，都能同理並接受于著之論點，臺灣讀者可以細細品味。當然，中國大陸仍以馬列思想及社會主義作爲建設最高指導原則，于著在各章字裡行間，也突顯了此一特色。不過，我認爲于著是以論理、實事求是，而非口號教條的方式呈現，我相信對臺灣讀者而言，不至於有太大的文字或思想隔閡，也應該可以領略大陸社會主義的智慧。

閱讀本書，讀者應該可充分感受到作者企圖友善讀者的貼心。諸如在各章節中，最先呈顯「內容摘要」，並列出各章具體「學習評價」，方便學生自行反思所學是否到位，也爲有進一步研究需求者提供「學術動態」。研究生及大學生們應該心儀作者引導學子的深自期許，而靈活運用這些導引，以提升自學成效。教師們也可利用這些導引，加深加廣學生對教育哲學之理解。現在，就讓筆者再爲初學者點評各章精華。

第一章、第二章對哲學、教育哲學的介紹很翔實，對大陸及臺灣教育哲學的發展也有持平的論述，值得臺灣同道參考。大學部的學生

論研究》（教育科學出版社，2014）兩書爲代表。于教授並領導東北師大團隊共同翻譯後現代之教育論述，如 J. D. Marshall 之 *"M. Foucault: Personal autonomy and education"*，《米歇爾‧福柯：個人自主與教育》（北京師範大學出版社，2008）。

對於第二章可以暫時先跳過，待期末再回過頭來反思，因恐過多的素材、歷史資訊反而阻礙了初學者的耐心。研究生們則應該充分利用這些素材，自行按圖索驥。

第三章「人的存在與教育」，首先揭示神創、自然、進化、勞動起源、文化生成等有關人從何而來之論述。接著從「工具性存在」、「詩意性存在」的人觀，看待其在教育上的蘊義，前者以生物人、理性人、經濟人的樣貌，後者則以遊戲人、非理性人、宗教人的樣貌呈顯，作者用老莊、海德格說明之，更是神來之筆。臺灣的教育哲學，探討人觀時，大多從人性善惡來立論，可相互參照之。

第四章「理性與教育」[7]，于著首先從希臘哲學中引出「邏各斯」與「努斯」（nous）來說明世界變化理性邏輯及其自由超越之能動性，從希臘三哲、近代笛卡兒、休謨、康德、黑格爾等，宛如帶領讀者巡禮了西洋哲學史。再以當代教育主張中皮亞傑、要素（精粹）主義、布魯納、哈貝（伯）馬斯等的教育觀，各自說明其理性觀。最後，作者提出「有限理性」之概念，企圖吸納非理性的一些特質，豐富理性之視野，諸如認知與情感整合，邏輯與直覺整合、意識與無（潛）意識之整合，以證成教育理性之價值。本章一開始從中西文「理」字之溯源，頗為生動。初學者如果惑於康德、黑格爾之觀念過深，第二節前兩部分也可先存而不論，直接從第三部分「現當代理性教育觀」著手，或可減低閱讀理解障礙。

第五章作者首先界定，認識論是探討人類認識的本質、結構、認識與客觀實在之關係、認識的前提和基礎，認識發生、發展的過程及其規律，認識的真理標準等問題。然後從理性主義與經驗主義兩大派別娓娓道來，並探討杜威的實用主義及建構主義認識論在教育上之觀點。本章之重點，較為接近臺灣相關之論述。臺灣讀者也可考慮閱讀

---

7 作者另有《理性與教育》（安徽教育出版社，2009）可參考。本章也算是作者用心較深的言志之作。

第三章後，先閱讀此章，再回閱第四章。

　　第六章討論自由與教育。作者認爲西方近代資產階級是把自由視爲權利，古希臘卻是把自由視爲德性之善，自斯賓諾莎、康德、黑格爾、馬克思以降，則把自由視爲是對必然性的認識。最後介紹伯林「積極自由」、「消極自由」之概念，然後分別探討其可能的教育蘊義。第四節更從當代思潮中，選出進步主義教育思潮的兒童自由觀、自由主義大師哈（海）耶克的自由觀與教育觀、後現代思想家福柯（傅科）的自由教育觀，實有助於吾人同時掌握古代、現代、後現代對自由的相關論述。

　　第七章討論民主與教育。作者先介紹柏拉圖式菁英民主、維護國家穩定之理念，再討論契約民主，析論盧梭民主教育觀的可能糾結。盧梭一方面重視公益，有集體主義傾向，但也同樣重視個人權利，這確是西方政治哲學的重要學術議題。接著，作者介紹杜威的協商（審議）民主。值得我們注意的是，作者把流行北美左派馬克思取向的教育觀也置於此章，並以「批判、揭露」爲標題。以左派馬克思教育思潮反擊資本主義民主體制缺失之企圖，昭然若揭，這確也是批判教育學等在北美的積極訴求。諸如鮑爾斯與金蒂斯之再生產理論（再製理論）、葛蘭西的霸權理念、布爾迪厄的文化再生產理論，以及北美批判教育學之弗萊雷（P. Freire）、麥克萊倫（P. McLaren）、阿普爾（M. Apple）、吉魯（H. Giroux）等之相關論述，于書都有精采的引介。2000年後臺灣教育學界對此也著墨甚深，臺灣讀者也可藉此領略兩岸各自解讀左派之學術趣味。盧梭之《愛彌兒》貴爲教育經典，臺灣教育哲學對盧梭之界定，集中於此自然主義之教育理想，對於其契約論及政治哲學中個人自由及集體公意之緊張，反而未有太多著墨。至於批判教育學在臺仍以教育社會學界的研究爲主，本章以民主之架構，掃描前述議題，也將可一新臺灣學子耳目。

　　第八章集中在政治哲學中「公正」（正義）之概念，作者仍如往昔，先論柏拉圖、亞里斯多德之觀念，再論社會契約論中，洛克、霍

布斯之看法，功利主義（效益主義）下的公正觀。接著，作者集中在探討羅爾斯正義論中的兩個原則——平等的基本自由原則及公平的社會經濟機會平等和差異補償原則——在教育的適用性。此外，1980年代倡議自由至上的諾齊克（R. Nozick）及社群主義對羅爾斯之批判，作者也有鋪陳，提供讀者思考。

自由、民主、公正是政治哲學的核心概念，臺灣早期教育哲學教科書較少觸及。近二十年來的教科書雖不陌生，但尚乏有系統的討論，這三章都值得臺灣學子仔細閱讀。不諱言，不少臺灣讀者對於大陸是否能落實西方自由、民主、人權等，尤有疑慮。臺灣讀者或可暫時放下成見，從于著對自由、民主、公正等政治哲學的相關討論，客觀體會來自大陸學界的思維。

第九章則處理一般教育哲學教科書中不會遺漏的德育問題。1935年吳俊升之《教育哲學大綱》首先以主外派（功利主義，重結果）、主內派（義務論，重動機）架構德育書寫，于書大致上亦是以此鋪陳。別出心裁的是作者以儒家道德教育中「禮」的教化功能，對比亞里斯多德的德性倫理學，析論儒家文化在當代中國社會的教化意義，而多元文化、性別差異的當代議題，也都穿插其間，臺灣讀者想來並不陌生。

最後一章探討美學與美育。作者首先提出哲學中的美學，大致涵蓋藝術哲學、審美哲學、批評哲學三個傳統，主要集中在李澤厚歷史本體論的美學觀[8]。李澤厚認為人有兩個本體：工具本體及心理

8　李澤厚可算是1990年代兩岸結束對峙、開始交流以來，最為臺灣熟悉的大陸學者之一，其弟子趙汀陽也有多本著作，感謝東北師大研究生魏柳英贈趙汀陽之《第一哲學的支點》，李春影贈《論可能生活》、《天下體系：世界制度哲學導論》、《壞世界研究：作為第一哲學的政治哲學》、《惠此中國：作為一個神性概念的中國》等書。這代表著兩岸之間師生間的教學相長，特誌之。李澤厚、趙汀陽之作，也值得臺灣教育哲學界參考。

（情感）本體。前者是就生產、勞動、科學技術而立論，後者則彰顯人之爲人，其認識、理論審美等精神世界之開顯。李澤厚從馬克思「自然的人化」理論出發，認爲人類的美感深層來自於人類歷史審美經驗的「積澱」，李澤厚特別期許教育的美育功能，提出「美學－教育學」，以建構出人類歷史積澱中不斷以新感性豐富自身的「情本體」，使悅耳悅目、悅心悅意、悅志悅神，成爲受教者的生活態度與品味，並以美啓眞，以眞儲善，厚實人生。交待完作者心儀的李澤厚美學思想後，作者再闢一節把晚近跨領域、學科之美學觀點納入，諸如生活美學、環境美學、文化政治學與文化研究之論點。一般而言，教育哲學教科書，美學的介紹較爲匱乏，我個人認爲本章重點可算是兩岸眾多教育哲學教科書中探討美育的新里程[9]。

四、未完成的交流

要向原作者致歉的是，正體版的兩岸術語、人名，五南出版社原擬要我改爲臺灣約定俗成的翻譯，一則工程浩大，再者，兩岸用語也應互爲主體。大體上，臺灣版仍保留原書用語。不過，編輯在第一次文書作業時，仍把福柯（M. Foucault）轉爲臺通用的「傅柯」，自由主義大師哈耶克（F. A. V. Hayek）轉爲海耶克（1960年代臺大殷海光教授譯Hayek專著時，即成臺灣既定譯名），我也就沒有再轉爲原書譯名。此外，佛洛伊德的unconscious，大陸譯爲「無意識」，臺灣通譯爲「潛意識」；對抗進步主義的essentialism，大陸譯爲「要素主義」，臺灣通譯爲「精粹主義」，類此，均保留大陸用語，但在第一次出現前，我在原書術語後以括弧註明臺灣通用譯法，以利臺灣學子。整體而言，兩岸的教育哲學相關用語，差異不大，應該不至於構成閱讀困擾。

---

[9] 臺師大教授林逢祺的新作《教育哲學：一個美學提案》（五南出版社，2015），也反映了作者對美育的想像，讀者也可一併加以參考。

　　海峽兩岸自1987年開放交流以來，學術的互補成效卓著，教育學術也不例外，但教育哲學的交流似不若課程教學、教育社會學等領域。就我所知，臺灣還並沒有發行大陸教育哲學學者的專書，我期待本書是一個開始。誠如筆者在前文中已指出，臺灣學者長於引介西方，大陸學者有別於英美西方世界的社會主義傳統。近年來，西方新自由主義所造成的教育市場化、貧富差距、機會不均等問題，左派或社會主義觀也逐漸吸引一群臺灣學術菁英。兩岸共享中華傳統文化，更不待言，而臺灣歷史因緣，從荷蘭人、明鄭、大清帝國、日本統治，乃至1949年後國民政府遷臺，多元文化的融合與納百川，確實也型塑一獨特的文化風貌。從晚近西方後結構、後殖民、認同理論等之視野來看，也可以提供大陸一個新視角。在地球村的今天，期待兩岸學者互為主體，共謀華人世界教育哲學的發展，並能積極回饋西方學術社群，是為所盼。

簡成熙 教授

國立屏東大學教育行政研究所

目　錄

第一章

什麼是教育哲學

內容摘要

　　本章介紹了哲學和教育哲學的基本觀點、哲學的六種看法以及哲學的言語特徵，分析了中外主要的教育哲學概念和教育哲學的學科性質，最後提供學習教育哲學的意義和方法。

學習目標

1. 瞭解哲學的六種看法，能夠舉例說明什麼是哲學的思考。
2. 瞭解教育哲學的定義，能夠舉例說明什麼是教育哲學。
3. 瞭解教育哲學的學科性質，能夠說出教育哲學與其他學科的不同。
4. 理解學習教育哲學的意義。
5. 掌握學習教育哲學的方法。

關鍵詞

哲學　教育哲學

　　每個撰寫教育哲學著作或者教材的學者都不會忘記回答「什麼是教育哲學」這個問題，每個教育哲學研究者更是會不斷地思考這個問題，而這個問題的答案也是多種多樣，可謂「仁者見仁，智者見智」。因此，本章從基本概念入手分析什麼是哲學和教育哲學。

　　不論是把教育哲學當成什麼樣的學科，我們都不得不思考兩個基本的問題，即什麼是哲學和什麼是教育哲學。「哲學」一詞源於古希臘詞彙「φιλοσοφîα」，拉丁語爲「philosophia」，由philo和sophia組合而成，前者意爲「愛」，後者意爲「智」，全詞合意爲「愛智慧」。在中國傳統的語言體系中，「哲」爲聰明、智慧之意。《尚書·皋陶謨》記載大禹語說「知人則哲，能官人，安民則惠，黎民懷之」。《爾雅》釋「哲」字說：「哲，智也。」儘管中國古代並沒有「哲學」這個名詞，但是這門學問在中國古代曾被稱爲理學、道學、玄學等，現代中國學術界中使用的「哲學」一詞是經由日本學者翻譯而後傳入的。[1]

---

[1] 西方哲學傳入中國始於1595年利瑪竇在《天學實義》中將歐洲哲學翻譯爲「理學」。1623年，艾儒略在《西學凡》一書中同樣將英文的「philosophy」翻譯成「理學」。此後的三百餘年間，雖然也有一些書籍把西方哲學譯爲「性學」（超性之學）、「愛知學」、「智學」等，但理學最爲流行。最早將「哲學」一詞介紹到中國的是黃遵憲（1848-1905）。他在1885年年初刻本的《日本國志·學術志》裡講到日本東京大學的學科分類時，使用了「哲學」一詞。到1905年前後，許多中文報刊都較多地採用了「哲學」這一術語。「哲學」一詞，本爲日本哲學家西周時懋（1829-1897）所創，用以表達源於古希臘羅馬的西方哲學學說。1870年，他在爲學生講解西方哲學時指出，「哲學是諸學的統轄，諸學皆一致歸哲學統轄」，哲學是「諸學之上學」。（李喜所，辛亥革命時期學術文化的變遷[J]，史學集刊，2003(1)：38-47）

第一節　什麼是哲學

一、哲學的概念

什麼是哲學？到目前為止並沒有統一的明確答案，這對任何一個研究哲學的人來說恐怕都是個「惡毒」的問題。但是我們依然可以從六個方面來思考哲學到底是什麼。

(一)哲學從疑惑開始

人是由於好奇或疑惑而開始哲學思考的。但疑惑不等於哲學，而是哲學活動的引線或動因。在日常生活中產生疑惑，對常識懷疑是哲學的起點。柏拉圖（Plato，西元前427－前347）曾在《泰阿泰德篇》中說，「驚訝，這尤其是哲學家的一種情緒。除此之外，哲學沒有別的開端」，「這地地道道是哲學家的情緒，即驚訝，因為除此之外，哲學沒有別的決定性的起點。」[2]可見，哲學起源於驚異這樣一種情緒。由於受到疑惑的驅動，人們才開始思考。人的本性中有好奇的特質。「求知是所有人的本性」[3]，「不論是現在，還是最初，人都是由於好奇而開始哲學思考。一開始是對身邊所不懂的東西感到奇怪，繼而逐步前進，而對更重大的事情發生疑問。」[4]「當有人提出一個普遍性問題時，哲學就產生了，科學也是如此。最先表示出這種好奇心的是希臘人。」[5]對這個世界保持驚訝的狀態，就會帶領人走進

---

[2] 柏拉圖，柏拉圖全集：第二卷[M]，王曉朝譯，北京：人民出版社，2003：670。

[3] 亞里斯多德全集：第七卷，形而上學[M]，苗力田譯，北京：中國人民大學出版社，1993：27，31。

[4] 同註3。

[5] 伯特蘭・羅素，西方的智慧——從社會政治背景對西方哲學所作的歷史考察[M]，溫錫增譯，北京：商務印書館，1999：10。

哲學的神聖殿堂。對古希臘人而言，他們的哲學問題就是「這個世界何以是這個樣子」。他們追問世界的本源問題，思考在這個變化不定的世界裡，我們的心靈何以支撐。哲學的問題沒有唯一的答案，「哲學的問題是永恆無解，而且萬古常新的。」[6]正因爲哲學有各式各樣的解答方式，以至於維根斯坦（Ludwig Wittgenstein, 1889-1951）說，哲學問題的特徵是「我找不著北」[7]。

(二)哲學是熱愛智慧

「philosophia」這個拉丁文單字來自古希臘語「φιλοσοφία」，原初意思是「熱愛、追求智慧」，是動詞；從名詞角度看，「philosophia」是一種活動，是透過追問智慧的問題而使人變得有智慧的精神活動；從學科角度看，「philosophia」就是一門透過追問智慧的問題來使人能夠智慧地生活的學問。從這個角度而言，哲學家應該是最謙虛的人，他們主張「愛智慧、追求智慧」，他們明白知識可以占有，智慧則只能熱愛。在古希臘，有哲學家和智者兩種類型的人，他們的區別就在於智者講求功利，所以他們以講授雄辯術、辯證法等爲專門職業，以換取生活的物質所需，而哲學家則不講功利。哲學家是提出問題的，並且對提出的問題孜孜以求地不斷思考，因爲他們熱愛智慧、追求智慧；而智者則回答問題，他們占有的只是知識。蘇格拉底（Socrates，西元前469-前399）被認爲是希臘城邦最聰明、最有智慧的人，但他卻說自己什麼都不知道。羅素（Bertrand Russell, 1872-1970）曾引證蘇格拉底的話說：「只有神才是有智慧的，……神並不是在說蘇格拉底，他僅僅使用我的名字作爲說明，像是在說：人們啊！唯有像蘇格拉底那樣知道自己的智慧實際上是毫無

---

[6] 張志偉、歐陽謙，西方哲學智慧[M]，北京：中國人民大學出版社，2009：6。

[7] 維根斯坦，哲學研究[M]，陳嘉映譯，上海：上海人民出版社，2001：75。

價值的人，才是最有智慧的。」[8]

(三)哲學是人類把握世界的基本方式之一

人類把握世界有許多種方式：神話、常識、宗教、藝術、倫理、科學和哲學。[9]卡爾·馬克思（Karl Heinrich Marx, 1818-1883）把人類的精神活動分為四種，即理論的、宗教的、實踐—精神的和藝術的方式。[10]哲學是人類把握世界的基本方式，而這種基本方式的特點主要展現為前提性批判和反思。前提性批判意味著「它對一切問題都要追本溯源、尋根究柢，作一番反省性或前瞻性的思考；它在別人從未發現問題的地方發現問題，對人們通常未加省察和批判就加以接受的一切成見、常識等進行批判性的省察，質疑它的合理性根據和存在權利。哲學活動因此成為一種質疑、批判和拷問的活動，其具體任務包括兩個：一是揭示、彰顯暗含或隱匿在人們日常所擁有的各種常識、成見和理論背後的根本性假定和前提；二是對這些假定或前提的合理性進行質疑、批判和拷問，迫使它們為自己的合理性進行辯護，從而為新的可能性開闢道路。」[11]

所以，哲學的思考方式是反思。反思性是指哲學是一種「反思」的思維活動，黑格爾（Georg Wilhelm Friedrich Hegel, 1770-1831）說，「哲學的認識方式只是一種反思——意指跟隨在事實後

---

[8]　羅素，西方哲學史：上卷[M]，何兆武、李約瑟譯，北京：商務印書館，1963：122。

[9]　孫正聿，哲學通論[M]，瀋陽：遼寧人民出版社，1998：46-51。

[10]　「整體，當它在大腦中作為被思維的整體而出現時，是思維著的大腦的產物，這個大腦用它所專有的方式掌握世界，而這種方式不同於對世界藝術的、宗教的、實踐—精神的掌握。」（馬克思恩格斯選集：第二卷[M]，北京：人民出版社，1995：19）

[11]　安東尼·肯尼，牛津西方哲學史[M]，北京：中國人民大學出版社，2006：序言。

面的反覆思考」，「要獲得對象的真實性質，我們對它必須進行後思，唯有透過後思才能達到這種知識。」[12]馬克思肯定了黑格爾關於哲學是一種後思的見解，並把它應用到對人類歷史的研究中。馬克思明確地提出了他的「從後思索法」，即「對人類生活形式的思索，從而對它的科學分析，總是採取與實際發展相反的道路。這種思索是從事後開始的，也就是說，是從發展過程的完成結果開始的。」[13]即反思的目的是更好地引導未來。

(四)哲學是歷史性的思想

黑格爾曾經作出過類似這樣的表述：「哲學史就是哲學」[14]和「哲學史的研究就是哲學本身的研究」[15]。因此，在一定意義上，學習哲學就是學習哲學史，因為哲學史是由那些具有里程碑性質的偉大哲學家的經典著作所組成的，哲學史是仍然活著的哲學，當代哲學就是正在發生著的歷史。

哲學問題本身的特點之一就是要不斷回到歷史的起點去追問。一般來說，現實中一切令人困惑和引人思索的現象，其緣由往往在悠長的歷史之中。當人類開始對世界和自身產生思考時，這些基本的問題便是相通的，甚至是相同的。在不同的時代，哲學家們思考著、辯論著，甚至相互抨擊著，但是各異的只是對於基本問題的解釋，而不是問題本身。人類本身就是歷史性的存在，產生於人類思考過程中的理

---

[12] 黑格爾，小邏輯[M]，賀麟譯，北京：商務印書館，1980：242，74。

[13] 馬克思恩格斯全集：第二十三卷[M]，北京：人民出版社，1972：92。

[14] 黑格爾，哲學史講演錄：第一卷[M]，賀麟、王太慶譯，北京：商務印書館，1983：12-13。〔原句為：「哲學史的本身就是科學的，因而本質上它就是哲學這門科學」（第12頁），「哲學史本身就應當是哲學的」（第13頁）。〕

[15] 黑格爾，哲學史講演錄：第一卷[M]，賀麟、王太慶譯，北京：商務印書館，1983：34。（原句為：「我只需指出從上面所說的，即已昭示哲學史的研究就是哲學本身的研究，不會是別的。」）

性也必然是歷史積澱的結果，歷史是衡量理性的重要座標。

(五)哲學是理論化、系統化的世界觀和方法論

馬克思曾經說過：「任何眞正的哲學都是自己時代精神上的精華。」[16]世界觀是人對人與人、人與社會、人與世界關係的總體看法，而哲學是用最普遍的概念、最一般的範疇和具有普遍性的規律來把握世界。因此，哲學是世界觀的理論型態，或者說是系統化、理論化的世界觀。不同的世界觀會指導人們採取不同的行動，從而對社會的發展具有促進或阻礙作用。方法論就是研究人、社會、自然的方法取向，是方法的理論基礎，是方法合法性和適用性的理論依據。例如：笛卡兒被認爲是西方哲學近代的開端，他提出「我思故我在」，意思是說：「精神比物質確實，而對我來講，我的精神又比旁人的精神確實。」由這個命題直接導致了主體形而上學和本我形而上學的哲學發展取向，「我思故我在」這個結論則是透過理論理性獲得眞理的方法得出的。因此，笛卡兒把方法推向思想的極端，成爲近代哲學的奠基人。

哲學到底是什麼？的確是一個難以回答的問題。《不列顛百科全書》在「西方哲學史」條目之下設了「哲學的本質」這樣一個子目，或許回答了這個問題，即在各種各樣的界說中，很難判定是否能找到某種共同的因素或爲「哲學」找到某種中心涵義，以它作爲一種普遍的、全面的定義。不過，人們在這方面首先試圖把「哲學」定義爲「對各種人類經驗的反思」，或「對人類最爲關注的那些問題的理性的、方法論的和系統的思考」。

(六)哲學是一種語言分析活動

分析哲學家把全部哲學問題歸結爲語言問題，認爲哲學的混亂產

---

16 馬克思恩格斯全集：第一卷[M]，北京：人民出版社，1995：220。

生於濫用或誤用語言，許多哲學爭端都可以歸結爲語言問題的爭端。維根斯坦在其前期著作《邏輯哲學論》中就明確提出：「一切哲學都是『語言批判』」[17]，「人們關於哲學事項所寫出的大多數命題和問題並不是假的，而是沒有任何意義的。因此，我們根本不能回答這類問題，而只能確定它們毫無意義的性質。哲學家們的大部分命題和問題都是因我們不理解我們語言的邏輯而引起的。……如下事實並不令人吃驚：最深刻的問題，眞正說來根本不是問題。」[18]從這種認識出發，分析哲學家把哲學的內容或者歸結爲對科學語言進行邏輯分析，或者對日常語言進行語義分析，他們認爲哲學不是理論，而是活動；哲學家的任務不是發現和提出新的命題，而是闡釋思想，使已有的命題變得清晰。

　　分析哲學不僅積極去「診斷」，而且努力去「治療」：它試圖爲由日常語言的誤用而引起的哲學難題提供「療法」。對於像維根斯坦這樣的分析哲學家來說，這種治療特別是針對傳統的形而上學問題，因爲混淆語言的使用規則最容易引發哲學爭論。譬如：說「數字5是綠色的」在日常生活中是沒有意義的，因爲它違反了不能用顏色來稱謂數字的基本語言規則，我們在這種說法中能體會到一種因語言誤用而引發的無意義性。同樣的，在傳統的形而上學中，分析哲學家們發現大多數的形而上學問題其實是披上了僞裝的語言或邏輯問題，古典哲學家們誤以爲屬於世界的各種「存在形式」，其實是語言的「邏輯形式」。[19]不難發現，所有形而上學概念，例如：存在、同一、物質、精神、時間、空間、因果、本質、現象、整體、部分、無限、

---

[17] 維根斯坦，邏輯哲學論[M]，韓林合譯，北京：商務印書館，2013：31，30-31。

[18] 同註17。

[19] 趙汀陽，第一哲學的支點[M]，北京：生活・讀書・新知三聯書店，2013：10，9。

有限、一般、特殊、個體、共相、變化、永恆、必然、偶然、可能世界、心靈和造物主，諸如此類，都是覆蓋萬物的「大問題」。[20]對上述抽象概念的探討極易引起語言誤用，並導致哲學困難。分析哲學的目的就是要表明在不同的語境下，什麼是可以說的，什麼是不可以說的。哲學的語言分析就是試圖將語言規則中內隱的東西明晰化，透過分析和論證，揭示語言使用未明言的規則，來達到對哲學命題的澄清。

二、哲學的風格[21]

不論什麼樣的哲學思想，都需要藉助人類的語言這一媒介表達出來。不同的哲學家有著不同的表達方式，也就帶來了不同的哲學風格。

(一)對話式哲學

古典哲學家往往採取對話的方式來表達自己的哲學思想。古希臘哲學家柏拉圖的《對話錄》就是口語式的對話風格，以一群人跟蘇格拉底就一些主題進行討論來表達哲學思想，一般的方式是眾人進行忙亂的探索討論之後，蘇格拉底會提出一連串的問題，然後針對主題加以說明。在這樣的討論過程中，蘇格拉底就像是一位導師，啓發著讀者不斷地思考。這種哲學對話遵循論證的邏輯，但並不受邏輯框架本身的束縛，因此討論的內容極其廣泛，已經把後來的哲學家認爲該討論的所有重要問題幾乎都整理、提問過了。這種方式的哲學爲歐洲哲學的發展起了奠基性作用。所以，懷特海（Alfred North Whitehead,

---

20 同註19。

21 艾德勒認爲，雖然哲學的方法只有一種，但是在西方傳統中，哲學家們至少採用過五種論述的風格。（莫提默·J·艾德勒、查理斯·范多倫，如何閱讀一本書[M]，郝明義、朱衣譯，北京：商務印書館，2004：242-246。）

1861-1947）說：「歐洲哲學傳統最可信賴的一般特徵是，它是由對柏拉圖的一系列注腳所構成的，我這樣說並不是指學者們充滿疑慮地從他的著作中所抽引出來的那種系統的思想圖式。我是指那些散見於這些著作之中的、由一般觀念所構成的思想財富。他的個人天賦、他在那個偉大的文明時期廣泛體驗的各種機會，他的那些尚未由過分系統所僵化的智力傳統的遺產，使得他的著作成爲永不枯竭的思想源泉。」[22]中國的哲學著作如孔子的《論語》、朱熹的《近思錄》、王陽明的《傳習錄》，亦都是此一風格的傑作。

(二)論文或散文式哲學

論文式哲學往往以論證作爲核心的表達工具，對人類生活的某一重要主題，運用人類的思想邏輯表達哲學的觀點。今天我們能看到的亞里斯多德（Aristotélēs，西元前384－前322）的作品，可以說就是論文式哲學。作爲柏拉圖的學生，據說亞里斯多德也寫了對話錄，卻完全沒有遺留下來，所遺留下來的是一些針對不同主題異常難懂的散文或論文。近代的研究者對亞里斯多德的作品進行蒐集和編輯，像《物理學》、《形而上學》、《倫理學》、《政治學》與《詩學》等都是純粹的哲學作品，是一些理論或規範，屬於哲學的論文。後來的哲學家如康德、黑格爾的作品是精緻的思辨藝術典範，其宏大的體系、晦澀的語言、冗長的句式、難以征服的邏輯力量和理性精神，成爲人類理性大廈難以逾越的雙峰。

而散文式哲學是讓讀者在某些形象和情感的體驗中接受或感悟哲學的道理，它們通常對哲學的主題進行情感的抒發來表達思想，具有形象性、抒情性和哲理性的特徵。哲學家笛卡兒（René Descartes, 1596-1650）、培根（Francis Bacon, 1561-1626）、盧

---

[22] 懷特海，過程與實在——宇宙論研究[M]，楊富斌譯，北京：中國人民大學出版社，2013：50。

梭（Jean-Jacques Rousseau, 1712－1778），特別是叔本華（Arthur Schopenhauer, 1788－1860）、尼采（Friedrich Wilhelm Nietzsche, 1844－1900）的哲學論文充滿了靈性和詩意。

(三)系統化哲學

系統化哲學往往想以系統化的方式表徵出哲學的全部真理。17世紀時，以笛卡兒與斯賓諾莎（Baruch de Spinoza, 1632－1677）爲代表的哲學就是系統化哲學。笛卡兒是偉大的哲學家和數學家，他試圖爲哲學披上數學的外衣——給哲學一些確定的架構組織，而斯賓諾莎則著迷於如何利用數學組織出一個人對自然的知識，因此，他們想用類似數學組織方式將哲學思想整理出來。斯賓諾莎的《倫理學》是用嚴格的數學方式來表現的，其中有命題、證明、推理、引理、旁注等。然而，關於形而上學或倫理道德的問題，用數學的方法來解析顯得晦澀難懂，不能令人滿意。

(四)格言形式的哲學

格言形式的哲學往往以言簡意賅、涵義豐富的句子來表達哲學的思想。《論語》的開篇是「學而時習之」，《道德經》的開篇是「道可道，非常道。名可名，非常名」，這樣的句子很簡單，但是其蘊含的哲學涵義卻無比豐富。在這些簡短的句子中還有言外之意，因此必須運用思考來理解，分析其內在的涵義，找出各種陳述之間的關聯以及不同論辯的立足點。這種哲學需要研究者具有深厚的古典文化底蘊，在通曉歷史與文化中實現融會貫通。

第二節　什麼是教育哲學

一、教育哲學的概念

我們無法對哲學的定義達成一致意見，定義什麼是教育哲學也同樣如此。不同時代的思想家對教育哲學的定義不同。

(一)國外關於教育哲學的定義

不同國家與不同派別的教育哲學研究者對教育哲學的定義不同，但大多數學者是從哲學的角度來定義教育哲學的。

1. 用哲學的觀點研究教育現象與教育問題的學問就是教育哲學

這是大多數教育哲學研究者的觀點。美國哲學家約翰‧杜威（John Dewey, 1859-1952）作為實用主義哲學的集大成者，運用其實用主義哲學來研究教育。杜威在他的代表作品《民主主義與教育——教育哲學導論》（1916）中指出：「教育哲學不過是就當代社會生活的種種困難，明確地表述培養正確理智的習慣和道德習慣的問題，而我們能給哲學下的最深刻定義就是，哲學是教育的最一般方面的理論。」[23]美國現代教育哲學家內勒（G. Kneller, 1908- ）在《教育哲學導論》（1964）中提出：「正如普通哲學企圖用最一般的系統方式解釋實在，以達到從整體上瞭解實在一樣，教育哲學則力圖用指導選擇教育目的與政策的一般概念來解釋教育，以達到人們從整體上理解教育。正如普通哲學對各種不同學科的研究成果進行解釋和協調一樣，教育哲學則對於教育有關各門學科的研究成果進行解

---

[23] 約翰‧杜威，民主主義與教育[M]，王承緒譯，北京：人民教育出版社，2001：350。

釋。」[24]美國教育家法蘭肯納（W. K. Frankena, 1908-1994）認爲：「教育哲學就涉及教育或教育過程的目的、形式、方法或結果這個意義上說，也許是教育學科的一部分；或者就涉及教育學科的概念、目的和方法的意義上說，教育哲學是元學科。」[25]英國教育哲學家彼得斯（R. S. Peters, 1919-2011）在其《教育哲學》（1973）中指出，近代教育哲學完全被認爲是「利用已建立的哲學分支，用與教育有關的方法將它們融合在一起」[26]。

專欄1-1
美國教育哲學研究的三種路徑

美國學者杜普伊斯（Adrian M. Dupuis）和高爾頓（Robin L. Gordon）在《歷史視野中的西方教育哲學》（2006）中指出了美國教育哲學研究的三種路徑。

第一，「在一些被廣泛使用的教材中，通常的做法是，從每一哲學體系，如唯實論（臺灣也譯為實在論）、唯心論（臺灣也譯為觀念論或理想主義）和實用主義的形而上學、認識論、價值的角度，提出基本的哲學假設，然後在這些哲學假設的基礎上，再進一步討論他們對教育目的、本質、內容及其他方面問題的意義。」

第二，「另一種研究路徑則集中討論教育中學生、教育目的、課程設置、評價、懲罰等諸如此類的主題或問題，並從不同的哲學觀來對其中每一主題或問題加以探討。」

第三，杜普伊斯和高爾頓兩人並沒有採取上述兩種路徑，而

---

[24] 陳友松，當代西方教育哲學[M]，北京：教育科學出版社，1982：28。

[25] W·K·法蘭肯納，關於教育哲學的一般看法[J]，張家祥譯，外國教育資料，1981(2)：62。

[26] R. S. Peters. The philosophy of education [M]. Oxford: Oxford University Press, 1973: 1.

是將「教育哲學置於教育保守主義和自由主義的大背景下進行研究」。

資料來源：杜普伊斯、高爾頓，歷史視野中的西方教育哲學[M]，
　　　　　彭正梅、朱承譯，北京：北京師範大學出版社，2006：
　　　　　1-4。

　　《簡明不列顛百科全書》（1985）對教育哲學的定義是：「從哲學角度探索人類學習活動的規律，並用這些規律指導實踐的一門理論學科。」[27]與此觀點相類似，《牛津教育哲學手冊》（2009）亦認為，教育哲學是哲學的一個分支，是以哲學的視野來關注教育本質、教育目的以及其他教育問題的一門學問。作為實踐哲學的一個分支，它脫胎於哲學學科，同時對外又關注教育實踐，與發展心理學、一般認知科學、社會學和其他相關學科密切相關。[28]著名德國學者布瑞欽卡（W. Brezinka, 1928- ）將教育的命題體系分為三種，即教育科學、教育哲學和實踐教育學，他分析了八種具代表性的教育哲學陳述，認為教育哲學應用來指一種規範性教育哲學，規範性教育哲學並不侷限於確立、解釋和驗證教育目的，還包括價值判斷和規範確立的所有問題。[29]

[27] 中美聯合編審委員會，簡明不列顛百科全書：第四卷（中文版）[M]，北京：中國大百科全書出版社，1985：353。

[28] Siegel, Harvey. The Oxford handbook of philosophy of education [M]. Oxford: Oxford University Press, 2009: 1.

[29] 沃爾夫岡・布瑞欽卡，教育知識的哲學[M]，楊明全、宋時春譯，上海：華東師範大學出版社，2006：176。

專欄1-2
詹姆斯・麥克萊倫對教育哲學的看法

　　美國學者詹姆斯・麥克萊倫（J. E. McClellan）認為，教育哲學「是對人類理性在教育實踐中所採取的獨特形式的探究；也就是說，是對人類理性在產生了教與學的特別行動的互動中所採取的獨特形式探究。就其揭示性而言，教育哲學是重現可在教育實踐中辨識出來的人類理性的一般特徵的一種嘗試。就其批判性而言，它試圖發現在給定的歷史時期內界定教育實踐的規則和前提假設是人類理性的真正翻版，還是訛用的歪曲」。

資料來源：麥克萊倫，教育哲學[M]，宋少雲、陳平譯，北京：生活・讀書・新知三聯書店，1988：6。（按：此麥克萊倫是美國1960年代分析取向教育學者，非第七章批判教育學之P・麥克萊倫。）

2. 分析教育哲學主張對教育思想進行清思

　　這種觀點明確了教育哲學的研究任務。例如，德里克・朗特里著的《英漢雙解教育辭典》中提到：「教育哲學詞條被如下闡釋：『哲學的一個分支，其內涵一是建立有關知識、認識與作爲制度化社會活動教育的思想體系；二是澄清教育概念的涵義』。」[30]這個定義中的第一個涵義凸顯了教育哲學是哲學的應用學科，第二個涵義則凸顯了分析哲學的意蘊。美國女性主義者奈爾・諾丁斯（Nel Noddings, 1929-，也譯爲內爾・諾丁斯）在其著作《教育哲學》中指出，「教

---

[30] 德里克・朗特里，英漢雙解教育辭典[M]，趙寶恆等譯，北京：教育科學出版社，1992：346-347。

育哲學致力於分析和澄清教育中的核心概念和問題」[31]，這顯然深受分析哲學的影響。

(二)我國關於教育哲學的定義

我國教育哲學學科發展歷史不長，不同學者對於教育哲學的定義也不盡相同。大陸學者往往從教育哲學研究對象的角度來定義教育哲學，臺灣學者則往往從教育哲學的研究定位來定義教育哲學。

1. 大陸學者的定義

從研究對象的角度，大陸的教育哲學概念大體可以分為兩類。

(1)教育哲學是應用哲學的觀點研究教育問題的學問

大多數教育哲學學者認同此觀點。近代學者以范壽康、陸人驥、吳俊升為代表。范壽康在《教育哲學大綱》（1923）中指出：「凡百科學都有共通的假定及固有的假定，而所謂哲學實乃研究這種假定的科學，所以我們也叫它作科學的科學。科學的教育學既是一種科學，當然也有根本的假定，而這種假定的研究，就非依賴這種哲學不可。為檢查教育科學的根本原理及根本觀念起見，哲學的觀察實在是很緊要。……教育哲學是應用哲學的一種，與經濟哲學、政治哲學及法律哲學一樣，是必要的而且是可能的。」[32]因此，研究教育學的假定的科學，被稱作教育哲學。陸人驥在其所著的《教育哲學》（1931）中指出：「教育哲學是從整個人生經驗上，調和教育價值，並批評教育理論與實施，以求得統一的態度及最普遍教育原理的學科。」[33]吳俊升的《教育哲學大綱》（1934）指出：「教育學所研究的僅限於教育歷程的本身。教育哲學乃是教育之所依據的基本原則

[31] 奈爾・諾丁斯，教育哲學[M]，許立新譯，北京：北京師範大學出版社，2008：1。

[32] 宋恩榮，范壽康教育文集[M]，杭州：浙江教育出版社，1989：6。

[33] 陸人驥，教育哲學[M]，上海：商務印書館，1931：19。

的探討和批判。教育學研究的僅限於教育歷程的本身，教育哲學則研究到影響教育歷程的社會歷程和人生歷程。我們可以說，教育哲學是更深刻、更普泛的教育學。」「教育哲學，乃是應用哲學的一種，把哲學的基本原則應用到教育的理論和實施方面，便是教育哲學。」[34]

現當代學者以傅統先、黃濟為代表。傅統先在《教育哲學》（1986）一書中認為：「教育哲學是一門用哲學來探討教育的理論和實踐諸方面問題的學科。它是根據一定的哲學觀點，並用歷史的、邏輯的和比較的方法來進行研究，它與哲學、教育學、心理學以及其他的一切科學有相互交錯的聯繫，它是一門與多種學科相關的邊緣學科。」[35]黃濟先生是新中國教育哲學的奠基人，他在《教育哲學初稿》（1982）和《教育哲學通論》（1998）中對教育哲學的定義作出了如下表述：①「對教育哲學的定義雖然如此分歧，但是其中卻有一點是共同的，就是大家都公認教育哲學的研究對象，應當是用哲學的觀點和方法來分析和研究教育中的根本理論問題。」[36]②「教育哲學應當是教育科學的概括和總結，應當給教育科學研究以理論上的指導，而教育科學的發展又給教育哲學提供了豐富的內容。」[37]

《教育大辭典》（1998增訂合編本）也認為：「教育哲學（Education Philosophy, Philosophy of Education）是教育科學分支學科，是教育科學中一門具有方法論性質的基礎學科。對教育理論和教育實踐中的一些根本問題進行哲學探討，以為教育理論和教育實踐的指導，具有概括性、規範性和批判性等特點。」[38]

[34] 吳俊升，教育哲學大綱[M]，上海：商務印書館，1934：33-35。

[35] 傅統先、張文郁，教育哲學[M]，濟南：山東教育出版社：1986：2。

[36] 黃濟，教育哲學通論[M]，太原：山西教育出版社，1998：318，310。

[37] 同註36。

[38] 顧明遠，教育大辭典[Z]，上海：上海教育出版社，1998：794-795。

(2)教育哲學是教人們哲學地思考教育和教學問題的學問

這種觀點認為，教育哲學既不是哲學，也不是教育學。它不能以《哲學概論》一類書籍為藍本，不能成為哲學史的附庸。[39]這是我國著名哲學家、教育學家陳元暉先生的一貫主張。陳元暉先生說：「要有一本真正的『教育哲學』，教育與哲學的結合，要使它成為混凝土，不是一堆砂石……教育哲學是教學生哲學地思考問題，所以不能不談人應該怎樣思考。」[40]他還說：「教育哲學如果是教人們哲學地思考教育和教學問題，就有它自己專門的對象。」[41]陳桂生先生認為：「從根本上說，它應是對教育問題進行獨特的哲學思考的產物。這種思考是從獨特的視角考察教育問題，並對教育實踐或教育理論陳述提供指導；同時，它又是借關於教育的特殊研究對某種哲學思想加以檢驗。」[42]

近年來，針對教育哲學研究中過度哲學化的特徵，一些教育哲學家開始呼籲並關注教育哲學實踐化的取向。由此，中國大陸一些學者亦明確提出：教育哲學是一種實踐哲學。教育哲學雖然進行理論的探究，然而，它的理論之根卻扎在實踐之中。[43]教育哲學研究的實踐傾向意味著教育哲學所研究的問題來源於教育實踐，而非來源於知識上的爭論。[44]

從上述界定出發，這些學者同時主張，教育哲學雖然並不提供操作性的技能，但它必須是以理性的眼光去洞察、透視教育實踐，對教育實踐進行哲學的判斷，以它的理性的洞察力和規定性，形成對教育

---

[39] 于偉等，教育學家之路[M]，長春：東北師範大學出版社，2013：300。

[40] 陳元暉，陳元暉文集：上卷[M]，福州：福建教育出版社，1992：87。

[41] 于偉等，教育學家之路[M]，長春：東北師範大學出版社，2013：300。

[42] 陳桂生，「教育哲學」辨[J]，教育評論，1995(5)：5-8。

[43] 金生鈜，教育哲學是實踐哲學[J]，教育研究，1995(1)：17-22。

[44] 邵燕楠，哲學化還是實踐化：教育哲學研究的兩難[J]，教育研究，2009(5)：42-46。

實踐及其與人生實踐、社會實踐關係的高瞻遠矚式的教育智慧，眞正地以智慧參與到生活實踐和教育實踐中。[45]可以說，我國教育哲學研究一直提倡以實踐爲研究的鵠的，強調教育哲學發揮實踐的功能。

2. 臺灣學者的定義

臺灣的教育哲學發展與1920-30年代大陸的教育哲學發展一脈相承。姜琦[46]、吳俊升[47]等均是從大陸赴臺的教育哲學學者，他們對於什麼是教育哲學各有自己的觀點。姜琦的教育哲學以三民主義爲根據和出發點；號稱「中國杜威」的教育哲學研究者吳俊升深受杜威實用主義的影響，則從哲學的對象、哲學的基本命題出發研究教育問題；范錡認爲教育哲學的對象是教育及教育之意義與價值。

到了1970-80年代，臺灣教育哲學進入了繁榮時期，學者對教育哲學的看法可以分爲兩類。

(1)從教育哲學的研究宗旨與研究對象的角度下定義

例如，詹棟樑在《教育哲學》（1990）中認爲：「就一般的情形而言，教育哲學是闡明教育的意義與價值的學術。教育哲學是一種實用哲學，闡明教育的理論與教育的事實之存在和不存在的根據，用以確定完整教育的基礎。」[48]陳照雄在《西洋教育哲學導論》（2001）中認爲：「教育哲學可界定爲實踐哲學之一，從整體之人類經驗中、民族文化與歷史上，應用哲學之方法，來探討教育的本質、目的、方法、內容與價值的學科。它綜合教育科學、教育學與哲學相關之知識，對教育之整體作本質的、理論的與綜合之探討。」[49]

---

[45] 同註43。

[46] 姜琦，1885-1951，臺灣光復後，兼臺灣省編譯館編纂。1946年3月後專任編譯館編纂。

[47] 吳俊升，1901-2000，著名教育家，江蘇如皋人，曾任民國教育部次長等職。

[48] 詹棟樑，教育哲學[M]，臺北：五南圖書出版公司，1990：27。

[49] 陳照雄，西洋教育哲學導論[M]，臺北：心理出版社，2001：65-66。

溫明麗在《教育哲學——本土教育哲學的建立》（2008）中認爲：
「教育哲學的主旨不僅在於認同教育的理論和活動，更貴在反省和批判教育理論和實踐。」[50]

(2)運用分析哲學的方法研究教育理論與教育實踐

這種定義體現了分析哲學對臺灣教育哲學研究的影響。例如，陳迺臣在《教育哲學》（2001）中認爲：「教育哲學是應用哲學的方法，對教育的語言和基本概念加以澄清，對教育的現象、問題作通全而深入的探索、反省及描述，並形成教育的一般性理論，如教育的基本原理、教育的本質論、教育的規範和理想等。」[51]

(三)本書對教育哲學的看法

本書認爲，教育哲學就是運用哲學的理論對教育理論與教育實踐中的前提性問題進行批判的學問。

第一，教育哲學是介於哲學與教育學之間的一門理論學科，是從哲學的角度對教育問題進行的批判與反思。這裡說的教育問題既包括教育實踐中的問題，也包括教育學理論中的問題。

第二，教育哲學是教育理論學科中的基礎學科，是對教育理論和實踐中的根本問題的思考，是關於如何看待教育，如何研究教育，如何看待人、理性、知識、自由等教育中的永恆問題，是人們從事教育工作的世界觀和方法論。

二、教育哲學的學科性質

不同學者對教育哲學的學科性質的看法也多種多樣。

---

[50] 溫明麗，教育哲學——本土教育哲學的建立[M]，臺北：三民書局，2008：59。
[51] 陳迺臣，教育哲學[M]，臺北：心理出版社，2001：19。

(一)教育哲學是獨立的學科

這種觀點是從學科獨立性的角度分析的，強調教育哲學與其他教育分支學科一樣，是教育理論中的一個獨立學科。例如，黃濟先生認為：「教育哲學應該成為一門獨立的學科，顧名思義，它既帶有邊緣學科的特點，但又不是一般的邊緣學科。說它帶有邊緣學科的特點，就是說在教育哲學中具有教育學與哲學的共同點，教育學與哲學的有機結合；但它又不是一般的邊緣學科，這是因為教育哲學對於其他教育學科來說，就如同哲學對於其他學科來說，也帶有方法論的性質，它應當成為其他教育學科的理論基礎。」[52]

(二)教育哲學是交叉學科

這種觀點是從教育學和哲學的關係分析的。例如，有學者認為：「教育哲學是介於教育學和哲學之間具有相對獨立性的交叉學科，在教育科學群體中，它是一門分支學科；在哲學群體中，它是應用學科。」[53]傅統先認為，教育哲學和哲學、教育學、心理學以及其他一些學科有相互交錯的聯繫，它是一門與多種學科相關的邊緣學科。[54]中國著名哲學家、教育學家陳元暉先生並沒有直接談過教育哲學的學科性質，但卻非常肯定哲學對教育學發展的作用。他說：「哲學和教育學不是兩種不同的『行業』，而是『同行』。教育學如果不與哲學結合，就會失去理論基礎，缺乏理論基礎的學科就不成其為科學。」[55]《中國教育大百科全書》指出，教育哲學「是教育學和哲學

---

[52] 黃濟，教育哲學通論[M]，太原：山西教育出版社，1998：318。

[53] 陳正夫，教育哲學與21世紀教育[J]，南昌大學學報：社會科學版，1995(3)：25−30。

[54] 傅統先、張文郁，教育哲學[M]，濟南：山東教育出版社，1986：2。

[55] 于偉等，教育學家之路[M]，長春：東北師範大學出版社，2013：296。

的交叉學科，教育學的基礎學科。」[56]

(三)教育哲學是人文學科，具有價值屬性

教育哲學與教育科學肯定不同，在眾多的教育分支學科中，教育哲學的價值屬性獲得了幾乎所有教育哲學學者的認同，整個教育哲學的學科共同體並不排斥科學屬性，但更承認教育哲學的價值屬性。中國著名教育學者陸有銓先生就認為，與教育科學相比，教育哲學是增加問題的學問，而教育科學是減少問題的學問。哲學是苦難的學問，社會越是動蕩不安、越是需要哲學，哲學就會更加繁榮。臺灣學者葉學志在《教育哲學》（2004）中將教育哲學與教育科學作比較，認為：「教育哲學是比較側重演繹的方法，從教育事實的整個歷程著眼，並以各類教育科學所發現的事實與法則作綜合性的探討，以探求教育理論和事實上所依據的最高原則或原理。」[57]大陸學者王坤慶則更加注重教育哲學學科的價值屬性。他在《現代教育哲學》（1996）中提出：「從根本上來說，教育哲學是研究教育領域中的『價值』問題的一門學科。」[58]石中英在《教育哲學導論》（2002）中更是明確提出：「20世紀的教育哲學把自己看成從『哲學的高度』來研究教育基本問題、基本假設、基本概念與命題，以為教育理論和實踐提供一般的指導原則或方法論基礎。這種教育哲學是以『高級教育知識』的獲得為根本目的的。21世紀的教育哲學則應體現新的哲學精神，把自己看成從『哲學的角度』幫助教育者對困擾自己的任何教育問題的理論『批判』與『反思』，其目的不是獲得『高級的教育知識』，也不是為了實驗教育哲學家們的某些理論觀點，而是喚醒促使教育者更好地理解與他們密切相關的教育生活，使之不斷獲得

---

[56] 顧明遠，中國教育大百科全書[Z]，上海：上海教育出版社，2013：1016。

[57] 葉學志，教育哲學[M]，臺北：三民書局，2001：29。

[58] 王坤慶，現代教育哲學[M]，武漢：華中師範大學出版社，1996：46。

認識、瞭解和重建教育生活的意識、知識、能力與信念。」[59]金生鈜
認為：「教育哲學作為對人類教育生活的價值性闡釋，以哲學的方式
對教育實踐的目標、原則以及行動進行洞察，形成『教育智慧』，並
以此參與教育的實踐，建構獨特的智慧與實踐的關係。」[60]

　　在現代社會，人類的知識已經大大地分化了，無論是把教育哲學
當成獨立學科或分支學科或應用學科，都無礙於人們從事教育哲學的
研究與探索。本書在分析教育哲學學科性質的問題上力圖凸顯教育哲
學的特徵，以踐行學科使命的方式來發展教育哲學的學術生命。

　　1. 價值性

　　教育哲學與教育統計學、教育測量學、教育心理學等都屬於教
育科學的範疇，這些學科都是研究教育過程本身，發現事實、脫離人
類有限經驗限制的過程。教育哲學對教育過程中潛在具有制約性的
眞、善、美原則進行研究。譬如，科學家不能告訴我們說謊是對還是
錯，他只能告訴我們在某些特定的情況下，說謊的後果大概是什麼。
心理學家研究人的心理以及相應的行爲，但他們並不賦予它們價值。
但是，從教育哲學的角度研究教育實踐與理論，在大多數情況下都需
要作價值判斷。例如，兒童的本性是善良還是邪惡這個問題顯然不是
一個經驗事實的判斷，而是一個價值選擇問題。因此，教育哲學並不
是部分分析教育哲學家所提出的「價值無涉」或者「價值中立」的學
科。

　　2. 批判性

　　教育哲學自然而然地具有批判性，它善於發現現行教育制度所
遵循的和現行教育思想中所流行的那些標準、尺度的不合理之處，它
總是從前提的角度抓住問題要害。從根本上講，教育哲學是對教育活
動、教育主張、教育理論等前提進行研究，「它試圖發現，在給定的

[59] 石中英，教育哲學導論[M]，北京：北京師範大學出版社，2002：29。

[60] 金生鈜，教育哲學是實踐哲學[J]，教育研究，1995(1)：17-22。

歷史時期內界定教育實踐的規則和前提假設，是人類理性的眞正翻版，還是訛用的歪曲。」[61]因此，教育哲學的批判並不是平面的，而是立體性、前提性的批判。教育科學必須尊重事實、研究事實、弄清楚事實是什麼，從而提出解決現實中教育問題的策略；而教育哲學更多的是尊重教育邏輯，進行教育問題的前提性批判，從而提出新的教育思想和觀點等。從這個意義而言，教育哲學進行的是反思性批判。透過反思，人的教育行爲背後被麻痺了的意識得以喚醒，使人們以新的視角重新審視自己的教育實踐，以此來促進教育實踐和教育理論的發展。

3. 歷史性

任何時代的教育哲學都是在自己時代發展水平上，對教育思想與實踐的合理性進行批判，因此，教育哲學是歷史性的實踐學科。歷史上各種各樣的教育哲學理論，就是教育哲學家們對當時教育實踐的反思、批判與追問。如果說哲學是苦命的學問，那麼，教育哲學也逃脫不了這種悲劇命運，越是在社會動盪不安的時候，越是有教育哲學思想的層出不窮。縱觀人類社會的發展，從遠古到當代，人類的生產方式已經由最初的鑽木取火發展到今天的大機器生產，人類的經濟活動也由自給自足發展到今天高度分工的市場經濟方式，而越是到了社會歷史的轉型期，教育改革面臨方向性變革的時候，教育哲學研究就越是活躍。因此，教育哲學是一門歷史性的學問，也是一門實踐性的學問。教育既是社會發展和人類發展的手段性存在，也是個體生活和社會生活的過程性存在，因此，教育哲學若想有所建樹，必然要對教育實踐擔負起批判和反思的責任。

---

[61] 麥克萊倫，教育哲學[M]，宋少雲、陳平譯，北京：生活·讀書·新知三聯書店，1988：6。

三、教育哲學的分類

教育哲學發展到今天，提出的思想觀點不計其數。為了便於瞭解，我們可以對教育哲學進行如下分類。

(一)根據歷史發展以及目的之不同，可分為規範教育哲學、分析教育哲學

規範教育哲學是以提出、維護、批判人們從事教育實踐、研究教育思想提供基本規範為目的的教育哲學。這類教育哲學是以「教化者」的姿態進入我們的生活當中，告訴我們應當追求什麼樣的教育理想，應當遵循什麼樣的教育原則，需要什麼樣的教育理論，教育應當發揮什麼樣的功能。以至於從後現代哲學的角度看，這是一種具有符號暴力傾向的哲學，因為它「自詡為芸芸眾生的生活提供合理性基礎。它排斥異己、壓抑異己，追求同一性和共性」[62]。歷史上柏拉圖的教育哲學無疑是這樣的規範教育哲學，他教化我們，要培養人的理性，要透過教育培養哲學王來維持理想國家。閱讀柏拉圖的《理想國》，我們可以充分體會到柏拉圖作為一個教育者的「用心良苦」。

1940年代，教育哲學家們運用分析哲學的方法對教育中的概念進行分析，從而進入教育哲學的分析時代，1960年代達到高峰。分析教育哲學放棄了對教育原則、教育理想進行辯護的學科使命，認為人類已經提出了很多教育思想，教育哲學沒有必要在混亂不堪的教育思想體系中再提出什麼新鮮的理念，教育哲學要做的就是對思想進行清理。分析教育哲學承擔了這個任務。哲學家們開始對概念和命題進行語言的、邏輯的分析，試圖透過分析，消除由於教育概念的模糊所引起的爭論，從而實現教育理論的清晰化。因此，分析教育哲學家並不想創造或建立一個完整的教育哲學思想體系，他們只是想把教育的

---

[62] 石中英，教育哲學[M]，北京：北京師範大學出版社，2007：21。

語言改造成確定的語言，使人們能夠在一個統一的平臺上進行對話，使人們的表達不因爲時間和地點的改變而產生歧義和誤解。因此，許多評論者都認爲，分析教育哲學並沒有對經驗世界中的教學、知識、學校、課程等問題提出新的主張，而「只是根據經驗上能夠評價的詞語來檢查教育的理論、方案和實施。」[63]

(二)根據教育哲學的主體，可分為專業教育哲學、公眾教育哲學、個人教育哲學

專業（professional）教育哲學研究者一般代指大學裡的教育哲學教授，他們通常被認爲是菁英，他們的研究往往帶有濃厚的學術色彩，提出的教育哲學思想具有相對完整的學科體系和邏輯結構，他們關注的主題也與職業哲學家大體一致。專業教育哲學研究者以學術化的語言爲人們提供了系統化的教育思想與主張，希望人們能夠改變不經反思就接受的教育觀念。

公眾（public）教育哲學是指作爲普遍觀念而存在的人們心中，對教育的基本看法和信念。一般來說，公眾教育哲學與國家、民族的傳統文化密切相關，日常生活中，人們往往不自覺地受到這些觀念影響。這些教育的信念也成爲人們進行教育價值判斷的首選依據，甚至國家在制定教育方針政策、法律法規時，也必須考慮公眾的教育信念。

個人（personal）教育哲學是指個體教育活動或教育思想中一貫的教育信仰或信念。在日常生活中，校長、教師和家長都會有各自不同的教育哲學。在表現形式上，個人教育哲學有時候是內隱的，體現在個體的教育選擇和教育活動中；有時候是外顯的，以文字的形式表達出來。例如，杜威的《我的教育信條》就是杜威個人教育信念的表

---

63 A・C・奧恩斯坦，美國教育學基礎[M]，劉付忱、姜文閔、陳澤川、錢惠濂、洛倫譯，北京：人民教育出版社，1984：117。

達，其中的思想成爲他後來教育著作的出發點。

(三)根據教育哲學的對象，可分爲基礎教育哲學、高等教育哲學、成人教育哲學等

人類的教育活動有不同的等級和類別，由此也就誕生了不同教育級別與種類的教育哲學。例如：《高等教育哲學》（布魯巴克，1982）、《成人教育的哲學基礎》（伊里亞斯，1980）、《基礎教育哲學引論》（鍾祖榮，1996）、《兒童精神哲學》（劉曉東，1999）、《基礎教育哲學》（陳建華，2003）、《兒童哲學》（詹棟樑，1999）。之所以會有這些不同的教育哲學，就是因爲人的身心發展具有階段性特徵，教育作爲培養人的活動，在不同的階段必須有針對性。

(四)根據教育哲學的適用學科，可分爲體育哲學、音樂哲學、數學哲學等

人類的知識類型很多，這些知識都需要藉助教育來實現再生產，而這些知識本身的不同特徵又直接導致關於這些知識的教育具備不同的特徵，由此就產生了各種學科的教育哲學。例如：《體育哲學》（惠蜀，1992）、《野蠻的文明──體育的哲學宣言》（李力研，1998）、《現代西方音樂哲學導論》（于潤洋，2000）、《音樂教育的哲學》（貝內特‧雷默，2003）、《課程與教學哲學》（張楚廷，2003）、《數學教育哲學》（鄭毓信，2001）、《科學教育哲學》（鄭毓信，2006）等。

四、學習教育哲學的意義與方法

(一)學習教育哲學的意義

我們學習、研究教育哲學，是因爲教育哲學滿足了我們的需

要。總的來說，學習、研究教育哲學可以讓我們在以下幾方面有所裨益。

1. 增強教育者的理性

教育活動是充滿價值選擇的活動，每一個主體在踐行教育價值觀時，由於生活的經歷不同，對各種價值的排序不同，因此，教育活動中就會不可避免地遭遇各種價值的衝突。對於人類整體來講，各種價值都是很重要的，缺一不可；但是對於每一個個體而言，各種價值的重要性是不一樣的。教育者如何對自己的價值進行排序，就是教育哲學的信念了，教育哲學會幫助教育者增強理性。雖然教育哲學有理性主義與非理性主義的派別之分，但是那些非理性主義者對理性主義的批判無不充滿了理性的審視，遵循著歸納、演繹等人類基本的邏輯方式。教育活動儘管需要教育者充滿熱情地投入，需要教育者奉獻自己的激情，但是教育活動更需要理性。今天的教育者需要面對社會轉型所帶來的價值虛無、意義危機、精神家園迷失的精神痛苦，如果沒有對個體與社會、公民與國家、民族與人類、責任與理想等方面的理性思考，是無法勝任教育者的工作的。學習教育哲學，可以讓教育者擺脫經驗主義、實用主義的慣性，以真正的理論實際地開展教育教學活動。

人的教育行為不是隨意的，總是暗含著價值判斷，人們也總是會對自己的教育行為作出對與錯、好與壞的判斷。因此，學習教育哲學不僅可以讓教育者以堅定的信念從事教育實踐，更可以讓教育者以理性的態度審視自己的教育生活和教育價值觀。教師需要具有終身教育和自主發展的意識，而反思就是支撐這種意識的核心理念。學習教育哲學能幫助教育者審視自己的教育生活，從僵化的教育模式中解放出來。美國學者內勒說：「無論你從事哪一個行業，個人的哲學信念是認清自己生活方向唯一有效的手段。如果我們是一個教師或教育領導人，而沒有系統的教育哲學，並且沒有理智之信念的話，我們就會茫

茫然無所適從。」[64]如果教育者不反思，就會陷入常識性教育信仰而拒絕真正的教育哲學。

從以上分析，我們可以堅信一個結論，那就是對於一個從事教育教學活動的人而言，教育哲學並不是選修課，而是必修課。

2. 引導、批判大眾的教育理念

儘管不是每個人都從事教育研究，但是每個人都可以對教育發表自己的意見，每個人都有自己的教育哲學觀點。然而，不經審視的生活是不值得過的，所以，這些不經審視的個體教育哲學觀點也必須進行批判。尤其是在今天，網路如此發達，可以把個體的教育理念從世界的一個小角落傳播到世界的各個角落。因此，面對這些五花八門對教育改革躍躍欲試的主張，學習教育哲學可以讓我們在「霧裡看花」時「擁有一雙慧眼」。尤其是在大眾教育的時代，社會各個階層都在表達自己的教育利益訴求，流行的大眾教育理念反映了各個群體的教育利益、教育願望和教育需求，然而，其中也充滿了各式各樣的衝突。如果讓這些理念主宰教育改革事業是不合適的。因此，必須對這些大眾教育理念進行理性的審視，挖掘這些理念背後的社會基礎與認識論前提，而不是被這些教育輿論牽引著，從而引導大眾教育輿論向著良性的方向發展。

3. 促進教育研究者反思

教育哲學除了對教育實踐進行批判審視外，也對教育理論與思想保持著覺知。因此，學習教育哲學還可以促進研究者反思自身，促進研究者遵循理論自身的邏輯規則，發揮自身的創造力，充實教育研究。教育研究者若想在學術事業上有所建樹，勢必要對自己的研究抱持反思的態度，從更高的層次審視教育研究，從而促進教育理論知識的增長。從這個角度來講，教育哲學應該是每個教育研究者都要學習的，透過在更高層次上對教育思想和教育理論進行反思，以利於開展

[64] 陳友松，當代西方教育哲學[M]，北京：教育科學出版社，1982：135。

教育學術研究，從而間接地促進教育實踐發展。

(二)學習教育哲學的方法

教育哲學並不是神祕的學科，也不是高不可攀的學科，而是充滿睿智教育觀點、充滿理性智趣的學科。學習教育哲學就是要思考教育問題，挖掘思想前提，批判它、審視它、分析它。具體來說，有三個方法可以讓我們相對快速地走進教育哲學的學術殿堂。

1. 有懷疑精神和批判意識

懷疑是一切知識的根源，沒有懷疑就不可能有真正的知識。所以，古希臘哲學家亞里斯多德說：「吾愛吾師，吾更愛真理。」要想學好教育哲學，首先要有懷疑的精神和批判的意識。在人類知識的各個學科中，哲學無疑是最有批判性的，它永遠不會拋棄自己那鋒利的匕首。教育活動有其構成自身的依據、標準、尺度，這些都是教育活動的根基，而教育哲學的批判就表現爲對這些根基的批判。批判有批評之義，意味著對錯誤的思想、言論或者行爲等進行系統的剖析，從而找尋出正確的答案。但是批判還有著更深刻的涵義，那就是對現實永不滿足，力圖發現現實的不合理之處，爲了實現理想而不斷地努力。

2. 走向具體的教育實踐

傳統的教育哲學往往來源於哲學的演繹，今天教育哲學發展的動力則來自於豐富多彩的教育實踐活動。要想學好教育哲學，就必須關注教育實踐。哲學發展已經從「天上」回到了「人間」，傳統形而上學式的教育哲學走向了歷史的終結，關注實踐則成爲傳統形而上學的替代品，成爲支撐教育哲學發展的根基。今天的教育哲學關注的是存在於社會發展現實中的教育問題，並對其作出符合時代發展水準的回答。

3. 與思想對話

　　學習教育哲學就是學習教育哲學史。學習教育哲學不能僅僅學習一家一派的思想理論，而必須把人類精神已經走過的路都走一遍，把人類精神已經思考過的東西都思考一遍，然後我們才有資格選擇或者開拓自己的路。歷史上的教育哲學不是空白的，而是以「文本」的形式記錄了下來，那些富有啟發性的思想就凝聚在文本裡。面向文本，既要面向外國那些優秀的教育哲學遺產，更要向中華民族傳統尋求理論資源。哲學家們的思想保存在他們的著作之中，學習教育哲學史也就是讀書，讀書就是與思想家對話。以「閱讀滲透理論」的方式，實現「通曉思維的歷史和成就」，在深厚背景知識的前提下，超越文本，積累深厚的理論資源。「任何一種新教育理論，只有立在人類已經達到的理論高度上，才可能比原有理論更高明。」[65]沿著前人的研究思路繼續下去是很難有所創新的，但是創新的源泉與機緣就隱藏在前人的教育理論中。

主要結論與啟示

1. 雖然到目前為止對於「什麼是哲學」沒有統一的答案，但是人們還是可以從六個方面來瞭解什麼是哲學，即：哲學從疑惑開始，哲學是熱愛智慧，哲學是人類把握世界的基本方式之一，哲學是歷史性的思想，哲學是理論化、系統化的世界觀、方法論，哲學是一種語言分析活動。總的來說，可以把哲學定義為「對各種人類經驗的反思」或「對人類最為關注的那些問題的理性的、方法論的和系統的思考」。

2. 教育哲學就是運用哲學的理論對教育理論與教育實踐中的前提性問題進行批判的學問。教育哲學是介於教育學與哲學之間的一門理

---

65 陳桂生，「教育學」辨——「元教育學」的探索[M]，福州：福建教育出版社，1998：268。

論學科，當代教育哲學的使命是試圖回答人類需要什麼樣的教育理論，以及教育向何處去的形而上問題。教育哲學是教育理論學科中的基礎學科。

3. 教育哲學是獨立的學科，是交叉學科，是人文學科，具有價值屬性。教育哲學具有價值性、批判性、歷史性的特性。

4. 教育哲學可以從不同的角度進行分類。根據歷史發展以及目的之不同，可分為規範教育哲學、分析教育哲學；根據教育哲學的主體，可分為專業教育哲學、公眾教育哲學、個人教育哲學；根據教育哲學的對象，可分為基礎教育哲學、高等教育哲學、成人教育哲學等；根據教育哲學的適用學科，可分為體育哲學、音樂哲學、數學哲學等。

學習評價

1. 結合《聖經》中的神話，談談對哲學起源的認識。

《聖經》的《創世紀》中有一則關於人類起源的神話。

上帝在創造世界之後感到有些孤單，便用泥土照著自己的樣子創造了亞當，後來又用亞當的一根肋骨創造了夏娃。上帝在東方開闢了伊甸園讓他們居住。伊甸園裡有兩棵特別的樹，一棵是生命之樹，一棵是智慧之樹，據說吃了生命之樹的果子可以長生不老，吃了智慧之樹的果子便有了智慧。上帝告誡亞當和夏娃，智慧之樹的果子不能吃，吃了就會死。但是亞當和夏娃禁不住誘惑，偷吃了智慧之樹的果子，於是悲劇發生了。他們被趕出了伊甸園，而且子孫萬代都不得不為了這個「原罪」付出代價。哲學的智慧與原罪密切相關，甚至可以說，智慧就是人的原罪。

假如亞當和夏娃就因為一個果子被逐出天堂，說明他們的運氣實在有點差，但是上帝並沒有說生命之樹的果子不能吃，如果他們先吃了生命之樹的果子，再去吃智慧之樹的果子，他們就和上帝一樣有

智慧，而且不會死，上帝恐怕也就拿他們沒什麼辦法了。

2. 試問：布魯巴赫是否窮盡了教育哲學能夠研究的普遍性教育問題？
1955年，美國著名教育哲學研究者布魯巴赫界定了教育哲學能夠
有所作為的六大普遍的教育問題。

(1)對教育不確定性的焦慮；

(2)對教育目的的模糊、衝突，以及多變的關注；

(3)缺乏嚴格品質標準的信念；

(4)教育在民主社會中扮演角色的不確定性；

(5)對於教育給予學生太多自由，以致不能培養他們對權威和管理
的尊重的關注；

(6)對於學校教育過於世俗化而忽視宗教的擔心。

3. 教育哲學的學科性質與特徵是什麼？

4. 教育哲學可以怎樣加以分類？

學術動態

「什麼是教育哲學？」這是絕大多數教育哲學研究者不得不思考
的問題。因此，當代教育哲學研究者大都對教育哲學是什麼進行過回
答。

一些學者是從教育與哲學關係的角度思考。例如：「馬克思主義
教育哲學是馬克思主義哲學在教育領域中諸問題的擴展與應用」[66]；
「教育哲學是介於教育學和哲學之間具有相對獨立性的交叉學科，
在教育科學群體中，是一門分支學科；在哲學群體中，它是應用學
科」[67]；教育哲學是「應用哲學觀點、態度和方法研究教育的一門科

---

[66] 張騰霄，什麼是教育哲學[J]，中國人民大學學報，1994(5)：63-68。

[67] 陳正夫，教育哲學與21世紀教育[J]，南昌大學學報：社會科學版，1995(9)：
25-30。

學」[68]。

　　也有一些學者沒有直接從教育與哲學關係的角度進行回答，而是接受來自哲學的啟發，以較為隱蔽的方式回答了教育哲學是一種什麼樣的學問。例如：教育哲學是關於「窮理盡性」的學問，教育哲學是關於構建必要的教育烏托邦的學問，是關於「始終保持心靈的自由思考」的學問[69]；「教育哲學是啟迪人智慧的學問，是弘揚教育精神的學問，是關於教育信念的學問」[70]；「教育哲學首先是一種哲學的活動，是對教育作哲學之思、『愛智慧』之思，對教育的真摯與智慧表現出強烈的熱愛與追尋」[71]。

　　還有一些學者從確定研究對象的角度對教育哲學進行定義：一是教育哲學是「一門以教育中基本的、總括性的問題為研究對象的學科」[72]，「教育哲學的對象……為教育的普遍規律及其一般應用」[73]。二是「教育價值」說認為「教育哲學應以教育領域中的價值問題為其獨特的研究對象」[74]。三是「思存關係」說，認為「教育哲學要研究教育領域中思維和存在的關係問題」[75]，要研究教育思想、觀念、理論與實踐的關係。臺灣出版的《雲五大辭典》認為：「教育哲學的定義是：①探討教育的基本概念和原理；②解釋教育的意義和

---

[68] 靖國平，教育哲學三題[J]，湖北大學成人教育學院學報，1999(3)：48-51。

[69] 陶志瓊，什麼是教育哲學的特質[J]，寧波大學學報：教育科學版，2003(8)：5-8。

[70] 劉文霞，教育哲學應有的意蘊[J]，教育研究，2001(3)：29-32。

[71] 劉鐵芳，教育的沉淪與教育哲學的使命[J]，教育理論與實踐，1999(1)：11-13。

[72] 崔相錄，二十世紀西方教育哲學[M]，哈爾濱：黑龍江教育出版社，1989：2。

[73] 田玉敏，當代教育哲學[M]，天津：天津社會科學院出版社，1991：6。

[74] 王坤慶，現代教育哲學[M]，武漢：華中師範大學出版社，1996：54。

[75] 桑新民，呼喚新世紀的教育哲學[M]，北京：教育科學出版社，1993：28。

價值；③解決教育理論和實施中的困難和矛盾。」[76]這個概括則把以上三種主張全部囊括了進來。

參考文獻

R. S. Peters, The philosophy of education [M]. Oxford: Oxford University Press, 1973.

王坤慶，教育哲學——一種哲學價值論視角的研究[M]，武漢：華中師範大學出版社，2006。

石中英，教育哲學[M]，北京：北京師範大學出版社，2007。

伯特蘭·羅素，西方的智慧——從社會政治背景對西方哲學所作的歷史考察[M]，溫錫增譯，北京：商務印書館，1999。

吳俊升，教育哲學大綱[M]，上海：商務印書館，1934。

亞里斯多德，亞里斯多德全集：第7卷[M]，苗力田譯，北京：中國人民大學出版社，1993。

奈爾·諾丁斯，教育哲學[M]，許立新譯，北京：北京師範大學出版社，2008。

柏拉圖，柏拉圖全集：第二卷[M]，王曉朝譯，北京：人民出版社，2003。

約翰·杜威，民主主義與教育[M]，王承緒譯，北京：人民教育出版社，2001。

孫正聿，哲學通論[M]，瀋陽：遼寧人民出版社，1998。

馬克思恩格斯全集：第二十三卷[M]，北京：人民出版社，1972。

莫提默·J.·艾德勒，查理斯·范多倫，如何閱讀一本書[M]，郝明義、朱衣譯，北京：商務印書館，2004。

陳照雄，西洋教育哲學導論[M]，臺北：心理出版社，2001。

陸人驥，教育哲學[M]，上海：商務印書館，1931。

---

[76] 梁沖珍，教育哲學的回顧和展望[J]，哲學動態，1997(1)：43-46。

傳統先、張文鬱，教育哲學[M]，濟南：山東教育出版社，1986。

黃濟，教育哲學通論[M]，太原：山西教育出版社，1998。

黑格爾，哲學史講演錄：第一卷[M]，賀麟、王太慶譯，北京：商務印書館，1983。

溫明麗，教育哲學──本土教育哲學的建立[M]，臺北：三民書局，2008。

維根斯坦，哲學研究[M]，陳嘉映譯，上海：上海人民出版社，2001。

第二章

教育哲學的歷史與現狀

內容摘要

　　本章將介紹西方和中國教育哲學的發展歷史。西方教育哲學的發展主要經歷了前學科時代、學科誕生與初始發展時代、學科多元發展時代及學科反思時代。中國教育哲學誕生在民國時期，主要經歷了引進階段、初創階段和成型階段，並在教育哲學體系上呈現出「百家爭鳴」的局面。新中國成立後，大陸教育哲學的發展主要展現在1979年以後，教育哲學進入了新的發展時代；與此同時，臺灣教育哲學在傳承民國時期大陸教育哲學的基礎上繼續前進。本章還介紹了教育哲學發展的新趨向和新任務。

學習目標

1. 瞭解中國和西方教育哲學發展的基本階段，以及不同階段的特點。
2. 瞭解不同階段教育哲學發展面臨的問題，熟悉教育哲學發展的基本脈絡。

關鍵詞

西方教育哲學　中國教育哲學　學科發展

第一節　西方教育哲學的歷史與現狀

自人類有了教育實踐活動，就有了教育哲學的思想。但作爲一門學科，教育哲學尚屬年輕。雖然作爲學科的教育哲學發展歷史並不長，但縱觀古今中外，仍產生了非常多的教育哲學思想，這些思想也可被劃分爲各種派別，教育哲學發展史也可以被劃分爲諸多不同的階段。

一、教育哲學的前學科時代

在教育哲學這個學科沒有誕生以前，教育哲學的觀念就已經存在了，因此，這個時期可稱爲「前學科時代」。教育哲學的觀念與人類教育實踐活動同步產生。當人類把自己的生產生活經驗，關於神的、祭祀的知識以口耳相傳的方式傳遞給年輕一代的時候，他們就開始思考到底應該傳遞些什麼呢？這就涉及什麼知識最有價值的問題。顯然，這是個哲學問題。這個問題一直延續到今天，人類的知識累積到今天發展的高度，問題的形式也就轉變爲兒童在學校教育中到底要學習哪些知識呢？再例如，爲什麼要懲罰兒童呢？中國古代和西方古代都是強調懲罰的，在學校裡，學生犯了錯便要被懲罰。這與哲學對人的看法密切相關。比如，基督教故事中說人生來就有罪，原罪來自於亞當和夏娃違背了上帝的命令，偷吃了樹上的果子。這是宗教故事，但卻傳遞給人們這樣一種觀念，那就是人是有罪的。所以在宗教占統治地位的時候，對兒童實行棍棒教育是理所當然的。所以，人類有了教育活動，就有了教育哲學的觀點。

在前學科時代，無論是在古代中國與古代西方，教育哲學就是教育思想，所以，前學科時代的教育哲學史就是教育思想史。

二、教育哲學學科的誕生

杜威在其《民主主義與教育》中認爲，歐洲哲學是在教育的直

接壓力下起源的。[1]哲學由於教育的需要而產生，哲學產生之後，與教育有機結合產生了教育哲學。據美國教育史學家孟祿（Paul Monroe, 1869-1947）主編的《教育百科全書》（*Encyclopedia of Education*）[2]記載，美國紐約州立大學於1832年開設了教育哲學講座（a chair of the philosophy of education），一般認爲，這是教育哲學作爲大學課程的開端。1848年，德國哲學家洛森克蘭茲（J. K. F. Rosenkcranz, 1805-1879）出版了《教育學的體系》，經美國女教育家布萊克特（A. C. Brackett, 1836-1911）於1886年譯成英文，取名《教育哲學》，被公認爲第一本教育哲學著作。對於教育哲學產生初期的影響力至大者，中國教育學者范壽康（1896-1983）在其《教育哲學大綱》「自序」中作出這樣的評論：「當世言教育哲學者，在德，推那篤爾普，在美，推杜威。」[3]

德國哲學家那篤爾普（P. Natorp, 1854-1924，或譯爲「那托爾普」）於1899年寫成《社會教育學》（也譯爲《哲學與教育學》），主要繼承了康德的哲學思想，從邏輯學、倫理學和美學三個方面論述了教育的問題，體系比較完整，開教育哲學體系創建的先河，對後來中國教育哲學體系的建立有一定的影響。[4]如范壽康、吳俊升等人編著的教育哲學著作，都在一定程度上參考了該書的體系和觀點。麥克文納（Macvannel）於1912年所著《教育哲學大綱》（*Outline of Course in the Philosophy of Education*），是一本眞正以

1　約翰·杜威，民主主義與教育[M]，王承緒譯，北京：人民教育出版社，2001：348-350。

2　《教育百科全書》由孟祿主編，共計五卷，分別於1911年、1912年、1913年出版。

3　范壽康，教育哲學大綱[M]／／宋恩榮，范壽康教育文集，杭州：浙江教育出版社，1989：1。

4　黃濟，教育哲學通論[M]，太原：山西教育出版社，1998：293。

哲學為基礎來闡釋教育的著作。[5]雖然這些學者以哲學為母體發表了教育哲學的系統觀點，但在學科發展史上並不被認為是教育哲學誕生的標誌。

公認的學科誕生標誌是1916年美國哲學家杜威出版的《民主主義與教育——教育哲學導論》。杜威從實用主義哲學觀點出發，探討教育之目的、方法、教材及教育價值的應用，強調教育哲學在解決教育之理論與實施所產生的矛盾與困難，以建立一套完整而有系統的教育普遍理論，其目的在改造教育、重建民主社會的理想。

三、教育哲學的學科發展伊始

教育哲學在1916年成為獨立學科後，於1920-1930年代在歐洲和北美開始了初步的發展。這一時期的教育哲學向哲學靠攏，用哲學的語言說教育的問題。當時歐洲和北美正處在社會轉型期，各個民族國家實現了民族獨立，大力發展工商業，實現了從農業社會向工商業社會的轉型。因此，這個時期出現了各種各樣「主義」式的規範教育哲學。

這一時期的規範教育哲學也稱為「傳統教育哲學」，是相對於後來的分析教育哲學而言的。它多從人生觀、世界觀、價值觀的角度出發來論述教育問題，側重於理解與論證教育過程所要達到的目的及應遵循的原則，並就應該採取的方法提出建議。[6]這種教育哲學無論基於哪一種目的，都是在制定規範，所以，「應該」一詞經常出現在這種教育哲學文獻中。[7]規範教育哲學家大都從自己的哲學立場出發，

5　伍振鷟主編，《教育哲學》[M]，臺北：師大書苑有限公司，1990：37。

6　石中英，20世紀英國教育哲學的回顧與前瞻[J]，比較教育研究，2001(11)：1-5。

7　尚致遠、范國睿，新世紀教育哲學的使命：批判與創新[J]，教育理論與實踐，1999(4)：25-31。

從自己的生活和教育實踐出發，從哲學的形而上學、知識觀、價值觀等出發，演繹出教育哲學的相關思想，爲教育提供目的和原則，指導教育科學和教育實踐，規範教育的價值指向。規範教育哲學指向教育現實，規範教育哲學家都希望對現實的教育生活有所影響和引導，進而改造社會。規範教育哲學有很多流派，例如：進步主義、永恆主義、要素主義、改造主義、新行爲主義。這些派別的教育哲學都是從一定的哲學出發，闡明對教育目的、課程與教學方面的基本主張。

四、教育哲學的發展

1950-70年代，分析教育哲學興起，教育哲學發展進入了一個新時期。

這一時期，教育哲學與哲學一樣，受到現代科學重視精密性、傳統規範哲學很難建立系統理論等原因的影響，哲學開始重視語言分析，教育哲學也開始對教育問題、概念等作語義及邏輯的分析。分析教育哲學產生於現代分析哲學。分析哲學認爲，哲學家不應該誇大自己的功能，妄想掌握眞理、定奪價值。在掌握眞理方面，哲學無法取代科學；在定奪價值方面，只是哲學家個人意見、甚至是情緒好惡的表達。[8]那麼，哲學的功能是什麼？分析哲學的回答是：「對於語言文字命題的檢查。」在「拒斥形而上學」的口號下，分析哲學致力於對日常語言（自然語言）或人工語言（符號語言）進行邏輯分析，分析概念與命題的語詞和句子的意義，使概念與命題明晰。分析教育哲學就是運用這種分析方法「清掃教育哲學的馬廄」[9]。1956年，《哈佛教育評論》出版了以「教育哲學的目的和內容」爲題的專輯（第26期），討論的結果是，教育哲學的任務不再是制定規範、提出準

8　簡成熙，教育哲學：理念、專題與實務[M]，臺北：高等教育文化事業有限公司，2004：32-33。

9　陳桂生，「教育哲學」辨[J]，教育評論，1995(5)：5-8。

則，而是對教育概念、語言進行邏輯分析。因而，分析教育哲學並不像傳統的規範教育哲學那樣要探討教育中的形而上學和價值論問題，它側重於對知識論問題的研究，致力於概念的釐清，比如對於「教育」、「教學」、「知識」、「教育人」等教育中的基本概念分析。分析教育哲學的目標，就是要從邏輯上弄清楚與教育有關的哲學爭論問題，對教育上的各種主張進行邏輯分析，以促使人們對這些爭論的問題有所理解，對各種教育概念堅持批判的態度，以及對傳統的或者當代的教育哲學理念作進一步的闡明。[10]例如，英國教育哲學家彼得斯於1967年出版的《教育的概念》一書，對教育概念進行了分析，提出了三大規則，即第一，合價值性：當我們論及「教育」一詞時，就蘊含著傳遞一些合理價值之事物。但是教育的合價值性並不是教育的外在目的。第二，合認知性：所謂受教育的人，正代表著能廣泛地理解事物，面對價值抉擇能作合理的判斷，並以理性來節制情緒。第三，合自願性：缺乏受教育者主動學習意願的教育，是不能被稱為教育的。可以說，分析教育哲學大大地提高了教育哲學的地位，在哲學系裡也出現了教育哲學教授的席位。在當時的英國大學裡，哲學系教授的席位幾乎沒有人是研究教育哲學的，但是分析教育哲學出現以後，這種狀況就發生了改變。[11]然而，分析教育哲學是有侷限性的。雖然分析教育哲學試圖透過清理思想服務於教育實踐，但是依然很難如傳統的規範教育哲學那樣提出有指導意義的主張。傳統教育哲學是在教育過程之外，透過探討人性、社會的價值觀念，提出教育過程與教育目的的標準；而分析教育哲學是深入教育過程之內，對教育過程中經常觸及的概念、命題等加以審視以至明晰。但分析教育哲學在研究技術上排斥了關於教育價值和社會問題的研究，「概念的大掃蕩」（conceptual mopping up）並沒有真正地做到清思，人們不得不放棄

---

[10] 詹棟樑，教育哲學[M]，臺北：五南圖書出版公司，1990：683。
[11] 邱兆偉主編，教育哲學[M]，臺北：師大書苑有限公司，1997：183。

透過純粹的語言來建立教育的基本準則這一強硬的立場，而後期分析教育哲學中的日常語言學派也僅僅是修正了概念的用法，無法對概念作徹底的清思。[12]面對教育實踐中的現實問題，分析教育哲學也只能是「紙上談兵」。因此，分析教育哲學之後，有很多學者再次提出了「教育哲學是實踐哲學」的命題。

五、教育哲學的反思階段

1970年代以後，隨著存在主義和後現代主義哲學的興起，教育哲學進入了發展的新階段。

存在主義強烈地批判由技術和戰爭統治的世界，把人的生存困境和人的貶值揭露得淋漓盡致。法國著名的存在主義哲學家沙特（Jean-Paul Sartre, 1905–1980）說，「存在先於本質」，他認為人是其存在先於本質的一種生物，人的一切不是預先規範好的，而是在日常行動中才形成的。沙特有句名言：「行動吧！在行動的過程中就形成了自身，人是自己行動的結果，此外什麼都不是。」在教育方面，存在主義者反對片面的專業化教育，反對把學生變成專業工匠，主張注重人文學科，認為以教材為中心的教育是一種「非人格的知識專制」，主張個別化教學。存在主義教育哲學在德國以海德格爾（Martin Heidegger, 1889–1976）、雅斯貝爾斯（Karl Theodor Jaspers, 1883–1969）為代表，在法國以沙特為代表，在美國以內勒為代表。

後現代主義哲學以反對絕對、反對霸權、反對知識的確定性、反對啟蒙運動以來的「進步」和「理性」為思想特徵，在1960年代以後成為顯赫的學問。後現代主義以其批判性迅速地在各文化陣營擴散，反映在教育哲學領域，主要就是對傳統知識觀的「解構」，對傳

---

[12] Roel van Goor, Frieda Heyting and Gert-Jan Vreeke. Beyound foundations: Sign of a new normativity in philosophy of education [J]. Educational Theory, 2004 (2): 176.

統教育哲學屬性的「解構」。後現代主義的教育哲學反對排斥他者，鼓勵多樣，尊重差異，開發歧見，提倡對話和交流。[13]法國後現代主義者利奧塔（Jean-Francois Lyotard, 1924−1998）在《後現代狀態：關於知識的報告》中，對知識的普遍性、客觀性加以否定，提出了要敏感於知識的非中立性。他認為，知識應該包括科學知識與敘述知識，而現代主義對科學知識的過度重視，導致忽略了其他形式知識的合法性及重要性。這兩種知識都與權力有關，也與特定的社會有關。「知識與權力是一個問題的兩個方面，問題是由誰決定知識，以及知識需要決定什麼？」[14]另外，利奧塔也論及知識的價值性。知識的累積和學習是因為知識會給我們帶來報酬，擁有知識就意味著擁有權力。總體而言，法語系統的後現代主義教育哲學的論調較為消極和否定，傅柯（Michel Foucault, 1926−1984）的思想，對後現代教育哲學產生了較大的影響，知識考古學的方法影響了教育學的學術研究。美國後現代主義教育哲學卻要緩和得多，其主要代表人物是羅蒂（Richard Rorty, 1931−2007）和伯恩斯坦（Richard Bernstein, 1932−），他們又被稱為新實用主義。羅蒂認為，語言及社會制度事實上都是人類的偶然創造。既然這樣，一切就都有可能改變。傳統的哲學始終在努力追求必然性、普遍性的實體概念，然而，我們面對的真實卻是偶然的、反常的、無法確定的，也是由不斷的經驗累積的。人類思想的多元性，無法綜合統一在一個哲學理論之下，具有圓融整體的本質性。因此，我們需要人類的容忍。[15]後現代的美國教育學者認為，傳統的教育哲學已經不能提供正當性的標準了。因為從哲學觀點演繹而來的教育哲學文本提供的標準可能都是和權力聯繫在一起

---

[13] 石中英，教育哲學導論[M]，北京：北京師範大學出版社，2002：26。

[14] 利奧塔，後現代狀態：關於知識的報告[M]，車槿山譯，北京：生活・讀書・新知三聯書店，1997：14。

[15] 邱兆偉主編，教育哲學[M]，臺北：師大書苑有限公司，1997：251。

的，與權力聯繫在一起的標準已經無法保持正當性[16]。教育哲學的批判性只能幫助人們提高警覺，保持對文本提供的知識和進行某一選擇可能帶來結果的警醒。因此，教育哲學進入相對主義時代，不能提供永恆眞理，只能透過激發人們的思考來發揮作用。美國學者認爲，他們當前的教育哲學受到後現代主義、實用主義和社會建構主義的影響，已經偏離了柏拉圖式找尋永恆的「善」這一目的[17]，沒有人再來關注柏拉圖的形而上學、休謨的認識論[18]。所以，以政治哲學和社會哲學爲思想基礎的各種的批判理論在1990年代非常流行，它們對教育實踐中各種各樣的現象都提出質疑，對教育公平、民主等理念進行重新闡釋。

起源於馬克思和恩格斯理論的批判理論，也是當今教育哲學研究的重要領域。這一領域的發展脈絡大概可以被勾畫爲以馬克思恩格斯爲理論源頭，英國的文化研究、法蘭克福學派的批判理論、源於保羅·弗雷勒（Paulo Freire, 1921–1997）的批判教育學理論都是對馬克思主義教育觀的發展。「最近世界範圍內關於全球化、教育和商業模式對教育潛在影響的討論，顯示了馬克思主義觀點對今天的教育哲學和教育實踐的持續關聯和重要性。」[19]當代的批判理論研究者以保羅·弗雷勒的被壓迫者教育學爲思想源頭，提出了許多富有批判性的觀點，主要代表人物有吉魯（Henry Giroux, 1943–）、馬賽多（Donaldo Macedo, 1950–）、麥克萊倫（Peter McLaren, 1948–）、艾普爾（Michael Apple, 1942–）等，他們也被稱爲新馬克思主義

---

[16] Nicholas C. Burbules. A half-century of educational theory perspectives on the past, present, and future [J]. Educational Theory, 2000(3): 208.

[17] Timothy L. Simpson and James Scorrt Johnston. Eros between Plato and Garrison: Recovering lost desire [J]. Educational Theory, 2002(2): 223.

[18] René Vincente Arcilla. Why aren't philosophers and educators speaking to each other? [J]. Educational Theory, 2002(1): 10.

[19] Randall Curren，教育哲學指南[M]，彭正梅等譯，上海：華東師範大學出版社，2011：223，224。

者。他們的研究視角包括性別、種族、階級多元文化、女權主義、後結構主義等。有研究者評論，「這些新馬克思主義者的教育觀點也受到保守主義者的激烈挑戰，不過，今天的教育領域仍是一個富有爭議的舞臺，其中新馬克思主義的觀點是一股反對的力量。」[20]

分析教育哲學衰落之後，近年來呈現出新的發展趨勢，即轉向與歐陸哲學對話、轉向與傳統教育哲學融合和轉向公共教育哲學研究。[21]其實，透過分析《教育哲學研究》（*Journal of Philosophy of Education*）近幾年的研究主題，就能對西方教育哲學最近這些年的發展作一概括性的梳理。從中可以發現，西方教育哲學已逐漸擺脫了分析哲學的束縛（當然並不是完全擺脫，其影響依然可見），由過去怎麼去認識教育，轉而探討在教育中該怎麼做，開始直視教育領域中的各種具體實踐問題。西方教育哲學近幾年關注的教育領域內的各種實踐問題，具體來講包括教育政策[22]、學校[23]、教師[24]、學生[25]、課程[26]、教育改革[27]、高等教

[20] 同註19。

[21] 李賢智、楊漢麟，英國分析教育哲學的發展與走向[J]，外國教育研究，2008(10)：4-5。

[22] Charles Clark. Education (al) research, educational policy-making and practice [J]. Journal of Philosophy of Education, 2011(45): 37.

[23] Ben Colburn. Responsibility and school choice in education [J]. Journal of Philosophy of Education, 2012(46): 207.

[24] Finn Daniel Raaen. Autonomy candour and professional teacher practice: A discussion inspired by the later works of Michel Foucault [J]. Journal of Philosophy of Education, 2011(45): 627.

[25] Elizabeth Staddon & Paul Standish. Improving the student experience [J]. Journal of Philosophy of Education, 2012(46): 631.

[26] Nadia Kennedy & David Kennedy. Community of philosophical inquiry as a discursive structure, and its role in school curriculum design [J]. Journal of Philosophy of Education, 2011(45): 265.

[27] Terri S. Wilson. Small schools and strong communities: A third way of school reform

育[28]、職業教育[29]、教師教育[30]、道德教育[31]、公民教育[32]、宗教與教育[33]、社群與教育[34]，以及教育與政治[35]、經濟[36]的關係等。除了關注教育領域中的實踐問題，西方教育哲學也關注教育中的理論問題，如教育目的[37]、教育公平[38]等，並對其進行了一些形而上的思辨與探討。西方教育哲學目前正處於研究範式的轉換當

[J]. Journal of Philosophy of Education, 2012(46): 305.

[28] Patrick Giddy. Why theology can and should be taught at secular universities: Lonergan on intellectual conversion [J]. Journal of Philosophy of Education, 2011(45): 527.

[29] Carsten Schmidtke & Peng Chen. Philosophy of vocational education in China: A historical overview [J]. Journal of Philosophy of Education, 2012(46): 432.

[30] Alis Oancea & Janet Orchard. The future of teacher education [J]. Journal of Philosophy of Education, 2012(46): 574.

[31] Anders Schinkel. Huck Finn, moral language and moral education [J]. Journal of Philosophy of Education, 2011(45): 511.

[32] Christopher Winch. Vocational and civic education: Whither British policy? [J]. Journal of Philosophy of Education, 2012(46): 603.

[33] Stephen J. Mckinney. Is religious education possible? [J]. Journal of Philosophy of Education, 2011(45): 37.

[34] Suzy Harris. The university's uncommon community [J]. Journal of Philosophy of Education, 2012(46): 236.

[35] Daniel Vokey. Education, politics and religion: Reconciling the civil and the sacred in education [J]. Journal of Philosophy of Education, 2012(46): 149.

[36] Tat Gilead. Education and the logic of economic progress [J]. Journal of Philosophy of Education, 2012(46): 113.

[37] Atli Hardarson. Why the aims of education cannot be settled? [J]. Journal of Philosophy of Education, 2012(46): 223.

[38] Gina Schouten. Fair educational opportunity and the distribution of natural ability: Toward a prioritarian principle of educational justice [J]. Journal of Philosophy of Education, 2012(46): 472.

【專欄2-1】
英語系國家主要教育哲學研究學會及期刊

教育哲學研究學會	大英教育哲學學會（The Philosophy of Education Society of Great Britain）	美國教育哲學學會（The Philosophy of Education Society）	加拿大教育哲學學會（Canadian Philosophy of Education Society）	澳大拉西亞（指澳大利亞、紐西蘭及其附近南太平洋諸島嶼）教育哲學學會（Philosophy of Education Society of Australasia）	教育哲學家的國際網絡（The Internation Network of Philosophers of Education）
學會簡介	·成立於1964年 ·宗旨：為公共利益提升教育哲學的地位和教學 ·目前學會主席Richard Smith（University of Durham）	·成立於1941年[39] ·宗旨：促進教育實踐、改善與研究的哲學性解決；提升與改進教育哲學的教學；培養哲學家、教育哲學家和教育之間富有成效的關係 ·目前學會主席Kenneth Howe（University of Colorado）	·成立於1972年[40] ·宗旨：在加拿大建立和保持對教育哲學方面感興趣的交流，提供討論和教育方面的平臺、鼓勵專題研究和教育哲學的研究及教學 ·目前學會主席Douglas Simpson（Texas Christian University）	·成立於1970年 ·宗旨：推進與提升教育學研究和教學；採用包容性方式對待教育中的哲學工作；歡迎各種理論傳統與視角對社會生活的貢獻 ·目前學會主席Peter Roberts（University of Canterbury）	·成立於1988年 ·宗旨：①促進教育領域內不同思想學派之間更好的理解；②促進成員間的訊息交流；③鼓勵合作與交流、資料交流和合作出版 ·目前學會主席Paul Smeyers（Ghent University & University of Leuven）
期刊名稱	《教育哲學期刊》（Joural of Philosophy of Education）	《教育理論》（Educational Theory）	《文化》（Paideusis）	《教育哲學與理論》（Educational Philosophy and Theory）	《哲學與教育研究》[41]（Studies in Philosophy and Education）

39　Ben-Peretz, M., Brown, S., & Moon, B. (Eds.). Routledge international companion to education [M]. New York: Routledge, 2000: 7, 8.

40　同上註。

41　2008年後，學會期刊改為《倫理與教育》（Ethics and Education）。由於《哲學與教育研究》仍舊存在，並且影響仍舊較大，且《倫理與教育》更專於探討教育的倫理方面，故此處仍舊推介《哲學與教育研究》，但需注意此刊現已不是教育哲學家的國際網絡所屬刊物。

期刊簡介				
・同行評審學術期刊／2014年SSCI期刊 ・季刊／Wiley-Blackwell出版 ・旨在發表貢獻於教育哲學作為一門主要學科的未來的哲學問題研究論文；每年四期中會有一期為特定主題，並以專著形式出版 ・旨在促進教育問題的嚴謹思考者、辯證的意識型利型塑教育及意識理論的態度；涉及倫理、政治、美學和認識論諸角度	・同行評審學術期刊／2014年SSCI期刊 ・雙月刊／Wiley-Blackwell出版 ・旨在發表貢獻於教育基礎或關於教育進步的有關的系統哲學學術文章和研究論文；致力於教育理論的持續發展，鼓勵教育問題廣泛而有效的探討 ・尋求表達既基於學科性又交叉表達跨學科的學問	・同行評審學術期刊／一年兩期／2006年1月成為在線期刊形式http://journals.sfu.ca/paideusis/index.php/paideusis/index ・鼓勵富有想像力的哲學探討，歡迎哲學傳統的哲學討論、方法和實踐有關教育目的、方法和倫理面向、課程理論、教學、和教育的持續發展，鼓勵廣泛的教育問題理論方面的研究；該刊為總體上未看、但尋求表達既基於學科性又交叉表達跨學科的研究（但為兩為類綜合性刊）	・同行評審學術期刊／Routledge出版 ・月刊＋兩期特刊 ・關心教育哲學的所有方面，也感興趣其他領域的純研究（pure research）或應用研究（applied research）；有意拓展教育哲學與專業教育實踐、其他一些教育學科的對話；鼓勵和藝術科學中相關領域的稿件和來自專業教育研究者的稿件	・同行評審期刊／2014年SSCI和A&HCI42 ・雙月刊／Springerlink出版 ・關注教育研究、政策和實踐的哲學研究、理論的或規範的和概念的問題和議題；有時候以「單一主題」（single issue）的形式專門探討具有教育或哲學重要性的主題 ・增進全球範圍內，哲學家、教育哲學家、其他一些教育社會科學研究者以及政策制定者的交流與合作

註：英語系國家以教育哲學論文作為刊載對象的期刊，主要有大英教育哲學學會的《教育哲學期刊》、美國教育哲學學會的《教育理論》、澳大拉西亞教育哲學學會的《教育哲學與理論》，以及教育哲學家的國際網絡的《哲學與教育研究》。43 此處所整理的英語系國家主要教育哲學研究學會及期刊，在林仁傑、陳伊琳兩位博士《英語系國家四大教育哲學期刊比較表》44 基礎上進行了資訊的更新和資訊的要點增刪，並增補了加拿大教育哲學學會及其同行評審期刊及國際教育哲學研究之介紹，以滿足讀者求索國際教育哲學研究之查詢方便需要。

42 SSCI即社會科學引文索引，A&HCI即藝術與人文引文索引，均為參考期刊權威性的指標。

43 林仁傑、陳伊琳，英語系國家唯一SSCI教育哲學期刊——《教育哲學雙月刊》近五年（2000~2004）論文內容分析[J]，教育資料與研究雙月刊，2005(66)：131~132，142~143。

44 同註43。

中，因此，如果用某種特定的標籤為當前處於不斷變化和發展中的西方教育哲學作一標注，未免欠缺考慮。

值得注意的是，這種對西方教育哲學發展階段的劃分，並不意味著它們之間存在著後者取代前者的關係，它們相互之間只是一定時期內主流與非主流的關係。在任何一個時期，各種主張與派別都是並生並存的，即使是在當代，各個派別都各有一批學者支持並發展著各自的理論，且對中國的教育哲學發展產生重要影響。

第二節　中國教育哲學的研究

在中國，現代意義上的教育學是舶來品，教育哲學同樣也不是本土產生的。縱觀中國教育哲學的發展，大體分為兩個時期：一是民國時期教育哲學的發展；二是新中國成立後，大陸教育哲學和臺灣教育哲學的發展。

一、中國現代教育哲學的出現及構建——民國時期教育哲學的發展（1919-1949）

王國維是中國現代意義教育哲學發展的第一人。在教育哲學的研究中，王國維說，「哲學，教育學之母也」，他提出教育的目的在於培養身心和諧發展的「完全之人物」，要求個人的智力、意志、情感方面實現真、善、美的境界，並在康德、叔本華的哲學思想中尋求哲學根據。當然，教育哲學作為一門學科在中國的出現，與杜威是密切相關的。

專欄2-2
杜威與中國教育哲學的發展

　　1919年五四運動前夕，美國著名教育家杜威來華講學兩年多。由於杜威在各地演講多以其《民主主義與教育》為藍本，而《民主主義與教育》一書的副標題是「教育哲學導論」，因此，在各地的講演也常常被稱為「教育哲學講演」。於是，「教育哲學」一詞開始為中國教育學界所認知，揭開了教育哲學在中國發展的序幕。

資料來源：杜威，杜威五大講演[M]，胡適口譯，合肥：安徽教育
　　　　　出版社，2005：85。

(一)民國時期教育哲學的發展階段

1. 引進階段（1919-1922）

　　從1915年開始，中國掀起了一場規模巨大、時間持久的新文化運動。這場運動透過輸入和攝取西方文化與西方哲學並對中國的封建傳統文化和傳統哲學進行批判，使民主、科學的觀念在中國的土地上扎根並發展壯大。同時，在教育界產生了軍國民教育、實利教育和實用主義教育思潮。在這樣的社會背景下，杜威的教育哲學思想在一定程度上適應了中國社會的發展需要，於是，1919年杜威在華演講，使其教育哲學思想在中國迅速傳播開來。國內的教育家受杜威思想的刺激，開始研究教育哲學。因此，這一階段出現了許多有關杜威教育哲學思想的研究論文，同時，杜威在華的演講也被譯成不同版本而廣泛傳播，尤其以其學生胡適和陶行知的宣傳作用為大。

　　胡適於1919年春在《新青年》、《新教育》上，先後發表了

〈實驗主義〉、〈杜威哲學的根本觀念〉、〈杜威的教育哲學〉。[45] 透過這些文章的介紹，杜威的實用主義在中國得以熱烈傳播。

杜威在華講學前後，陶行知先後發表了〈試驗主義之教育方法〉、〈試驗主義與新教育〉、〈介紹杜威先生的教育學說〉、〈試驗教育的實施〉、〈新教育〉等文章，相當有系統地介紹杜威的教育哲學思想。

這一時期出版的著作還有杜威講演、金海觀等筆記形成的《杜威教育哲學》（商務印書館，1921年版），杜威講演、常道直編譯的《平民主義與教育》（商務印書館，1922年版）。

這一時期教育哲學的引進，相對其他教育學科的引進，有以下三個特點：第一，引進時間晚：教育學這門學科最早由王國維於1901年引進，同時他在其〈論教育之宗旨〉（《教育世界》，1903年8月）、〈述近世教育思想與哲學之關係〉（《教育世界》，1906年7月）中較早地闡述了哲學與教育的關係，提出哲學是與教育學有相互關係之學，哲學是教育學之母。但直到1919年杜威來華演講後，教育哲學才作為一門學科被引入中國，這之間竟晚了近二十年。第二，直接從美國引進：教育學這門學科最初是透過翻譯日文間接引入中國的，而教育哲學的引進從一開始就是從美國引進。其主要原因是杜威的演講以及胡適、陶行知等學者的宣傳，使杜威的教育哲學思想迅速在中國傳播；而當時日本的教育哲學也處於「貧窮」階段，日本受德國影響較深，並未採用美國教育哲學的內容。第三，引進數量少、影響範圍小：當時中國引進和研究的教育哲學，「大都不出於杜威一派的教育哲學之範圍。」

2. 初創階段（1923-1926）

教育哲學的引進確立了教育哲學在中國建立的基礎，揭開了教育哲學在中國發展的序幕。教育哲學作為一門重要的基礎理論學科進

---

[45] 這些文章都收錄於《胡適文存》第一集第二卷。

入大學教育體制中，始於南京高等師範學校。南京高等師範學校最早開設了教育哲學課程。於是，中國開始出現專門研究教育哲學的學者、開始編寫教育哲學著作和教材，主要有范壽康著《教育哲學大綱》（商務印書館，1923年版）、胡國任〈教育哲學〉講稿（《教育叢刊》，1923年第四卷第五集）、李石岑[46]著《教育哲學》（商務印書館，1925年版）、蕭恩承著《教育哲學》（商務印書館，1925年版）等。《教育哲學大綱》是范壽康分別研究了教育和哲學問題之後，試圖將教育與哲學有系統地聯繫起來，對教育哲學進行初步系統化分析和闡述的心得之作。全書共六章，即：導言、教育哲學、教育論理學、教育美學、教育倫理學和結論。它的出版標誌著中國學者初步創建了教育哲學學科。這一時期，有的學者開始譯介西方的教育哲學著作，如B. H. Bode著、孟憲承譯述的《教育哲學大意》（*Fundamental of Education*, 1921）（商務印書館，1924年版）。

這一時期，教育哲學的研究主要有以下特點：第一，當時教育哲學研究並沒有僅僅停留在翻譯西方的教育哲學著作，而是開始引用西方教育哲學話語闡釋教育哲學思想，具備了教育哲學本土化的端倪。第二，出現了專門研究教育哲學的學者，以及有影響的教育哲學專著。研究者們從教育學的一些概念或者是哲學的概念出發，對教育哲學問題展開論述和研究。第三，更多的西方教育哲學著作被引入中國。愈來愈多的學者開始關注西方教育哲學的研究進展，愈來愈多的著作被及時地譯成中文出版或發表在有關教育雜誌上。

3. 成型階段（1927-1949）

從1927年開始，針對外來教育學不能很好地解決中國教育問題的狀況，一批中國學者開始試圖以一種現實主義的態度探索教育學在中國的發展道路，提出要在「介紹外國教育文化的理論和實際」的同

---

[46] 李石岑（1892-1934），湖南人，著有《教育哲學》一書，1925年出版。

時，「創造獨立的教育理論和方法」[47]。這一階段也可稱為「教育哲學的中國化」繁榮階段。

學術界圍繞「中國教育哲學之方向」展開了辯論。1928年和1929年，邱椿[48]發表了《教育哲學的新生命》（文化社出版）和《教育哲學的歷史哲學》（《教育研究》，第13期），提出教育哲學就是教育價值論，要運用新唯物史觀去研究教育哲學，並開始與杜威的教育哲學脫離，形成自己的教育哲學。1930年，許崇清（1881-1969）在〈教育哲學是什麼〉一文中提出：「所謂教育學，實亦不外是一個具體的哲學。這個具體的哲學，即使叫它作教育的哲學或哲學的教育學，不然就叫它哲學也未嘗不可。所謂教育哲學，也不過是這些名稱當中的隨意一個稱呼。」許崇清還對姜琦著的《教育哲學》進行了評論。1931年，姜琦撰寫了〈中國教育哲學底派別及今後教育哲學者應取底態度和觀察點〉一文，總結了過去一段時間裡，教育哲學在中國的發展狀況，對各位學者所屬的不同教育哲學流派進行了分析。1935年，針對吳俊升發表的〈中國教育需要一種哲學〉一文[49]，姜琦撰寫了〈中國教育需要哪一種哲學〉，提出美國的實用主義、德國的國家主義、蘇俄的共產主義哲學都是其國家民族的產物，都不能作為有特殊民族的中國的哲學和教育之基礎。姜琦批評吳俊升在這個問題上含糊其詞，明確提出了「中國是一個三民主義的社會，因此，三民主義就是我們中國的哲學和教育之基礎。」[50]1937年，姜琦對張君勱的《中國教育哲學之方向》提出商榷，批評張君勱把教育

---

[47] 何炳松，本雜誌的使命[J]，教育雜誌，1934(1)：7。

[48] 邱椿（1897-1966），字大年，江西寧都人，獲得美國哥倫比亞大學博士學位。

[49] 吳俊升具體提出「中國教育需要一種哲學」，並以實驗主義與社會哲學嘗試建立中國教育哲學。

[50] 姜琦明確提出要建設中國的教育哲學，「創造一種新教育哲學以解決當前中國的社會問題」。

與哲學混為一談，雖同意張君勱提出的各派哲學和各時代文化大綜合的意見，但要明確什麼是綜合、怎樣綜合，綜合不是調和或折衷。這說明中國的教育哲學研究已開始真正意識到「中國化」的問題。中國學者愈來愈認識到教育哲學的需要，都主張「應即速建立一個中國本位或民族本位的教育哲學之理論體系，以為教育政策或教育事業的遵循基石」，中國教育哲學「務以能挽救民族危難為最高任務」。這表明中國學者在對當時中國社會和教育狀況進行比較充分的體認基礎上，逐步從簡單學習、吸收國外的教育哲學，轉向獨立地進行中國化探索。

這一階段，中國的教育哲學研究呈現出以下特點：第一，注意與中國教育實際相結合：中國學者已能初步以中國為主體，結合中國教育實踐去引進西方教育哲學。於是，中國傳統教育哲學與西方教育哲學努力地融會貫通。第二，進一步擴大了視野：教育哲學思想除繼續以美國為主進行引進外，還注意了對蘇聯、德國等教育哲學的引進。第三，譯著比例呈減少趨勢：出現這種情況，一方面直接受抗日戰爭的影響，救亡圖存的任務更為艱巨；另一方面，不少學者已經在引進的基礎上把主要的精力放在教育哲學著作、教材和講義的編寫上，他們多連結當時中國社會的實際問題來談論教育哲學問題和加工外國哲學思想。第四，教育哲學文本論述的觀點以及所參考的文獻，基本上能同步反映當時國外教育哲學研究的最新情況。更有一些作者精通多國語言，使自己的研究更加方便。第五，中國學者自身具有扎實的理論基礎，這一點表現在對本學科中出現的一些基本概念（如「教育哲學」）進行的梳理匯總上。作者的研究視野非常開闊，不再是單一地「引進」國外的教育哲學，而是真正地把自己的理解融入教育哲學知識體系的建構中。雖然距離建構嚴密的哲學體系還相當遙遠，但是這一時期文本的理論色彩已相對加深，作者的邏輯思維論證逐步有了一定的深度，在紛繁複雜的教育現象中，把握了教育哲學研究的基本問題。

(二)民國時期教育哲學發展概覽：教育哲學體系的「百家爭鳴」

霍恩在1904年出版的《教育哲學》一書中提出，教育哲學「不必企圖去標準化，因為這種標準化差不多是不可能的，而且也是不需要的。」[51]這就導致了教育哲學內容很難一致。在教育哲學學科體系的創建過程中，由於受不同哲學思想的指導，不同學者從不同的哲學視角出發，學術思想呈現了「百家爭鳴」的局面。

1. 范壽康的新康德主義

范壽康深受康德先驗哲學的影響，基於對康德哲學的認識和理解，他把哲學理解為批評的哲學，而教育學則是一門獨立的科學。他認為：「凡百科學都有共通的假定及固有的假定，而所謂哲學實乃研究這種假定的科學，所以我們也叫它做科學的科學。科學的教育學既是一種科學，當然也有根本的假定，而這種假定的研究，就非依賴這種哲學不可。」[52]顯然，范壽康對教育哲學功能的認識是深刻的，教育哲學「是檢查教育科學的根本原理及根本觀念」，是對教育中的假定這種前提性問題的認識和反省。

范壽康的《教育哲學大綱》（商務印書館，1923年版）深受德國那篤爾普的《哲學的教育學》體系的影響。那篤爾普是新康德主義教育哲學的代表，其教育哲學的主要內容包括教育認識論、教育倫理學和教育美學。他將康德批判哲學體系中劃分的真、善、美三大領域引入教育，認為教育的本質是在對真、善、美的追求中將現實的人提高到理想的人。《哲學的教育學》是一篇短小的論文，僅僅告訴人們如何建設教育哲學。范壽康據那篤爾普建設教育哲學的原則，把教育哲學分為教育論理學、教育美學和教育倫理學三個部分，進而建設了

---

[51] 陸人驥，教育哲學[M]，上海：商務印書館，1931：2。

[52] 宋恩榮，范壽康教育文集[M]，杭州：浙江教育出版社，1989：6。

一種有體系、有系統的教育哲學。據《教育哲學大綱》的廣告中說：
「本書對於教育之根本原理，自論理學、美學、倫理學三方面加以徹底的考察，至其組織嚴謹，識見獨特，比之杜威學說，迴然不同。」
以1923年范壽康出版的《教育哲學大綱》爲標誌，教育哲學在中國從教育學中分離出來，眞正成爲一門學科。

2. 楊賢江的馬克思主義

隨著馬克思主義在中國的廣泛傳播，一些目光敏銳的教育工作者在從事教育哲學研究時，或多或少地採用了馬克思主義的一些觀點。在馬克思主義教育思想的早期傳播與研究中，最主要的代表是楊賢江（又名李浩吾），其《新教育大綱》（南強書局，1930年版）是中國第一本以馬克思主義基本原理闡述教育基本問題的著作，也可以說是一本馬克思主義的教育哲學著作。《新教育大綱》一書共分爲三章，分別是教育的本質、教育的進化和教育的概觀。首先，此書根據歷史唯物主義關於經濟基礎和上層建築的關係原理，論述了教育的本質和效能。楊賢江認爲，教育是社會上層建築之一，屬觀念型態的勞動領域；教育以現實的社會經濟生活和政治爲基礎，並隨其改變而改變。但是，教育也具有對政治和經濟的反作用。其次，從唯物史觀出發，他認爲教育是由於生活和生產勞動的需要而產生的，並在勞動過程中發生、發展。再次，對各種教育思潮的分析和批判。他批評了當時教育界流行的「教育神聖說」、「教育清高說」、「教育中正說」、「教育獨立說」，以及誇大教育作用的「教育救國論」，主張革命與教育是一種互動的關係。他還尖銳地批判了以美國爲首的西方資本主義教育制度，熱情謳歌了社會主義蘇聯在教育事業方面所取得的巨大成就。《新教育大綱》在中國歷史上第一次有系統地運用馬克思主義的觀點，科學地提示了教育原理、教育與政治及經濟的關係，提出了教育的本質和作用、教師和學生的社會關係，指明了社會主義教育的方向和前景。楊賢江在傳播馬克思主義教育哲學思想、建立中國式馬克思主義教育哲學理論體系的歷史進程中，作出了先驅者的卓

越歷史貢獻。

後來，林礪儒和張栗原也同樣受馬克思主義唯物論的影響。林礪儒著的《教育哲學》（開明書店，1946年版）共六講，即：總論、教育之本質、教育目的、教育的效能、教育方法、現代教育學演進之鳥瞰。張栗原著的《教育哲學》（生活・讀書・新知三聯書店，1949年版）共七章[53]，即：導言（教育哲學的重要性、哲學與教育、教育哲學之史的考察、教育哲學的本質及其研究途徑）、教育本質論、教育目的論、教育價值論、教育方法論、當代教育哲學的主潮、當前中國的教育哲學問題。我們從中可以看出，其所構建的教育哲學體系也是以馬克思、恩格斯的辯證唯物論為指導的，也反映了中國學者運用馬克思主義哲學建設中國教育哲學的水準。

3. 姜琦的三民主義

姜琦的《教育哲學》（群眾圖書公司，1933年版）是以其在廈門大學講授教育哲學和三民主義教育的講義為基礎編寫的，共八章，分別為：緒論、教育哲學本質論、教育哲學研究方法論、教育本質論、教育目的論、教育方法論、教育價值論及結論等。其理論依據是孫中山先生的三民主義，方法論依據是唯物辯證法。姜琦明確提出：「中國是一個三民主義的社會，因此，三民主義就是中國的哲學和教育之基礎。」姜琦在自序中寫道：「我的這冊書，是以三民主義為根據出發點，使人們瞭解三民主義的中國社會所包含的種種觀念，把這種種觀念應用於教育事象——教育的本質、意義、目的、方法、價值、效果等——之上，樹立一種適合於今後的中國社會之教育哲學基礎。」「我們對於三民主義哲學的解釋，把它應用於教育事象之上，而創成一種中國教育哲學，斷非採用一種真正的科學方法——辯證法，尤其是唯物辯證法。」這在當時是極為獨特的。此外，袁公為著

---

[53] 侯懷銀，20世紀上半葉中國學者對教育哲學學科建設的探索[J]，教育研究，2005(1)：7–16。

的《三民主義教育哲學概論》（南京獨立出版社，1947年版）更加詳細地論述了以三民主義為指導的教育哲學體系。全書共五篇，即：三民主義之哲學體系、三民主義社會哲學與教育、三民主義政治哲學與教育、三民主義道德哲學與教育、三民主義知識哲學與教育。

4. 吳俊升的實用主義

到了1930年代，實用主義教育哲學在中國教育哲學思想界仍占主流地位，但學術界對其教育哲學思想並非如從前不加選擇地全盤接受，而是開始進行反思。吳俊升的《教育哲學大綱》（商務印書館，1935年版）就是一本主要立足於實用主義教育哲學、但又不囿於其思想侷限的教育哲學著作。在論述實驗主義的知識論時，他指出其「行裡求知，乃是初民社會裡的唯一學習法，在文明開化的社會，這種方法已不完全適用。在做中求學，所學不離目前需要，不出實用範圍，學得有限，對於做的貢獻也就很少」。此書以他在北京大學講授教育哲學的講稿為基礎，分為緒論、教育哲學的根本問題兩編，其中第二編又包括哲學的對象及其性質、哲學與教育的關係、教育哲學的意義及其研究法、心靈論與教育、知識論與教育、道德哲學與教育、社會哲學與教育七章。這是一本體系極為有系統、內容又極為充實的教育哲學專著。他把當時西方教育哲學所取得的成就全面地、深入地介紹給中國的教育界，在研究視角、問題提出、邏輯結構上都能給人以別具一格的印象。全書層次清楚，結構合理，為教育哲學一類著作提供了一個全新的邏輯框架。書中探討了許多重要的教育問題，提出了中肯、獨到的見解，內容豐富、論證有力。

5. 張懷的天主教教育哲學

公教（天主教）教育以神為中心、以耶穌為中心、以教會為中心來施教。明清之際的耶穌會士來華，使西方教育傳入中國。鴉片戰爭後，依仗不平等條約的庇佑，教會得以直接應用西方教育理論在中國開辦新型學校。至20世紀初期，教會形成完整的教育體系，而且幾乎遍及整個中國，大大衝擊了中國傳統教育。

　　從張懷[54]編譯《教育哲學》（北平傳信書局，1935年版）可以看到公教教育哲學在中國的影響。全書共分四章，即：第一章哲學的重要意義、第二章教育與哲學的關係、第三章公教教育哲學大意（其中包括人生哲學與教育學、公教人生哲學、公教教育學）、第四章聖教會教育的功績。

　　張懷批駁了自然主義、個人主義、國家主義與政治主義等在人生哲學上的片面性，認爲它們都是部分眞理，是對人類本性和生活零星破碎之說明，因而現代人失去了人生的目的。而公教的人生哲學是普遍主義的，是生活的、完人的科學。張懷認爲：「公教有它的教育哲學，教育目的應根據人生觀而確定，施教育要注意精神與身體整個的人生，強調身心共同的教育。」這部著作代表著一種宗教的教育哲學，儘管有著濃厚的有神論色彩，但書中強調的「精神的教育」、「精神的修養」等問題，卻很值得人們深思。

　　民國時期的教育哲學除了各個派別的典型代表思想外，還出版了諸多著作和教材，主要有瞿世英著的《教育哲學ABC》（世界書局，1929年版）、陸人驥著的《教育哲學》（商務印書館，1931年版）、王慕寧著的《教育哲學思潮概論》（華風書店，1932年版）、范錡著的《教育哲學》（商務印書館，1933年版）、余家菊著的《教育哲學》（重慶中華大學授課講義，1942年）、毛禮銳著的《民生教育哲學大綱》（國立中山大學師範學院，1943年）、傳統先編著的《教育哲學講話》（世界書局，1947年版）、江蘇各縣籌備義務教育聯合辦事處編寫的教材《教育哲學大意》，還有杜威著、鄒恩潤譯的《民本主義與教育》（*Democracy and Education*）

---

[54] 張懷（1896-1987），湖南長沙人。1921年入長沙師範學校，師從徐特立。1920年赴法國勤工儉學，後考入比利時魯汶大學，1924年獲哲學博士，1928年又獲教育科學博士。歸國後，受聘爲中央大學教授。1930年受聘爲輔仁大學教授。

（商務印書館，1928年版）、瞿菊農（即瞿世英）在哈佛求學期間編譯的《康德教育論》（商務印書館，1931年版）等。這些著作和教材的出版，在一定程度上奠定了教育哲學中國化的基礎，並宣告了教育哲學在中國的真正形成。

(三)民國時期教育哲學對中國教育發展的影響

雖然20世紀上半葉教育哲學在中國走了一條不平坦的路，人們褒貶也不一，但它對中國教育的影響卻是有目共睹的。

1. 民國時期教育哲學的發展成就

(1)確立了在中國建立教育哲學學科體系的基礎

透過教育哲學的引進，中國人民才在較短的時間內就瞭解到當時國際教育哲學發展的基本狀態，以速成的方式確立了教育哲學學科體系的初步框架。這一時期是中國教育哲學研究和發展的第一個高峰。在中國傳統教育哲學的思想基礎上，出現了實用主義、三民主義、天主教思想和馬克思主義等不同主張，表現出一定的思想自由。教育哲學作為教育的分支學科，已以不同的理論為支撐，初步形成了不同於其他學科的獨立體系，並且成為一些大學和學院開設的課程。

(2)促進了教育哲學在中國的發展以及與國外的接軌

20世紀上半葉，歐美國家的教育哲學理論已經有了一定的發展，而中國的教育哲學正處在草創階段。教育哲學在中國的發展必須要追蹤世界教育哲學的發展趨勢，西方教育哲學在中國經歷了從最初的介紹和引進，到其後的模仿和學習，再到最後結合中國國情的「中國化」過程。

(3)提供了可資借鑑的參照模式

教育哲學在20世紀上半葉的引進和發展歷程，為教育哲學在中國的發展提供了參照模式，對於瞭解國內外教育哲學的研究狀況，把握該學科的基本框架、研究對象和研究方法，催生中國的教育哲學產

生了重要影響。

2. 民國時期教育哲學發展的不足

引進國外教育哲學理論、借鑑其可取之處，對於中國教育哲學研究有積極的貢獻，本身是無可厚非的。但是，我們在引進學習國外教育哲學思想的過程中，卻存在著一定的問題。一方面，中國教育學者對國外教育哲學過分依賴。在教育哲學研究過程中，引進外國教育哲學被很多學者當成全部工作的重心，這集中表現在出現了照搬外國教育哲學模式的傾向。教育哲學研究沒有真正植根於中國社會，沒有與廣闊的中國文化背景和社會歷史背景，特別是沒有與中國教育實際緊密結合起來，並成為中國教育哲學自身建設的有機組成部分。另一方面，中國教育哲學的原創性很薄弱。模仿和學習是1920年代學者試圖在中國發展教育哲學的兩種基本方式，這種傾向直到1930-1940年代仍存在。這種模仿和學習影響了教育哲學研究者的原創意識和原創能力，導致把教育哲學的希望寄託在儘快「引進」上的傾向，使教育哲學在中國的發展缺少了對本土文化的思考。

3. 民國時期教育哲學發展對當今的啟示

回顧與反思民國時期教育哲學在中國的引進和發展，我們可以得出以下啟示：

(1)要處理好「古」與「今」的關係

中國最初依賴「進口」的方式實現了教育哲學從無到有的發展，是迫於現實的急切需要。依賴進口，在當時幾乎是唯一可行的發展策略。雖然「進口代替生產」不是發展的長久之計，但一個多世紀以來，以「謄本」的依附方式求發展卻演變成為中國教育學研究的一個傳統，這不能不說是令人心有不甘但又無可奈何的事實。中國是一個有著悠久歷史文化傳統的國家，並有多種區域文化的融合。在教育哲學思想方面，無論是關於天人關係、人性論、義利觀、知行關係等主張，還是在教育作用、理想人格、道德教化、教學等問題上的見解，有許多是我們今天教育哲學建設中有益的思想資源。但時至

今日，在中國的教育哲學研究中，中國傳統文化和傳統教育思想還多是被安置在有限的空間裡，很難找到與「現代教育哲學」對話和融通的更多機會和更廣平臺。我們要繼承傳統文化中有價值的教育哲學思想，處理好傳統教育哲學思想和現代教育哲學思想之間的關係。

(2)要處理好「中」與「外」的關係

研究外國教育哲學要立足於中國傳統教育哲學堅實的基礎上，對其不加分析地全盤接受跟盲目地排斥、否定一樣，都將對中國教育哲學的發展帶來嚴重的危害。我們廣泛地引進和認真地研究外國教育哲學的根本目的，是要透過系統的介紹和研究，取其精華，去其糟粕，經過成熟的消化改造，使其成為當代中國教育哲學的有機組成部分。對外國教育哲學生搬硬套、囫圇吞棗，或淺嘗輒止、亂發議論，甚至數典忘祖，借誇大外國教育哲學的意義和作用，以貶低甚至否定中國傳統教育哲學，絕不是嚴肅的、實事求是的態度。教育哲學在中國20世紀上半葉的發展表明了，對外國教育哲學的借鑑和吸收，不能脫離中國教育哲學的傳統和現實，不能脫離廣闊的中國文化背景和社會歷史背景，否則只會有害無益，適得其反。我們要立足於中國教育實踐的需要，以強烈的主體意識，做好教育哲學的研究工作，進而實現中西融合。

(3)教育哲學在中國的發展需從植入性轉到生成性

中國引進國外教育哲學的過程，與教育哲學在國外的創立過程是不同的。教育哲學的創立是一個探索過程，其中必然要經歷不少彎路和歧路。教育哲學的引進過程也不是創立過程的簡單重複，因為它可以據自身的需要加以移植，或在移植的過程中結合本土實踐進行轉化創造，由此就可以避免創立過程中所走過的彎路和歧路。因此，當中國引進教育哲學時，沒有必要重複教育哲學在國外創立時所經歷的全部過程，或者至少應縮短這一過程。教育哲學引進得成功與否，主要看它是否最大限度地縮短了國外教育哲學在創立過程中走過的路程，是否最大限度地結合本土教育實踐進行了生成創造，這是引進的「移

植優勢」所在。教育哲學在中國的引進，必須充分發揮這一優勢。

二、臺灣教育哲學的研究歷史與現狀

(一)臺灣教育哲學的源起階段（1950-1960年代）

臺灣教育哲學傳承著民國時期的教育哲學，在教育哲學的存在根據、定義、作用、學科性質、研究對象、學科體系、研究方法和中國教育哲學的發展方向等方面[55]已有探索的基礎上繼續前進。1950-1960年代，臺灣教育哲學研究開始多元化，除了受到美國實用主義的影響，也開始形成歐陸與英美並重的發展態勢，例如，德國教育哲學開始進入臺灣學者的研究視域。[56]臺灣的學者開始走出本島，向歐美的大學實現學歷學位的追求。[57]

(二)臺灣教育哲學的穩健發展階段（1970-1980年代）

到了1970-1980年代，臺灣教育哲學學術和教學的成就均不小。研究者竭力系統地、完整地引介西方教育哲學，引入新興的研究方法，也從方法論的觀點來反省臺灣教育及研究。同時，教育哲學也成為大學、師資培訓的重要科目，研究者、教學者和學習者日益增多，學科地位日益鞏固，為教育教學服務的教育哲學教材也相繼問世。臺灣學者簡成熙曾評論過這一階段臺灣教育哲學的發展，他表示，考慮到臺灣這一時期的學術人力、物質條件，還有所要擔負的教學、行政、政府委託政策研究等負荷，實不宜苛責第一、二代前輩的學術事功。[58]

---

[55] 侯懷銀，20世紀上半葉中國學者對教育哲學學科建設的探索[J]，教育研究，2005(1)：7-16。

[56] 王文俊更是直接師從斯普朗格，得到德國新人文主義精神真傳。

[57] 例如，臺灣學者賈馥茗1957年在臺灣完成碩士學位，1958-1964年在美進修並獲得博士學位。

[58] 簡成熙，從三本英國教育哲學手冊回顧與前瞻倫敦路線的發展：兼評歐陽教教

這一時期，臺灣教育哲學的發展主體現在三個方面：

第一，引進了分析教育哲學，其中歐陽教於1965-1969年負笈英倫，後於1974年、1981年兩度返英進修，恰逢彼得斯倡議以概念分析的方法澄清教育用語的繁榮階段，而他也幾乎見證了教育分析倫敦路線全盛時期的榮耀。[59]正因如此，歐陽教有系統地介紹了英倫以分析取向為主的教育哲學，使臺灣教育哲學的發展得以同步於英美世界。

第二，反思了教育哲學的研究方法。1970-1980年代，大概是由於統計軟體的引進，在美國流行的實證研究範式[60]也風行於臺灣的教育研究界，造成教育哲學研究的式微。此時，學者楊深坑從歐陸詮釋學、批判理論的立場檢討科學主義的教育研究，來對量化和質性研究作反省。方法論研究也關注到傳統教育哲學的研究多使用思辨、批判等方法，因此，到了這一時期，邏輯分析、現象學等研究方法受到了學者的關注與使用。

第三，教育哲學服務於師資培訓。為了配合師資培育，教師需要修習《教育哲學》這門課程，貼近廣大教育工作者進修需要的教育哲學就相應地活躍起來，親民的教育哲學教材也應運而生。師資培訓帶來的動力，一方面使得教育哲學獲得「廣土眾民」的旺盛生命力，另一方面也直接使得教育哲學學科地位得到鞏固，進而為學科體系的進一步發展奠定了堅實的基礎。這一時期產生了許多知名的親民教育哲學教材，如：臺師大編輯小組的（1976／1983修訂／1985修訂）

授的貢獻[J]，市北教育學刊，2011(39)：21-51。

[59] 歐陽教，我與教育哲學[J]，市北教育學刊，2011(39)：1-20。

[60] 邱兆偉於1960年代末、1970年代初在美國攻讀碩士及博士學位，受到過嚴格的量化方法學訓練，他是臺灣教育哲學界裡少數教育哲學派別與量化研究相容並蓄的學者。（簡成熙，臺灣教育哲學的回顧與前瞻：1949-2005年[J]，教育資料與研究，2005(66)：8）

《教育哲學》、歐陽教（1973／1991／1998／2002）的《教育哲學導論》、伍振鷟（1989／2004）主編的《教育哲學》（按：本書即為臺師大編輯小組之內容），以及葉學志（1985）基於將近二十年講學基礎撰寫的《教育哲學》。

(三)臺灣教育哲學成型階段（1990年代至今）

1990年代以後，臺灣教育哲學得到了豐富的研究成果。臺灣教育哲學的國際視野大大拓展，可以說實現了與國際的同步。有關新實用主義、詮釋學、結構主義、後結構主義、建構主義、女性主義、後現代主義的教育哲學等，都成為臺灣教育哲學研究的熱門話題，圍繞這些新話語也出現了一些研究著作，如：邱兆偉主編的《當代教育哲學》（2003）、蘇永明主編的《後現代與教育》（2004）等。不僅如此，這一時期許多臺灣學者都出版了自己的教育哲學專著，集中闡釋了自己的教育哲學主張，如：簡成熙的專著《教育哲學：理念、專題與實務》（2004）；林玉體的專著《教育哲學》（2002）在《教育價值論》的基礎上，增加了進步、民主、自由文教交流等方面的思考內容；陳迺臣嘗試把西方教育哲學傳統的人文理念與東方的人文理念融通，出版了《教育哲學導論：人文、民主與教育》（2001）；賈馥茗基於心理學感知覺思維概念與教育哲學的結合，於2003年出版了《教育認識論》；林逢祺、洪仁進主編的《教育哲學·方法篇》（2014），該書收錄了臺灣學者有關教育哲學研究方法方面的論文25篇。此外，臺灣教育學界還透過科研立項「人文社會科學史料典籍研讀會：教育哲學學門」的方式出版了系列研究成果[61]，不僅展示

---

[61] 該專案2001-2006年廣集同道研讀P. H. Hirst和P. White主編的一套四冊《教育哲學：分析傳統中的主要論題》，出版了《教育哲學述評》、《教育與人類發展：教育哲學述評(二)》、《民主社會中的教育正義：教育哲學述評(三)》、《課程與教學哲學：教育哲學述評(四)》等系列研究成果；於2008-2009年研讀

了臺灣教育哲學研究團隊的合作研究能力，而且也爲教育哲學的研究與教學積累了重要的基礎文獻。

總之，臺灣教育哲學在近二十年的發展中，從追逐新知的態勢、學者的學術著作品質和匯通教育哲學的發展水平來看，確實是碩果累累的。目前，臺灣教育哲學也在努力追求本土化教育哲學。雖然早期有林安梧（2000）在對馬丁・布伯（Martin Buber, 1878-1965）、約翰・彌爾（J. S. Mill, 1806-1873）、哈伯瑪斯（J. Habermas, 1929-）的研究基礎上，結合儒佛道思想，明確提出了他的教育哲學是自本自根的，寄望這種本土化的教育哲學成爲教育價值的中樞，對本土教育實踐發揮定海神針的作用，並且著作水平已經讓人難以望其項背，但是多數臺灣學者均認爲教育哲學的本土化程度還遠遠不夠。[62]

三、當代中國大陸教育哲學的研究現狀（1949年至現在）

新中國成立以後，教育哲學作爲一門課程在大陸高校停開，大陸學者基本上中斷了教育哲學的研究和教學。1960年代初，開始有少量介紹當代西方教育哲學流派的譯著和選編的書籍出版，但「文革」十年又中斷了。1979年，教育部召開全國教育科學規劃會議，重新檢查了高等師範院校的教學計畫，提出重新開設「教育哲學」一科。1980年代以後，大陸教育學者又開始研究和講授教育哲學，重新建設中國教育哲學體系，並獲得很多研究成果和進展。

Wendy Kohli主編的《教育哲學的批判性對話》，出版了《教育哲學：新興議題研究》（2011）。

[62] 國立臺灣師範大學教育學系教育部國家講座，教育科學的國際化與本土化[M]，臺北：揚智文化事業股份有限公司，1999：11，251-273，279-280。蘇永明，臺灣教育哲學的回顧與前瞻[J]，臺灣教育研究，2000(1)：60。

(一)1949-1979年基本處於停滯狀態

　　1949-1979年，中國大陸的教育哲學基本上處在停滯期。新中國成立後，由於全面學習蘇聯的教學計畫和制度，而當時蘇聯是不設教育哲學這一學科的，理由是馬列主義哲學即是教育學的哲學基礎，教育學中又包含有教育原理的內容，因而「教育哲學」就沒有單獨開設的必要。因此，教育哲學在中國出現了一片真空地帶，一些教育哲學工作者只好轉而從事教育基本理論的教學和研究，教育哲學的教學和研究被人為地中斷了，嚴重阻礙了中國教育哲學學科的發展。但這一時期的教育哲學並不完全是一片空白。[63]1950年代末期，孟憲承教授曾撰寫過語錄式的教育哲學思想。他研究了實驗論與教育（即美國的實用主義哲學思想與教育主張）、理想論與教育（即黑格爾的哲學思想和教育哲學思想）、實在論與教育的思想觀點。[64]到了1960年

---

[63] 事實上，這一時期仍有不少有關「教育哲學」方面的研究被發表。如《人民教育》刊發了一些評論性的文章：《評張栗原先生的教育哲學》（張凌光，1950）、《杜威批判引論》（曹孚，1950）。《現代外國哲學社會科學文摘》則譯介了不少西方教育哲學方面的動態：《哲學與文化》（內勒、導之，1959）、《文化與哲學——對內勒教授的回覆》（布拉米爾得、導之，1959）、《費尼克斯：〈教育哲學〉》（格魯克、趙祥麟，1960）、《美國教育哲學近著簡況》（克萊頓、定揚，1961）、《教育哲學》（史密斯、譚書麟，1961）、《懷特海學說中包含的學校和社會哲學》（韋格納、敬思，1963）、《格林的觀念主義教育哲學觀》（格林、姜文彬，1963）、《對尤里契：〈教育哲學〉一書的討論》（陳科美，1964）、《需要一個改造的教育哲學》（布拉米爾得，1964）、《1961-1963年教育哲學的動向》（麥克米倫、尼勒、姜文彬，1965）、《杜威以後美國教育哲學前提的新評價》（勃魯納、吳棠，1965）、《里德：〈哲學與教育〉》（尼勒、姜文彬，1965）、《派克：〈羅素論教育〉錢伯里斯：〈波德的教育哲學〉》（索爾蒂斯、姜文彬，1965）等。從上述這些已發表的文章來看，當時的教育哲學界仍試圖積極瞭解國外教育哲學發展的動向。

[64] 孟憲承，教育哲學三論[J]，華東師範大學學報：教育科學版，2007(3)：1-16。

代，中國教育理論界開始進行自主性反思，並試圖建立具有中國特色的教育學理論，此時，有了一些介紹當代西方教育哲學流派的編譯本出現，如：人民教育出版社1964年出版了《當代資產階級教育哲學》，該書爲美國教育哲學家白恩斯、布勞納合編的《教育哲學》第三編《教育哲學各流派》的譯本，由瞿菊農翻譯。在文革十年中，教育哲學的研究和教學再次中斷，直到1970年代末，教育哲學的研究和教學才又重新起步。

(二)1979年以來的重建與發展

1979年，教育部召開全國教育科學規劃會議。在此次會議上，「教育哲學」一科重新開設的要求得以順利透過[65]，教育哲學在中國又獲得了合法地位。教育哲學一科得以重新開設的理由，主要是三十多年來中國高等師範院校的教育系設科太狹窄，學生的知識面不寬，不符合一個教育學科的教師應具有的比較廣博的知識基礎的要求。而在中國教育學科的發展相對停頓的這一歷史時期，國外教育學科的發展則如火如荼，不僅教育哲學之樹常青，而且誕生了一批新的學科，如：教育經濟學、教育工藝學、教育未來學等。這些學科都要開設，教育哲學也應該開設。此外，現代化生產的發展和科學技術的進步，也對教育理論和實際提出了許多新問題，如：教育與生產力的關係問題、人的智力開發問題、人的全面發展的實質問題、新時期對人的素

---

[65] 陸有銓老師在《傳統先教授的學術人生》中寫道：「1979年，國家召開了一個全國教育科學規劃會議，參會人員主要是一些大學的教育系主任……會議的主要議題就是恢復教育系及其課程設置，……會議決定，除了恢復『文革』前的課程之外，還要恢復新中國成立前的一些課程，『教育哲學』就是其中之一。要恢復『教育哲學』就得有教材。」這次會議還提出打破蘇聯教育學課程的模式，打破一綱一本的做法，所以委託傳統先教授和王煥勛教授、黃濟教授編寫《教育哲學》教材。（陸有銓，傳統先教授的學術人生[J]，教育學報，2010(5)：9。）

質的要求問題、教育的結構和各種人才的培養問題等。對這些問題不能就事論事、只做些表面的研究，而應該從理論的角度對其進行根本的探討，找出一般的規律，作爲實際工作的指導。因此，應該說，教育哲學的重新開設，是基於教育實際提出的客觀要求，是教育科學深入發展的必然趨勢。開設教育哲學的主要目的在於提高人們的理論思維水準。1980年代以後，大陸的教育學者又重新開始研究和講授教育哲學，並爲建立馬克思主義教育哲學而努力，得到了很多研究成果和重大進展。教育哲學研究和發展進入到20世紀的第二個高峰，並表現爲以下特徵和動態。

1. 以馬克思主義爲指導，從研究對象上重建教育哲學學科體系

(1)對教育問題予以哲學的思考，把教育哲學視爲教育學科的理論基礎，而不是一般的邊緣學科

以黃濟的《教育哲學初稿》（北京師範大學出版社，1982年版）爲代表。全書共分八章，即：第一章緒論，對教育哲學的產生和發展、對象和方法作了概述；第二、三、四章著重對教育的本質、目的等有關問題作了一些分析；第五、六、七章對知識、道德和美學與教育的關係作了一些論述，初步接觸到教育中眞、善、美的關係，以及教育的價值問題；第八章以教育哲學和教育科學的發展作結。該書後經修訂，1985年改名爲《教育哲學》出版，成爲新中國第一本教育哲學專著。黃濟先生以馬克思主義哲學爲指導，系統地研究了中國傳統教育思想的精髓，批判地分析了西方教育哲學的各種流派，創建了新時期有中國特色的教育哲學體系，成爲新中國教育哲學的重要奠基人。[66]

(2)從哲學的角度思考教育問題，把教育哲學視爲哲學的一個分支學科

以傅統先、張文郁的《教育哲學》（山東教育出版社，1986

---

[66] 于偉，黃濟先生教育哲學思想研究[J]，教育學報，2010(4)：3-7。

年版）爲代表。全書共分三編，第一編爲總論，共三章，即導言、人的本質、教育的本質；第二編爲分論，共七章，即價值論與教育（上）：價值與教育，價值論與教育（下）：人生價值與教育目的、倫理學與道德教育，認識論與教學（上）：教與學的辯證法，認識論與教學（中）：知識的結論與課程論，認識論與教學（下）：教學方法論、美學與美育；第三編爲當代西方教育哲學的新發展。

(3)在教育哲學的研究對象上，主張教育哲學是研究教育價值的

以王坤慶的《現代教育哲學》（華中師範大學出版社，2006年版）爲代表。全書共分兩編，上編爲教育哲學概論，共四章，即：教育哲學歷史沿革、教育哲學學科性質、教育哲學研究對象、教育哲學基本問題；下編爲教育價值論，共六章，即：價值與教育價值、教育價值分類、教育價值觀、教育職能價值觀、教育目的價值觀、知識教育價值觀。

2. 研究方法的多元化和研究方法的創新帶來教育哲學體系、
   觀點的創新

黃濟的《教育哲學》主張運用歷史的方法、比較的方法、抽象的方法、批判的方法。刁培萼、丁沅的《馬克思主義教育哲學》主張綜合─分析性、批判性的思索。曾成平的《現代教育哲學新論》主張運用系統科學的方法、歷史分析的方法、階級分析的方法、心理分析的方法、理論聯繫實際的方法。田玉敏的《當代教育哲學》主張批判繼承法、歷史分析法、分類比較法、抽象歸納法、演繹推導法。王爲農的《教育哲學》主張抽象概括與分析批判的方法。金生鈜的《理解與教育──走向哲學解釋學的教育哲學導論》主張從存在論意義上借鑑哲學解釋學，教育就是要從「生活世界」所要求的獨特方式──理解出發，去理解教育和人，使教育真正地指導人生、真正地培育人的精神。周浩波的《教育哲學》借鑑西方的分析哲學理論，運用「專家集團─歷史─語言分析」的方法，圍繞著「從根本上理解教育」、「重構教育生活」，探索了教育理論與教育實踐的決策等問題。

3. 拓展了教育哲學的研究領域

(1)對中國教育哲學史的研究

1990年代以後，中國學者從哲學的高度對中國教育思想的發展演變進行了理論總結，先後出版了一些著作，如：黃濟主編的《中國傳統教育哲學思想概論》（1994），于述勝、于建福著的《中國傳統教育哲學》（1996），張瑞璠主編的《中國教育哲學史》（2000），劉復興、劉長城著的《傳統教育哲學新釋》（2000），韓鍾文著的《先秦儒家教育哲學思想研究》（2003）。此外，發表的一些論文也對中國古代和近現代歷史人物的教育哲學思想進行了研究。中國是一個有著悠久歷史文化的國家，在教育哲學思想方面，無論是關於天人關係、人性論、義利觀、知行關係等主張，還是在教育作用、理想人格、道德教化、教學等問題上的見解，有許多是今天教育哲學建設中有益的思想資源。

(2)對現代西方教育哲學進行了系統研究

在建設中國教育哲學體系過程中，一些學者致力於研究西方教育哲學流派，如：陳友松的《當代西方教育哲學》（1982）、陸有銓的《現代西方教育哲學》（1995）、彭正梅的《現代西方教育哲學的歷史考察》（2010）等。同時，還翻譯了一些西方教育哲學著作，如：布魯貝克的《高等教育哲學》（1988）、麥克萊倫的《教育哲學》（1989）、Howard A. Ozmon的《教育的哲學基礎》（2006）、Randall Curren主編的《教育哲學指南》（2011）等。

4. 成立了專門的研究機構——中國教育學會教育學分會教育哲學專業委員會，組織和指導全國教育哲學科研的開展

中國教育學會教育學分會教育哲學專業委員會自1986年籌備、1988年成立以來，在黃濟、陸有銓的帶領下，已經召開了十七次學術年會（截至2014年年底），在推動全國教育哲學的教學、研究和人才培養方面發揮了重要作用。目前，全國從事教育哲學教學與研究的學者也由幾十人發展到兩百多人，出版了多套教育哲學叢書，較有

影響的如陸有銓、石中英主編的「京師教育哲學論叢」已出版了十餘種，此外還有鍾啓泉、戚萬學等分別主編的「教育哲學研究叢書」等。

(三)當代中國大陸教育哲學發展趨勢

瞭解古今中外教育哲學發展的基本情況，展望當代中國教育哲學的發展趨勢，明確教育哲學研究的責任是一件有意義的事情。哲學家賀麟曾把哲學家分爲兩類：一類是善於發現問題的哲學家，他們的研究往往給人以啓發性；另一類是善於解決問題的哲學家，他們的研究往往給人以龐大的境界感。從這個意義上講，教育哲學在發現問題和解決問題的過程中，就會形成體系化的教育哲學思想，中國教育哲學派別的產生就有了深厚的現實基礎，進而形成有自身特點的教育哲學思想。雖力有未逮，本書還是選擇地提出一些關於中國教育哲學發展趨勢的粗淺看法。

1. 把握中國古代文化經典，挖掘中國傳統的教育哲學思想

中國是一個有著悠久文化傳統的國家，雖然教育哲學作爲學科的建立時間較晚，但教育哲學思想的存在卻歷史悠久。《論語》、《孟子》、《禮記》、《易傳》等論著中蘊藏著豐富的教育哲學思想。傳統的教育哲學思想以「文本」的形式記錄了下來，因此，教育哲學研究者必須以「閱讀滲透理論」的方式對中華民族的教育哲學思想進行解讀，豐富中國教育哲學思想研究。陳元暉先生說過，《中庸》是中國教育哲學的第一部著作。《中庸》開篇提出：「天命之謂性，率性之謂道，修道之謂教」，這從「教」的前提角度提出了「教」從何而來和「教」的根據。因此，中國古代的文化經典潛藏著教育哲學的豐富思想，當代學人需要不斷地探索、挖掘與解讀。因此，挖掘和整理中國傳統的教育哲學思想，是建立具有中國特色的教育哲學所必不可少的一項工作。

2. 以哲學的視角研究中國教育實踐問題，推動教育哲學學科
　　的發展

　　教育哲學學科發展的生命力在於以哲學的視角分析中國的教育實踐問題。陳元暉先生指出，從事教育哲學研究，必須「教育問題在前，教育哲學在後；這也就是說實踐在先，理論在後。」[67]今天的教育哲學必須關注的是存在於社會發展現實中的教育問題，面對現代社會發展中的教育問題，作出符合時代發展水準的回答，並以理論表徵的形式爲教育實踐的發展「把脈」。用杜威的話說，就是「當你批判地思考你在世界上所做的事情時，你便在從事哲學思維。」[68]當前，中國人的生存方式和思維方式已經發生了很大的改變，社會轉型帶來的劇痛展現在社會發展的各個方面，現實的教育制度還存在著諸多的不合理，需要教育哲學研究以自己的智慧、用善於發現的眼睛，幫助我們的社會實現更好的發展。教育哲學會在深刻洞察教育實踐的基礎上不斷地發現問題，爲中國教育實踐的發展盡一份力量的同時，學科自身也就獲得了發展。由於教育實踐領域的不斷分化，教育哲學學科也進行了分化式的發展。例如，根據教育的層級不同，出現了高等教育哲學和基礎教育哲學的研究；由於教育生活關注點的不同，出現了文化教育哲學、教學哲學、道德教育哲學、課程哲學、教師教育哲學等領域的研究。

3. 學習借鑑外國教育哲學思想，幫助解決中國教育理論與實
　　踐問題，透過國際交流實現學科發展

　　中國屬於發展中國家，但又正向著工業化目標前進，因此，西方教育哲學在建設和發展過程中所走過的道路、所遇到的問題，很值得我們研究和重視。對於西方教育哲學思想，我們要從目前的介紹、

---

[67] 于偉等，教學家之路[M]，長春：東北師範大學出版社，2013：289。

[68] 約翰‧杜威，人的問題[M]，傅統先、邱椿譯，上海：上海人民出版社，1965：13。

評論的狀況提高到研究的水平，不僅要研究其現狀，還要研究其發展的歷史軌跡。例如，20世紀初，西方曾經有過「教育科學」與教育哲學之爭；1930年代以後，美國圍繞著教育之社會功能所展開的各流派之間的辯論，其中主要是新保守主義與進步主義兩種教育思想之爭；1950年代分析教育哲學興起，又出現分析教育哲學與規範教育哲學之爭；1980年代以來，又有由專業教育哲學向公共教育哲學的轉變等。對於西方教育哲學的發展過程及其所提出的課題，我們應仔細地研究其歷史的、社會的、文化的等諸方面原因，吸取他們的成功經驗，借鑑他們的挫折和教訓，以發揮其在中國教育哲學建設中的參考作用。更重要的是，進入現代社會以來，學校教育提供社會服務的職能逐步凸顯，全世界的學校教育有共性的一面，外國的教育哲學思想有助於解決我們自己的教育理論與教育實踐的問題。當然，在這其中需要教育哲學能站在本土立場上，對外來的理論保持批判的理解，使其為中國教育實踐與教育理論的發展發揮正向作用。教育哲學研究者需要進一步加強與國際學術界的交流和對話，展開合作研究。我們不僅要瞭解和學習他國的成果，還需把中國教育哲學的研究成果推向世界，共同促進教育哲學的繁榮與發展。

主要結論與啟示

1. 西方教育哲學的發展大概經歷了五個階段，即：前學科時代、學科的誕生、學科發展伊始、教育哲學的發展及反思階段。

2. 公認的教育哲學學科誕生標誌是1916年美國哲學家杜威出版的《民主主義與教育——教育哲學導論》。

3. 教育哲學發展伊始，湧現出了進步主義、永恆主義、要素主義、改造主義等教育哲學流派。

4. 1950–1970年代，分析教育哲學興起，教育哲學發展進入了一個新時期。

5. 1970年代以後，存在主義和後現代主義哲學興起，教育哲學發展進入了反思階段。

6. 中國教育哲學發展經歷了兩個階段，即中國現代教育哲學的出現及構建階段——民國時期教育哲學的發展（1919-1949）、當代中國大陸教育哲學和臺灣教育哲學的研究現狀（1949年至現在）。

7. 民國時期，教育哲學由於杜威來華講學而獲得引進和發展，在初創與發展階段的代表人物與思想有范壽康的新康德主義、楊賢江的馬克思主義、姜琦的三民主義、吳俊升的實用主義、張懷的天主教教育哲學。民國時期，教育哲學確立了教育哲學學科體系在中國建立的基礎，促進了教育哲學在中國的發展和與國外的接軌，提供了可資借鑑的參照模式。

8. 臺灣教育哲學發展繼承了民國教育哲學的發展，大約經歷了三個發展階段，即：源起階段、穩健發展階段和成型階段。

9. 新中國成立後，教育哲學在1949-1979年處於停滯狀態，1979年以後，中國大陸教育哲學重建表現在：從研究對象上重建教育哲學學科體系；研究方法的多元化和研究方法的創新，帶來教育哲學體系、觀點的創新；拓展了教育哲學的研究領域；成立了專門的研究機構——中國教育學會教育學分會教育哲學專業委員會，組織和指導全國教育哲學研究的開展。

學習評價

1. 西方教育哲學的發展經歷了哪些階段？

2. 教育哲學學科誕生的標誌是什麼？

3. 教育哲學發展伊始出現了哪些著名的教育哲學流派？

4. 民國時期，中國教育哲學有哪些代表性的觀點？

5. 1979年以後，中國大陸教育哲學的發展表現在哪些方面？

學術動態

　　中國教育哲學的研究歷史與現狀問題屬於教育哲學的研究對象之一，中國大多數教育哲學研究者都關注中國教育哲學的發展。他們大都回顧了20世紀中國教育哲學的發展歷程，挖掘存在的問題，預測未來的發展趨勢。例如，陸有銓與遲豔杰撰寫了《中國教育哲學的世紀回顧與展望》、《改革開放以來中國教育哲學與時代的互動》，石中英撰寫了《20世紀中國教育哲學的回顧與展望》，王坤慶撰寫了《21世紀中國教育哲學發展前瞻》，郝文武撰寫了《當代中國教育哲學研究：從概念建構到理論創新和實踐變革》、《當代中國教育哲學的變革》，高偉撰寫了《論當代教育哲學的「問題哲學」轉向》，侯懷銀發表了《20世紀上半葉中國學者對教育哲學學科建設的探索》、《20世紀上半葉中國教育學發展問題的反思》等論文。最新的研究還有欒天的博士學位論文《教育思想場域中的知識、情感與權力──以20世紀30年代「中國教育哲學討論」為中心的研究》（2012）。

　　對國外教育哲學研究近況較為關注的學者是石中英，他撰寫過《20世紀英國教育哲學的回顧與前瞻》、《20世紀美國教育哲學的發展》。其他關注英國教育哲學發展的學者大都集中在對分析教育哲學發展方面，例如：李賢智、楊漢麟撰寫了《英國分析教育哲學的發展與走向》，寧波、王媛媛撰寫了《英國後分析教育哲學研究的新視野》，朱鏡人、韋立君撰寫了《英國分析教育哲學萌芽與發展的原因考察》。邵燕楠也是一位關注西方教育哲學發展的學者，撰寫了《美國教育哲學研究的多元化特徵及其啟示》，出版了《問題與情境──西方教育理論的發展》（2011）。

參考文獻

Nicholas C. Burbules. A half-century of educational theory: Perspectives on the past, present and future [J]. Educational Theory, 2000(3).

Randall Curren，教育哲學指南[M]，彭正梅等譯，上海：華東師範大學出版社，2011。

Roel van Goor, Frieda Heyting and Gert-Jan Vreeke. Beyound foundations: Sign of a new normativity in philosophy of education [J]. Educational Theory, 2004(2).

于偉等，教育學家之路[M]，長春：東北師範大學出版社，2013。

于偉，黃濟先生教育哲學思想研究[J]，教育學報，2010(4)。

石中英，20世紀英國教育哲學的回顧與前瞻[J]，比較教育研究，2001(11)。

石中英，教育哲學導論[M]，北京：北京師範大學出版社，2002。

伍振鷟主編，《教育哲學》[M]，臺北：師大書苑有限公司，1990。

利奧塔，後現代狀態：關於知識的報告[M]，車槿山譯，北京：生活·讀書·新知三聯書店，1997。

孟憲承，教育哲學三論[J]，華東師範大學學報：教育科學版，2007(3)。

邱兆偉主編，教育哲學[M]，臺北：師大書苑有限公司，2000。

侯懷銀，20世紀上半葉中國學者對教育哲學學科建設的探索[J]，教育研究，2005(1)。

約翰·杜威，人的問題[M]，傅統先、邱椿譯，上海：上海人民出版社，1965。

范壽康，教育哲學大綱[M]／／宋恩榮，范壽康教育文集，杭州：浙江教育出版社，1989。

陳桂生，「教育哲學」辨[J]，教育評論，1995(5)。

黃濟，教育哲學通論[M]，太原：山西教育出版社，1998。

詹棟樑，教育哲學[M]，臺北：五南圖書出版公司，1990。

歐陽教，我與教育哲學[J]，市北教育學刊，2011(39)。

簡成熙，從三本英國教育哲學手冊回顧與前瞻倫敦路線的發展：兼評
　　歐陽教教授的貢獻[J]，市北教育學刊，2011(39)。

簡成熙，教育哲學：理念、專題與實務[M]，臺北：高等教育文化事
　　業有限公司，2004。

人的存在與教育

內容摘要

　　本章探討了人存在的主要範型與教育之間的關係。人的存在範型主要分為工具性存在範型與詩意性存在範型兩種。開篇首先介紹人的存在的主要特徵，界定了「何為人的範型」等概念。其次介紹以生物人、理性人、經濟人、社會人為主要代表的工具性存在範型，闡明了生存性教育的基本主張。再次介紹了以遊戲人、非理性人、宗教人為代表的詩意性存在的主要範型，闡明了詩意浪漫性教育的基本主張。

學習目標

1. 瞭解人的由來的幾種主要觀點。
2. 瞭解人的工具性存在的幾種範型，理解生存性教育的基本涵義。
3. 瞭解人的詩意性存在的幾種範型，理解本真人教育的基本涵義。

關鍵詞

人的存在　存在範型　工具性存在　生存性教育　詩意性存在　本真人教育

　　教育承擔著培養「人」的職責，因此，首先應該瞭解人之為人的基本內涵，或者說人的本質是什麼，人性是什麼樣的；其次要分析的問題是人性是否可改變，人在多大程度上是一種動態的存在，這些都關乎教育如何有所作為。而人性能力發展能達到什麼樣的水平則是最後一個問題，這是一個關乎理想人格與人才培養指向的問題。在教育過程和教育研究中，須與不可分離的是對「人是什麼，人往哪裡去」的追問。由是，很多學者提出「教育學是人學」的命題。教育哲學作為解決基本命題的學科，更應對上述問題作出回答。本章從人的範型諸理論出發，討論人的存在與教育問題。

第一節　人的由來、存在及其範型

一、人從何而來

　　人從何而來？這一追問在今天不會被理解為人是怎麼降生的，而可以轉譯為「人類從何而來」或「最早的人是從哪裡來的」。關於人的由來有種種理論觀念，概括起來有以下幾種。

(一)神創說

　　這類觀點認為，人是被神靈等外部強大的主體創造出來的。典型的神創論是上帝造人論，直到科學技術十分發達的今天仍有許多人堅持這種認識。「如果凡事都有一個自然的原因，那麼上帝到底應該擺在哪裡？」這是許多西方基督教徒的困惑。[1]最早的人降生之後是如何世代延續的呢？相配套的理論是「靈魂輪迴說」。比如，柏拉圖即認為人的靈魂附著在不同的質料上，因此便形成了不同天賦等級的人。

---

[1] 卡爾・齊默，演化：跨越40億年的生命記錄[M]，唐嘉慧譯，上海：上海人民出版社，2011：227。

(二)自然說

人是自然產生的，天地中本來就有人，或者人是由自然事物「變來」的，這是自然說的主要觀點。純粹的自然說並未顯示出神創論，神或許只是開創了天地，人在其中自然產生而非被直接創造。例如，「呼喚而出說」和「存在發現說」認爲，人都是產生於物質性的天地，世界各地的傳說中也有認爲人是植物變的，或者是魚、蜥蜴、山犬、海狸、猿猴、天鵝、乃至牛所變來的。這些觀點都沒有具體演化過程的描述，因此稱爲自然說。

神創論也有自然說的成分，不過強調的是人所來自的材質。比如「上帝造人說」和「女媧造人說」認爲，人都是由塵土而來的。《周易・說卦》有「乾，天也，故稱呼父。坤，地也，故稱呼母」，先有天地，然後有人。西方《創世紀》中天地是上帝造的，而中國的天地則由盤古所開闢。涵括自然說的神創論常常經由靈魂輪迴說體現出其區別於純粹自然說的特點。比如，柏拉圖認爲人是神用金銀銅鐵不同質料構成的，靈魂寄寓肉體，又隨著肉體的消亡而質變昇華，靈魂的磨煉帶來本質的變遷。

(三)進化論

進化論或演化說認爲人是由地球生物物種演化而來的，並非是被外部神祕力量創造的或毫無過程而直接突變形成的。達爾文（Charles Robert Darwin, 1809−1882）是進化論的主要奠基人，在19世紀中葉，他發表了《物種起源》（1859）、《人類的由來及性選擇》（1871）等重要著作，提出了具有劃時代意義、里程碑的「人是由動物進化來的」重要思想。這是迄今爲止持續不斷受到責難、卻是最富有解釋力的關於人之由來的偉大理論。西方自1970年代以來也不斷有激烈地批判、否定達爾文觀點的著作出現，代表性的如《審

判達爾文》[2]等。

(四)勞動起源論

在進化論的基礎上，勞動起源論認為是勞動或者使用和製造工具的物質生產實踐使人成為了人。透過勞動，猿能夠將世界對象化而擁有了自我意識，成為一種有目的的活動著的生物即人。恩格斯在《勞動在從猿到人轉變過程中的作用》（1876）中提出了人的勞動起源論，認為是勞動創造了人，是勞動使人類產生了只屬於人類的語言和智慧。

(五)文化生成論

這種觀點區別於勞動起源論，而將文化定義為人的本質屬性，認為人是利用符號並創造文化的動物。德國著名哲學家卡西勒（Ernst Cassirer, 1874-1945）認為，人類的勞作「規定和劃定了『人性』的圓周，語言、神話、宗教、藝術、科學、歷史都是這種圓的組成部分和各個扇面」[3]。作為一個整體的人類文化，可以被稱為人不斷自我解放的歷程，而語言、藝術、宗教、科學是這一歷程的不同階段。在所有這些階段中，人發現並且證實了一種新的力量——建設一個人自己的世界、一個「理想」世界的力量，人也由此建立了一個區別於其他生物的符號世界和人之為人的「主體性」。

二、人存在的主要特徵

人一旦誕生，就成為世界上一種頗為奇特的存在。他已不是普通的認識對象，甚至可以說，他已經具有了一種異於他物的「存在邏輯」。對這種獨特的存在邏輯的把握，如果採取認識他物的方式，其

---

[2] 詹腓力，審判達爾文[M]，錢琨等譯，北京：中央編譯出版社，1999。

[3] 恩斯特·卡西勒，人論[M]，甘陽譯，上海：上海譯文出版社，1995：87。

結果必然是南轅北轍，不得要領。因此，對人的認識，必然內在地呼喚一種符合人之特異本性的特殊認識方式。也就是說，人的獨特存在邏輯要求一種與之相應的特殊理論邏輯方能把握，否則，不可避免地將會導致抽象化與失落的結局。相對於科學和宗教神學，哲學的認識方式是最切合人之爲人的本性的一種理解方式。馬克思指出：「人是類存在物……人把自身當作現有的、有生命的類來對待，當作普遍的因而也是自由的存在物來對待。」[4]馬克思提出的類哲學對人的存在特徵的把握是我們認識自己的參考。「『類哲學』這一新的哲學視界，使人的實踐本性被揭示出來，使人的自然性與超自然性、生命本質與超生命本質、人與世界關係的肯定性與否定性等的雙重本性被統一在類性之中。」[5]所以，人是一個特殊的存在，這一特殊性就在於人的生命的二重性。人是一個雙重的生命體，而任何一個其他的存在都是一個單一的生命體。對人的本質的認識，只能從其生命的二重性中尋找。「人的本質表現爲多種二重性矛盾關係的辯證統一。」[6]

(一)人是自然性和超自然性的統一

人來源於自然，人的生命首先是一個自然生命，因此，自然性是人的生命內涵中的應有之義。從這點來講，人與動物具有相似性，都是擁有自然生命的生物。但人又與動物不同，「人不會滿足庸碌無爲的生存，人活著總要追求點什麼，以實現人的自我價值。所以，對於動物，不存在爲動物之道的問題，而作爲人，卻必須講求做人之道，不斷去審視、規劃、校正自己的人生目標和生活道路。這件事的本身，應該說就體現著人與動物、人的生活與動物生存的分別，顯示了

---

4 馬克思恩格斯全集：第四十二卷[M]，北京：人民出版社，1979：95。

5 高清海、余蕭峰，「類哲學」與人的現代化[J]，中國社會科學，1999(1)：73。

6 高清海、胡海波、賀來，人的「類生命」與「類哲學」：走向未來的當代哲學精神[M]，長春：吉林人民出版社，1998：40。

人作為人的高貴性和優越性。」[7]因此,超自然性也是人的生命極為重要的內涵。

(二)人是有限與無限的統一

人是一個現實的存在,現實性本身就規定了生命的有限性。但是作為類存在的人,是一個能夠意識到無限的有限者,人的出現「使得自在的生命體同時具有了自為的本性;人把生命變成自我規定的自由存在,這樣就使生命擺脫了自然的絕對控制和主宰;種生命是有限的,類生命則是無限的」[8]。因此,類生命就具有了開放性和生成性。「人雖然來自於自然,人的本性卻非先天的自然規定,人之為人是自己創生活動的產物。這就意味著,人既沒有給予的先定本性,人的本性也不是一經確定便永不變化的;恰恰相反,人之為人的那個本質永遠處於沒有終結的創生之中,他始終具有開放、不定的性質。」[9]

(三)人是「自身矛盾」的存在,面臨「自我纏繞」的困境

「人沒有單一的本性,人的本性總是兩重化、多義性、充滿著矛盾,人的肯定本質只能實現於否定本質之中,人經常在『是其所是』的同時又『是其所不是』和『不是其所是』。」人與動物不同,動物沒有自我意識,人則具有自我意識。「人既是人類歷史的劇中人,又是人類歷史的劇作者。在自我認識過程中,人同時作為認識的主體和認識的客體、認識者和認識的對象,這就不可避免地會遇到不斷將自身客體化的難題,面臨著一個自我纏繞的悖論:不把人作為對象,無

---

[7] 高清海,人的雙重生命觀:種生命與類生命[J],江海學刊,2001(1):77,78。

[8] 同註7。

[9] 高清海、胡海波、賀來,人的「類生命」與「類哲學」:走向未來的當代哲學精神[M],長春:吉林人民出版社,1998:18,18-19。

法去認識人；一旦作爲對象，人又會失去現實活動的主體性質。」[10]
這就爲人的生活帶來諸多困惑和「麻煩」，但也恰恰是這種困惑和矛
盾，使得人在不斷的超越中獲得發展。

綜上所述，我們可以得出一個結論，即人的存在既是一種工具性
存在，又是一種詩意性存在。人的存在首先是一種工具性存在。人是
有限的存在，從某種意義上講，人有動物性的一面，因此，人首先要
很好地活著。人的存在又是一種生成性、自爲性、歷史性和社會性的
存在，而動物僅僅是本能性的存在。因此，人的存在又是詩意性（超
越性）存在。人的存在是一種自由存在、一種審美存在；人的存在是
一種形上存在、一種意義存在。現代教育在觀念上和具體型態上突出
體現的，正是這種人的工具性存在和浪漫性存在假設的矛盾。

帶著這些對人的存在特徵的理性把握，我們將進入人的存在範型
的不同假設，同時討論這些人的存在範型的假設在教育觀念領域造成
的影響，有利於得出我們應持的主張或態度。

三、人存在的範型

範型即模式、模範或模型，在人文社會科學領域中，某些
現象或形象經過典型化、概念化的表述，便構成範型。科學是關
於客觀事實的知識。然而，人類對外在「事實」的認識是透過概
念和範疇獲得的，因而，外在「事實」的性質只有經過概念化
（conceptualization）後才能成爲認識的對象。這種概念化就是對所
要研究對象的描述或定義。在對研究對象科學抽象、概念化的基礎之
上，時常還要經過一個「理想化」陳述的思維過程才能達到。這種思
維抽象的結果，是得到一個相對的「自在之物」、「純粹類型」或馬
克斯·韋伯（Max Weber, 1864-1920）所說的「理想類型」（ideal
type）。這種方法的實質在於有意識地突出研究對象的主要因素，在

---

[10] 同註9。

理論思維中完全排除次要因素和無關因素，對研究對象的原型加以合理的推論和外延，進而形成理想化的研究客體；然後透過對理想化客體的研究，間接地研究原型的規律性，也就是把理想化模型研究的結果推論到原型研究對象。

　　在一定的社會歷史條件下，對人類形象的典型化、概念化、理想化的描述，即構成人的存在的範型。人的存在的範型體現著對人的本質（而非某一類人或人類的某一側面）的深刻認識。首先，參照這種範型，我們就可以把各種人類形象轉變成理論上清晰的、可以理解的典型形象。其次，各種人性範型的抽象，是一種帶有主觀思維色彩的建構，但這種建構也絕不是隨心所欲的虛構。作為一種理想類型，它是處於一定社會歷史條件下的某種人類本性的典型特徵。再次，從方法論角度看，人性範型只是對在人類歷史發展中人性典型特徵的典型把握，並沒有全面概括和包容現實人的所有特性、所有因素。如上所述，作為一種分析和抽象，所有的人性範型也都存有這樣或那樣不可避免的缺陷，但這並不妨礙它作為一種觀念工具的價值。

　　按照人類的歷史發展階段，透過對各種人的存在範型假設的考察，可以將各種人的存在範型劃分為工具性存在範型和詩意性存在範型兩種。馬克思將人類歷史發展階段劃分為被人奴役的階段、被物奴役的階段和全面自由發展的階段。前兩個階段，人主要是以自我為工具；而最後一個階段，物質極大豐富，人本身也成為目的，詩意的棲居方得以實現。所以，在不同歷史階段的不同情境下，人的工具性存在和詩意性存在有著不同的配比。歷史上，人的存在範型主要有「政治人」範型、「理性人」範型、「生物人」範型、「經濟人」範型、「自然人」範型、「遊戲人」範型、「有限理性人」範型、「宗教人」範型、「社會人」範型、「非理性人」範型、「自我實現人」範型、「道德人」範型、「審美人」範型等等。下文將擇取其中代表性的人的存在範型，分別納入工具性範型和詩意性範型加以介紹。需強調的是，這裡的人的存在範型並非基於對所有人類本性的所有內容進

行全部經驗性的概括，也不是指某一種類型就代表著教育學家、哲學家所夢想的最好的人的形象，而僅僅表示這種範型接近於人類社會歷史與現實中的典型形象。

第二節　人的工具性存在與教育

一、什麼是人的工具性存在

　　人的工具性存在是從宏觀的角度、從群體或類的角度、從歷史發展的角度來講的，而不是從個體的角度而論。工具性存在是一切動物的存在特性。當然，人的工具性存在不同於其他動物，具有自爲性、開放性。人的自然性決定了人的存在首先是工具性存在，工具性存在是人的一切存在的基礎。在人類歷史發展的長河中，人的存在型態主要是一種工具性存在，也就是人首先成爲手段、工具，然後才能成爲目的。

　　人的工具性存在指人首先是一種利己性存在。利己性存在的第一要義是生存，而且是去生存，要學會生存的本領；利己性存在的第二要義是要更好地生存、發展和享受。其次，工具性存在還是一種物化存在。工具性存在往往表現爲一種物化、甚至是異化的存在。在當代，存在著權力、金錢，乃至科學、能力以及學習等各種拜物教。例如在學習化社會，人成爲「人力資本」，教育被理解爲財富的源泉。技術的發達強化了人的物化和異化，導致人與自然、人與社會、人與人、人與自我的全面危機，而工具性存在使人迷失了自己，「人」沒有了，只剩下一個「空心人」。

二、人的工具性存在範型

(一)「生物人」範型

　　「生物人」（homo biologicus）是根據達爾文創造的進化論來理

解人、觀察人、研究人的一種範型。達爾文創建的進化論標誌著一個新時代的開始，在達爾文之後，沒有一種關於人的理論可以忽視達爾文的進化論。按照這種範型，人的個體和社會、人的身體和意識，都是透過自然選擇、基因遺傳而產生的一種自然行為。這種自然行為可以透過人的神經系統或行為模式、語言模式得到科學的理解和合理的說明。「生物人」範型是多種學科共同構建出來的流行觀念，在英美學術界和文化界的影響尤為廣泛。[11]遺傳、優生、生存競爭、基因決定論，在一定意義上深深地影響了教育理論和教育實踐。史賓塞（Herbert Spencer, 1820－1903）的教育思想就是深受「生物人」範型影響的典範，屬於社會進化哲學的代表人物。

專欄3-1
史賓塞論教育

在〈什麼知識最有價值？〉一文中，史賓塞把人類生活區分成五種主要活動，並按照這些活動將人生的重要程度依次排序為：第一，直接保全自己的活動；第二，間接保全自己的活動；第三，撫養教育子女的活動；第四，社會政治活動；第五，閒暇愛好和感情的活動。同時，史賓塞根據這五種活動，將普通學校的課程體系分為五個部分：第一，生理學和解剖學，這是關於闡述生命和健康規律，以便「直接保全自己」。第二，語言、文學、算學、邏輯學、幾何學、力學、物理學、化學、天文學、地質學、生物學和社會學等，它們能使人獲得謀生手段，提高勞動生產率，能對發展生產、建設國家起作用，甚至能「轉變國家的命運」。第三，心理學和教育學，這是關於履行父母職責必須掌握的知識。第四，歷史學，這是為「履行公民的職責」必備的知識。第五，自然、文化和藝術，

---

[11] 趙敦華，哲學研究的進化論轉向[J]，哲學研究，2003(7)：58－65。

它們是人們為了完滿地度過閒暇時間所需要的。

資料來源：赫伯特・史賓塞，史賓塞教育論著選[M]，胡毅、王承緒譯，北京：人民教育出版社，1997：59-93。

進入20世紀以來，隨著生物學的發展，從生物學視角來研究人的理論得以迅速發展，人們開始關注人的動物性與社會性的關係。如1930年代，奧地利生物學家勞倫茲（Konrad Lorenz, 1903-1989）提出，人類身上存在著一種先天的侵犯性本能衝動。美國生物學家威爾遜（Edward O. Wilson, 1929-）在《論人的天性》一書中提出人的四大天性，即：攻擊性、性、利他主義和宗教行為；此外，他還在《社會生物學》中系統地闡述了人的動物性行為。還有英國學者道金斯（Clinton Richard Dawkins, 1941-）在《自私的基因》一書中提出：「基因的自私性常常導致個體的自私性……在某些特殊情況下，也會滋生出一種有限的利他主義。」[12]英國學者莫里斯（Desmond Morris, 1928-）在《人這種動物》（1994）、《裸猿》（1967）等書中，對人類的動物性進行了比較深刻的研究，從社會生物學角度對人類社會的合作策略、自然與文化進行了系統研究。這些都對教育理論與實踐產生了重大影響。20世紀出現的行為主義心理學以及與之相應的機器教學、程序教學、認知教學、計算機輔助教學都深受其影響。

美國行為主義心理學關於人的看法和教育主張深受「生物人」範型的影響。華生（John Broadus Watson, 1878-1958）認為，人類的行為都是後天習得的，環境決定了一個人的行為模式，無論是正常的行為還是病態的行為，都是經過學習而獲得的，也可以透過學習而更改、增加或消除。他說：「給我一打健全的兒童，我可以用特殊的

---

[12] 柯林頓・理察・道金斯，自私的基因[M]，盧允中等譯，長春：吉林人民出版社，1998：4。

方法任意加以改變，或者使他們成為醫生、律師，或者使他們成為乞
丐、盜賊……」[13]華生認為，查明了環境刺激與行為反應之間的規律
性關係，就能根據刺激預知反應，或根據反應推斷刺激，達到預測並
控制動物和人的行為的目的。他認為，行為就是有機體用以適應環境
刺激的各種軀體反應的組合，有的表現在外表，有的隱藏在內部，在
他眼裡，人和動物沒什麼差異，都遵循同樣的規律。

　　史金納（Burrhus Frederic Skinner, 1904-1990）是美國著名的新
行為主義心理學家，他認為人作為自然界的一員，其本性無所謂善
惡，其一切行為都是機械行為，不存在諸如意志、情緒、動機等東
西，其本質與動物無異，只是更為複雜；人在自然界中的地位受自然
和社會環境支配，人不是自由的，不是自己命運的主人。他提出程序
教學理論（臺灣譯為編序教學），認為它既是教材內容的呈現形式，
又是科學地處理問題的方法；要求根據行為改變目標，將可靠知識科
學地組織起來，並編制成一定的程序，透過教學機器或程序課本呈現
給學習者。他同時以得之於動物實驗的操作性條件反應和強化的理論
為教學方法之心理基礎，認為學習是刺激—反應以及強化的過程，透
過不斷強化學習者的正確反應可以控制學習者行為發展的方向，進而
達到塑造人行為之目的。關於師生在教學過程中的地位，他認為學生
的行為是一種由教師的設計引起的行為，學生只能作為一架複雜的機
器，在教師的操縱下不斷改變自己的行為，不能將學生置於一個「偶
然」的環境中進行自欺欺人的教育。教師享有絕對的權威，要對學生
的成就和質量負責，充分瞭解學生。教師和學生是控制和被控制、設
計和被設計的關係。

　　「生物人」範型傾向於把人降低到動物的地位上，進而降低了人
的地位，受到人們的廣泛批評。

---

[13] 朱智賢，兒童心理學[M]，北京：人民教育出版社，1993：70。

(二)「理性人」範型

「理性人」（homo sapiens）是現代西方文化中一個具有哲學、歷史和政治意義的人的範型。它起源於古希臘的亞里斯多德，在中世紀及文藝復興時期分別與「宗教人」和「自然人」範型交織在一起，18世紀後逐漸從「自然人」範型中分離出來，成為一種獨立的深刻反映當時社會轉型要求的新人範型，成為當時及以後思想家們論述教育問題的理論前提。

最早揭示賦予人理性特徵的是古希臘哲學家亞里斯多德，他有一個後來被無數人無數次引用過的命題：「人是理性的動物。」在中世紀，人的理性受到壓抑，在最好的情況下也只不過被當成理解神啓的工具。文藝復興時期，「自然人」範型占據了整個知識領域的核心。不過，理性也只不過是「自然人」的一種屬性，而且還不是最重要的屬性。17世紀以後，即在近代科學和哲學初步形成以後，「理性人」範型才漸漸地從「宗教人」、「自然人」範型中凸顯出來。

「理性人」的主要特徵是：第一，人是有理性的，理性是人的內在本質特性，是人的普遍「類特性」；第二，理性既是區分人與動物的界限，又是區分「文明人」與「野蠻人」的界限；第三，理性是一種高級的認識能力，不同於感性和知性，後者是為了認識現象，形成感性的、經驗的知識，前者是為了把握本質，形成系統的、完整的和深刻的理論知識；第四，藉助於理性和理性知識，人類就能不斷地深化知識，把握和重建自身與世界的關係，從而獲得自由；第五，理性的人無所不能，是「全知全能上帝」的化身；第六，人的理性是先驗地賦予的，但也需要最低限度的訓練，否則理性會喪失。

「理性人」範型對於18至19世紀教育理論和實踐的影響，主要表現為以下幾點：第一，教育必須培養和訓練人的理性，這是教育的最高目標，也是教育的終極目標。因此，文藝復興時期那種盲目地遵從自然、放縱兒童情感的教育被認為是錯誤的，至於中世紀教育將

信仰置於理性之上的做法則更被看作錯誤的。黑格爾認爲，兒童教育的目的就是使他們具有的內在理性透過教育實現於外，從而使他們成爲一個眞正獨立的本質，完成「精神上的誕生」。第二，教育活動必須合乎理性。如果說文藝復興時期教育活動的首要法則就是遵從自然，那麼19世紀的思想家們則認爲教育活動的首要原則是遵從理性。第三，教育必須樹立理性和教師的權威，反對非理性和對教育的公開反抗。第四，教育強調紀律和秩序。理性代表著秩序，紀律維持著秩序。學校教育中的紀律和秩序就是理性的化身。無論是赫爾巴特（Johann Friedrich Herbart, 1776-1841）還是康德（Immanuel Kant, 1724-1804）和黑格爾，都非常強調紀律在兒童發展中的作用，意圖清除純粹感性和自然的東西，引導兒童的精神超越自己的特殊性而臻普遍的教化和總體的境界。[14]

(三)「經濟人」範型

「經濟人」（homo economicus）概念是19世紀末義大利經濟學家帕雷托（Vilfredo Pareto, 1848-1923）提出來的，但是一般認爲它的眞正奠基人是19世紀英國著名經濟學家亞當·斯密（Adam Smith, 1723-1790）。亞當·斯密在《國富論》中對「經濟人」進行了大膽的猜想：毫無疑問，每個人生來首先和主要關心自己。同時，他還提出了「經濟人」行爲的最大化原則、自利原則和公益原則。一般認爲，經濟人是「有理性的、追求自身利益或效用最大化的人」，經濟人的人性模型經過兩百多年的發展，形成了有廣泛解釋力的理想範型，其核心精神是：強調自利是人的第一屬性，也就是追求自身利益是人的行爲的根本動機之一，人總是表現出自愛、自保的本性。自利是人類行爲的一個主要動力本源。同時，社會情感作爲調節人的利己本性，調節人與人、人與社會關係的重要品格，無論是對於個人還是

---

[14] 石中英，重塑教育知識中「人的形象」[J]，教育研究，2002(6)：12-18。

對於社會來說都是十分重要的。亞當·斯密十分重視人的社會情感的培養。他不僅在《國富論》中對經濟人進行了詳盡的闡述，而且還撰寫了《道德情操論》，對社會情感進行了細緻深入的研究，以防止人們僅僅看到利己而忽視利他等社會情感的培養，最後可能帶來毀壞利己的惡果。

英國經濟學家邊沁（Jeremy Bentham, 1748-1832）、約翰·穆勒繼承發展了亞當·斯密的觀點，進一步提出「新經濟人」的思想。邊沁認為，人類就像一部活生生的「損益計算器」一樣，每個人皆忙碌地安排自己的行動，以便他的加減計算器從這種行為中獲得最大的幸福。趨樂避苦是人的普遍規律。評判人類行為對錯的標準是最大多數人的最大幸福，即功利原則。20世紀著名經濟學家馬歇爾（Alfred Marshall, 1842-1924）和羅賓斯（Lionel Robbins, 1898-1984）、薩繆爾森（Paul A. Samuelson, 1915-2009）以及西蒙（Herbert A. Simon, 1916-2001）等人，都繼承和發展了經濟人的思想。[15]馬歇爾認為，經濟人絕不是自私自利、孤立於社會之外的人，他有豐富的社會動機，只是無法以圖法和幾何學表示出來。他是理性的，且精於計算。著名經濟學家貝克（Gary S. Becker, 1930-2014）和斯蒂格勒（George J. Stigler, 1911-1991）也認為，我們相信人是追求效用極大化的動物，與鴿子、老鼠沒有什麼差別，至今為止，我們沒有看到對人們乞靈於其他行為目標的生活片段加以剖析時能得到什麼新的資訊。[16]自利這一人的生物本性像一根帶子束縛著人的行為，使人的行為不可能完全擺脫它的束縛，而達不到利他主義的完美境界。否認人們總是唯一地按照自利的方式做事，並不意味著人們總是不自私地做

[15] 楊春學，經濟人與社會秩序分析[M]，上海：上海三聯書店，1998：87-89，135-168。

[16] G.J.斯蒂格勒，經濟學家和說教者[M]，貝多廣、劉滬生、郭治薇譯，上海：上海三聯書店，1990：35。

事，說自利行為在大量的日常行為角色中不起主要作用肯定是荒誕的。

經濟人的人性範型也對教育產生了重要影響。經濟人範型的提出，不僅適應了18、19世紀西方資本主義開拓市場、發展經濟的需要，也成為19世紀以來西方乃至世界各國重視發展義務教育、職業教育、實科教育，以至於倡導教育優先發展的重要理論假說。即教育首先要滿足人的生存需要、利己需要。人們選擇教育、發展教育，是理性計算的結果。當然，教育也要重視人的道德情感的培養，因為道德情感（特別是利他精神）是調節人與人、人與社會的重要價值維度。不過，經濟人假說對我們的道德教育還是有很大的啟發意義。它告訴我們，在道德教育中，不僅要考慮國家和社會的需要，還要滿足個人生存發展的需要；否則，再美妙的辭藻、再好的承諾、再強大的隊伍，也難以取得好的效果。

從一定意義上講，經濟人的人性假說比較真實地從一個側面解釋了人性，推動了經濟學和教育學的發展，在客觀上也推進了人類社會與經濟的進步、發展。經濟人人性假說的一個重要缺陷就是沒有看到人不僅是利己的，也是利他的，人的行為不僅是理性的，也是非理性的。儘管經濟人的人性假說給人以冷冰冰的、無情的、自私自利等種種印象，儘管一百多年來許多人提出了「管理人」、「社會人」、「情感人」諸種假說，但是經濟人假說目前不僅是各國經濟決策、也是教育決策的一個重要理論基石。

(四)「社會人」範型

人的存在的「社會人」（homo sociologicus）範型，可以從不同學科、不同角度來理解。從經濟學的角度，「社會人」體現為追求效率、成就感和社會責任感；從哲學角度，「社會人」體現為構建社會個體生存意義；從社會學角度，「社會人」體現為社會的身分認同；

從心理學角度，「社會人」體現爲對歸屬、被尊重和自我實現的需要。

對於「社會人」範型所見較多的是管理心理學中的闡述。「社會人」假設是梅奧（George Elton Mayo, 1880-1949）等人在霍桑的成功實驗[17]的基礎上提出的。該理論認爲，社交需要是人類行爲的基本激勵因素，人際關係是形成人們身分感的基本因素；工業革命依賴的工業化使工作失去了許多內在的意義，這些意義需要從社交關係中尋找；與管理部門採用的獎酬和控制的反應相比，職員更易於對同級同事群體的社交因素作出反應；職員對管理部門的反應程度取決於主管對於下級歸屬需要、被接納需要、還有身分感需要的滿足程度。在管理方面，「社會人」的假設常常作爲「經濟人」的補充，於是便有了「經濟社會複合人」假設、「複雜人」假設、Z理論等管理學理論。

哲學意義上的「社會人」不是就類似於經濟學、管理學的意義來談的，而是就人的存在來談的。比如劉鐵芳認爲，教育人性基礎的現代轉向是從自然人到社會人。現代教育的主題是適應現代工業社會的科學主題和政治生活的民主主題，而過去以理性主義而非經驗主義爲基礎的對自然人的追求失落了，這是自然祛魅、世界客觀化的結果。現代教育理應重拾自然人培養中的美善追求，好人教育和好公民教育並重。[18]這裡，社會人是自然人的反面，是就現代科學理性之社會秩序中的人的存在而言。

---

[17] 霍桑實驗：1924-1932年，以哈佛大學教授G‧E‧梅奧爲首的一批學者，在美國芝加哥西方電氣公司所屬的霍桑工廠進行的一系列實驗總稱。實驗最初的目的是根據科學管理原理，探討工作環境對勞動生產率的影響。後來梅奧參加該項實驗，研究心理和社會因素對工人勞動過程的影響。1933年出版了《工業文明的人類問題》，提出著名的「人際關係學說」，開闢了行爲科學研究的道路。

[18] 劉鐵芳，古典傳統的回歸與教養性教育的重建[M]，北京：北京師範大學出版社，2010：166。

　　最後，我們需要介紹的是馬克思的「社會人」範型。馬克思並未將人界定為社會人，他只是強調了人的社會性，我們需要注意他的論述方式。馬克思言人不是單個人所具有的抽象物，而是所有社會關係的總和，但他從未認定這就是人的定義。相反的，馬克思一開始就強調人的自然屬性，進而談及人的異化問題。是後來的馬克思主義者將「人是社會關係的總和」變成了馬克思主義教條。

　　對馬克思而言，人的社會性存在不是指人的本性自私，也不是指人的合群和利他。馬克思認為，「人是一切社會關係的總和」有幾個前提性認識：一是人是「歷史的產物」；二是人是「現實的人」、「社會實踐的人」；三是從「類」的角度來理解個體，不能因為個別個體而否定對於作為「類」的人的認識。馬克思並不是以一種抽象的、超時空的方式去理解和把握人的存在問題，而是從實踐出發去理解和把握人的存在，從人的存在出發去解讀存在的意義。從歷史的角度來理解人，沒有人不是社會的，一個人從出生到死亡，他的行為、思維、交往都帶有社會的烙印。展望未來，社會生產的發展能夠消除人的異化了的生存狀態，使人走向自由、全面、和諧的發展。過去的人性假設或人的存在範型假說都是在一定程度上脫離了社會歷史背景來抽象地談人，馬克思所講的人卻是現實的、活生生的，因而也必然有一定的社會位置，處在一定的社會關係之中，是「被定格」的。馬克思那裡的「人」，是在利用工具積極改造自然的過程中維持自己生存的人。人的存在包括其生存狀態的異化及其揚棄都是在社會實踐活動的過程中發生和完成的。所以，人才不是與物一樣的「自我同一」的存在，而是為「矛盾精神」所推動的自我創造性的存在；才不是封閉的、被規定好的存在，而是一種永遠在生成之中的未確定性的存在，而且也不是單向度的、消極被動的存在。「世界不能滿足人，人必須用自己的行動來改造世界。」[19]最後，人是社會性的存在是一

---

[19] 列寧全集：第五十五卷[M]，北京：人民出版社，1990：187。

種從類屬來理解個體的思維方式，它和就個體而理解個體的方式不相通，也不衝突。所以，馬克思的社會人假設也是「有限真理」，不能取代心理學或其他學科的認識，也不想取代它們。

三、人的工具性存在與生存性教育

在人類發展相當漫長的歷史階段裡，人首先是以自己存在的工具樣態存在著。在生存論語境中，教育是人生存、發展的重要工具。在人類教育幾千年發展的歷史當中，以工具性和功利性為標誌的生存性教育始終占據著主導地位。中國古代的科舉制度就是一種功利化教育。人們為了科考能「金榜題名」而學習，而「金榜題名」後，人們可以獲得相應的財富和地位。在近現代社會，從實科教育到科學教育、實用教育、職業教育、專業教育，甚至等級教育、權力教育，無不體現著教育的功利性和工具性。更晚近如終身教育、學習化社會建設，乃至更具體的「考研熱」、「證書熱」、「出國熱」，也都是功利性教育的表現。

在生存性教育中，教育的主要任務是教人「何以為生」，把人首先當作自己生存與發展的手段。人只有首先成為手段，才能成為並實現自己的目的。當代社會知識變革加劇，技術創新加速，人們置身於一個急劇變化的社會中，試圖接受一個階段的正規教育後便能一勞永逸地應付一生中各種挑戰已經是不可能的事。教育必須努力尋求獲得知識的方法，就是教人如何學習、如何生存。個人唯有終身不斷地接受教育，才能成為社會需要的人力資源的一部分，才能更好地生存與發展。終身教育是現代人終身生存的工具。

教育的目的在於培養社會需要的工具，儘管客觀上忽略了對人的完整性、獨立性和個體性的關注，甚至把人當成機器，而不是一個有情感、有個性的完整的人；儘管強化學會學習就是學會生存的理念，客觀上會迫使學校教育的工具化、制度化、理性化、科學化、機械化、終身化日益加劇；儘管學會學習在一定意義上對於人來說成為一

種外在的、異己的力量；儘管終身教育在一定意義上成為對人性的終身壓迫；儘管在學習化社會中，人們不得不終身學習，不得不去成為人力資源，以求生存，但是，終身教育仍然有其合理性。因為在生存論語境下，讓年輕一代學會學習、學會生存，是新時期教育、尤其是基礎教育的重要指導思想和目標；在生存論語境下，學會學習能改變人的命運，學會學習就是學會生存，學會學習就意味著財富（社會經濟發展）。

第三節　人的詩意性存在與教育

一、什麼是人的詩意性存在

人的詩意性存在和人的工具性存在是對應的，也是從宏觀的角度、從群體或類的角度、從歷史發展的角度來講的，它是人類的最終走向。詩意性存在是一種自然而超然的存在，是富有自然性和神性的存在，是人之為人的富有尊嚴的存在。人的詩意性存在是以人的工具性存在為基礎，是走過了將自己作為手段和工具的階段之後，自我本身成為目的的那種存在。當然，這不是一種絕對的歷史階段劃分，人作為工具性存在不妨礙在一定歷史社會中、在一定程度上成為詩意浪漫的存在。就個體而言，人的存在則是一個統一體，在不同比例上表現出工具性和詩意性。

具體而言，人的詩意性存在是超越性的超功利存在。人是世俗的存在，因而需要一定的物質才能滿足生存的需要。因此，人必然有功利性追求。但是，在滿足基本生存需要的條件下，人的精神追求又不止於功利性追求。崇高的境界、善良的願望、熱烈的情感、良心的自律、對美的渴望……都成為人們追求的目標。歷史上無數的英雄豪傑為了民族或人類的理想而犧牲自己最寶貴的生命，這正是人類崇高追求的表現。

103

人的詩意性存在也是自由存在。人的詩意性存在是一種非理性的存在，任何生物都有嚮往自由的本性，人更不例外。人類歷史上，多少次革命和運動都是爲了擺脫當時的「理性」束縛和壓抑，追求自我自由的迸發。人總是在追求最大限度的自由的過程中。

人的詩意性存在還可以說是神性存在。康德說過，人是「目的」，不是手段。人的詩意性存在是一種目的性存在，是一種信仰性存在，人有超越死亡、獲得永生的美好願望。正是在人身上存在的生死矛盾，才使人轉向對虛幻的永生的嚮往。人們之所以虛構出西方極樂世界，是要以虛幻的永生給人短暫的生命一種安慰，用永生的靈魂來否定人的生命以死亡告終這一悲劇性事實。在這種意義上，詩意性存在是永恆的存在，是超出了個體和偶然的存在。

二、人的詩意性存在範型

(一)「遊戲人」範型

「遊戲人」（homo ludens）範型萌芽於18世紀，形成於20世紀初，在當前後工業或後現代社會正受到愈來愈多人的認可和青睞。但由於中國仍是一個現代化進程中的社會，所以其尚未對教育觀念和實踐產生廣泛的影響。

就在18世紀「理性人」剛剛代替「自然人」，成爲歐洲文化中占主導地位的人的範型之同時，席勒（Johann Christoph Friedrich von Schiller, 1759-1805）就指出：「只有當人是完全意義的人時，他才遊戲；只有當人遊戲時，他才完全是人。」[20]這段話恐怕是對人的遊戲本性最早和最經典的表述。對席勒而言，「遊戲」已經不只是兒童的「娛樂」或「玩耍」，而是人類的自由本性和完整人格充

---

[20] 弗里德里希・席勒，審美教育書簡[M]，馮至、范大燦譯，上海：上海人民出版社，2003：117。

分展現的途徑與證明。在一定意義上，「遊戲」就意味著「人的誕生」和「人性的復歸」。18世紀以後，遊戲就一直是歐洲思想家們所關注的文化主題。19世紀的一些教育學家，如福祿貝爾（Friedrich Wilhelm Frobel, 1782-1852）和蒙特梭利（Maria Montessori, 1870-1952），也非常重視遊戲在教育過程中的作用。但是，無論是當時的思想家們還是教育學家們，都沒有明確提出「遊戲人」的概念。這個概念直到20世紀初才由荷蘭文化史學家赫伊津哈（Johan Huizinga, 1872-1945）正式提出。他說，一個比我們更為愉悅的時代一度不揣冒昧地命名我們這個人種為「homo sapiens」（理性的人）。在時間的進程中，尤其是18世紀帶著它對理性的尊崇及其天真的樂觀主義來思考我們之後，我們逐漸意識到我們並不是那麼有理性的。因此，現代時尚傾向於把我們這個人種稱為「homo faber」，即製造的人。儘管faber（製造）並不像sapiens（理性）那麼可疑，但稱為人類的一個特別命名，總不是那麼確切，看起來許多動物也是製造者。無論如何，另有第三個功能對人類及動物生活都很貼切，並與理性、製造同樣重要——遊戲（playing）。依我看來，緊接著「homo faber」，以及大致處於同一水準的「homo sapiens」之後，「homo ludens」，即遊戲的人，在我們的用語裡會據有一席之地。顯然，對赫伊津哈而言，「遊戲人」是作為一種新人的範型出現，是與「理性人」和「製造人」相對而言的。

「遊戲人」範型的主要特徵是：第一，人人都喜愛遊戲。遊戲是人類的一種原始衝動，其他的衝動，如：認識的衝動、宗教的衝動、功利的衝動等，都只不過是遊戲衝動的外在表現。遊戲的衝動不僅表現於人類的兒童時期，而且貫串於人的一生。第二，人人都生活在遊戲之中。生活就是由一系列不同類型的遊戲構成，活著就意味著不斷參與遊戲和創造新遊戲。即使一些非常嚴肅的社會活動，如：政治、經濟和科學研究等，也都有著大量遊戲的成分：裝扮、陶醉、外在的關注、規則與自由之間的適度張力等。上面所說的「宗教人」、

「自然人」、「理性人」、「社會人」的範型，也只不過是不同歷史時期的人類為自己所設計的不同遊戲角色而已。第三，人人都是遊戲者。理解人，就是理解人所參與的遊戲；反過來，理解了人所參與的遊戲，就理解了遊戲中的人。第四，人人只有在遊戲中才能「成為」和「看到」他們自己，才能避免司空見慣的「異化」的危險。總之，「遊戲人」假設認為，遊戲不僅是日常生活中的一項普通娛樂活動，而且是人類共有的本性，是人作為人類存在的基本方式，是人類各種文化的「母體」。[21]

　　從「遊戲人」的角度來看教育，似乎一切都改變了：一切嚴肅的都是詼諧的，一切神聖的都是日常的，一切永恆的都是瞬間的。首先，既然人人都是遊戲者，人人都生活在遊戲之中，那麼，教育本身究其實質只不過是人類多種多樣遊戲活動中的一種。或者說，人們「在教育中遊戲」（playing in education），「透過教育遊戲」（playing by education），「為了教育而遊戲」（playing for educa-tion）。參與教育遊戲，享受教育遊戲所給予的愉悅，是人類參與教育活動的另一種「目的」。這種目的超越任何功利的考慮，如：人類的啟蒙、社會的發展、個體的幸福等。其次，既然人人只有在遊戲中才能「成為」和「看到」他們自己，那麼，以人的培養為己任的教育就應該充分地展現其「遊戲性」，使教師和學生的整個身心經常處於一種遊戲狀態：自由、自願、自足、平等、合作、投入和忘乎所以。再次，既然人人都有遊戲的衝動，人人都喜愛遊戲，人人都是遊戲者，那麼，教師與學生之間的關係就是一種遊戲者與遊戲者之間的平等關係，雙方必須共同創造一種遊戲的氛圍，承擔遊戲過程中各自的角色，理解和共同維護遊戲的規則，並根據遊戲雙方的需要不斷地重新修訂這種規則。最後，既然人人都是遊戲者，那麼，教育的根本目的就是要幫助人們理解其遊戲本性，促使他們形成「公平遊戲」

---

[21] 石中英，重塑教育知識中「人的形象」[J]，教育研究，2002(6)：12–18。

（fair play）的責任意識和能力。

(二)「非理性人」範型

隨著社會時代背景的更換和思想觀念與理論方法的轉變，非理性主義、非本質主義、非道德主義的人性思考原則逐漸成爲一種思想主流。現代哲學所構造的人性模型，大體上是一個非理性主義化的人性模型。

德國的叔本華和尼采，以及丹麥的齊克果（Soren Aabye Kierkegaard, 1813－1855）是最早提出非理性主義人性模型的人本主義思想家，他們都用一種個體生命的眼光來審視人生、審視人性。叔本華一反傳統哲學的物質本體論或精神本體論，提出了自己的生命本體論。從一生下來，人就受制於生命衝動的擺布。我們每一個人來到這個世界上，就像是一只上緊發條的慾望鐘表，隨著慾望的擺動而擺動。慾望沒有得到滿足的痛苦和滿足了慾望之後的無聊，不斷地驅使著我們每一個人，不停地折磨著我們每一個人。人因爲無窮無盡的慾望而痛苦，人因爲認清了生命的眞實而痛苦。叔本華由生存意志帶來的痛苦，倡導一種躲避現實生活的人生，追求一種消極無爲的人生。非理性的人，從本質上講是充滿慾望和痛苦的人。

專欄3-2
叔本華論非理性

一切慾求皆出於需要，所以也就是出於缺乏，所以也就是出於痛苦。這一慾求一經滿足也就完了；可是一旦有一個願望得到滿足，另一面至少就有十個不得滿足。再説，慾望是經久不入眠的，需求可以至於無窮。而〔所得〕滿足卻是時間很短的，分量也扣得很緊。何況這種最後的滿足本身甚至也是假的，事實上這個滿足了的願望立即又讓位於一個新的願望；前者是一個已認識到了的錯

誤，後者則是一個沒認識到的錯誤。在慾求已經獲得的對象中，沒
有一個能夠提供持久的、不再衰退的滿足，而是這種獲得的對象永
遠只是像丟給乞丐的施捨一個樣，今天維繫了乞丐的生命以便在明
天〔又〕延長他的痛苦。因為這個緣故，所以説如果我們的意識還
是為我們的意志所充滿，如果我們還是聽從願望的擺布，加上願望
中不斷的期待和恐懼；如果我們還是慾求的主體，那麼，我們就永
遠得不到持久的幸福，也得不到安寧。

資料來源：叔本華，作為意志和表象的世界[M]，石沖白譯，北
京：商務印書館，1982：273。

　　這種思想在20世紀形成了存在主義哲學，先驅人物是齊克果。
他提出了「孤獨個體」這一哲學概念。他完全否定以黑格爾為代表
的普遍理性主義的人性論，強調人的非理性存在，肯定人的主觀性存
在。他一改傳統哲學的思維模式，用主觀內心的體驗去把握人生的各
個方面，將人的情緒看作人的真實生存狀況。在他看來，理性是不能
認識清楚人的真實狀況的，因為人是以主觀、激情和個性為本質，
而理性卻是以客觀、冷靜和普遍為根本。作為「孤獨個體」，人的存
在是真實的、具體的，同時也是感性的、個別的。儘管存在主義內部
觀點林立，但作為一種思潮，在許多問題上還是有其共同的特徵：一
是認為世界是荒誕的，人與世界的關係也是荒誕的，只有人的存在
是唯一可靠的實在。二是認為存在先於本質，每個人都必須先存在，
然後在自己的存在中創造自己的本質、體現自己的本質、認識自己的
本質，因而強調自我設計、自我創造、自我實現。三是強調人的主體
性，認為每一個人都是自在的。四是存在主義強調人的感情、主觀意
識，以及個體存在的獨特性，認為知識和理性只是人存在的工具。五
是認為人是自由的，人就是自由，而且是人不得不自由，這種自由與
人的責任感密切關聯。

　　「非理性人」範型對教育觀產生的重要影響，主要表現在存在主義教育思潮上。首先，從教育本質和目的來看，存在主義教育家認為，存在主義排除了三種傳統觀念，即：教育首先是為了使文化遺產永存而建立的社會機構，教育是傳遞永恆真理的途徑，教育是使青年適應民主社會生活的工具。存在主義主張教育應當幫助每一個人去做一個對自己負責的人，幫助他不顧公眾的壓力去過自己的生活，並且作出自己的決定。對真正的自由和個人獨立性的堅決肯定，是存在主義為今日的教育哲學提出的動人使命。存在主義主張教育的主要目的應是為每一個具體的個人服務，幫助每一個人自由地成為他自己。顯然，存在主義教育家的觀點把個人的自由與有目的的教育對立起來了，進而陷入了個人自我生成論。

　　其次，從知識與教學來看，存在主義教育家通常不贊成以學科為中心的教學。存在主義認為，教學不應只是為了掌握知識或教材，也不要成為某種職業訓練，更重要的是透過教學促進學生的發展。為了使教學有助於學生人格的發展，課程的全部重點必須從事物世界轉移到人格世界。存在主義認為，對有些學生來說，重要的科目是自然科學；而對另一些學生來說，歷史、文學、哲學或藝術是更為重要的科目。存在主義主張個別的、民主的、對話式的教育教學，對現行的教育制度和學校教育持尖銳批評、甚至否定的態度。

　　再次，從師生關係來看，存在主義者認為，一切教育教學都必須立足於對學生自我發展、自我實現的引導。兒童本性上就是先驅者、開創者和發明者。教師不能作為學生知識和道德的源泉或輸送者，教育處於一種創造者和激勵者的地位，它無須也無權迫使學生接受。學生處於選擇而不是模仿和服從的地位。師生關係不是「我與他」，而是「我與你」的關係。

　　應該說，「非理性人」範型的提出，儘管對於衝破西方長期以來占統治地位的絕對理性，呼喚對人的情感、慾望等非理性因素的關注有一定的積極意義，儘管強調個人的自我意識、自我選擇、自我設

計、自我實現和自我發展，對於強調人的主體性、拒斥對人的物化、甚至異化，有一定的積極意義，但是由於以存在主義為代表的現代西方非理性主義哲學實質上是一種極端個人主義的哲學思潮，也由於存在主義教育思潮過分低估甚至否定學校教育、過分低估教師在教學過程中的主導作用、過分蔑視自然科學的教育和學習，因而使它對教育改革的積極意義是十分有限的。

(三)「宗教人」範型

「宗教人」（homo religiousus）是馬克斯‧舍勒（Max Scheler, 1874-1928）首先提出的一個概念，他把人對自身的總的看法概括為人的「自我形象」（self image）。按照「宗教人」這一自我形象，人自認是被神所造，把神當作崇拜對象，人類早期的宗教儀式和神話都表現了「宗教人」的自我形象。歷史學家湯恩比（Arnold Joseph Toynbee, 1889-1975）認為，迄今沒有哪一個民族未曾有過宗教文明史。因為，人，究其本性，就是「宗教人」。人總是渴望獲致靈性，堅持信仰彼世——與信仰此世相結合而信仰彼世。「宗教人」其實是「人無限超越人」，在西方世界裡，他們堅持不懈地熱愛上帝，如同奧古斯丁（Aurelius Augustinus, 354-430）曾說的：「主啊，您為您而造出了我們，我們的心是多麼惶恐不安，只有寄託於您才得安息。」

「宗教人」的形象是教育歷史傳統中最古老的人的形象。這種人的形象支配了迄今為止教育學史的絕大部分時間，對教育知識的發展和教育實踐具有比較深遠和廣泛的影響。「宗教人」的形象對中世紀的教育論述影響很大，使中世紀的教育充滿著宗教氣息。既然在人和上帝的關係上，人只不過是上帝的摹本，那麼，無論如何，人是不能像上帝那樣完美的，教育的根本價值就在於使人生來不完善的神性得到充分的發展。既然只有人的靈魂來自於上帝，而且在人死後又歸於上帝，因此，教育的根本目的就是教人從心靈上認識、熱愛、讚美、

信仰和服從上帝。既然肉體只不過是靈魂的一個暫時居所、甚或「監獄」，那麼，教師對學生實施嚴格的禁慾和嚴酷的體罰就是爲了「拯救」他們的靈魂，具有一種神聖的合法性。既然上帝不僅創造了人，而且創造了世間的一切事物，因此無論學習什麼樣的知識或科目，其終極目的就是領悟萬事萬物之後的神的精神。

「宗教人」的形象對人類自我意識和教育生活的支配在文藝復興之後就漸漸減弱，但並沒有消失。實際上，文藝復興之後，許多被認爲是現代教育學先驅者或奠基人的思想家仍然堅持以「宗教人」的形象作爲自己教育論述的基礎，如夸美紐斯（Johann Amos Comenius, 1592-1670）、福祿貝爾等人。20世紀，由於尼采的猛烈攻擊，以及實證科學的迅速發展和巨大影響，「宗教人」的形象在教育學中進一步式微了。但是，也就是在這種似乎是不可阻擋的世俗化潮流之中，有人從宗教的立場出發，強烈地批判現代人的「無根狀態」，主張教育的目的就是培養、發展與神性相統一的人性，以便使兒童成爲「充分成型和完美無缺的人」。「宗教人把自己託付在上帝的手，他處世基於對人與社會洗雪不掉的信心。……宗教人無時無地不向新的、創造的、美麗的、喜悅的、悲哀的、憂愁的生命開放。」[22]教育的根本目的是倫理性而非知識性，而倫理的根在宗教信仰。[23]

英國哲學家懷特海認爲，教育的本質在於它那虔誠的宗教性。宗教性的教育是這樣一種教育：它諄諄教導受教育者要有責任感和崇敬感。法國的馬里坦（Jacques Maritain, 1882-1973）的教育目的論和價值觀是建立在以神爲背景、對人性的思考上的。他認爲，「教育的主要目的決定於人的本性。」在馬里坦看來，人是一個最基本的哲學問題，教育的主要目的應該建立在人性本質存在的哲學基礎上，而不

---

[22] 孫志文，現代人的焦慮和希望[M]，陳永禹譯，北京：生活・讀書・新知三聯書店，1994：56。

[23] 石中英，教育哲學導論[M]，北京：北京師範大學出版社，2002：95-97。

是建立在人性現象特徵的科學基礎上。因為科學不能回答人的價值問題，「科學本身主要既不締造教育，也不指導教育，因為教育主要需懂得人是什麼——人存在的基本原理是什麼、他在世界中的地位和價值是什麼、他的命運是什麼。這必然和人的哲學知識有關。」[24]

「宗教人」的範型在教育哲學中有著根深柢固的影響。儘管在歐洲文藝復興以後，宗教在我們生活中的影響日漸削弱，但是我們的日常教育行為、教育觀念仍受著這種人的範型所左右。如我們仍然存在的棍棒教育、體罰等行為，教育為未來生活之準備（雖然以未來代替了來生，但仍反映了宗教使人對未來期望所產生的影響，這使人們生活於對未來的設想之中，而不是現實裡），教育即喚醒人所固有的本性等，這都在一定程度上反映了「宗教人」的範型對教育和教育哲學的影響。

三、人的詩意性範型與本真人教育

(一)詩意的喪失與本真人教育的渴求

現代人的單向度性精神危機與拯救呼喚超越性教育，人的詩意性存在已不可能了，本真人教育於是變得迫切起來。自1950年代以來，以丹尼爾・貝爾（Daniel Bell, 1919－2011）的《資本主義文化矛盾》（1978）、馬爾庫塞（Herbert Marcuse, 1898－1979）的《單向度的人》（1968），以及弗洛姆（Erich Fromm, 1900－1980）的《健全的社會》（1955）為標誌，西方諸多思想家對人類即將進入的後工業社會進行了冷峻的批判，尖銳地指出了現代人出現的「單向度性」精神危機。他們認為，工業社會和後工業社會的流水線及自動化控制，使人愈來愈機械、被動，人的各種潛能被埋沒，甚至退化，

---

[24] 王承緒、趙祥麟，西方現代教育論著選[M]，北京：人民教育出版社，2001：314。

人的完善性被肢解，人日益成爲「單向度的人」（one-dimnesional man）；認爲「現代性已經不再是一種解放的力量，相反的，卻成了奴役、壓迫和壓抑的根源」[25]，後工業社會來臨的一個結果是精神分裂症成爲20世紀西方的主要精神病症。人類進入了一個「人面對命運攸關的根本變革所必須立即作出回答的問題：探問整個人生有無意義」[26]這樣一個時代。的確，人類面臨著全球範圍的心理危機和精神危機。全球範圍的心理疾病居高不下，自殺、吸毒等已成爲令人擔憂的嚴重社會問題。全球湧動的「宗教潮」，尤其是一些邪教組織，如1995年日本出現的奧姆眞理教事件，更引起人們對現代人精神危機的嚴重關切。在中國，1980年代以來，「尋找人的精神家園」幾度成爲社會關注的焦點。人們在沉思「我是誰，從哪裡來，到哪裡去」，在尋找「現代人丟失的拐杖」，尋求終極關懷的呼聲此起彼伏。

　　本眞人教育能夠解決人類的生存空虛，重拾生命的意義與生活的美好。本眞人教育是人的詩意性存在之必要條件[27]，且本眞人理論是這種教育的基礎。本眞人理論即超乎功利人的理論、回歸自然人的理論，也是充滿詩意和強烈烏托邦色彩的令人神往的理論。古往今來，許多哲人面對世俗的滾滾紅塵，或望而卻步，或遁入雲海，或嚮往詩的意境，或尋望精神家園。從總體上講，本眞人的理論既是一種嚮往的理論，也是一種超越的理論，更是一種逃避的理論。不過，它對人類在物慾誘惑、慾壑難填的種種悲歡離合面前保持清醒的頭腦，還是

---

[25] 波林・羅斯諾，後現代主義與社會科學[M]，張國清譯，上海：上海譯文出版社，1998：5。

[26] 艾德蒙德・胡塞爾，歐洲科學危機和超驗現象學[M]，張慶熊譯，上海：上海譯文出版社，1988：6。

[27] 本章僅介紹兩種代表性思想，即老莊和海德格爾的本眞人理論和教育思想，側重的不是詩性化的教育，而是本眞人的塑造。

具有重要的張力意義。尤其是以其理論爲基礎的本眞人教育，從一定意義上講，對培養青少年淡泊明志、不以物喜、不以己悲的良好心態，甚至對精神境界的昇華都不無積極意義。

(二)老莊的本眞人理論與本眞人教育

老聃與莊周都沒有純粹的教育論述，老莊的本眞人理論和本眞人教育思想是用一種現代術語對其教育觀點的抽離和演繹。經過這種詮釋，我們可以得出如下一些觀點。

1. 老子的本眞人理論

培育眞正的人是老子的教育目標。「修之於身，其德乃眞」[28]，唯有以道修身，身化於道，人的德才會眞實，便從異化了的「私、妄、昧」的「俗人」、「衆人」、「百姓」，向「公、正、明」的眞人——眞正的人復歸，成爲「故道大，天大，地大，人亦大。域中有四大，而人居其一焉」[29]的宇宙中居四大之一的人（天人合一的人），並「修之於天下」，由眞人而聖人。

道法自然是老子的教育方針。「人法地，地法天，天法道，道法自然。」[30]自然，就是宇宙萬事萬物最根本的總的規律、總的特徵。自然，就是它自己就是這樣（自己如此），它本來就是這樣（本來如此），它究竟就是這樣（究竟如此），不受外力的影響，自然而然，不期然而然，不能分析解釋，不能追問究竟。自然是最高的準則，是最根本的終極規律。自然，是道的最根本、最高、最本質的本性。而「道法自然」就是說道的本質是自然的。我們所做的一切都要效法自然，效法自然的客觀規律。在教育領域內，就是一切按照教育規律辦事，唯教育規律是從。

---

[28] 老子[M]。

[29] 同註28。

[30] 同註28。

老子提倡儉嗇、樸素。「我恆有三寶，持而寶之：一曰慈；二曰儉；三曰不敢為天下先。」[31]「儉，故能廣。」「儉」為老子三寶之一，可見其分量的重要。「以儉為寶，心儉不奢，心儉自足，心儉自廣，心儉自樂，知足常富而不辱，知止常安而不殆，以儉養德，心不貪求，自得其樂，而不樂慾人之所樂。」「心儉慾寡，虛靜自致。」「治人事天，莫若嗇。」[32]因此，開展勤儉節約教育、艱苦創業亦是很重要的教育內容。

老子提倡滌除玄覽。「滌除玄覽，能無疵乎？」因此，老子告誡我們育人要從根本處，即人的心靈入手。有道是：育書先育人，育人先育心。加強心靈的自我革命，轉「私」為「公」，轉「妄」為「正」，轉「昧」為「明」。滌除者，去私除妄也。「善為道者，要滌之除之，務使無私無妄，心無染汙，一私不留，一妄不存，一塵不染，一相不著，心靈純美，心光發現，乃能玄覽無遺，無所遁形。」加強人的心靈革命，這是德育，是首要的工作，是一切教育的切入處、基本點。轉私、妄、昧為公、正、明，轉假、醜、惡為真、善、美，教育使命完成矣！

2. 莊子的本真人理論

莊子的人性論本於他的道論。他繼承老子「道法自然」的理論，認為「道」之於人即是「德」，亦即是人性。道本自然、虛靜，故而人性也自然、天放。何謂「天放」？簡言之，「天放」就是順應天性的意思。莊子又說：「性者，生之質也。」[33]可見，人性是自然素樸、不受文飾的，是因順天道、不待師教的。所以，莊子的人性論可被稱為「自然人性論」。依此理論，仁、義、名、位、利、慾都是人為的、後天的，因而不能將它們視為人的本性。

---

[31] 老子[M]。

[32] 同註31。

[33] 莊子‧庚桑楚[M]。

　　莊子的人性論是超世俗之善惡的。如果非要以善惡來言人性，按照莊子的理論，自然率性就是善，人為矯飾就是惡。莊子主張因任人的自然天性，而極力抨擊戕害人性的「失性」或「傷性」之舉。在莊子看來，保存純樸人性的至德之世才是人類的伊甸園。伊甸園中的生活本是素樸而寧靜的，不知善惡為何物，不知苦難在何方。然而，「小惑易方，大惑易性」[34]，如今，樂園已失，善惡已分，苦難也由是而生。自然天放的人性已被困陷於由君臣、父子、禮樂、刑政、是非、毀譽等交織而成的層層網羅中，人類已毫無自由可言。該如何懸解這一人生的困苦？是為情所困、自甘沉淪，還是斬情絕慾、逃遁出世？又該如何重建思想的人格？歷經大夢大覺後的苦痛，歷經人生的拷問和沉思，一個「乘雲氣、騎日月，而遊乎四海之外」[35]的「真人」形象，栩栩然從莊子心中浮升而出。

　　《莊子·漁父》說：「真者，所以受於天也，自然不可易也。」所以，「真人」即是依乎天道而順乎人性的人。像老子一樣，莊子也以嬰兒的品格來寄望真人。誠然，嬰兒率真、淳樸，可算是「真人」，但「真人」並不是嬰兒。嬰兒雖性如混沌、不沾是非，但終究沒有對塵世汙濁的免疫力，有被異化的潛在可能；而真人是經過圓周運動後重又回到起點的「嬰兒」，他能自覺地揚棄自我、超越是非，從而構築一個逍遙自在的精神國度。

　　大體說來，莊子的「真人」有如下幾方面的獨特品格。

　　恬淡而虛靜。莊子一生過著貧困的生活，以莊子自己為原型的理想真人，在品格上也是生活恬淡而靈魂安寧。《莊子·天道》寫道：「水靜則明燭鬚眉，平中准，大匠取法焉。水靜猶明，而況精神！聖人之心靜乎！天地之鑑也；萬物之鏡也。夫虛靜恬淡寂寞無為者，天地之平而道德之至，故帝王聖人休焉。」這都是強調真人的虛靜品

[34] 莊子·駢拇[M]。
[35] 莊子·齊物論[M]。

格。

安時而處順。莊子說：「生也死之徒，死也生之始。孰知其紀？人之生，氣之聚也。聚則爲生，散則爲死……通天下一氣耳。」[36]可見，在莊子的眼中，生與死猶如太陽朝升暮落一樣自然，所以生不足喜，死不足哀。故眞人也視「天地爲室」，「以死生爲一條」，對死生、毀譽、成敗、美醜皆能安之若命、泰然處之。從根本上說，安時處順就是「無爲」，就是純任自然，就是「不逆寡，不雄成，不謨士……不知說生，不知惡死……翛然而往，翛然而來而已。」[37]

無情又無己。眞人「有人之形」而「無人之情」。何謂「無情」？無情並非無感情，眞人也會「喜怒通四時」。無情只是「言人之不以好惡內傷其身，常因自然而不益生」[38]。簡言之，眞人是絕棄了情慾之情而因任天性之情的人。眞人「無情」，故能不因情傷性；「無己」，故能不因己束性。無情又無己，則「形如槁木，心若死」，如是則能養性，能全性。

逍遙以自適。若眞人之逍遙則心無所待——無待於青山綠水，無待於形康體壽，無待於功名利祿，怡然神曠，悠然自得，如「入無窮之門，以遊無極之野」[39]，「與日月參光，與天地爲常」[40]，「登高不栗，入水不濡，入火不熱」[41]。這是一種無任何負累的、人與天（道）完全融爲一體的絕對自由境界。

老莊的本眞人理論是中國傳統文化的瑰寶，在後工業化的時代更

---

[36] 莊子·知北遊[M]。

[37] 莊子·大宗師[M]。

[38] 莊子·德充符[M]。

[39] 莊子·在宥[M]。

[40] 同註39。

[41] 同註37。

加顯出其永恆的魅力。老莊以培養本眞人爲目的的教育理論蘊含著豐富的教育思想，仍有其理論價值和現實意義。難怪西方的一些思想家包括海德格爾、生態保護主義者關注老莊的思想，那就是回歸自然、天人合一、復歸嬰兒的思想。當然，這一精神財富對於當今的中國要辯證地看待，一方面，我們會把它看作現代進程中一種思想的解毒劑；另一方面，也要揚棄其中反文明的某些消極思想。[42]

(三)海德格爾的本真人理論與本真人教育

對應於東方的老莊，西方的海德格爾對於人的詩意性存在與本眞人的教育也有著高妙的論述。人生在世，總得與人打交道，此乃人生之必然，也可以說是人所不可避免的「原罪」。人之爲人，離不開這種「原罪」，無此「原罪」則不成其爲人，海德格爾把這種情況叫作「沉淪」（fallingness）。由於人或海德格爾所說的「此在」（being-there）不是孤立的，而是「在世中存在」（being-in-the-world），「此在本身是作爲『被拋者』而成其本質的」，所以「沉淪」是必然的，故可稱爲「必然的沉淪」。「沉淪」則有「操心」（care），所以，「操心」是「人生在世」的基本狀態和最實際的狀態。

「此在」在與他人共在的日常生活中，與世沉浮，喜怒哀樂不取於己，而決於人。這個「人」就是「常人」，事實上通常是無此人。日常雜然共在中的「此在」本身就組建著常人的生活方式，日常的「此在」自己就是常人。最本己的「此在」完全消融在「他人」的存在方式中了。於此狀態中的「此在」非但意識不到這一點，反而在常人中競進其身，海德格爾稱這種情形爲「此在」生存中的「非本眞狀態」，亦即「喪失自己本身」。莊子名之曰「喪己於物，失性於俗」（《莊子·繕性》）。

「非本眞狀態」和「喪己於物」都是日常生活中個體獨立人格

[42] 于偉，現代性與教育[M]，北京：北京師範大學出版社，2008：258。

的喪失，是人的自我異化的形式，它雖是不可避免的，卻不是應該如此的。這種人性分裂的現象，在現在這個時代更大量展露出觸目驚心的普遍性。為尋求消除異化的解救之方，老莊和海德格爾殫精竭慮：老子提出「復歸於嬰兒」的生活方式，莊子則嚮往一種「眞人」、「至人」、「神人」個體獨立人格的理想，海德格爾力倡一種「本眞狀態」的人生境界。海德格爾認為，人或「此在」並無實體性，人只是一個「無」（nothingness），是一個「gap」、一個「in-between」，是萬物展露或顯示自己的地方，即人與萬物不是主客關係，而是超出主客，使自己成為萬物之展露口，只有這樣才能復歸於「本眞狀態」，才能與萬物爲一。因此，「無」就是「本眞狀態」，「本眞狀態」並不脫離事物、逃避事物，而只是一種對事物的態度、對生活的境界。[43]處於「本眞狀態」叫作「畏」（angst），「畏」不是思想，而是一種情態。處於「畏」中的「此在」或人，「並不是把一個孤立的主體物放到一種無世界地發生在那裡的無關痛癢的空洞之中」，畏「恰恰是在極端的意義上把此在帶到它的世界之爲世界之前，因而就把它帶到作爲在世的它本身之前。」[44]

這種生活境界和對事物的態度，按海德格爾的看法，就是一種超然物外的自由境界，是一種對事物無所謂的態度。「在投入無內的時候，具體存在總是超出整個現實存在。我們把這種對現實存在的超出叫作超越。」「沒有無之固定的可啓示性，便沒有自我存在與自由。」「無既不自己單獨出現，也不離開現實存在而出現。」「此在基於隱而不顯的畏而被嵌入無之中的狀態，就是對存在者整體的超

---

[43] 張世英，天人之際：中西哲學的困惑與選擇[M]，北京：人民出版社，2007：352。

[44] 海德格爾，存在與時間[M]，陳嘉映、王慶節譯，北京：生活·讀書·新知三聯書店，1999：217。

逾，即超越。」[45]總之，這種境界和態度使人擺脫人或事物的糾纏，但又不抹去或消滅他人或事物。所以，「復歸於本真狀態」也就是擺脫了「慾求、異化和自我束縛」等「沉淪」的狀態，而達到獨立自主、不依傍他人、不為外物所累、不怕任何具體事物的境界。

人在什麼情況下才能達到「本真」狀態？海德格爾認為，只有在臨死之前，只有對死的領悟。面對死神，人才能領悟「本真」、「本己」，才能解除與他人、一般人的糾纏。「死亡是此在的最本己的可能性。向這種可能性存在，就為此在展出它的最本己的能在，而在這種能在中，正是此在的存在由之產生。在這種能在中，此在就可以看清楚，此在在它自己的這一別具一格的可能性中扭脫了他人，也就是說，能夠預先已經扭脫他人。」[46]在海德格爾看來，我們的日常生活總是「無所選擇地由『無名氏』牽著鼻子走，並從而糾纏到非本真狀態之中」。只有面對死神，才使人「從喪失於他人之中的境況中」，從「沉淪」中復歸於「本真狀態」——「把自己收回到自己的面前」。「死亡」意味著「沉淪」已不可能，意味著「喪失於他人之中的境況」，被他人或事物包括名譽、地位、財產所糾纏的境況已不可能，於是不可避免地只能回到「本己」、「本真」，完全獨立自主，立足於自身。

海德格爾主張用「詩」來拯救「思」。詩才能表達「思」的本質，思本應是詩，是「存在」之顯示，而不是知識。詩與思並非對立。海德格爾借荷爾德林的口說：「詩，這是人的一切活動中最純真的。」詩使人沉浸於想像之中而不囿於現實，詩使人超出利害、超出世俗，人透過詩可以擺脫他人與外物的羈絆，從「沉淪」復歸於「本真狀態」、復歸於自由。海德格爾實際上是號召我們做詩人哲學家或

---

[45] 海德格爾，路標[M]，孫周興譯，北京：商務印書館，2000：137。

[46] 張世英，天人之際：中西哲學的困惑與選擇[M]，北京：人民出版社，2007：354。

哲學家詩人。

總之，海德格爾從人的存在論出發，提出了影響廣泛而深遠的本眞人理論。海德格爾的這個理論儘管和老莊思想是相像的、相關的，但其理論基礎和現實基礎卻有天壤之別。因爲海德格爾對現代文明的反思是建立在現代西方經濟和社會高度發展的基礎上，無疑是對當代西方社會經濟和社會發展中所謂人的異化、社會的異化的一種反思結果，也可以說是反映了當代西方思想家對未來一種烏托邦式的理想追求。這個追求對於西方、對於中國都有其解毒劑的意義，那就是如何看待人的存在，如何在關注人的功利存在、認識存在、物質存在的同時，關注人的心靈、人的意義、人的精神、人的情感等超功利、超認知、超物質方面的需要。海德格爾的本眞人理論對教育的重要啓示就是教育既要考慮功利人的需要，也要考慮本眞人的需要。但是和海德格爾不同的是，在當今的中國，優先考慮的應當是作爲功利存在的、甚至工具存在的人的需要。只有在此基礎上，本眞人的實現才不至於是烏托邦的。[47]

四、教育之方向：人的工具性抑或詩意性存在

近年來，中國學術界比較流行的主張是呼喚生命教育、愉快教育、賞識教育、成功教育，對現存的教育進行了嚴厲的、甚至是激進的批判，這些思潮和實踐大都把矛頭指向生存性教育而倡導詩意性存在。應該說，這一系列批判對於消除中國教育中存在的弊端具有積極的作用。但這些批判也不可避免地存在某些烏托邦的色彩，如認爲現代教育在爲現代社會高效率地培養人才方面取得了巨大成功，但是由於過度追求教育的效率，追求教育過程的程式化、技術化，導致隨之情感陶冶、啓發誘導弱化，師生情感交流減少，學生日益成爲學習的機器。學習的機器在學校的工廠裡被成批地、高效地生產出來，滿足

[47] 于偉，現代性與教育[M]，北京：北京師範大學出版社，2008：266。

工業化、社會化和現代化的要求。

的確，現代教育的每一個環節都趨於技術化，卻忽視了教育的整體性和人的完整性，使教育過程中的人文關懷日益減損，結果是教育價值的迷惘和真正教育意義的迷失。在傳統的教育中，教師還常常用一種單一標準來衡量學生。教師喜歡學生寫作文都用同樣的格式和結構，上課舉手要用同樣的姿勢，解題要用同樣的方法。這種教育觀培養出來的人缺乏個性、缺乏獨特性，也造成了許多學生在教育中不僅沒有受到關懷，而且受到不平等的對待。追求同一的教育觀源於工業化時代。工業化需要成批培養勞動力，按照集中化、同步化、規範化、專業化的要求培養人，因而導致現代教育關注的是培養的人能否達到標準，而不是關注培養出來的人是否有個性。人是有個別性和完整性的。教育不是影印機，學生也不是複製品，人才也無法複製。這種機械化的教育不是把人培養成人，而是把人改造成物。

然而，儘管以上的批判並不乏合理性，充滿了激情，充滿了對生命的尊重，也充滿了對美好的渴望，更充滿了對理想教育的尋求。但中國仍然處在邁向現代化途中這一歷史發展階段，中國人仍然需要以教育為改變個體和社會命運的工具，作為生存和發展的工具。要實現人的自由、和諧、全面發展的美好理想，要使學生和教師都成為教育的目的，都有主體性，都獲得解放，顯然是一個歷史過程。如果離開了經濟發展，離開了生產力的發展和科技進步，以為僅僅靠呼喚、靠激情就能實現，必然會導致種種烏托邦式的呼喚和對現存教育制度的激進批判。這對中國當前的教育改革和發展可能非但無益，反而害之。

面對教育該朝向詩意性的存在還是工具性的存在努力這樣的選擇，我們應該主張，理想的教育是適度超越的教育。上面所講的詩意性教育帶有強烈的烏托邦色彩，看起來很有道理，但卻難以實現，其積極作用不能過分誇大，誇大就走向了烏托邦，甚至會走向激進的教育哲學。這樣不僅解決不了教育現實的問題，甚至可能對教育實踐產

生負面的影響。因此，理想的教育應當有堅實的現實基礎。所以，理想的生存性教育是當代理想教育的主要型態：生存性教育是當下教育的主導型態；生存性教育是當下對人的關懷與尊重，教育要很好地成為開發人力資源的工具，人要努力成為能「人」；要倡導理想的生存性教育，生存性教育與超越性教育、本真人教育要保持必要的張力，超越性教育要起到引領、啟蒙和價值導向的作用，生存性教育是生存之基、發展之本。同樣的，兒童與教師的有限解放是當下理想教育的現實選擇：兒童與教師的有限解放取決於社會發展與教育制度的創新，兒童與教師的有限解放取決於教師的角色轉換與觀念更新。

主要結論與啟示

1. 人的由來有神創論、自然說、進化論、勞動起源論和文化創生論幾種觀點，它們之間可以看作逐級發展的，即後者在前者的基礎上發展。

2. 按照馬克思主義哲學的認識，人的存在有以下特點：人兼具動物性或自然性、人性與神性；人透過對象化世界，也將世界納入自身之中；人的本質不是固定的，而是不斷創生的；人性不能概括為任何範型，而是包含著矛盾的對立面；人對自身的認識障礙在於，自己既是認識的主體，也是認識的客體。

3. 人的工具性存在有生物人、理性人、經濟人、社會人等範型，人的工具性存在是一種實用理性的存在，是一種以自我為手段的異化的存在。以人的工具性存在為目的的教育是生存性教育。

4. 人的詩意性存在有遊戲人、非理性人、宗教人等範型，詩意性存在是浪漫的、人本的。本真人教育或詩意性教育是未來教育的走向，本真人是異化人的反面，是教育的烏托邦的目的。

5. 理想的教育型態應該是一種基於工具性存在發展詩意性存在的適度超越的教育，這是由人類發展的具體歷史階段，即生產力不發達、「人被物奴役」的歷史階段所決定的。

學習評價

1. 人的存在有哪些特徵，對教育來說意味著什麼？

2. 人的工具性存在和詩意性存在的範型有哪些？

3. 人的存在的不同範型之間的關係是什麼？

4. 如何看待馬克思作為人的存在的「社會人範型」說的代表人物？

5. 結合資料分析下列教育現象中人的存在觀。

「把學生培養成學習的機器！」這是我到某所名校私下瞭解到不敢公開的治校格言。該校一位老師偷偷告訴我，此乃該校成為名校的法寶之一。

「把每個教室四周都變成黑板！」這是另一所名校教室文化的焦點。在課堂上，學生倒是能動得很，一節課裡學生忙忙碌碌、川流不息，在四周大大小小的黑板上面又寫又算又畫。當然，這肯定是此校課堂教學方面對外宣傳的一大做法。

奇怪的是，這兩所名校都曾是地處經濟相對落後的農村學校。有的同事戲謔道：「這大概也是這些地區落後的根本原因吧！」然而，這樣的學校已經成為當地乃至全中國學習的重點示範校。在上級的安排下，許多像我們一樣的外地學校都不惜跋跋幾百公里路前來取經，目前該校竟然開始收取參觀費了。

「不過，這裡的升學率就是高！」這是當地百姓的口碑。老百姓的口碑好就說明學校辦學水準高，社會的認可就是學校的成功。然而這個地方十分貧窮，問問當地其他學校的教師工資，問問百姓收入，真的難以啓齒。有老百姓說：「讓孩子好好學，考上大學趕緊走出這個窮地方，一輩子都不要回來！」由此看來，被上級重視和被人們奉為「法寶」的，被老百姓認可的，依然是堅不可摧的「高升學率」。

學術動態

　　《西方人學觀念史》是趙敦華主編的一部人學著作，出版於2004年（叢書中還有同時發行的李中華的《中國人學思想史》）。該書採用文化史、觀念史的研究方法，把西方哲學史上出現關於人的觀念概括為九類加以論述。全書三編十章：第一編「人學的童年」，包括「人」的誕生和「宗教人」的觀念；第二編「多樣化的人學新篇章」，包括「文化人」、「自然人」、「理性人」的觀念；第三編「挑戰與轉型」，包括「生物人」、「文明人」、「行為人」、「心理人」、「存在人」的觀念。結語部分談到了上述各種人的消解，最後宣布人學並未因各種人的消解而終結，對於人自身的追問將永遠持續。袁洪亮的《中國近代人學思想史》出版於2006年，該書介紹了從嚴復、梁啓超到陳獨秀、魯迅，以及梁漱溟、胡適、李大釗的人學思想。《人學的科學之路》是《西方人學觀念史》編委會主任黃楠森2011年出版的著作，該書對發展中的人學思潮及其歷史發展作了梳理，並提出人學和哲學是交叉關係，其交叉部分是哲學人學。人學和馬克思主義哲學或歷史唯物主義的關係是，後者並不是人學的全部，人學可以相對獨立。

參考文獻

于偉，現代性與教育[M]，北京：北京師範大學出版社，2008。

王承緒、趙祥麟，西方現代教育論著選[M]，北京：人民教育出版社，2001。

弗里德里希·席勒，審美教育書簡[M]，馮至、范大燦譯，上海：上海人民出版社，2003。

石中英，重塑教育知識中「人的形象」[J]，教育研究，2002(6)。

石中英，教育哲學導論[M]，北京：北京師範大學出版社，2002。

艾德蒙德·胡塞爾，歐洲科學危機和超驗現象學[M]，張慶熊譯，上

海：上海譯文出版社，1988。

波林‧羅斯諾，後現代主義與社會科學[M]，張國清譯，上海：上海
　　譯文出版社，1998。

孫志文，現代人的焦慮和希望[M]，陳永禹譯，北京：生活‧讀書‧
　　新知三聯書店，1994。

恩斯特‧卡西勒，人論[M]，甘陽譯，上海：上海譯文出版社，
　　1995。

海德格爾，存在與時間[M]，陳嘉映、王慶節譯，北京：生活‧讀
　　書‧新知三聯書店，1999。

高清海、胡海波、賀來，人的「類生命」與「類哲學」：走向未來的
　　當代哲學精神[M]，長春：吉林人民出版社，1998。

張世英，天人之際：中西哲學的困惑與選擇[M]，北京：人民出版
　　社，2007。

陳鼓應，老子今注今譯[M]，北京：商務印書館，2003。

楊春學，經濟人與社會秩序分析[M]，上海：上海三聯書店，1998。

第四章

理性與教育

內容摘要

　　本章主要闡述理性與教育的關係，分析理性和合理性及其價值，描述理性教育觀的歷史演進，並且闡述有限理性教育觀的基本涵義與主張。

學習目標

1. 瞭解何為理性、合理性及其價值。
2. 知道理性教育觀的歷史演進。
3. 知道有限理性教育觀的基本涵義與觀點。

關鍵詞

理性　合理性　有限理性

第一節　理性、合理性及其價值

一、理性與合理性

(一)什麼是理性

理性（reason）是一個有歧義的概念。

在日常生活中，「理性」代表著一種對衝動的克制、一份心態的沉靜和一種寵辱不驚的人生境界。辭典對「理性」的定義則明確得多，將「理性」解釋爲：一種從一些信念的眞達到另一些信念的眞的能力。與辭典編撰相比，哲學視野中的「理性」概念少有一致的見解。

王國維對「理」字的語源進行了考證：「說文解字的第一篇說：『理，治玉也。從玉，裡聲。』段氏玉裁注：『戰國策鄭人謂玉之未力者爲璞，是理爲解析也。』由此類推，而種種分析作用，皆得謂之曰理。」「然則所謂理者，不過謂吾心分析作用及物之可分析而已矣。」「其在西洋各國語中，則英語謂之『reason』，與我國近日理字之意大略相同，而與法國語之『raison』，其語源出之拉丁語之『ratio』，此語又源自動詞『retus』，而變爲名詞則也，英語又變爲推理之能力曰『discourse』，同時又用爲言語之意，此又與義大利語之『discorso』同出於拉丁語之『discursus』，與希臘語之『logos』皆有言語及理性兩意者也。」在對西洋各國「理」之詞源考察的基礎上，王國維說：「理的解釋，不得不分爲廣義的和狹義的兩種。」所謂廣義的「理」是指「所謂理由是也」，狹義的理解是指「所謂理性是也」[1]。

在中國古代哲學中，理性帶有明顯的主體倫理實踐的內涵。關

---

[1] 王國維，王國維全集[M]，杭州：浙江教育出版社，2010：26-27。

於「理」或「理性」，宋明理學傾向於理解為：「理」是萬事萬物之所以然和人們應該（應當）遵循、服從的規則。理即性，理也是「天理」，它與獸性、人慾是對立的。在中國傳統哲學中，理性概念在內容上強調與封建倫理綱常的一致性，在形式上強調主體自動、積極的倫理行為，如：修身、養性、克己等。中國當代學者也對理性有諸多界定。

李澤厚的基本觀點認為，歷史建理性。其實，「經驗成先驗、歷史建理性、心理成本體」三句論斷，整個都與理性問題緊密相連。李澤厚進一步認為，「理」實則源於「禮」，並由此考察了「禮」的複雜內涵及其與「理」的關係，認為以使用—製造工具的實踐為根本的社會活動是人的理性形成的基礎。

鄧曉芒認為，西方的傳統理性極為複雜，至少可以歸納為幾層涵義：第一，理性在「人是理性的動物」這個意義上，泛指人的一切區別於其他動物的精神活動，如：知、情、意；第二，理性作為與情感、情慾（意志）相區別的「知」的活動，即認知，指人的思維能力、「理性靈魂」；第三，理性作為認知領域中與感性認識相區別的理性認識，指人透過概念和邏輯把握客觀對象的規律和普遍本質的能力；第四，理性作為與知性不同的更高級的理性認識能力，指辯證法。[2]

有學者認為[3]，「理性」概念具有以下關鍵特徵：第一，理性是人類精神生活的一種形式，是人類特有的思想活動，不僅包括了概念、判斷和推理，而且包括了質疑、反駁和辯護；第二，作為一種思想活動，理性最主要的特徵就是在一定的規則下，就某一問題應用概念進行推理或認識的能力；第三，作為一種推理或認識的能力，理性

---

[2] 鄧曉芒，思辨的張力 —— 黑格爾辯證法新探[M]，長沙：湖南教育出版社，1992：292。

[3] 石中英，教育哲學導論[M]，北京：北京師範大學出版社，2002：185。

不僅關涉知識的獲得，而且關涉行為目的的正當性與合理性辯護；第四，理性不僅是人類的一種認識能力，也是人類的一種存在特性；第五，作為人類的一種存在特性，理性與人類的存在方式（時間、地點、環境、組織等）密不可分，因此，人類的理性有一個不斷發展和重構的過程。

由此可見，理性主要是哲學意義上的，是指人類以邏輯、經驗來把握世界、認識世界，包括認識人類自己的一種能力。它在不同的側面有不同的體現，如：實踐理性、理論理性、歷史理性、科學理性、實用理性、詩意理性等。

(二)什麼是合理性

合理性即「合乎理性」之義，理性就其在西方語言中的涵義而言，首先是一種根據、理由、依據，然後才有作為理性認識重要方面的邏輯推理（reasoning）這一涵義。理性的這種涵義必然要透過「合理性」這一概念表現出來。

但在這裡，理性就可能有著不同的闡釋。[4]一是在本體論的意義上加以使用，理性是一種客觀的原則，成為了一種現實存在的根據。正是在這種意義上，黑格爾說：「凡是現實的都是合理的，凡是合理的都是現實的。」[5]二是把理性看成主體依靠理性能力對外在世界的本質和規律的把握，因此，「合乎理性」只是要求人們去認識事物的本質和規律，而且更重要的是要求人們自覺地依照這種認識的成果去指導認識和實踐。這種理性的認識雖然不能成為現實的存在原則，但卻是人的活動的一個指導原則。在現代西方，「合理性」問題被作為一個重要問題來討論，如哈伯瑪斯所言：「哲學透過其形而上學之

4　文兵，理性：傳統與重建[D]，北京：北京大學哲學系，1998：16-17。

5　黑格爾，小邏輯[M]，賀麟譯，北京：商務印書館，1994：43。

後，黑格爾之後的潮流向一種合理性理論集中。」⁶

在現代西方，許多思想家傾向於在後一種意義上使用「合理性」這一概念，在這種意義上的「合理性」概念，在英文中主要是透過用「rationality」（在德文中用「rationalität」）來表達，主要是想捨去傳統理性主義使用「reason」（在德文中用「vennlt」）一詞所負載的宇宙論的意義。德國哲學家施奈德巴赫（Herbert Schnaedelbach, 1936－）指出，由於理性的非神祕化的歷史結果，「理性並不是宇宙或歷史的本質或基本規律，同樣也不是人的靈魂的本質或基本規律。這樣就剩下了一個可能：理性是人理智地存在的能力，所以，說理智（或明智）比說理性要好一些，而人們更喜歡講的是『合理性』。」⁷

現代西方一些思想家在對合理性的研究中拒斥對理性的本體化的同時，往往從根本上棄置了傳統理性主義的理性觀的本體化前提，即理性所指向的外在世界的普遍本質和必然規律。哈伯瑪斯對合理性有著如此看法：「對合理性條件進行形式分析這樣的目的，既不適於對自然界、歷史、社會等物質內容理論抱有本體論的希望，也不適於對非經驗的類主體、對意識一般的結構進行先天性重建抱有先驗哲學的希望。」⁸事實上，對人類活動的合理性考察，既不能脫離主體的目的，更不能脫離外在世界的規律。在西方歷史上，馬克斯·韋伯最早提出了合理性問題。韋伯對調節社會行為的方式進行了分類，其中包括工具合理性，即功用理性（zweckrationalität）與價值合理性（wertrationalität）。在他看來，功用理性「取決於對他人和相關之

⁶ 哈伯瑪斯，交往行動理論：第一卷[M]，洪佩郁、藺青譯，重慶：重慶出版社，1994：15，15。

⁷ 施奈德巴赫，作為合理性之理論的哲學[M]／／湖北大學哲學研究所編委會，德國哲學：第七輯，北京：北京大學出版社，1989：171。

⁸ 同註6。

物的預期，而這種預期被作為行動者達到自身理性地追求和籌畫的目
的的『條件』和『手段』」，價值理性則「取決於對於某種倫理的、
審美的、宗教的和其他形式的行為價值之有意識的信仰，而並不考慮
成功與否」。他認為，從功用理性的觀點看來，價值理性往往就是非
理性的，「調節行為的價值越是被提升到一種絕對價值的地位，與此
相對應的行為就越是『非理性的』。」[9]由此，理性與所謂合理性在
一定意義上是等值的。

二、理性的價值

　　人類社會的歷史是一部從非理性走向理性的歷史。人類從洪荒
中走出來，始終頑強地掙脫自身的原始性和生物性，在生產實踐和社
會生活中，不斷地提高自身以適應環境、求得生存。起初，人類對外
部世界的反應、感悟和慾念，儘管是朦朧的、雜亂的和不自覺的，但
它形成了一種載體、一種原動力，依托和推動認識的艦船，不懈地探
詢著世界，駛向理性的港灣。可以說，理性每前進一步，都伴隨並藉
助著情感和慾望的衝力。人不是物，人如果是石頭或機器，既沒有
情感，也沒有慾望，那他當然也不可能有理性。然而，理性不是孤立
的，它本來就建立在情感和慾望之上。「理」乃「情」之所繫。人類
的輝煌之處，正在於能夠憑藉本能，又不固於本能，並超越本能，達
到理性之昇華。

　　遠古的人類幾乎都生活在一種「泛靈論」的假設中，這種假設
是早期人類試圖對自然、社會和人生進行理性解釋的第一步，它是人
類理性的萌芽——試圖合乎邏輯地對自然、社會和人生現象進行合理
的解釋，儘管這種解釋的合理性程度非常低，摻雜其中的是原始的想
像、主觀的臆測、機械的比附和神祕的直覺。緊接著「泛靈論」出現
的一種解釋模式是「本體論」，它認為萬事萬物存在的根據在於其自

---

[9]　馬克斯‧韋伯，經濟與社會[M]，林榮遠譯，北京：商務印書館，1997：57。

身的內在規定性。顯然，比起「泛靈論」，本體論將觀察和認識的視角從神祕之物轉向了物自身，使人類的認識及建立在這種認識基礎上的整個社會生活的理性化程度進一步提高。但是，整個西方中世紀在宗教的影響下，理性化進程幾乎處於一種停滯的狀態：信仰代替了理性，成為一切社會行為合法性的基礎；理性完全淪為神學證明的思想工具；直至文藝復興時期，思想家們還認為理性只是人類的一種「自然屬性」，而且並不是最重要的。17世紀以來，隨著啓蒙思想的興起、大工業生產的出現，以及新興社會階級要為自己贏得合法的統治權力，理性開始成為最重要的思想武器。在這一時期，整個社會充滿了人類自我發現的驚喜和過分享受人生的瘋狂。社會的一切制度，不管其原初的合法性基礎是什麼，都受到理性標準的重新檢驗。傳統的皇權、教權、慣例、習俗等一切權威都被摧毀了，一切的社會機構、公民等都必須以理性的名義為自己的行為辯護。現代社會終於進入到一個理性化時代。人類社會的理性化程度伴隨著市場經濟、科層制度的不斷發展和現代化浪潮的不斷提高，達到了前所未有的高度。概括而言，理性在當代社會中的價值特點可以從以下幾個方面去理解。

理性是人之為人的基本特徵。在亞里斯多德「人是有理性的動物」的最初論斷之後，人作為理性的存在不僅得到了當代許多哲學家們的大量論述，而且也得到了日常生活經驗的支持。在家庭、學校、社會等各個角落，人們都在過著一種「合理的」生活。就是那些看起來喪失了理性的人，也總是願意為自己的行為尋找「合理的」根據。如果像傅柯在《瘋癲與文明》中認為的那樣，瘋狂是由文化（話語實踐和制度）構造出來的，是被理智挑選出來的，是使之成為異類、敵人和壓迫的對象，而不是由於生理病變或外界刺激產生的。也就是說，沒有瘋癲與正常之分的話，那麼，人類也會遇到不可想像的災難。理性是構建起人類生活秩序和生存理由的根本假設。

對於人類而言，是歷史凝結建構成理性，但這一假設，卻並不意味著理性的先天或先驗的存在，它建基於個體的經驗。先有個體的

經驗，方有人類意義上的先驗。這種對個體來說的先驗理性，實際上是經由歷史積澱而成的心理形式，並透過廣義的教育傳遞給後代。他們只是工具，是人類透過實踐而歷史地構建出來的。任何個體的創造性、獨特性都建立在人類歷史的基地上而不斷開拓升高。所謂理性的普遍必然性，其實就是歷史的客觀社會性。也就是說，人類對世界的認識，不能躍出人類活動思維的範圍。這不僅表現在人們理性思考過程中所使用的概念、所遵循的規則，以及推理的具體方式上，而且表現在人們對自身行為的合理性辯護上。人的理性是隨著社會文化背景的變化而變化的。從發生學的角度來說，個體存在著皮亞傑（Jean Piaget, 1896-1980）所說的「先天圖式」（schemal）[10]，用於個體後天作用於環境的最簡單「智力工具」。這種智力工具就是人類在長期的進化過程中，從自己的祖先（包括動物祖先）那裡所繼承來的本能傾向，是在後天漫長的歷史文化實踐中積澱而成的。正因為理性產生於一定的社會文化生活之中，所以，每一種文化都有其自己的理性準則和理性生活。

　　理性是人類生存所必需的。達爾文主義的進化論在今天遭到不少抨擊，但是，達爾文進化論的兩個基本原則——「自然選擇」和「適者生存」，看來仍是站得住腳的。從這兩項基本原則可以引申出人類文化進化的基本原理：如果人類的某種習性是長期存在的，那麼這種習性對於人類來說，便是必要的生存本領。根據這一原理，人類的理性是長期且普遍存在的，因此，人類的理性也是必需的，對於人類的生存和發展都有著非常重要的意義。

　　對於人生而言，理性的價值是多方面的。里克曼（Peter Rickman, 1918-2014）認為：「理性具備有效地選擇手段的能力；理性能夠協調個人和社會的生活；理性把探求知識作為一個重要的社會目標；最後，理性是所有具有社會意義的主題的獨立道德

---

[10] 皮亞傑，發生認識論原理[M]，王憲鈿等譯，北京：商務印書館，1981：3。

源泉。」[11]在他看來，理性對於人生的價值，首先在於其「工具價值」，即理性可以使我們有效地選擇達成目標的工具（包括理智的工具和器物的工具）。其次，理性具有「目的價值」，即為我們設定合理的個體發展與社會發展目標，並幫助我們協調兩者之間的衝突，進而最大限度地促進個體和社會的發展。再次，理性對人生具有「認識論價值」，即理性可以幫助人更好地認識問題和分析問題，進而促進知識創新。「理性是奠定真理的基礎所必需的，因為沒有理性就不能把觀察（或一般的經驗）構成一種科學。但是理性是領悟道德行動最後不變的目的與法則所尤為必需的。」[12]最後，理性具有某種「元價值」（臺譯為後設），即理性是實現其他所有社會改革任務的道德基礎。也就是說，無論實現什麼樣的社會改革任務，只有應用理性，在道德上才是可接受的；否則，社會改革本身的合理性就值得質疑。

但是，理性對於人生的價值並不止於里克曼的上述論述，亞里斯多德提出了理性的「美學價值」，即理性的沉思能夠給人以愉悅的享受，而且是最愉悅的享受。他說：「理性的沉思的活動則好像既有較高的嚴肅價值，又不以本身以外的任何目的為目標，並且具有它本身所特有的愉快……這就是人的最完滿幸福。」[13]確實，在日常生活中，理性的沉思本身是極具魅力的，個體一旦進入到這種狀態，其內心的愉悅是無法言說的；如果一個人經常處於這種狀態，其獲得的不依賴於外在物質條件的幸福感是無與倫比的。

理性之於人類與人生都具有重要價值，但如前所述，理性並非先驗的。形成和發展個體理性，是可以訓練，也是需要訓練的。缺乏

---

[11] H.・P.・里克曼，理性的探險[M]，姚休等譯，北京：商務印書館，1996：150。

[12] 約翰・杜威，確定性的尋求——關於知行關係的研究[M]，傅統先譯，上海：上海人民出版社，2004：50。

[13] 北京大學哲學系外國哲學史教研室。古希臘羅馬哲學[M]，北京：商務印書館，1982：327。

發展和訓練，人的理性就會停留在一種比較原始的水平，就不能適應日益複雜的現代社會發展的要求。這是因為：第一，個體早期的理性之光比較弱，只有經過連續的、嚴格的教誨，才能夠由弱變強。根據一些心理學家的研究，初生嬰兒只能靠自己的無意識或類本能來適應環境，有沒有哲學家們所說的「先驗理性」很難說。即使有，連他／她自己也不知道。學前兒童則可以依靠身體動作來進行思考；小學兒童則可以利用自己大腦中儲存的形象來思考；到了國、高中以後，許多學生就可以應用抽象概念進行思考和推理了。但是，並不是所有的人都可以沿著「皮亞傑階梯」達到這種最高的理性思維階段，只有那些受到充分訓練的人才能夠達到。第二，無論是工具理性還是價值理性，作為一種藉助於概念進行的推理或認識活動，其能力的大小必然地與主體對於概念系統的掌握程度、推理規則的熟悉程度、以及推理經驗的多寡等有著密切的聯繫。就某一個特殊的認識任務來說，如果某個人既沒有掌握與任務相關的概念系統，又不熟悉認識過程所要遵循的規則，還缺乏完成此項任務的經驗，那麼，這個人就很難完成這項任務。如果他由於某種原因而不得不去完成這項認識任務的話，那麼，他必須事先接受一定的相關教育或訓練。[14]理性的價值，需要在人生成長和歷練的過程中實現其意義。

---

[14] 石中英，教育哲學導論[M]，北京：北京師範大學出版社，2002：185-189。

第二節　理性教育觀的歷史演進

一、古希臘理性教育觀

(一)古希臘哲學中理性觀念的提出與形成

古希臘哲學從其產生之日，就把認識整個世界、把握世界的共相當作自己的神聖使命。無論是早期自然哲學家用水、氣等元素解釋萬事萬物的存在與來源，還是赫拉克利特（Heraclitus，約西元前530-前470）、阿那克薩哥拉（Anaxagoras，約西元前500-前428）提出邏各斯（λόγos）、努斯（nous，又譯心靈）以說明世界的運動和變化，或是蘇格拉底、柏拉圖、亞里斯多德創立理性的本體論、認識論和倫理學，其用意都只有一個，即把理性的世界理性地加以解釋和把握。理性主義起源於古希臘哲學，經歷了幾千年演變，其間有關理性概念的理解和把握，無論就其表現型態，還是其內在構成、功能和地位、作用等，都不斷變化和發展著。但是，至今理性的內容仍然可以赫拉克利特的邏各斯和阿那克薩哥拉的努斯加以概括。[15]

1. 邏各斯[16]的提出

赫拉克利特提出「變」的原則：「一切皆變」，無物常在，僅「一」常存，有與無存在於對立統一之中，存在於萬變之不變中。「對立物存在於同一東西中。」[17]他以火作為萬物的始基，並用火來

---

[15] 章忠民，黑格爾理性觀研究[M]，上海：上海財經大學出版社，2004：1-11。

[16] 古希臘早期哲學家試圖從自然中找出某種能產生世界萬物及其變化的根據，亦即「本原」或「始基」。其中，畢達哥拉斯的「數」由於超越了感性經驗的質的規定，而實現了對世界本原探究的飛躍，但依然未能真正擺脫感性世界的量的規定。然而，由於「數」的概念包含著「一」的原則，並且是在一定的關係中得以確定的，這就為赫拉克利特提出「邏各斯」概念作了思想準備。

[17] 黑格爾，哲學史講演錄：第一卷[M]，賀麟、王太慶譯，北京：商務印書館，1983：300。

體現變的原則。火與水、氣、無限相比，不再是盲目被動的可塑性，也不再需要外來的力量來給它定形，而是自己塑造自身，並爲自己定形。「這個世界對一切存在物都是同一的，它不是任何神所創造的，也不是任何人所創造的，它過去、現在和未來永遠是一團永恆的活火，在一定的分寸上熄滅。」[18]火是有定形和無定形的統一，是作爲「變的變」，是自己運動的，具有自身的分寸、規律和尺度，這個尺度就是「邏各斯」。在他看來，邏各斯是大家共同享有的，是每一個人都必須遵從的共同東西，儘管大多數人都自以爲是，好像都有自己的邏各斯一樣，但邏各斯的本性不是多，而是一，即統一的、普遍的東西。

　　赫拉克利特提出邏各斯作爲對於世界的安排或結構，同時給變動不居的世界以一「定形」，即賦予絕對的不確定性（火）以絕對確定性。邏各斯代表著普遍的尺度、規律、語法，它要超越感性世界來對之加以規範。後人對邏各斯有各種各樣的解釋，但萬變不離其宗，即它是一種精神活動，但卻是有客觀標準的活動，是展示給人看並能得到別人同意的活動。

　　2. 努斯的提出

　　阿那克薩哥拉用「種子」取代了伊利亞學派（Eleatic School）唯一不動的存在和恩培多克勒（Empedocles，約西元前483－前435）的「四根」（水、氣、火、土）。他認爲，無數在質上根本不同的種子構成世界，自然界的各種事物是由種子的結合和分離造成的，而努斯則是這些多個存在的結合和分離的造成者。他把心靈、思想或一般的心智認作世界的本質，認作絕對的推動者，是心靈推動一切。赫拉克利特的邏各斯對於感性世界的超越和規範需要動能，「火」雖然是能動的，但本身還陷在感性世界之中。「火只是過程，還不是獨立自

---

[18] 北京大學哲學系外國哲學史教研室，古希臘羅馬哲學[M]，北京：商務印書館，
　　1982：21。

存的規定者」，但「在『心靈』裡面存在著普遍性的規定，在心靈中有著目的、善」[19]。從心靈中就可以引申出一切事物。阿那克薩哥拉的努斯的提出，回應了這種需求。努斯是自身規定的活動性，代表心靈的能動性，它使理性靈魂最終跳出感性束縛，達到自身的目的。努斯的動能不再是感性世界中互相牽制、依賴的功能，而是超越感性世界的，因而是終極的、本質的動能，是世界的原始動能。

這樣，邏各斯與努斯既賦予了世界以秩序、規律，又提供了背後的推動者和原因。理性統治並推動世界，邏各斯與努斯的提出及結合所帶來的思想張力形成了古代最初的理性概念，也構成了人類理性概念的兩個古代來源，蘊含著理性的邏輯範性和自由超越性這雙重意義的根芽。

(二)古希臘三傑的理性觀與教育觀

蘇格拉底稱自己是沒有智慧但愛智慧的人。他認為：「在任何情況下，我首先確定一個我認為是最健全的原則，然後設定：凡是看起來符合這個原則的東西，不管是在原因方面，還是在其他方面相符合，就是真的；凡是與之不相符合的東西，就不是真的。」[20]這個原則就是德性（arete）。「德性」是指過好生活或做善事的藝術，是一切技藝中最高尚的技藝。在此意義上，蘇格拉底把德性等同於知識。「德性就是知識」[21]與「認識你自己」是兩條相互呼應的原則：一個人對他自己的認識，就是關於德性的知識。蘇格拉底提出「德性就是知識」的主要目的，在於強調知行合一、真善一體的道理。

---

[19] 黑格爾，哲學史講演錄：第一卷[M]，賀麟、王太慶譯，北京：商務印書館，1983：354-355。

[20] 北京大學哲學系外國哲學史教研室，西方哲學原著選讀（上冊）[M]，北京：商務印書館，1981：65。

[21] 色諾芬，回憶蘇格拉底[M]，吳永泉譯，北京：商務印書館，1984：117。

　　蘇格拉底透過「諷刺法」和「接生術」等辯證方法，從感性經驗具體事例中發展出普遍的原則，使潛在於人們意識中的概念明確呈現出來；同時，利用意識的否定力量瓦解通常被確認的、固定的思想觀念，讓它們與具體事物相互矛盾衝突。在超越感性世界的努斯衝動中，在意識不斷追求自身目的，從有限目的達到無限的、從日常理性上升到神的理性的過程中，同時產生和建立一種自在自為的客觀東西，這就是普遍的理性邏各斯、普遍共相。蘇格拉底認為人的理性是萬物的尺度，並由此開啓了尋求普遍的邏各斯的邏輯進程。

　　柏拉圖把握了蘇格拉底的基本理念，認為本質是在意識裡，本質為意識的本質，絕對是在思想裡面，一切實在都是思想。獨立自在的思想不只是自覺的意識之本質和目的，也是整個世界的本質。柏拉圖將理念（eidos、idea，又譯範型）[22]作為世界的本體，理念亦即邏各斯，是普遍共相、抽象的實體。柏拉圖認為，作為世界的本體，「可感世界是造物主模仿理念世界的原型而創造出來的。」[23]理念是思想透過自我運動、同時推動萬物超越感性世界之努力的結果，亦即理性努斯出其自身的困惑、不安，自我否定而不斷回憶自己、追求自己的結果。

　　柏拉圖在其著作《理想國》中對靈魂作出理性、激情和慾望三重區分，稱它們為靈魂的三個部分。[24]靈魂包含著人的行為必須服從的三個原則：理性控制著思想活動，激情控制著合乎理性的情感，慾望支配著肉體趨樂避苦的傾向。柏拉圖認為，理性把人與動物區別開來，是人的靈魂的最高原則，它是不朽的，與神聖的理念相通。激情

[22] 柏拉圖，斐多篇[M]／／北京大學哲學系外國哲學史教研室，西方哲學原著選讀（上冊），北京：商務印書館，1981：74。

[23] 柏拉圖，理想國[M]，郭斌和、張竹明譯，北京：商務印書館，1986：388，173。

[24] 同註23。

和慾望則是可朽的。激情高於慾望，因爲激情雖然也被賦予動物，但
只有人的激情才是理性的天然同盟。慾望專指肉體慾望，理性的慾望
被稱作愛慾（erros），這是對善和真理的慾求。肉體的慾望或服從
理性而成爲一種德性，或背離理性而造成邪惡。《斐德羅篇》裡有一
個比喻，靈魂好像是兩駕馬車，理性是馭馬者，激情是馴服的馬，慾
望是桀驁的馬。[25]柏拉圖在《蒂邁歐篇》中又說，理性存在於頭部，
激情存在於胸部，慾望存在於腹部。[26]這種說法可追溯到《荷馬史
詩》。柏拉圖運用這一傳說是爲了強調靈魂的每一部分都是支配身體
的原則，因此與身體的各部分分別相對應。他還把靈魂的各部分與各
種德性相對應：理性對應於智慧，激情對應於勇敢，慾望對應於節
制。在他看來，靈魂的本性是理性，激情和慾望都應服從於理性；慾
望違背理性而耽於肉體享受，是違反靈魂本性的反常行爲。

　　亞里斯多德在人類理性發展中最大的貢獻是提出了兩個重要命
題：一是人是理性的動物。亞氏認爲，靈魂裡面有一種成分是理性
的，有一種成分是非理性的，非理性的部分有兩重，即在各種生物
（包括植物）之中都可以發現的生長部分，以及只存在於一切動物的
嗜慾部分。[27]理性靈魂的生活就在於沉思。而理智是理性靈魂的特殊
功能、活動和內容，是人類靈魂除去動物靈魂所執行的那些功能之後
所剩餘的核心要素。二是對人類理性作了初步的劃分。亞里斯多德認
爲人類理性有兩個方面，即理論理性和實踐理性。亞里斯多德指出：
「德性確保目的正確，實踐智慧確保實現目的之手段」，「實踐的
智慧乃是一種以人類的善爲目的而求實踐的一種合理的和正確的才

---

[25] 柏拉圖，柏拉圖全集：第二卷[M]，王曉朝譯，北京：人民出版社，2003：60，
323。

[26] 同註25。

[27] 亞里斯多德，尼可馬克倫理學[M]／／周輔成，西方倫理學名著選輯：上卷，北
京：商務印書館，1987：289-290，316，319。

能或習性」[28]。「實踐智慧」（thronesis/prudence）是與「理智」或「理論智慧」（一般簡稱爲「智慧」，sophia）並列的理性。兩者的區別在於：實踐智慧只考慮具體環境和事實，理論智慧卻追尋事實的原因[29]；實踐智慧的對象是個別的事件，理論智慧的對象卻是普遍的本質；最後，實踐智慧乃是長期經驗積累的結果，年輕人所能獲得的只是像數學這樣的理論智慧。實踐智慧的明顯特徵是思慮和選擇。「思慮」（deliberation）是對達到既定目的之最佳手段的思考，考慮到各種可能的手段與後果，對它們加以審愼地比較，瞻前顧後，深思熟慮，不同於思辨的推理過程。選擇（choice）是思慮的結果，透過思慮，選擇出最佳手段。思慮和選擇的對象是可慾的，過程卻是理性的。使慾望服從於理性，這正是合乎德性的有意行爲（自我節制）的特徵。正如亞里斯多德所說：「一般說來，凡善於考慮的人，一定是能根據其思考而追求可以透過行動取得最有益於人類東西的人。」[30]

　　亞里斯多德關於目的的概念，是他對理性具體而全面的揭示和建構。對他而言，邏各斯成了有生命力的邏各斯，努斯的生命衝動則有內在尺度和規定性。「因此若以理性爲至善，理性（神心）就只能致想於神聖的自身，而思想就成爲思想於思想的一種思想。」[31]在亞里斯多德看來，理性就是自己以自己爲對象和追求目的的「思維的思維」，自我意識是作爲邏各斯與努斯相統一的「目的因」，或包含目的因在內的「最高形式」。至此，古希臘哲學中理性發展的兩大原則（即代表理性本原衝動的生命原則、能動性原則努斯）與代表理性先天（客觀）規範的邏輯原則邏各斯就合而爲一了。[32]亞里斯多德這種

---

[28] 同註27。

[29] 亞里斯多德，形而上學[M]，吳壽彭譯，北京：商務印書館，1983：32，254。

[30] 同註27。

[31] 同註29。

[32] 鄧曉芒，思辨的張力——黑格爾辯證法新探[M]，長沙：湖南教育出版社，1992：56-57。

包含著努斯原則與邏各斯原則的理性概念，不僅是對古希臘哲學的最高概括與總結，標誌著古希臘哲學理性概念的完成，同時也奠定了其後西方理性主義發展的基礎。

由此，古希臘哲學初步揭示暴露出了理性概念的內在矛盾結構：努斯代表著理性本原性主觀能動的衝動（不確定性），邏各斯代表著理性客觀制約的規範（確定性），兩者構成了理性的兩種傾向和特徵。古希臘這一對理性範疇的提出，給兩千多年西方哲學理性觀的發展制定了最基本的框架結構，這一結構在後世各種各樣的理性型態中始終於思想深處發生著潛移默化的作用，並以各種不同的變相在各種不同的層次上展示自己持久的生命力。

在古希臘教育家的教育觀點中，儘管觀點紛呈，但是具有共識的一點是尋求支配宇宙的最普遍原則決定了教育合法性的基礎，形成了古希臘理性教育目標確立的依據，凸顯了教育追求理性自由的傳統與形而上的品質。這與古希臘的本體論思想有著直接的聯繫。從本體論的維度闡釋教育存在的理由，教育的目的是解決人的生命活動最基本的需要，比如人的意義、人的永恆存在等問題，這就賦予古希臘教育本體論的意蘊。這種本體論的意蘊，恰恰是教育活動能夠發生的最根本依據。這種依據不以人的意志為轉移，又是人難以抗拒的，決定著人的行為。因而，教育的功能是使人在多樣化的世界中領會世界的共相，即普遍性的因素，使人過著幸福的、正義的、善的生活。教育的價值是要喚起人的理性，幫助人去掌握概念，實質是把握超感性的存在。

柏拉圖認為，人是創造物中最完善、最好的，能夠洞察最高的理念。「學習就是回憶」[33]，教育的作用就在於增強對理念世界的「沉思」和「回憶」，在於加速「心靈轉向」理念世界的進程。「教育實

---

[33] 柏拉圖，斐多篇[M] / / 北京大學哲學系外國哲學史教研室，西方哲學原著選讀（上冊），北京：商務印書館，1981：76。

際上並不像某些人在自己的職業中所宣稱的那樣，……能把靈魂中原來沒有的知識灌輸到靈魂裡去，好像他們能把視力放進瞎子的眼睛裡去似的。……知識是每個人靈魂裡都有的一種能力，而每個人用以學習的器官就像眼睛。一整個身體不改變方向，眼睛是無法離開黑暗轉向光明的。同樣的，作為整體的靈魂必須轉離變化世界，直至它的『眼睛』得以正面觀看實在，觀看所有實在中最明亮者，即我們所說的善者。」[34]他還說，教育本來「就有一種靈魂轉向的技巧，即一種使靈魂盡可能有效地轉向的技巧。它不是要在靈魂中創造視力，而是肯定靈魂本身有視力，但認為它不能正確地把握方向，或不是在看該看的方向，因而想方設法努力使它轉向」[35]。但是這種「沉思」、「反省」的過程並不輕鬆愉快，推理者、思辨者本人需要付出巨大代價和艱苦努力，發揮高度的主觀能動作用，更要經過漫長、艱辛的學習和訓練，才能回憶起原來的認識，獲得理念的真知（知識）。為此，柏拉圖提出並首創了四種必修的科學藝術課程（簡稱「四藝」），即：算術、幾何學、天文學、音樂理論。「四藝」的學習是為沉思、思考和按近永恆存在的善理念而服務的．

亞里斯多德則認為，人的靈魂可以分為三個部分：一是植物的靈魂，這是靈魂中最低級的部分，主要表現在營養、發育、繁殖、生長等心理方面；二是動物的靈魂，這是靈魂中的中級部分，主要表現在本能、感覺、情感、慾望等方面；三是理性的靈魂，這是靈魂的高級部分，主要表現在認識與思維方面。因此，教育「首先要注意兒童的身體，其次需留心他們的情慾境界，然後才及於他們的靈魂」[36]。

同時，使人善良而有德行需透過三個方面，即：天性、習慣和理

---

[34] 柏拉圖，理想國[M]，郭斌和、張竹明譯，北京：商務印書館，1986：277，278。

[35] 同註34。

[36] 亞里斯多德，政治學[M]，吳壽彭譯，北京：商務印書館，1983：395。

性。一個人生來就是人，而不是其他動物，是因為只有人類除天性與習慣外，尚有理性。由於天性、習慣和理性不能經常統一，要使它們相互協調，並服從於理性，除了透過立法者的力量之外，就要寄託於教育。[37]

到了中世紀，基督教只是將古希臘的理性邏各斯轉化成了上帝。基督教的教育思想中引入了信仰的概念，信仰又把上帝與人聯繫起來，為現實的、世俗的生活與未來不確定的生活提供了終極關懷，為人對不可知世界與事物提供了一種確定性的追求目標。因而，宗教超驗人性的構想浸入教育活動中，教育活動不是為了傳授知識與技能，而是研究如何把現實苦難生活中的人引渡到超驗的信仰體系中。

隨著宗教地位的衰弱，世俗化和個體化了的人成為教育的對象，但教育的意義仍然使人尋求一種普遍性，獲得對世俗生活的超越。

二、近代理性教育觀

(一)近代哲學理性觀的發展

近代哲學是以古代哲學最後所達到的自我意識原則為出發點。亞里斯多德的自我意識原則在經過斯多葛派（The Stoics）、伊比鳩魯（Epicurus，西元前341－前270）和懷疑主義之後，其主體的獨立性得以發展。但古希臘哲學後的努斯與邏各斯相互分離，演繹出努斯主義與邏各斯主義的矛盾和衝突。

在中世紀哲學中，抽象的邏各斯變成了形式主義的邏輯，努斯在信仰領域愈來愈與非理性的東西糾纏在一起，淡化了理性色彩。努斯原本是超越感性而朝向理性的上升衝動，但此時卻成了達到神祕信仰

---

[37] 趙祥麟，外國教育家評傳：第一卷[M]，上海：上海教育出版社，2003：101-121。

的超越。這樣，努斯實際上神祕化了，成了一種神的感召，由此也將上帝本身的邏各斯（道）變成了神祕的創世行為。這裡折射出努斯自身包含的非理性傾向。近代哲學則把這兩種精神重新拉回到理性的基礎上，使它們再次進入了互相滲透、融合、分化的關係之中。

1. 笛卡兒的「我思故我在」

如果說近代哲學與古代哲學最大的不同，那就在於近代哲學把認識論問題放到了所有哲學問題的主導地位。之所以這樣，是因為以培根、笛卡兒為代表的近代哲學家認為，中世紀經院哲學的錯誤關鍵在於認識方法不對。針對中世紀哲學中的信仰主義，笛卡兒提出了理性主義。他反對把真理的獲得說成是上帝的恩惠，認為那是人的聰明才智造成的。但他也不認為單用聰明才智就能獲得真理，而強調要正確地運用才智。他所謂的聰明才智，指的就是判別真假是非的理性，又名良知（le bon sens）或自然光明（la lumière naturelle）。笛卡兒以人人具有的理性為標準，對以往的各種知識作了一個總的檢查：「這並不是模仿懷疑派，學他們為懷疑而懷疑……只是為了使自己得到確信的根據，把浮土和沙子挖掉，以便找出磐石和硬土。」[38]這就是笛卡兒在方法論上的懷疑。笛卡兒這普遍懷疑是去偽存真的批判，把不可靠的統統看成假的，剩下來的也就是真的了。如何獲得符合實際的認識呢？笛卡兒認為，一定要用理性才行。為此，他提出了理性懷疑的四種方法。

---

[38] 笛卡爾，談談方法[M]，王太慶譯，北京：商務印書館，2000：23。

〔 專欄4-1
　笛卡兒懷疑論的四種方法 〕

第一種：凡是我沒有明確地認識到的東西，我絕不把它當成真的接受。也就是說，要小心避免輕率的判斷和先入之見，除了清楚分明地呈現在我心裡、使我根本無法懷疑的東西以外，不要多放一點別的東西到我的判斷裡。

第二種：把我所審查的每一個難題，按照可能和必要的程度分成若干部分，以便一一妥為解決。

第三種：按次序進行我的思考，從最簡單、最容易認識的對象開始，一點一點逐步上升，直到認識最複雜的對象；就連那些本來沒有先後關係的東西，也給它們設定一個次序。

第四種：在任何情況之下，都要儘量全面地考察，儘量普遍地複查，做到確信毫無遺漏。

資料來源：笛卡爾，談談方法[M]，王太慶譯，北京：商務印書館，2000：16。

　　笛卡兒要用他的方法找出一條最清楚、最明白的原理，作為他認識論的出發點，這就是「我思故我在」[39]。笛卡兒「我思故我在」這一絕對自我確定性構成了近代哲學思維基礎的主體性原則，其精神是認識、是思想、是思維與存在的統一，也代表了理性自身努斯原則與邏各斯原則的統一。具體說來，笛卡兒所說的思想，是指精神現象，不僅包括理解，而且包括意願、想像，甚至包括感覺。他認為，我們

────────────────────

[39] "Je pense, donc je suis"，舊譯為「我思故我在」，然王太慶認為似應譯為「我想，所以我是」更確切。（笛卡爾，談談方法[M]，王太慶譯，北京：商務印書館，2000：27。）

心裡有各種觀念，代表著心外的客體。凡是符合客觀實際的觀念就是真的，不符合的就是假的。由於笛卡兒對理性邏各斯原則的理解和運用上的知性缺陷，當他用抽象、片面、有限的概念、判斷，以形而上學的抽象同一性爲最高原則去把握、規定理性的努斯的生命衝動和追求（追求無限的上帝、世界和心靈）時，只能陷入二元對立之中。在近代，正是笛卡兒古典的二元論將思維與存在的對立開始作爲眞正的矛盾對立。

笛卡兒以理性作爲認識的方法論起點，首先確立個人主體，標誌著理性觀念的一個重要轉折：理性不再是古典理性主義傳統中的宇宙理性（cosmic reason），而成爲一種個人的理性。理性在柏拉圖理性主義傳統中作爲宇宙本質的意義失落了。換言之，理性不再作爲解釋世界存在的根據。借用韋伯的術語，在理性與世界的關係上，理性爲世界「解除魔咒」。

理性的宇宙意義的失落，爲笛卡兒之後的西方哲學帶來了兩個影響深遠的後果。一方面，個人理性的確立，給知識與道德的自主判斷和自由提供了基礎；但另一方面，理性也同時失去了作爲超越個人的宇宙普遍理性的客觀性。理性主義被指責爲現代道德相對主義和認識論相對主義的根源之一。在科學的範圍之外，理性已喪失判定道德眞理的地位，對解決道德價值方面的爭執與衝突顯得無能爲力。

2. 經驗論對理性觀念的理解

如果說理性主義就是致力於對客觀普遍性的確信與追尋，那麼，近代經驗論也可謂是理性主義的一種，只是它的做法及結論有悖於它自己的出發點和宗旨。經驗論一方面要從個別感性的經驗出發去達到普遍共相的東西，但另一方面卻又無法解決普遍的來源問題。經驗論原則的徹底貫徹便導致休謨（David Hume, 1711－1776）對普遍必然性、客觀有效性的懷疑和取消，陷入一種既懷疑邏各斯的規定性，又取消努斯的能動性的「理性無用論」，儘管這一切都是透過嚴格的理性推論而達到的。

經驗論也講理性，但並不把理性看作本原性既定已有的東西，而是企圖將屬於知覺、感覺和直觀的內容提升為普遍的觀念、命題和規律，意識從知覺裡得到它自己的確定性和直接當前的可靠性，自下而上地追求理性。培根認為，「弄清形式因和邏輯規則，乃是 *Instauratio Magna*（《偉大的復興》）和 *Novum Organum*（《新工具》）的主題」[40]。在他看來，只追求作用因和質料因是膚淺的，只有掌握了形式因，才能在形形色色的物質中掌握自然的統一性。

經驗論的主要代表洛克（John Locke, 1632－1704）則發現，經驗論對普遍必然性的理性邏各斯、共相、規律追求的渺茫，在尋求邏各斯、共相、規律的根源時，他搖擺於外在客觀物體與內在主觀反省（意識）之間。不過，他犧牲感覺知性的能動性並未換來普遍必然性和客觀有效性，最終使經驗知識的來源兩頭落空。經驗論對於確定性即可靠的邏各斯規範的追求，由於其感性、知性之視界和方法的侷限，最後以導向貝克萊（George Berkeley, 1685－1753）的唯我感覺論和休謨的懷疑論而告終。但是，這追求本身體現了努斯衝動，代表了對感性經驗的東西的超越意向和對普遍必然性的努力把握，儘管大多數經驗論者對此未有明確意識和興趣。貝克萊、休謨對理性感到失望，一方面把普遍必然性、客觀有效性歸結為主觀感覺的隨意和習慣聯想，另一方面則杜絕理性超越性的追求途徑。但是，「尋求一個無限的原則，可以說是理性的通有的驅迫力。」[41]經驗論最終還是為邏輯和數學這類理性的形式化東西留下了餘地，這對現代英美分析哲學和邏輯實證主義頗有影響，造成了一種片面形式化的邏各斯主義。

休謨將知識分為兩類，後人稱之為「休謨之叉」（Hume's Fork）：一類是數學和邏輯命題的知識，另一類是經驗命題的知識。

---

[40] 黑格爾，哲學史講演錄：第四卷[M]，賀麟、王太慶譯，北京：商務印書館，1983：30。

[41] 黑格爾，小邏輯[M]，賀麟譯，北京：商務印書館，1980：112。

他說：「人類理性或研究的一切對象可以自然地分爲兩類，即觀念的關係（relations of ideas）和實際的事情（matters of fact）。」屬於第一類的有幾何、代數、算術諸科學；簡言之，凡是具有直覺或演證的確定性斷定，都屬於此類。「直角三角形弦的平方等於兩直角邊的平方之和」就是表示這些圖形之間關係的命題，「三乘五等於三十之一半」表示了這些數目之間的關係。對於這類命題，我們僅僅憑思想的活動，不需要依據在宇宙中任何地方存在的東西就可以推論出來。即使在自然中從未有一個圓或三角形，歐幾里得所證明的眞理也會永遠保持其確定性和明白性。對於人類理性的第二類對象 —— 實際的事情，就不能用同樣的方式來確定；我們對它們眞實性的證據不論有多麼重大，也和前一種不一樣。一切實際事情的反面都是可能的，因爲它不可能蘊含著矛盾，而且心靈在構想它時，同樣是容易和明確的，好像它與實際是很符合的。「太陽明天將不升起」這個命題與「太陽明天將升起」這個斷言，是一樣可以理解、一樣不蘊含矛盾的。因此，我們要證明前一個命題虛妄的任何嘗試都是徒勞的。假如我們眞能證明它的虛妄，那它就蘊含著矛盾，因而不可能被心靈清楚地構想[42]。

　　休謨對兩類知識的區分不是依據它們的來源，而是依據它們的確定性和必然性。從來源上說，一切知識都來自於經驗，數學和邏輯的知識也不例外，因爲這類知識是從數量和形式方面對經驗事實的思考和推理得來的，它的基礎仍然是經驗。不論是觀念的關係還是實際的事情，最終都可以還原到經驗，在這一點上，兩類知識沒有區別。它們的區別就在於它們有何種確定性和必然性。休謨認爲，觀念的關係的知識是確定的、必然的，實際的事情的知識是不確定的、或然的。必然的知識是指知識陳述的眞假是絕對確定的，其反面是不可能的；

---

[42] 葉秀山、王樹人，西方哲學史（學術版）：第四卷[M]，南京：江蘇人民出版社，2004：428。

偶然的知識是指知識陳述的眞假是不確定的，其反面是可能的。休謨認爲，「觀念的關係」具有直觀的和演證的確定性，因此是必然的；「實際的事情」是由經驗中各種不確定因素所決定，因此是偶然的，休謨稱之爲或然的。在休謨的知識分類中，必然的、分析的、先天的是密切聯繫的；偶然的、綜合的、後天的也是密切聯繫的。數學和邏輯的知識是必然的，因爲它們是分析的，僅僅依靠概念本身來確定，它們的眞假不需要其他經驗的證據，而在此意義上，它們又是先天的；另一方面，經驗推理的知識是或然的，因爲它們是擴展的、綜合的，它們的眞假必須依靠其他經驗事實才能確定，而其他經驗事實同樣是不確定的，由於它們依靠經驗，它們又是後天的。

因果關係的概念在西方哲學中有深厚的根源。早在古代，亞里斯多德就指出，眞正科學的知識是關於原因的知識，是對於原因的說明和解釋，並提出了關於事物發展變化的「四因說」。休謨認爲，不論是對因果關係的形而上學的說明，還是對它的認識論的說明，只能根據經驗，任何不以經驗爲根據的論斷都是沒有意義的。「我從來沒有荒謬地宣稱『任何事物可以不需一個原因而生起』那樣的命題。我只是堅持說，我們確信那種命題的虛假既不是出於直觀，也不是出於演證，而是出於另一個來源。對於『凱撒存在過』、『有一個西西里島』那樣一些命題，我斷定，我們沒有演證的證據，也沒有直觀的證據，那麼，你能推論說我否認這些命題的眞實性或確實性嗎？有很多不同種類的確實性，其中有些可能不像演證的確實性那麼規則，卻是可以滿足於人心的。」[43]休謨不否認事物中存在普遍的因果關係，他要求提供證明和證據，反對任何用抽象推理和獨斷來說明因果普遍性的企圖，主張必須牢牢依靠經驗，根據對人的心理活動的密切觀察來做到這一點。休謨的上述思想影響了康德，將他從「獨斷論的夢」中

---

[43] 葉秀山、王樹人，西方哲學史（學術版）：第四卷[M]，南京：江蘇人民出版社，2004：434。

喚醒，使他看到普遍的因果性概念實際上沒有理性的根據，它只是一個獨斷。休謨清楚地知道，經驗在本質上是個別的，不提供普遍性，用經驗來說明因果關係的普遍命題在邏輯上是無效的。不過，這種說明可以「滿足於人心」，也就是說，它能夠說明人是如何接受和相信因果關係命題的，在這個意義上，它能夠提供「精神的證據」。

根據休謨的安排，從形而上學和認識論兩方面對因果關係概念的考察，都是爲了最終說明因果「必然聯繫」的性質。他認爲，前面的考察說明，任何因果推理和因果推理的信念都是建立在類似現象反覆出現，以及由此形成的「習慣」或「心理傾向」上的。正是由於那種「習慣」或「傾向」，才使我們由一個知覺的出現而推斷另一個知覺也必然出現。因此，必然聯繫的觀念也一定是建立在那種「習慣」或「傾向」上的。

休謨的這個唯心主義論斷是由他的狹隘經驗論決定的。他認爲，雖然在自然信念的層次上，我們承認外部世界的存在（這個世界可以被稱作「自然」、「外部的對象」等），但是，在理性和經驗認識的層次上，我們對這個世界的情況毫無所知。我們的知識來自於經驗，不超出經驗，而經驗沒有告訴我們外界事物的必然聯繫。因此，我們對於客觀世界中的必然性，以及這種必然性如何作用和表現的問題是無法回答的。

(二)德國古典哲學中理性發展的邏輯進程

德國古典哲學是從理性自身開始的，其原則是理性認識到它自己就是一切存在的根基。「理性爲自然立法！」理性成了一切事物運動發展的根源。這就不再像近代哲學那樣，將理性形式化，只用形式邏輯去規定理性，只有理性的客體形式，而沒有發展出理性的能動性和主體的形式。德國古典哲學代表著理性發展的嶄新階段，其中的突出標誌即努斯與邏各斯矛盾體現爲主體與客體矛盾。一方面，按照努斯

原則從主觀能動性中推導出客觀的、必然的東西；另一方面，從邏各斯原則出發，由客觀的、必然的東西發展出主觀精神，返回到自己。確信對於客觀的、必然的東西的認識和把握，正是努斯原則透過邏各斯的規範性表達自己、外化自己、實現自己，亦即理性的自我運動和自我認識，達到主體與客體的絕對同一，並確信主體與客體的絕對同一構成了世界的絕對本體和理性自我認識的最高境界。

1. 康德的經典批判理性論

康德是西方理性哲學的「蓄水池」，對「經驗論」和「理性論」的自覺批判，是康德哲學為現代理性主義留下的一筆至今仍在享用的精神遺產。「理性必須挾著它那些按照不變的規律下判斷的原則走在前面，強迫自然回答它所提出的問題，絕不能只是讓自然牽著自己的鼻子走。」[44]

「批判」對康德而言不是一般所謂的否定或指責，其對象也不是某種已有的學說或體系，批判的對象是對事物本性進行判斷或認識的「一般理性能力」或認識，任務是判定在理性能力中什麼是先天的，即在任何經驗之前的、普遍的和必然的、不以任何人和特殊情況為轉移的因素，以及這些先天因素起作用的條件、範圍、運用的界限，也就是判定人類認識，特別是哲學的可能性條件、來源、範圍和界限。[45]這種批判工作應當「出自原理」，以「理性的永恆不變的法則」[46]為依據。

首先，康德繼承了亞里斯多德的思想，把理性區分為實踐理性和

---

[44] 北京大學哲學系外國哲學史教研室。西方哲學原著選讀（下冊）[M]，北京：商務印書館，1981：266。

[45] 楊祖陶，德國古典哲學邏輯進程（修訂版）[M]，武漢：武漢大學出版社，2003：51。

[46] 康德，純粹理性批判（A XII）[M]／／楊祖陶、鄧曉芒，康德三大批判精粹，北京：人民出版社，2001：40-41。

理論理性。康德認為，自然界的事物都是按照規律必然地、實際如此地發生的，例如水往低處流，這是必然會實現的。道德律應當像自然律之於自然事物一樣，對一切有理性者（包括人與非人的有理性者）都是適用的，具有客觀的普遍性。當然，康德也認為，道德律與自然律應當有區別，因為人有意志，即慾求的能力。康德把意志這種慾求能力又分為低級的與高級的。低級的慾求能力是指人作為自然界的一切動物所必然具有的生理和心理的衝動、愛惡的傾向，歸根結柢是受外部的慾望對象所決定，從屬於自然規律。高級的慾求能力指依據理性的原則、規律的概念作出行動的能力，康德稱為實踐理性，或者說意志本身，是一切有理性的存在者（包括上帝）所共有的。但是，人這種有理性的存在者的意志，由於受到衝動、好惡傾向、感情慾求等影響，以及周圍自然力量的作用，同時也就有不遵從理性原則去行動的意向。康德由此認為，理性所規定的指示人們行為的原則都具有「應當」的特徵，只表示這種行為是有客觀必要性的，行為是「應當」如此發生的，至於事實上是否就如此發生，則是不能斷定的。[47]

其次，康德專門論證了「在純粹實踐理性與思辨理性的結合中實踐理性所占的優越地位」[48]。一方面，他認為，理性的思辨運用的興

---

[47] 康德的結論是：(1)適用於一切有理性者的道德律是存在的，它是被有理性者的意志所承認，並必然可作為一切有理性者的行為的客觀原則（實踐規律）。它的存在，可以由行為者把個人行動的準則當作對一切人都適用的客觀原則（實踐規律）時是否會自我取消，而得到證明和確定。(2)道德律是指示人應當怎樣行為的原則，即是說，是一個命令。(3)道德律是意志本身對自己宣布的一道命令，不管行為的後果怎樣而在經驗之前就決定了意志的方向，即是說，它是一條無條件的、絕對的命令。由此可見，在康德看來，道德律的特徵是能動自由的主體與普遍必然的客體相一致的規律，是基於先驗的自由意志之上而又對一切人的關係中能保持自身邏輯一貫性的客觀實踐原理。

[48] 康德確立實踐理性與理論理性應當統一為一種在實踐原理基礎上的認識活動，並肯定理性的實踐運用的優越性，這在某種程度上表現了康德的一種嘗試，企圖克服他把理論認識與實踐活動絕對對立起來的極端形而上學性，並暗示了一

趣（interesse，利益，要務，關切）是認識對象，直至追溯到最高的先天原則；理性的實踐運用的興趣是按照最後的、全部的目標來決定意志。這兩種理性乃是同一理性的不同運用。思辨理性的研究是爲實踐理性的研究作準備的外圍工作，當它們在實踐原理的基礎上（即是說從「興趣」來加以考慮）必然地結合在一個認識中時，實踐理性就占優先地位，思辨理性就要服從或隸屬於實踐理性的利益。「但我們根本不能指望純粹實踐理性從屬於思辨理性，因而把這個秩序顛倒過來，因爲一切興趣最後都是實踐的，而且甚至思辨理性的興趣也只是有條件的，唯有在實踐的運用中才是完整的。」[49]

再次，康德論述了人類認識的有限性，提出了有限理性的思想。康德對理性和知性進行了區別。康德認爲：「我們的一切知識都開始於感官，由此前進到知性，而終止於理性，在理性之上，我們再沒有更高的能力來加工直觀材料並將之納入思維的最高統一性之下了。」[50]理性活動的邏輯形式是間接推論，即由兩個以上的前提推出

條透過實踐活動的主體能動性眞正解決主客觀矛盾，達到思維和存在一致的正確道路。但康德本身完全不瞭解這一論點的認識論意義。康德所謂的「實踐理性」並非指人的有物質動機的意志，而是空洞形式的「純粹意志」；他所謂的「實踐」也不是指人的現實的感性活動，而是意志使其行動準則與道德律相契合的活動，即意志本身內部的抽象活動。康德認爲，既然實踐理性優越於理論理性，那麼，絕不能認爲實踐理性的一切假定都要以理論理性所得到的東西爲根據，否則就是理論理性占上風了。康德提出了所謂「實踐理性的懸設」，即一種理論上不能證明，但又是跟道德律不可分割的命題。他認爲如果沒有這些命題，就連道德律本身也會成爲虛妄不實的幻想。第一個懸設，就是人類具有「自由意志」，即絕對不受感性世界的規律所支配，不要任何外來原因就能產生一種因果系列的意志作用的存在；第二個懸設就是靈魂不朽；第三個懸設就是上帝的存在。

[49] 康德，實踐理性批判[M] ∕ ∕ 楊祖陶、鄧曉芒，康德三大批判精粹，北京：人民出版社，2001：370，199。

[50] 同註49。

結論：理性在推論中不直接與直觀、經驗對象相關，而只與知性的概念和判斷相關，它力圖把知性大量的雜多知識歸結爲數目最少的原理，從而達到知性知識的最高度統一。康德認爲，理性作爲一種先天綜合的能力，是產生概念和原理的源泉，這些原理和概念都不是從感官或知性假借來的，因此是知性所達不到的，它們完全是理性的主觀必然的東西。理性的綜合活動與知性的綜合活動是不同的。感性和知性只能解決現象問題，至於在現象之後的本體則是理性認識的對象，因爲理性的本性就是要超越現象去探索更深的條件和根據，把握世界的絕對總體。但是理性自身是否具有這種能力呢？康德認爲，理性本身沒有賴以把握世界絕對總體的思維工具，只能藉助知性的範疇去追求理念，認識「物自體」。但是，康德認爲，一旦理性這樣操作時，必然陷入「先驗幻相」，產生二律背反。理性最終無法確證什麼，無法認識世界的本體。「物自體」不可知是康德爲理性設置的一道不可超越的屏障，理性的矛盾本來是認識主體對客體的深入表現，康德卻認爲是理性無能的標誌，從而要求理性侷限在經驗範圍之內；理性的概念本來使我們與客體更接近，康德卻借理性概念的矛盾性而在主體與客觀世界中劃出了不可跨越的鴻溝。康德二律背反學說的結論是：二律背反直接證明了自在之物的不可知，間接證明了現象的觀念性。人不能認識自在之物，即是說，不能認識客觀眞理，只能認識主觀現象；自在之物在認識的彼岸，永遠不能顯現爲現象，它們是純粹的主體，純思維的、智性的本質，是不能被認識、但卻可以被思維的。康德的理性懷疑論最終動搖了人類理性的至上性、絕對性，否認理性無條件的認識能力，爲信仰和非理性主義洞開了哲學之門。

最後，康德提出了人是目的的思想。康德認爲，既然每個人都是自在的目的，都有人格，那麼道德律也可以表述爲：「你的行動，要把你自己人身中的人性和其他人身中的人性，在任何時候都同樣看作

目的，永遠不能只看作手段。」[51]「每個有理性的東西都需服從這樣的規律，不論是誰在任何時候都不應把自己和他人僅僅當作工具，而應該永遠看作自身就是目的。這樣就產生了一個有普遍客觀規律約束起來的有理性東西的體系，產生了一個王國。無疑這僅僅是一個理想的目的王國，因為這些規律同樣著眼於這些東西相互之間的目的和工具的關係。」[52]

綜上所述，我們可以看出，康德在思辨理性（認識論）中所強調的主體能動性是有侷限的，從實踐上看它是隸屬於人的實用性的「技巧規矩」；反之，在實踐理性（道德學）中所強調的主體能動性則是無限的，它才是真正絕對的主體能動性，不僅為自己確立了最終的要務或關切，而且也為思辨理性確立了最終的要務和關切，使後者也不得不從實踐上接納它的導引。[53]理論（思辨）理性與實踐理性固然是同一個理性，因而是同一個主體，但由這同一個主體能動地建立起來的客體（或客觀世界）卻是截然不同、互不相謀的兩個領域。其中，認識領域固然本身是有限的，不能深入到實踐本體的領域；但同樣地，實踐領域就算高居於認識之上，它本身卻缺乏認識的意義，也永遠不能從任何地方得到這種意義。

2. 黑格爾的絕對理性論

黑格爾是西方古典理性主義哲學的集大成者。他繼承了德國古典哲學豐厚的理性主義資源，構建了「前不見古人，後不見來者」的以「絕對精神」為主旨的理性哲學。

在黑格爾看來，哲學只是闡述理性連續不斷地獲得明確的自我

---

[51] 伊曼努爾·康德，道德形而上學原理[M]，苗力田譯，上海：上海人民出版社，2005：48，53。

[52] 同註51。

[53] 楊祖陶，德國古典哲學邏輯進程（修訂版）[M]，武漢：武漢大學出版社，2003：110-112。

意識、進而達到概念形式的那種無限發展過程。哲學將理性的自我認識當作自己的目標，把人類理性呈現其活動必需的形式和原則自覺表現出來，並把它們從原始的知覺、感情和衝動的形式化提升爲概念的、邏輯的思想形式。理性就是絕對理念的進程。理性不是僵硬的抽象觀念，也不是軟弱無力的應該（sollen），而是具體概念、客觀概念，是世界萬物的本質和根據，是由其內在的努斯能動性、概念的本性推動而呈現出充滿活力的現實運動和過程。它既是一個邏輯上的必然過程，又是絕對理念自我認識的過程，還是作爲客觀本體自由地自我發展、外化和展示復又回歸於自身的過程。黑格爾的整個理論體系都是圍繞理性展開和發展的，理性作爲本體、靈魂、辯證法，構成了一個首尾貫通的圓圈運動。黑格爾繼承了古希臘哲學中邏各斯與努斯的理性傳統，透過對整個理性主義傳統的批判和改造，將理性的努斯原則作爲理性的自我超越性、歷史超越性，將邏各斯原則作爲邏輯規範性、作爲包含著個別性的具體普遍性，而有機地結合在理性概念之中，實現了主觀能動性與客觀制約性的對立統一，由此實現了理性與現實的矛盾和解。這是一種前所未有的嶄新理性概念。[54]

　　黑格爾繼承了西方理性主義傳統，認爲理性是一種抽象和反思，它指人能不依賴感覺而運用思想進行抽象而明晰的推論，能判斷自己。在西方哲學的發展中，理性通常具有根據、本質的意義，其中的關鍵在於理性始終被當作滲透於一切實在、一切事物之中的共相或普遍性，任何事物莫不有一長住的內在本性，即普遍性。不論是本質、根據、本體，還是客觀性、必然性和規律，首先必是一種普遍性的東西，也都只能以普遍性的形式來把握和表達，而它們的呈現又都必須經由理性的抽象和反思。凡是規定了的就能表達出來，而表達不出來的就是因爲缺乏或沒有形成規定或確定性。理性之所以具有普遍性，就在於它是確定的、規範的、可以表達出來的東西。由於可以表

---

[54] 章忠民，黑格爾理性觀研究[M]，上海：上海財經大學出版社，2004：29-30。

達出來，理性就成了普遍性的東西、能為旁人所瞭解的東西。而理性的普遍性體現於它可以被一切有理性者依照規範來把握。「思維活動的產物，思想的形式或規定性一般是普遍抽象的東西。」[55] 黑格爾認為，普遍性是理性的基本表達方式和本質的存在方式，而規範性、確定性則是普遍性承擔自身使命的基礎和途徑。具體來說，理性也指人能在思想中思想，對思維進行思維。「所謂思維，就是把一個對象提高到普遍性的形式。所謂自己思維或自由思維，就是自己知道自己具有普遍性、自己給予自己以普遍的特性、自己與自己相關聯。」[56] 這就是理性的邏各斯對雜亂無章的外在現象進行抽象，改造其經驗形式，透過反思達到對感性的超升，達至共相、普遍性。事物儘管千差萬別，表現為各種各樣的現象，但是事物是有共性的，即有普遍性的，也就是有本質的，而思維活動所特有的普遍形式是概念，是對事物本質的概括。這樣，事物的本質就是思維的產物，因而普遍性概念就是事物的本質，這可謂「理性統治世界」（阿那克薩哥拉語）。

黑格爾認為，理性作為世界萬物的本質和根據，首先就是邏輯規範性。

第一，它就是絕對精神，是無限的普遍性、絕對普遍的本質，是主觀與客觀、精神與自然的最高統一，是無所不包的宇宙整體或具有最高意義的世界「大全」。[57]

第二，它指客觀事物、具體事物內在的本質、規律或類。它就存在於我們感覺到的自然界的一切具體事物之內，只是囿於感性的視界而難以發現。每一客觀事物都具有類的性質，都是由某種本質所決定、由某種規律所支配，而這類本質和規律，就是這一事物的邏輯規

---

[55] 黑格爾，小邏輯[M]，賀麟譯，北京：商務印書館，1980：68，99，85。

[56] 黑格爾，哲學史講演錄：第1卷[M]，賀麟、王太慶譯，北京：商務印書館，1983：94。

[57] 同註55。

範性。「邏輯思想是一切事物的自在自爲地存在著的根據。」[58]哲學的目的也就是要掌握客觀事物中的普遍性和眞形相。

第三，邏輯規範性是人類最高的理性思維形式，即範疇和概念。理性只有在人的精神中才表現爲自覺理性範疇，才能顯示自身，獲得純粹形式的存在。從這一角度看，邏輯規範性就是理性自在自爲的存在形式，理性只有表現爲邏輯規範性，才能爲人所認識和把握，從而達到自覺狀態。「理性知道只有在共相中獲得自己、發現自己。」[59]邏各斯不只是客觀事物的本質，也是主觀精神活動的根據。一方面，它來源於精神能動性的創造活動，是思維的產物，有其生命活力；另一方面，它又規範、制約著主觀精神活動，使其既超升於感性經驗和知性的對立，又不致陷入非理性的直觀和神祕。

> 專欄4-2
> 黑格爾論「理性」

　　「一個有健全心情的青年，才有勇氣去追求眞理。眞理的王國是哲學所最熟習的領域，也是哲學所締造的，透過哲學的研究，我們是可以分享的。凡生活中眞實的、偉大的、神聖的事物，其所以眞實、偉大、神聖，均由於理念。哲學的目的就在於掌握理念的普遍性和眞形相。自然界是注定了只有用必然性去完成理性。但精神的世界就是自由的世界。舉凡一切維繫人類生活的、有價值的、行得通的，都是精神性的。而精神世界只有透過對眞理和正義的意識，透過對理念的掌握，才能取得實際存在。

　　「相信科學，相信理性，信任自己並相信自己。追求眞理的勇

---

[58] 同註55。

[59] 黑格爾，哲學史講演錄：第三卷[M]，賀麟、王太慶譯，北京：商務印書館，1983：148。

氣，相信精神的力量，乃是哲學研究的第一條件。人應尊敬自己，
並應自視能配得上最高尚的東西。精神的偉大和力量是不可以低估
和小視的。那隱蔽著的宇宙本質自身並沒有力量足以抗拒求知的勇
氣。對於勇毅的求知者，它只能揭開它的祕密，將它的財富和奧妙
公開給他，讓他享受。」

資料來源：黑格爾，小邏輯[M]，賀麟譯，北京：商務印書館，
1980：35，36。

當然，黑格爾的絕對理性觀以其集「努斯神祕主義」與「泛理性
主義」（pan-rationalism）[60]之大成為特色，也招來了當代西方哲學
各種思潮的批評、指責。

(三)康德的批判理性教育觀[61]

康德認為，教育的主要目的在於教會人們思考。這句平實的話很
重要，表達了康德對哲學與教育學關係的看法。哲學是什麼？哲學是
關於理性思考的學問，而教人們如何哲學地思考則是教育學的學問。
沒有哲學，就不會有教育學；而沒有教育學，就不會教會人們哲學地
思考。康德帶給西方思想界的不僅是理性哲學，還帶給人們學會「用
理性的哲學思考」的方法。康德認為，教育的主要目的在於教會人們

---

[60] 俞吾金，當代哲學關於人的問題的新思考[J]，人文雜誌，2002(1)：10-16。

[61] 康德在《純粹理性批判》中研究了人的認識能力，即所謂的理論理性。為了保
證科學知識的普遍性與必然性，他形而上學地把「自在之物」與現象割裂，肯
定我們的知識只限於現象界，現象界則是為知性所建立的機械規律所統治的
「必然王國」。康德在《實踐理性批判》中研究了人的慾求能力（意志），
即實踐理性問題。為了保證意志自由的普遍絕對有效性，他進一步把「自在之
物」與現象對立起來，把自在之物的世界規定為由理性頒布的「自由律」（道
德律）所支配的「自由王國」，即目的王國。這樣一來，就有了兩個絕對不同

理性思考，所以對當時西方教育思想影響最大的康德著作，要推「第一批判」《純粹理性批判》一書，因為此書就是教人們學會理性思考的哲學著作。教育學中的智育理論，就是教人們善於理性思考的學問。

康德的《純粹理性批判》對教育影響的核心就是弘揚人的理性精神，要把理性不僅看作人的認識的最高境界，也要看作教育的核心目標。第一，他把知識面擴大了。人類不僅要從直接經驗中獲取知識，還有間接的經驗和已成為原則、原理的知識，這些都是教育的重要內容，不能忽視。第二，從思考得來的東西，往往比直接從感官得來的東西更重要，因為必然性和普遍性不能從感覺中得來，它們必須透過思維。第三，康德把人的思維看作過程，從感知事物到理解事物，然後到理性認識。認識不是得自「天啟」，也不是得自「眼界」，認識是從感性認識經過理解階段到達理性認識的過程。教育也是一個過程，是培養人的思考力的過程。康德在《純粹理性批判》中所發揮的思維過程的理論，對教育學用處很大，因為教育學研究的重要課題之一就是要研究如何引導學生進行正確的理論思維。第四，在有神論者還掌握著西歐教育權的18世紀，敢於提出關於神的存在本體論證明的不可能，敢於用「理性」去代替「上帝」，這是逆18世紀「潮流」的。雖然康德還不敢直接提出無神論，還對頭上的星空存有敬畏之心，但用「理性」來代替「上帝」豈能不引起震驚。康德用「理

的、為兩組根本有別的規律所統治的世界，而人則同時屬於這兩重世界，集絕對相反的兩種性格於一身，既具有意志的絕對能動性，作為認識對象又具有為自然所決定的絕對被動性。康德認為，既然人本身是自然的存在同時又是超感性的存在，是現象同時又是自在之物，這裡就有了一個把兩個世界結合起來的立足點。康德認為，合目的性問題可能是解決自然界與自由統一的關鍵。康德的《判斷力批判》（1790）就是專門探討合目的性問題的，也可以說是審美理性問題。康德在晚年又集中研究了人類的起源和歷史發展問題，即所謂的歷史理性問題。

性」代替「上帝」，不能不在教育上產生巨大的影響。對《純粹理性批判》一書來說，他把「理性」看作人類認識的最高境界，對感覺主義和經驗主義在教育理論界趾高氣揚的氣焰有所抑制，這不能不說是一種貢獻。第五，康德的《純粹理性批判》一書，對18世紀的獨斷論和懷疑論在教育理論界的影響起了清理的作用。經驗論的懷疑風氣和教條主義的獨斷作風，在教育理論界都有影響。在教育理論界提倡多思考、多實驗，都是糾正當時時弊的良方。第六，原理、原則、基礎理論在教育上不能被忽視，不能忽視思維，「學而不思則罔」。第七，康德重視認識能力的培養，把認識能力看成構造經驗的條件，沒有這種認識能力，就不能向知識體系過渡。[62]

(四)黑格爾的絕對理性教育觀

黑格爾認為，人只有接受教育，才能成為文明人，教育的目的就在於培養有理性的文明人。「未受教養的人在一切事情中聽從暴力和自然因素的支配，小孩子不具有道德的意志，而只聽其父母的擺布，但是有教養的和能內省的人，希求他本身體現在他所做的一切事情中。」[63]教育的作用「就在於把具體物分解為它的特殊性。需要的殊多化就包含著對情慾的抑制，因為如果人們使用多數東西，那麼，他們對任何一種可能需要的東西的渴望心理便不會那麼強。這就表明需要本身一般說來不是那麼迫切的」[64]。

黑格爾認為理論教育十分重要。「理論教育是在多種多樣有興趣的規定和對象上發展起來的，它不僅在於獲得各種各樣的觀念和知識，而且在於使思想靈活敏捷，能從一個觀念過渡到另一個觀念，

[62] 陳元暉，陳元暉文集：上卷[M]，福州：福建教育出版社，1992：541-548。
[63] 黑格爾，法哲學原理[M]，范揚、張企泰譯，北京：商務印書館，1961：112。
[64] 黑格爾，法哲學原理[M]，范揚、張企泰譯，北京：商務印書館，1961：206，209，171，188。

以及把握複雜的和普遍的關係等。這是一般的理智教育，從而也是語文教育。透過勞動的實踐教育，首先在於使做事的需要和一般的勤勞習慣自然地產生；其次在於限制人的活動，即一方面使其活動適應物質的性質，另一方面，而且是主要的，使能適應別人的任性；再次，在於透過這種訓練而產生客觀活動的習慣和普遍有效的技能的習慣。」[65]

黑格爾也提倡理性教育學。黑格爾從他的理性哲學出發，認爲：「教育學是使人們合乎倫理的一種藝術。它把人看作自然的，它向他指出再生的道路，使他的原來天性轉變爲另一種天性，即精神的天性，也就是使這種精神的東西成爲他的習慣。在習慣中，自然意志和主觀意志之間的對立消失了，主體內部的鬥爭平息了，於是習慣成爲倫理的一部分，也像它成爲哲學思想的一部分一樣，因爲哲學思想要求訓練精神以反對任性的想法，並要求對這些任性的想法加以破壞和克服，來替合乎理性的思維掃清道路。」[66]

黑格爾還提出了理性的家庭教育學思想。他認爲：「應該怎樣做人，靠本能是不行的，而必須努力。子女受教育的權利就是以這一點爲根據的。因此，所要求於子女的服務，只能具有教育的目的，並與教育有關。這些服務不應以自身爲目的，因爲把子女當作奴隸，一般說來，是最不合乎倫理的。教育的一個主要環節是紀律，它的涵義就在於破除子女的自我意志，以清除純粹感性的和本性的東西。不得以爲這裡單靠善就夠了，其實直接意志正是根據直接的恣性任意，而不是根據理由和觀念行動的。」[67]

---

[65] 同註64。

[66] 同註64。

[67] 同註64。

三、現當代理性教育觀

(一)皮亞傑研究理性教育觀的生物學方法論

皮亞傑是聞名於世的發生認識論者，其發生認識論最重要的基石是生物學。皮亞傑撰寫《生物學與知識》（1967）一書的「目的是根據當代生物學來討論智力和一般意義上的認識（特殊意義上的邏輯－數學認識）問題」[68]。皮亞傑之所以提出認識與生物學的關係問題，主要與對認識本質的各種看法有關。通常認為，認識是從環境中獲取資訊，「資訊則透過逼真的形式和感覺刺激所引起的形象反應形式或運動反應形式（S→R）表現出來，沒有內在的或獨立的結構。這種看法當然不會考慮本能問題，也不會考慮與大腦發展水平相關的知覺和智力水準的遺傳機制問題。」[69]為了弄清認識的生物學問題，開始就要放棄對認識的簡單化觀念：將知覺和後天行為看作純粹記錄環境所提供的材料的結果。而發生認識論的出發點則在於：一切認識，甚至知覺認識，都不是現實的簡單摹本，因為認識總是包含著融於先行結構的同化過程。認識不是製作現實的摹本，而是反作用於現實，透過結構以某種方式改變它，在機能上，把它納入與動作相關的轉換系統。認識在本質上是一個過程，確切地說，是一個主動的過程。所以，與這個過程密切相關的主體動作、結構、機能、以及它們的建構問題，便成為發生認識論的中心問題。動作、結構、機能等都有一個相對開端，追溯這些開端不僅牽涉心理學問題，而且最終涉及生物學問題。皮亞傑對發生認識論與生物學的關係進行了詳盡的闡釋。應該說，皮亞傑的發生認識論所考察的知識不是個體所學到的形

---

[68] 皮亞傑，生物學與認識[M]，尚新建等譯，北京：生活・讀書・新知三聯書店，1986：前言。

[69] 皮亞傑，生物學與認識[M]，尚新建等譯，北京：生活・讀書・新知三聯書店，1986：2。

形色色的具體知識，他所關心的是知識的普遍形式及其構造，比如：空間、時間、因果性、必然性等。顯而易見地，他所認為的知識是康德先驗體系意義上的知識。他從生物學以及康德的哲學出發，提出了他的發生認識論，並據此形成了獨特的具有結構主義特點的理性主義教育觀。皮亞傑認為：「任何一門科學都總還是不完善的，經常處於建構的過程之中。因此，很清楚地，認識論的分析必然遲早會獲得一種歷史的或歷史批判的高度和廣度；科學史是對科學作哲學理解不可缺少的工具。問題是歷史是否包含了一個史前史。但是關於史前人類概念形成的文獻是完全缺乏的，因為我們對史前人類的技術水準雖然有一些知識，我們卻沒有關於史前人類認識功能的充分補充資料。所以，擺在我們面前的唯一出路，是向生物學家學習，他們求教於胚胎發生學以補充其貧乏的種族發生學知識的不足，在心理學方面，這就意味著去研究每一年齡兒童心理的個體發生情況。」[70]

「教育（學）應當成為一門科學」是皮亞傑教育思想的核心。但他認為，在某種意義上，目前的教育（學）還沒有發展成為一門科學。因為「教育的最高要求應該（使學生）具有邏輯推理能力和掌握複雜抽象概念的能力。」[71]要成功地建構一門教育科學，不可缺少的就是要「建立一門為創造真正適應心理發展法則的教育技術所必需的心理學體系。如果沒有精心建立一個真正的兒童心理學或心理社會學，就不可能真正產生新的方法，新方法的存在無疑必須從建立這樣一門科學之日算起。」皮亞傑指出，無論是在歷史上，還是在現實中，西方教育學的研究是非常薄弱的。與哲學、生物學以及其他自然科學相比，教育學缺乏學術價值和自身尊嚴，還遠遠沒有發展成為一門科學。他注意到這樣一種現象：有影響的教育著作很少是出自職業教育家之手，教育領域中極大一部分的革新家也不是職業教育家，而

---

[70] 皮亞傑，發生認識論原理[M]，王憲鈿等譯，北京：商務印書館，1995：13。
[71] 趙祥麟，外國教育家評傳：第三卷[M]，上海：上海教育出版社，2003：592。

是在其他學科領域頗有造詣的傑出人物。[72]

(二)要素主義理性教育觀

要素主義（臺譯精粹主義）教育思想是在1930年代反對進步主義教育的過程中產生的，其代表人物眾多，巴格萊居於最重要的地位。巴格萊（W. C. Bagley, 1874-1946）是美國現代著名教育家，要素主義教育流派的創始人和主要代表人物。1930-1940年代，他對進步教育理論與實踐中極端傾向的批判、對要素主義教育理論的倡導，不僅繼承與發展了傳統教育理論，而且在西方現代教育中產生了重要的影響。他提出的要素主義的理性教育觀包含以下幾個方面。

首先，理性的教育目的觀。巴格萊認為，教育是社會進步的主要因素；透過教育，人類社會的文化遺產將在新生一代中再現。「從最廣義來說，教育就是傳遞人類知識的過程，並將其中最有價值的部分永久保存下來。」[73]在他看來，知識就是種族經驗；知識是人獲得的所有特性中最重要、最強有力的特性。教育最重要的作用之一，就是盡可能地保護面對伴隨無法預言的變化而來的危險社會和個人，使個人去適應環境。巴格萊認為，學校是一種專門組織起來的傳遞文化知識的正規教育機構。因為人不僅具有透過自己的經驗而得益的能力，而且具有透過種族經驗而得益的能力，特別是後一種能力，只有人才具有，所以，學校的主要職責是一代一代地傳遞種族經驗，以使學生養成應付現在和未來環境的能力。

其次，理性的課程教學觀。巴格萊認為，學校的主要職責是傳授人類文化的共同要素，學校的課程計畫必須保證學生能夠學到讀寫算

---

[72] 讓・皮亞傑，教育科學與兒童心理學[M]，傅統先譯，北京：文化教育出版社，1981：9-11，19，25。

[73] 巴格萊，教育與新人[M]，袁桂林譯，北京：人民教育出版社，1996：48，160。

基本技能、現代和古典語言、文學、歷史、數學以及自然科學的基礎知識。學校應該設置精密的、要求嚴格的科目。而且各門學科，特別是那些難度高的課程，其講授順序和設置年級應當是共同一致的。這樣，就能使學生免受地方性、直接性的錯誤信念的侵襲，有助於學生開闊視野。

再次，理性的教師主導觀。巴格萊認爲，教育過程的中心是教師，教育過程的主動性在教師而不在學生。因爲單靠學生個人，難以吸收規定的教材，掌握複雜而又艱深的學科內容，所以必須由受過專門訓練、學有專長的教師來指導他們學習。他強調說：「在學習過程中，教師的指導對學習者能獲得巨大進步來說是必不可少的。」[74]在教育過程中，應當充分強調教師的指導作用，而不能使教師成爲「課程的旁聽者」。在巴格萊看來，人類不知經歷了多少年代，才認識到成年人對未成年人（兒童）所負的教導和管束責任；而未成年人（兒童）也只有在成年人的教導和管束下，才能充分實現人類的潛在能力。這也是要素主義者強調的要素之一。在學校裡，教師必須組織和安排學生的學習活動，必須制定嚴密的、系統的教學計畫，必須講授人類文化共同要素的各門學科知識，並堅持嚴格的學業標準，必須使學生遵守紀律，並爲他們提供優良的教育環境。因此，巴格萊認爲，教師對學校和教育過程應當擁有控制權。只有這樣，教師才能成爲兒童世界和成人世界的仲介。

(三)布魯納的理性教育觀

布魯納（Jerome Seymour Bruner, 1915–2016）十分重視理性的作用。他認爲：「教育力求發展學生的思維能力和敏感性。一方面，教育過程把構成一個民族的文化的價值觀、風尚和知識積累部分地傳遞給學生個體，以此來培養他的衝勁，塑造他的意識，形成他的生活

---

[74] 同註73。

方式。但是，教育過程同時也是發展智力的過程，以確保他能超越其社會的文化方式，並能夠進行適度的創新，從而能創造出他自己的內在文化世界。」[75]而「教材的問題只有聯繫我們對知識性質的認識才能解決。知識是我們為了把意義和結構賦予經驗中的規則而形成的一種模式。任何知識形式中組織化的概念，都是為了使我們的經驗具有經濟性、簡約性和聯結性。我們發明概念就是作為我們理解和認識的工具，如：物理學中的力、化學中的鍵、心理學中的動機和文學中的風格等概念。」[76]由此「可以引申出兩條信念：第一，教育應該重視知識的結構。因為正是知識結構的聯結和推衍，使得我們的觀念相繼流動；也正是知識的結構，這個了不起的概念發明，賦予了互不聯繫的一堆觀察結果以條理和秩序，賦予我們所學的內容以意義和價值，並使我們有可能開啟新的經驗領域。第二條信念是，如果某種知識是值得掌握的話，那麼，知識的整體性和結構性就能夠在知識內部本身發現。」

在理性之外，布魯納又提出要重視直覺、情感、自發性等因素的作用。他認為，基於直覺和藝術作品理解的「左手性的」認知與嚴格建立在科學方法上的「右手性的」認知，形成了鮮明的對比，「單靠右手性的秩序、理性和紀律，人類的精神永遠不能走向完滿。」[77]

(四)哈伯瑪斯的交往理性教育觀

哈伯瑪斯的交往理性教育觀主要表現在以下兩個方面。

首先，哈伯瑪斯的社會化理論及其教育目的論、教育功能論。哈伯瑪斯認為，社會化比教育這個詞更重要。在哈伯瑪斯心中，社會化

---

[75] 傑羅姆·布魯納，論左手性思維——直覺能力、情感和自發性[M]，彭正梅譯，上海：上海人民出版社，2004：126，130，譯者的話。

[76] 同註75。

[77] 同註75。

就是廣義的教育，教育不僅包括學校教育，還應包括家庭教育、社會教育、環境教育等。他認為，教育就是人的社會化過程。教育的出發點就是要改變自我和社會的現狀，社會化的目的（亦即教育的目的）就是培養、形成獨立和穩定的反思型自我。這種反思型自我主要是自我建構、自我認同。自我是反思型的，具有批判精神，不是封閉孤獨的自我，而是開放、寬容，可以包容他者的自我。哈伯瑪斯培養反思型自我的主體發展理論，以及與此相關的「平等式對話理論」，在教育學上引起了有關教學大綱、教學法、教育目的、教育內容以及教育動機、學習動機等一系列問題的討論。其中，最重要、影響最大的可以說是教學原則上的革命。傳統教育學意義上的教師教、學生學的原則被徹底否定，教師被詮釋為知識的「仲介人」，教師的作用只限於如何讓學生獨立、批判反思地接受有用的知識，教師成為學生平等的對話人和討論問題的「夥伴」。在這個基礎上，學生的創建能力、批評能力、動手能力、討論問題的能力，在德國教育改革中逐漸變成衡量學生成績的主要標準。

其次，哈伯瑪斯的交往理論及其對教學理論、德育理論的影響。哈伯瑪斯認為，青少年在發育和具備假設思維能力的階段可以具備從「說教式意識型態」中解放出來的能力。當然，個體是否能夠成功地做到這一點，取決於許多因素，其中以何種方式參與現存的社會結構是非常重要的。只要青少年不再盲目地接受社會倫理規範中的內容，並對道德規範、傳統社會交往形式進行獨立思考式的反思，那麼，自我就能正確地設立。這樣的自我是「反思型」的。

教學主要是一個認識過程，也是師生互動的過程。師生互動就是溝通、交往的過程，這種交往首先是思想的溝通交往。交往理論對於強化教學中的民主意識、師生平等意識有重要意義。「生成理論」在一定意義上也受哈伯瑪斯的影響，認為教學是生成過程，實際上也就是師生達成共識的過程。

(五)當代新要素主義理性教育觀

在1980~90年代，一系列關於美國教育狀況的國民報告曾一度提出了新要素主義教育改革。「新要素主義」這個術語表明，這個運動重申了早些時候的要素主義主題。新要素主義者的觀點在1983年題為《國家處在危險中：教育改革勢在必行》的報告中非常明顯。在這個報告中，新要素主義者認為，美國在教育方面遇到了危險，如：「憑藉最簡單的測驗，即每天的閱讀、書寫和理解，美國有2,300萬成人是半文盲（文化程度不足以履行自己的職能）；很多17歲的青年沒有掌握我們希望他們掌握的『較高層次』智能。幾乎40%的青年不會從文字資料中作出推論，只有1/5的青年可以寫一篇有見解的文章，只有1/3的青年能解答需要幾個步驟的數學題；企業和部隊領導抱怨，他們必須把千百萬元花在補習教育上，即培養閱讀、寫作、拼寫和計算等基本技能上……」[78]針對這些危險，新要素主義者提出要進行高品質的教育。「我們給『高品質』下的定義是包括若干有關方面。它意味著每個學習者無論在學校或工作崗位應在個人能力的極限上工作，從而可以考驗本人的極限，並把這種極限推向更高。」「高品質指的是一個學校或學院為全體學生規定了高標準和目標，然後想方設法協助學生達到這些目標。」「我們應當希望學校建立真正的高標準，而不是最低的標準。同時，我們希望家長們支持和鼓勵他們的子女最大限度地發揮自己的天賦和能力。」[79]

為了切實施行高品質的教育，新要素主義者提出，凡是要取得高中畢業文憑的學生，最低限度應有「5門新基礎課」的基礎，即「4年英語，3年數學，3年科學，3年社會方面的課程，半年計算機科

---

[78] 呂達、周滿生，當代外國教育改革著名文獻：美國卷（第一冊）[M]，北京：人民教育出版社，2004：3-4。

[79] 呂達、周滿生，當代外國教育改革著名文獻：美國卷（第一冊）[M]，北京：人民教育出版社，2004：6，14。

學」。新要素主義者一再強調這五項基礎課「是現代課程的核心」，「是離校或取得成功的基礎」[80]。

隨後在《普及科學——美國2061計畫》（1989）總報告中，新要素主義者又指出，大部分美國人缺少科學文化。「人們只要查閱一下國際教育成果研究報告，就會發現美國學生在科學和數學方面的排位接近倒數第一。」[81]因此，教育改革必須全面，應該注重所有孩子的學習需要，包括所有的年級和全部的科目。「美國沒有正當的理由（包括智力的、社會的和經濟的理由）不能改革其學校教育，使所有的學生都具備科學基礎知識。」為了確保所有學生具有科學基礎知識，必須改變課程，「減少教學內容的絕對數，軟化或者排除僵死的科目界限，更多地注重科學、數學和技術之間的相互聯繫。」[82]

第三節　有限理性及其教育觀

一、有限理性的價值

「人類的理性要理性地理解自身的侷限性，這也許是一項最為艱難但相當重要的工作。我們作為個人，應當服從一些我們無法充分理解但又是文明進步、甚至延續所需的力量和原理。這對於理性的成長至關重要。」[83]人的理性不是萬能的。首先，從人的存在角度看，人是理性與非理性統一的存在，在人的認識和行為中，理性因素和非

---

[80] 同註79。

[81] 呂達、周滿生，當代外國教育改革著名文獻：美國卷（第二冊）[M]，北京：人民教育出版社，2004：19，16。

[82] 同註81。

[83] 弗里德里希・A・海耶克，科學的反革命[M]，馮克利譯，南京：譯林出版社，2003：162。

理性因素總是交織在一起。[84]一方面，人的慾望、情感等非理性因素已經不是純粹動物性的本能反應了。在人的慾望和情感中都有人的理性因素滲透其中，打上社會性的烙印，因此是被意識到了的慾望和情感。離開理性的非理性是純粹動物的生理機能，因此，離開理性的非理性是不存在的。正因如此，有的心理學家和哲學家不同意在與動物同一意義上使用本能概念。在社會慾求、社會情感、意志、信念、信仰等非理性因素中，理性與非理性之間的相互滲透更加明顯。以信仰來講，如果沒有一定的理性認識參與其中，信仰既不可能形成，也不可能持久。信仰就是在理性認同的基礎上對事物的執著追求，當理性認識已經積澱在人的心理結構中時，便形成了一種與理性不同又與理性相互補充的文化心理。另一方面，人的認識，不論是系統發生還是個體發生，都是以非理性因素的思維形式初始的，即都是從朦朧狀態出發而受認識主體情感和直覺的左右。沒有非理性因素起初混沌的非邏輯思維形式，就不會有理性因素後來清晰的邏輯思維形式。同時，在理性因素的發展過程中，非理性因素始終沒有停止對理性因素的衝擊。非理性因素打破了理性因素邏輯的「僵化」，為理性衝破自身的邏輯束縛而創造條件，讓理性因素獲得可能性的發展。從這個意義上說，沒有非理性因素對理性因素的作用，人的認識就不會有真正的發展、質變和飛躍。所以，人是理性與非理性的統一，在人類的精神結構中既無絕對純粹的理性，亦無絕對純粹的非理性。

其次，從哲學角度看，在哲學發展的歷史長河中，雖然理性與非理性多次易位、此消彼長，但是兩者在存在型態和表現形式上卻是相互補充的。在原始思維中，理性與非理性混沌地統一著；在古希臘羅馬哲學中，理性與非理性雖在精神層面發生著分化，但卻在現實的層面統一了起來；在中世紀哲學中，伴隨著理性的淪落，非理性的信仰

---

[84] 劉旭東，論非理性教育——理性濫用之研究[J]，西北師大學報：社會科學版，1996(1)：39－45。

以理性化的形式占領了人類精神的統治地位；在近代哲學中，伴隨著理性的一路高揚與走向終結，非理性又以人的主體性存在形式表現出來；在當代哲學中，伴隨著理性逐漸走向抽象化和絕對化，非理性又義不容辭地對形而上學的理性進行毫不留情的批判和消解，並且在這個過程中，反理性主義的理論型態及非理性因素都是以理性的形式表現的。

　　理性與非理性是不可分割的，離開了理性的非理性與離開了非理性的理性，都是片面的、貧困的。人類精神發展的歷史就是理性與非理性整合的歷史，就是理性與非理性相互對立、相互統一、彼此消長、兩者共存的歷史。

　　實現理性與非理性的統一，必須以理性為主導。理性與非理性是相關聯而存在的，並在很多情況下是相互補充的。[85]然而，我們也不能因此就否認兩者之間現實存在著的基本差異。傅柯說：「非理性的癲狂就是理性本身的產物，而癲狂發作過程中也包含語言和推論等理性因素。」因此，「瘋癲與非瘋癲、理性與非理性難解難分地糾纏在一起：它們不可分割的時候，正是它們尚不存在的時刻，它們是在相互依存的存在與交流之中，而交流使它們區分開。」[86]因此，傅柯認為，非理性的「癲狂和愚行在理性和真實這些實質性方面起了作用」[87]。按照傅柯的邏輯，理性與非理性作為整體的人類活動是不可分的，它們只是同一活動的兩個不同形式，既然如此，理性與非理性的相互轉化隨時都可能發生。在此，傅柯仍舊重談叔本華以來非理性主義者的老調，即理性與非理性既然沒有本質上的區別，那麼對人來講，真正實質的東西應當是非理性，而不是理性。這就是說，對我

---

[85] 韓震，重建理性主義信念[M]，北京：北京出版社，1998：192-195。

[86] 米歇爾・傅柯，瘋癲與文明——理性時代的瘋癲史[M]，劉北成、楊遠嬰譯，北京：生活・讀書・新知三聯書店，1999：2，11。

[87] 同註86。

們來說，起主導作用的不應當是理性，而應當是非理性。費耶阿本德（Paul Feyerabend, 1924−1994）講得更清楚，他把本質上是不斷探索的科學等同於唯我獨尊的「意識型態」，從而要人們相信沒有理性方法的盲目自由嘗試，才更加符合探索的本性。他斷言：「科學和神話之間的相似委實令人驚訝」，因而，「有必要重新考察人們對神話、宗教、魔法、巫術的態度，以及對理性主義者希望其永遠從地面上消失的一切思想的態度。」[88]他認為，應當以認識論上的「無政府主義」對抗「科學沙文主義」，並「把社會從一種意識型態上僵化的科學桎梏中解放出來」[89]。

人類社會關係和社會生活決定了我們必須用理性統率非理性，社會存在和生活環境的非理性並不是我們向非理性繳械的理由。正因為生活環境和條件的非理性，才需要我們的理性努力。如果人們只是被動地適應非理性的生存環境和社會關係，那麼，我們就很難理解社會歷史的進步正是透過理想的理性設計，才能使人類不斷地推動歷史前進的步伐。理性活動的結果也許與原初的理想設計相去甚遠，但如果沒有這些理性活動，我們就肯定不能獲得文明的進步。

我們的確不能用絕對的理性排除非理性，而且我們已經知道這種排除本身就是一種非理性的衝動。但是，這並非要我們放棄理性活動，轉而聽命於非理性力量的理由。難道說我們應當放棄我們的理性認識能力，退回到受自然本能支配的狀態中？即使我們能退回去，我們就真的可以達到生命的和諧嗎？還有，就我們的生活而言，難道說我們不應採取理性的態度，而是交由盲目的本能或瘋狂的衝動支配？如果大家都按照本能慾望、性慾、權力意志或沒有方向的潛意識來活動，我們的社會將不會再作為人類社會而存在。反理性主義把當代的

---

[88] 保羅・費耶阿本德，反對方法──無政府主義知識論綱要[M]，周昌忠譯，上海：上海譯文出版社，1992：259，267。
[89] 同註88。

社會問題和矛盾歸之於理性主義，這是不對的。像反理性主義者那樣極力貶低理性，試圖把非理性置於統治地位，那不僅是錯上加錯，而且也是更加危險的。這樣的人生將沒有理想、目標，剩下的只有個體之間的肉體爭鬥與廝殺。夢、直覺、感應、想像等，都可能對我們的認識有所幫助，可是，如果我們放棄理性認識，完全依賴於非理性，那麼結果可想而知。事實上，沒有理性的統率，非理性的能力就是不可靠的、缺少積極成果的。如果說我們沒有理性的指導，只是衝動、夢、幻想在起作用，那麼我們就成了無頭蒼蠅。現代文明之所以壓倒了古代文明，原因之一就是現代文明更多地依靠科學理性。我們絕不能因當代科學仍不能徹底說明客觀世界，就認為它與巫術、通靈術和其他迷信具有同等的性質。科學的理性不能達到完全科學的程度，但我們畢竟可以愈來愈科學。我們不敢說我們的理性認識絕對正確，但我們必須進行理性的認識和說明。

我們的理性活動是一種生命活動。它不是要排除非理性，而是要理性地說明和運用非理性因素；它不是要消滅非理性，而是要指導非理性；它在與非理性因素的聯繫中獲得力量，在與非理性因素的有機互補中構成生命理性的完整性。

如果像啟蒙理性那樣認為自己具有絕對的力量，那必定變成一種唯我獨尊的、狂暴的非理性力量。只有認識到自己的有限性，才能理智地對待理性與非理性、已理解的東西和還不能理解的東西、普遍的理想和歷史合理性之間的關係。

認識到理性能力的有限，並非說明謹小慎微就是理智。理性活動同樣表現為果敢和為了更高的目標而獻身的英雄壯舉。沒有理性指導和缺乏理智態度約束的膽大妄為，當然是盲目的非理性衝動；但是，缺少英勇果敢的氣概，只是隨波逐流，那也是向非理性的現實環境投降。

二、有限理性的特徵

首先，有限理性絕不從所謂的「理性原則」出發，相反的，它拒絕任何超越歷史現實的先驗理性。它認為，理性來自歷史現實，理想化的理性反過來又促進歷史現實的發展，兩者有著辯證的互動關係。理性不是先驗普遍同一的觀念，而是歷史合理化趨勢的表達。理性與歷史現實之間又有相互批判的關係：理想化的理性觀念是對歷史現實的批判，它推動歷史現實的合理性發展；歷史現實對理性也有批判力，它使之逐漸得到修正和完善。一句話，有限理性不認為理性是一種一成不變和先驗完善的本質，相反的，它主張理性在與歷史現實的相互作用中不斷生成和發展。理性無非是人類嘗試理解世界和改造世界的一種活動或工具，所以，它應當隨著人類實踐活動的展開而不斷得到調整。

其次，有限理性不像舊理性主義那樣盲目迷信理性，它信任並依靠理性，但它對理性的相對性質有充分和清醒的瞭解。它絕不同意黑格爾那自在自為的「絕對理性」，它時刻提醒自己注意自身的歷史侷限性。一方面，理性概念都只是暫行的和相對的，是有條件的；另一方面，僅有理性還是不行的，理性的目標或理智的態度都要有現實的物質力量做後盾。

再次，有限理性是靈活的和辯證的理性主義，它將盡力避免理性作繭自縛的可能。它在自己的「歷史性」中，認識到自己的相對性和暫時性。

最後，有限理性不像舊理性主義那樣排斥非理性因素，而是給這些因素以恰當的地位，並容納它們，使之轉化為積極的建設性力量。它不把理性從人的生命整體存在中抽象出來，而是力求保持生命理性的完整性。生命理性承認情慾、衝動及個人內心無意識的隱密世界，但它希望透過理性的教化使這些本能昇華為文明的力量，至少能夠使它們以符合人性及其尊嚴的方式，並且在不影響他人利益的情況下釋

放出來。有限理性不排斥非理性，但試圖引導非理性。

三、有限理性的教育觀

完整的教育應是理性教育與非理性教育的統一體。關於這一點，馬克思的一段論述很有啓迪性：「……頭腦用它所專有的方式掌握世界，而這種方式不同於對世界的藝術的、宗教的、實踐—精神的掌握。」[90]言明理性與非理性是一個問題的兩個方面。據此，理性教育與非理性教育之間的性質與關係，可以從以下幾個方面去理解。

首先，有限理性的教育觀是理性教育制約著非理性教育的教育觀。理性教育過程並不是理性因素單方面的活動過程，它還需要非理性因素的積極參與和支持。理性教育過程是艱苦、複雜的精神活動過程，如果沒有非理性及其教育的參與和支持，是無張力可言的。布魯納曾說：「單靠右手性的秩序、理性和紀律，人類的精神永遠不能走向完滿。」非理性教育幫助教育主體能動地調節自身的活動，不斷地趨向於塑造完整人格的目的。此外，在理性教育過程中，既定的社會規範制約著非理性精神成分的任意流露，久而久之，它便逐步轉化爲教育主體較爲穩定的個性心理特徵。這些個性心理特徵能夠對理性教育及非理性教育的過程與結果產生強烈的影響，表現爲它們能夠積極參與或者消極參與主體的各類活動，能夠激勵或抑制教育主體雙方在教育過程中的作用。[91]我們強調非理性教育的重要性，並不意味著理性教育在人發展過程中的作用降低。例如，在講到科學發現中的靈感問題時，很多人都喜歡用牛頓看到蘋果掉到地上從而發現萬有引力定律的例子來說明靈感的作用。其實，牛頓並不是單純從這一現象中憑靈感一下子就發現了萬有引力。在此之前，牛頓對引力的規律作了很

[90] 馬克思恩格斯選集：第二卷[M]，北京：人民出版社，1995：19。
[91] 劉旭東，論非理性教育——理性濫用之研究[J]，西北師大學報：社會科學版，1996(1)：39-45。

多研究，蘋果從樹上掉到地上，只是起了一個誘發的作用，因此，不能把蘋果掉到地上誘發的靈感與牛頓對引力問題的長期研究和思考分割開來。

其次，有限理性教育觀又是非理性教育影響著理性教育的教育觀。馬克思曾經指出：「一個人的發展取決於和他直接或間接進行交往的其他一切人的發展。」[92]也就是說，人的個性的形成與智力發展，自始至終都是在群體的影響下進行的。群體作為社會心理的主體，具有社會促進效應、凝聚性、模仿與暗示性，且群體中的人際關係、心理氛圍、合作與競爭、個人在群體中的身分和地位，都會對人的個性的形成產生影響。所有這些，非理性教育都能對其產生有決定意義的影響。此外，非理性教育與理性教育都是在一定的、共同的現實基礎上展開的，受社會意義的制約。非理性教育在其中必須以完整人格的塑造為宗旨，服務於理性教育，超越了這個範圍，它就會因失去明確的社會目的而走向極端，失去社會價值。此外，非理性教育能夠補償理性教育的不足。理性教育在運作的過程中，經常會受到來自主體及其以外的各種因素影響。這些影響因素有正向的，也有負向的，需要教育主體主動地調節自身狀態，透過非理性教育的指向性和調節性，排除內外部干擾，使其發展方向不偏不倚地符合已定的目標。實際上，邏輯性和客觀性並不是人類唯一的思想活動，也不一定是最可靠的，人類所有的實踐都不是單純地依靠理性而獲得成功的，任何偉大的事業都需要人的情感、意志等非理性因素。如果只重視人的理性，忽視人的非理性，那麼，教育出來的個體就只能孜孜不倦地從事平凡的工作，喪失了進行創造性勞動的素質。

再次，有限理性教育觀又是堅持理性教育與非理性教育整合的教育觀。教育史上，不論是理性主義教育或反理性主義教育，要實現其教育主張，在方式和手段上既離不開理性教育，也離不開非理性教

---

[92] 馬克思恩格斯全集：第三卷[M]，北京：人民出版社，1960：515。

育,純粹的理性教育或純粹的非理性教育都是不存在的。[93]在教育活動中,參與其中的雙主體都必然要滲入自身的心理活動,教育主體雙方都會進行理智與情感的交流。在教育內容中,既有昭顯於外、以嚴密邏輯體系構建起來的知識系統,也有人類在創造知識和文化過程中的情感體驗、價值取向、意志抉擇、動機取捨等。前者以理性知識型態存在並影響著人類社會的過程,後者則更深層地積澱於教育內容中,以特有的方式影響著學習者。可以這麼說,情感、意志等非理性精神因素是伴隨著人類知識的獲取及創造得到昇華和提高的,它們賦予人類的理性精神世界以靈性和感染性,豐富了其內涵及影響力。當然,受教育目標、教育內容、教育手段及兒童年齡特徵的影響,在教育過程中,會產生理性教育與非理性教育在不同條件下地位與作用的差異狀況:在某些情況下,教育過程與教育內容更具理性教育特徵;而在另外一些情況下,則更具非理性教育特徵。這表明,在教育過程中,理性教育與非理性教育可能會出現不平衡狀況。這種現象的出現是正常的,它與人為地分割兩者關係的做法是不同的。在教育過程中,教育主體個人的理想、動機、愛好、能力等主觀因素和教育環境、教育時機、教育條件等客觀因素,都對理性教育和非理性教育有著強有力的影響。

具體而論,堅持理性教育與非理性教育的整合,尤其要注意以下三對要素的整合。

一是認知與情感的整合。黑格爾崇拜理性,被認為是一個理性主義者,但他並沒有忽視情感的作用。他說:「我們簡直可以斷言聲稱,假如沒有熱情,世界上一切偉大的事業都不會成功。因此有兩個因素就成為我們考察的對象,第一是那個『觀念』,第二是人類的熱

---

[93] 劉旭東,論非理性教育——理性濫用之研究[J],西北師大學報:社會科學版,1996(1):39-45。

情，這兩者交織成世界史的經緯線。」[94]

　　現代心理學的研究表明，人的認知和情感是相互聯繫、相互促進的。一方面，情感是在認識的基礎上產生的，沒有對某種事物一定的認識，就不可能對它有什麼情感。一般說來，認識愈豐富，情感也愈豐富；認識愈深刻，情感也愈深刻。另一方面，情感對認識的發生和發展也具有重要的推動和促進作用。中國近年來開展情境教育、愉快教育等教育實驗，在培養學生的認知與情感、正確處理認知與情感的關係、促進學生生動活潑等方面進行了有益的探索，得到了顯著的效果。這些實驗充分說明了在教育過程中，處理好認知與情感關係的必要性和可能性。

　　二是邏輯與直覺的整合。邏輯在人的認識和思維中的重要作用是人所共知的，但人的認識是「連續」和「非連續」的統一。在認識處於「非連續」的關節點上，邏輯往往具有一種思維定勢的阻礙作用，直覺則具有一種衝破思維定勢、重組訊息、構建新的邏輯結構的革命性作用。著名科學家愛因斯坦十分重視直覺的作用，把它稱為科學研究中「真正可貴的因素」[95]。布魯納也說：「直覺方式能夠迅速產生假設；在觀念間聯結的價值被認識之前，直覺方式能夠產生一些有趣的聯結。直覺先於證據；直覺也是一種活動形式，它取決於對教學活動價值的信任，而並不總是取決於正確答案的重要性。」[96]在統一的認識和思維過程中，邏輯和直覺各有其獨特的地位和作用，它們是一種互補的關係。這種互補關係表現為：一個人往往透過直覺思維使一

---

[94] 北京大學哲學系外國哲學史教研室，十八世紀末──十九世紀初德國哲學[M]，
　　北京：商務印書館，1975：477。

[95] W.I.B.貝弗里奇，科學研究的藝術[M]，陳捷譯，北京：科學出版社，
　　1979：72。

[96] 傑羅姆‧布魯納，論左手性思維──直覺能力、情感和自發性[M]，彭正梅譯，
　　上海：上海人民出版社，2004：112-113。

些問題獲得解決，而這些問題如果藉助分析思維將無法解決，或者充其量也只能慢慢解決。這種解決，一旦用直覺方法獲得，可能的話，就應當用分析方法進行檢驗，同時把它們看作這種檢驗的有價值假設。根據直覺思維與邏輯思維的互補關係，教育過程中，就要重視調動人的直覺因素，但前提一定是在掌握一定的知識和具有一定的認識基礎上。

三是意識與無意識的整合。按照自覺程度，人的心理要素存在著有意識和無意識（臺譯爲潛意識）之別。意識在人的認識和發展中的作用是顯而易見的，因此，它得到了人們的普遍重視，有的人甚至把意識和心理相等同，以致忽視了無意識心理的存在和作用。無意識潛藏於人的心底而未被人自覺意識到。人們常常不由自主地如是說，如是做，連自己也「莫名其妙」，這便是無意識所使然。即使是一些深思熟慮的言行，無意識心理也在悄悄地參與自覺意識的醞釀、選擇、判斷過程，暗中與自覺意識相互作用，並對自覺意識發生特殊的影響。無意識對人的意識行爲起何種作用以及作用程度的大小，取決於意識和無意識的暗中相互作用及其程度。雖然現代科學還沒有揭示這種相互作用的具體情形及其活動規律，但這種相互作用的存在是肯定的。

在教育過程中，學生的學習主要是一種有意識的活動，但它也要受學生的無意識心理的影響，學生的無意識也會在暗中與意識相互聯繫、相互作用。充分利用學生的無意識心理，並根據無意識與意識的相互聯繫和相互作用來組織和引導學生的學習，將有利於激發學生的學習動機、開發學生的潛力、提高學生的學習效率、促進學生的健康發展。

有限理性教育觀，就是以理性爲指導的教育觀，就是理性與非理性相通、相容、相結合的教育觀。有限理性教育觀，是既反對絕對理性主義，也反對反理性主義的教育觀。

主要結論與啓示

1. 理性在不同的側面有不同的表現，如：實踐理性、理論理性、歷史理性、科學理性、實用理性、詩意理性等。作為哲學意義上的理性，主要是指人類以邏輯、經驗來把握世界、認識世界，包括認識人類自己的一種能力。

2. 理性是人類所必需的，理性對於人生具有多方面的價值。人是有理性的，但是人的理性是需要訓練的。

3. 理性產生於一定的社會文化之中，所以，每一種文化都有自己的理性準則和理性生活。

4. 梳理從古希臘到當代的理性教育觀的發展歷程可以看出，理性教育觀在不同的歷史時期具有不同的表現形式。

5. 非理性與反理性是不同的，非理性教育以培養完善人格為旨趣，是完整的人的教育的重要組成部分。

6. 有限理性教育觀的基本特徵是：首先，有限理性教育觀是理性教育制約著非理性教育的教育觀。其次，有限理性教育觀又是非理性教育影響著理性教育的教育觀。再次，有限理性教育觀又是堅持理性教育與非理性教育整合的教育觀。

7. 教育中，理性與非理性教育的整合，尤其要注意三對要素的整合：一是認知與情感的整合，二是邏輯與直覺的整合，三是意識與無意識的整合。

學習評價

1. 什麼是理性與合理性？
2. 歷史上的理性教育觀是如何演進與發展的？
3. 有限理性教育觀的基本涵義與觀點是什麼？

學術動態

　　理性與教育問題是大多數從事教育哲學研究的研究者都較為關注的問題之一。後現代學者對現代的理性問題進行了反思，提出了新的理性與教育的關係。例如，哲學家懷特海在《教育與科學理性的功能》這一著作中，肯定科學與人文相統一是人類文化理想的基礎，而為了實現這一理想，必須把尤利西斯的實踐理性與柏拉圖的思辨理性結合起來。許多後現代哲學家都非常關注實踐理性、有限理性，對絕對理性、理論理性持反思態度。後現代學者提出的非理性思想、感性學等觀點，都對教育實踐產生了深刻的影響。例如，利奧塔的《話語，圖形》，促使人們關注在圖像時代，教育觀和教育實踐的變化。中國當代學者結合國內的教育實踐，提出現代教育的危機在於造就有知識而無理性（智慧）的群氓，強調了理性精神的培養在教育過程中的重要性。

參考文獻

H.‧P.‧里克曼，理性的探險[M]，姚休等譯，北京：商務印書館，1996。

巴格萊，教育與新人[M]，袁桂林譯，北京：人民教育出版社，1996。

弗里德里希‧A.‧海耶克，科學的反革命——理性濫用之研究[M]，馮克利譯，南京：譯林出版社，2003。

皮亞傑，發生認識論原理[M]，王憲鈿等譯，北京：商務印書館，1995。

米歇爾‧傅柯，瘋癲與文明——理性時代的瘋癲史[M]，劉北成、楊遠嬰譯，北京：生活‧讀書‧新知三聯書店，1999。

何穎，非理性及其價值研究[M]，北京：中國社會科學出版社，2003。

亞里斯多德，政治學[M]，吳壽彭譯，北京：商務印書館，1983。

保羅·費耶阿本德，反對方法——無政府主義知識論綱要[M]，周昌
　　忠譯，上海：上海譯文出版社，1992。

哈伯瑪斯，交往行動理論[M]，洪佩鬱、藺青譯，重慶：重慶出版
　　社，1994。

柏拉圖，理想國[M]，郭斌和、張竹明譯，北京：商務印書館，
　　1986。

約翰·杜威，確定性的尋求——關於知行關係的研究[M]，傅統先
　　譯，上海：上海人民出版社，2004。

馬克思，1844年經濟學哲學手稿[M]，中共中央馬克思恩格斯列寧斯
　　大林著作編譯局譯，北京：人民出版社，2000。

馬克斯·韋伯，經濟與社會[M]，林榮遠譯，北京：商務印書館，
　　1997。

陳元暉，陳元暉文集：上卷[M]，福州：福建教育出版社，1992。

傑羅姆·布魯納，論左手性思維——直覺能力、情感和自發性[M]，
　　彭正梅譯，上海：上海人民出版社，2004。

黑格爾，小邏輯[M]，賀麟譯，北京：商務印書館，1994。

黑格爾，法哲學原理[M]，范揚、張企泰譯，北京：商務印書館，
　　1961。

鄧曉芒，思辨的張力——黑格爾辯證法新探[M]，長沙：湖南教育出
　　版社，1992。

韓震，重建理性主義信念[M]，北京：北京出版社，1998。

讓·皮亞傑，教育科學與兒童心理學[M]，傅統先譯，北京：文化教
　　育出版社，1981。

認識論與教育

內容摘要

　　本章主要從認識論的視角提出了教育哲學的基本觀點，分析了理性主義認識論、經驗主義認識論、實用主義認識論和建構主義認識論的基本觀點，以及它們對教育理論和教育實踐的影響。

學習目標

1. 瞭解認識論各派別的基本觀點，以及對教育理論和教育實踐的影響。
2. 根據不同的認識論觀點進行一定的教學設計或進行相應的教學評價。
3. 運用不同的理論分析教育理論與教育實踐中的問題，並作出診斷，提出可能的解決策略。

關鍵詞

認識論　理性主義　經驗主義　實用主義　建構主義

第一節　認識論概述

一、什麼是認識論

　　關於認識論和知識論有兩種觀點：一種觀點是把認識論和知識論當成一回事，認爲認識論是探討人類認識的本質、結構，認識與客觀實在的關係，認識的前提和基礎，認識發生、發展的過程及其規律，認識的眞理標準等問題的哲學學說，又稱爲知識論。另一種觀點是把認識論與知識論當成不同的理論，認爲知識論是探討知識的本質、起源和範圍的一個哲學分支，認識論與知識論是存在密切聯繫的兩個不同概念，知識論是關於思維活動的內容，認識論則是關於知識得以可能的條件。本書採用第一種觀點。

　　西方哲學發展史上對認識論的看法，大體可分爲四個流派。

　　第一，柏拉圖把知識定義爲一種確證了的、眞實的信念，這意味著知識由信念、眞與確證這三個要素組成：命題P是眞的，S相信P是眞的，S的信念是確證的了。這種理性主義知識觀到笛卡兒正式確立起來，之後的斯賓諾莎和萊布尼茲（Gottfried Wilhelm Leibniz, 1646-1716）等哲學家也都持有這樣的知識觀，即知識與意見是不同的，知識是理性思維的結果，只有純粹的理性才能獲得清晰可靠的知識，由感官獲得的知識是不可靠的。

　　第二，以培根爲代表的經驗主義哲學則給知識確定了一個不同的概念，即知識是經驗的結果，知識是對外界事物忠實的反映，人的觀念都是透過人的感覺得來的。

　　第三，以詹姆斯和杜威爲代表的實用主義，把知識看成行動的工具，知識既不是主觀的理性形式，也不是客觀的感覺經驗，而是能夠產生令人滿意的行爲結果。

　　第四，是建構主義。建構主義認爲，認識並非主體對於客觀實在簡單、被動的反映（鏡面式反映），而是一個主動的建構過程，即所

有的知識都是建構出來的。建構主義的觀點與康德、杜威、皮亞傑、維高斯基等人的觀點密切相關。人們還從知識生產的角度反思知識。例如，曼海姆（Karl Mannheim, 1893－1947）提出了「社會學決定的知識」，認為知識表面上是思想家個人頭腦中產生的，但實際上它們最終是由思想家所處的各種社會環境、社會狀況決定的。傅柯則從知識與權力的關係入手探討知識，提出了「知識－權力」的理論體系。

　　中國一些通用的辭書對知識也有不同的定義。《辭海》認為，知識是人類認識的成果或結晶。從整體上說，人的一切知識（才能也屬於知識範疇）都是後天在社會實踐中形成的，是對現實的反映。社會實踐是一切知識的基礎和檢驗知識的標準，知識（精神性的東西）藉助於一定語言形式，或物化為某種勞動產品的形式，可以交流和傳遞給下一代，成為人類共同的精神財富。[1]

　　《中國大百科全書‧教育》中關於知識的定義是，所謂知識，就它反映的內容而言，是客觀事物的屬性與聯繫的反映，是客觀世界在人腦中的主觀映像。就它反映的活動形式而言，有時表現為主體對事物的感性知識和表象，屬於感性知識；有時表現為關於事物的概念和規律，屬於理性知識。[2]

　　《哲學大辭典》中關於知識的定義是，知識是人類認識的成果或結晶，包括經驗知識和理論知識。知識通常以概念、判斷、推理、假說、預見等思維形式和範疇體系表現自身的存在。人的知識（包括才能）屬於人的認識範疇，是在後天的社會實踐中形成的，是對現實的真實或歪曲的反映。辯證唯物主義則從實踐的社會性來瞭解知識的本質，把社會實踐作為一切知識的基礎和檢驗知識的標準。知識（精神性的東西）藉助一定的語言形式，或物化為某種勞動產品，可以交流

1　辭海編輯委員會，辭海[Z]，上海：上海辭書出版社，1999：4659。

2　中國大百科全書總編輯委員會《教育》編輯委員會，中國大百科全書‧教育[Z]，北京：中國大百科全書出版社，1985：525。

和傳遞給下一代，成爲人類共同的精神文化財富。[3]

　　《教育大辭典》中對知識的定義是：「人對事物的屬性與聯繫的認識，即個體透過與其環境的相互作用後獲得的資訊及其組織。」[4]

　　中國大陸幾種主要的工具書，在知識觀上都採取了馬克思主義認識論的定義，將知識看作人類意識能動的反映客觀世界的產物。

　　綜合以上看法，本書認爲，認識論就是關於合理地認知，以及我們是如何知道我們想知道的各種事情的理論。

二、認識論的派別

(一)理性主義認識論與經驗主義認識論

　　西方近代認識論的經典分類是理性主義與經驗主義。理性主義和經驗主義有古老的歷史淵源，無論是在古代還是在中世紀，都能找到其傾向和表現，直至近代，理性主義和經驗主義才逐漸成熟，發展成爲理論型態，並且在康德之後逐漸走向綜合的發展趨向。兩者的主要差別如下。

　　第一，兩者對知識的來源持有不同的看法。理性主義認爲，普遍必然知識起源於與生俱來的天賦觀念，它們是自明的，理性推演就可以形成普遍必然知識的體系。經驗主義認爲，一切知識都來自經驗，普遍必然的知識只有在經驗的基礎上才可能形成。他們反對理性主義的天賦觀念說，認爲人的心靈只是一塊白板，一切知識都是由經驗得來的。

　　第二，兩者在方法論上存在不同觀點。理性主義強調演繹的方法，這與自然科學中的數學公理方法有密切聯繫。經驗主義強調歸納的方法，這與自然科學中的觀察實驗方法有密切聯繫。

---

[3]　馮契，哲學大辭典[Z]，上海：上海辭書出版社，1985：1010-1011。

[4]　顧明遠，教育大辭典[Z]，上海：上海教育出版社，1998：2016。

　　第三，兩者推理的基礎不同。理性主義的知識體系是以自明的先天概念和理性直覺爲前提，經驗主義者則堅信和依賴常識。所謂常識，是指理智正常的人通常所具有的知識或信念。經驗主義者洛克和貝克萊都要求尊重常識、尊重普通人的觀點。

　　第四，兩者對於如何看待語言對知識的重要性，以及兩者之間的關係持有不同看法。理性主義認爲，知識是由自明眞理構成的形式系統，語言屬於人工語言，日常語言的作用是微不足道的。哲學家萊布尼茲就曾試圖透過引進必要的人工符號和演算規則，創造出與日常語言不同的可以普遍適用於一切科學的、普遍的符號語。經驗主義重視知識活動中語言的作用，認爲哲學的首要任務之一就是對語言的辨析和澄清，關注從共相詞的性質和使用來說明普遍概念的意義，試圖從語言的結構和使用中發現關於世界的眞理。

(二)理性主義認識論與非理性主義認識論

　　與理性對立的概念還有感性，或者稱爲非理性，而非理性主義思潮抓住西方古典理性主義關注得不夠的人生意義、人生價值，以及與此相關的人的慾望、意志、情感等問題，集中攻擊西方古典理性主義，宣揚反理性主義思想，在認識論上就有了非理性主義認識論的思想。理性主義認識論針對的對象是作爲文字的語言，感性主義認識論針對的對象則是作爲圖像的語言，繪畫、音樂、舞蹈、建築等非語言符號以視覺的方式傳遞經驗，影響著人的發展。非理性主義的思想後經叔本華、尼采、狄爾泰（Wilhelm Dilthey, 1833-1911）、柏格森（Henri Bergson, 1859-1941）、海德格爾等思想家的大力發展，似乎已經成爲和理性主義認識論相抗衡的理論派別。1990年代，米歇爾（William John Thomas Mitchell, 1942-）出版的《圖像學》和《圖像理論》奠定了圖像轉向的理論基礎，認爲現代人更多的是透過視覺的方式獲得知識，圖像等非語言符號是人們認識活動中更加重要

的素材。

(三)哲學認識論與發生認識論

　　與哲學認識論相比，發生認識論是一門科學的理論。在沒有發生認識論的時代，認識論是屬於哲學的理論，關注的是人類思考問題的高級水平和最後的結果。但是，發生認識論的創始人皮亞傑試圖以認識的歷史、社會根源，以及認識所依據的概念和「運算」的心理起源為根據來解釋兒童的認識是如何發生的。皮亞傑強調用發生學的觀點和方法研究人類的認識，強調認識的個體心理起源和歷史發展。皮亞傑從生物學出發，透過心理學的橋梁來研究認識論問題，透過兒童心理學把生物學與認識論、邏輯學溝通結合起來，進而將傳統的認識論改造成為一門實證的實驗科學。

第二節　理性主義認識論與教育

　　理性主義認識論是建立在承認人的理性可以作為知識來源的理論基礎上的一種哲學方法。理性主義認識論承認客觀世界的存在，但認為人對世界的認識總是以主觀心靈的存在為基體，因此特別強調心靈的作用。西方哲學從柏拉圖開始建立了理性主義的哲學，笛卡兒、斯賓諾莎、萊布尼茲是其後續的主要代表人物。

一、理性主義認識論

(一)理性主義本體論

　　古希臘人開始思考哲學的時候，最初面對的是自然萬物的「本原」問題。亞里斯多德認為，一切存在著的東西由它而存在，最初由它生成，毀滅後又復歸於它，萬物雖然性質多變，但實體卻始終如一，這個東西就是萬物的本原。按照古人樸素的世界觀，萬物從一開

始延續到現在以至將永遠存在，這表明它的最原始、最古老的「開端」同時又是萬事萬物的主宰，這就是本原。自然萬物都是個別的、具體的，而其統一的本原則應該是普遍的、抽象的，最初把追尋世界本原的學問稱爲本體論。

在古希臘，哲學家們相信有一個眞實性存在，因此，討論的問題就是對這個眞實性存在的追問。因爲變化的東西都不是永恆的，我們可以見到的事物都是個別事物，眞實的存在不能是具體的事物，有具體內容的東西都是可以消失的。當你踢足球的時候，感悟到了圓，但不踢足球的時候，圓這個概念依然是存在的；在黑板上畫一個三角形，把這個三角形擦掉，但是三角形的概念依然是存在的，這永恆存在的理念才是眞正的存在。理性主義代表人物柏拉圖是理念論的代表者。他認爲，理念意味著有一種特殊性質所表明的類，理念並非單純的抽象概念，而是超越於個別事物之外且作爲其存在根據的實在。一類事物有一個理念，而感覺事物是多，理念是一，個別事物始終是處在變化之中的，它們是個別的、相對的和偶然的，理念則是永恆不變的，它們是普遍的、絕對的和必然的存在。因此，個別事物是感覺的對象，它們的類則是知識的對象，個別事物可感而不可知，理念則是可知而不可感，可知的理念是可感事物的根據和原因，可感的事物是可知理念的派生物。柏拉圖把世界分爲「可見世界」和「可知世界」：「可見世界」是由具體事物組成的、變動不居的、肉眼可見的不眞實物質世界；「可知世界」是不變的、唯一眞實的、絕對存在的理念世界。在其思想裡，理念是事物的共相，是透過對事物的抽象而形成的普遍共相，是事物的類概念或本質，是事物存在的根據；個別事物正是由於分有了理念才成爲這個事物的，離開了理念就沒有事物；理念是事物完滿的模型，事物則是理念不完滿的摹本，事物是因爲模仿了它的理念而成其爲事物的；理念是事物追求的目的，是事物的本質，事物存在的目標就是實現它的本質，從而成爲完滿的存在。所以，柏拉圖的本體論被稱爲是理念論。

(二)理性主義認識論

在古希臘時代，哲學家們很早就區分了知識和意見。哲學家的目標是獲得知識，而不是意見，因為意見可以不同，但知識則不然。如何獲得知識就是認識論問題。柏拉圖的認識論要解決的問題就是共相和殊相的問題。柏拉圖把世界分為「可見世界」和「可知世界」，認為在可見世界裡沒有知識，那就等於沒有真理，真理只能是形而上學的真理。在這個意義上，本體論就構成了認識論，理念不僅構成了世界的原因，也成為認識的原因。聰明的人會舉一反三，能掌握普遍性，而把握普遍性就把握了事物的性質。普遍性是思考的對象，不是感覺的普遍性。所以，真理的第一個性質就是普遍性。真理意味著普遍的真、邏輯的真、形式的真，而不是個別的真，個別的真可能會變成假的。可見，世界裡的事物是由理念派生出來的，或者是對理念的模仿，所以，可見世界的事物是變化的，不是永恆的。我們看到的都是可見世界的東西，那麼，如何把握可知世界的東西？可知世界的理念才是知識，如何獲得知識？知識的獲得只能透過理性，是對客觀事實本質的把握。為此，柏拉圖提出了理念論。理念論與柏拉圖對人的解釋密切相關。柏拉圖認為，人的靈魂和肉體是分開的，作為人，並不能創造知識，至多只是發現知識，在人的靈魂中原本就有真正的知識，但是靈魂在裝進肉體的時候，真正的知識因被扭曲或汙染而丟失，因此，人的一項艱辛任務就是努力回憶自己曾經知道的東西。這種觀點被稱為「觀念天賦論」、「心靈回憶說」。換句話說，在人的理念世界裡，在可知世界裡，知識是本來就存在的，人出生的時候忘記了理念世界裡的知識，所以，學習的過程就是努力回憶自己曾經知道的知識。柏拉圖的這一說法在普通人看來是難以理解的，因為在普通人看來，共相不能離開殊相，但是柏拉圖認為可以存在。共相，即普遍性的理念，是可以單獨存在的。正因為理念是可以單獨存在的，人看到了具體事物，就可以回想起共相，才有了「心靈回憶說」。

二、理性主義認識論與教育

(一)教育要培養人的理性

教育要培養人的理性，發展人的理性。教育的過程，也是理智控制慾望的過程。在理性主義者看來，學習是一種高度理智性的活動，在這個過程中，教育者要做的就是透過一定的方式幫助學生提升智力水平，喚醒其知曉知識的理性能力。作為理性主義者，柏拉圖不喜歡藝術教育，因為藝術很多是模仿，不能培養人的理性。此外，在培養人的理性上，柏拉圖認為只有普通教育，即不是為特定職業或專業所進行的訓練才能真正促進人的理性發展。柏拉圖並不反對人們為了生計方面的原因而接受某種職業教育，但是普通教育的地位是優於職業教育的。這個觀點影響了後世人們對普通教育和職業教育的看法。

理性的培養受到後世許多思想家的認可和贊同。從蘇格拉底到現在，大多數思想家都尊崇理性，以至於理性的培養成為重要的教育目的和教育理想。在當代，理性的培養也是許多思想家認可的教育目的，只不過當代思想家並不把理性當成一種特殊的心理邏輯能力，而是要把學生培養成具有良好思考能力且能夠進行理性判斷的人。具體來說，主要包括兩點：第一，「良好的理性思考能力，亦即有能力建構和評價那些可以用來支持和批判有待探討的信仰、判斷、行動的各種理由。」[5]第二，「尊崇理性探討的結果的性向，願意使其實際信仰、判斷、行動與理性的結果一致。」[6]

(二)課程的安排要有助於人的理性能力發展

在理念論者看來，課程應該是觀念性的、概念性的，應該是抽象

---

[5] Randall Curren，教育哲學指南[M]，彭正梅等譯，上海：華東師範大學出版社，2011：396。

[6] 同註5。

的，能夠超越特定時間、地點和環境。符合這樣要求的科目是數學。所以，理念論者特別強調數學的學習，認爲學習數學最能夠培養人的抽象性思維能力。爲了培養人的理性，課程應該遠離人的生活世界。

(三)教育要引導和啓發學生

作爲理性主義者的柏拉圖認爲，教育不是把知識裝進靈魂，而是要引導學生去尋求知識。他提出了一個「洞穴隱喻」。他說，設想有這樣一個大洞，透過一個長長的通道與外部世界相連，整個通道能夠擋住任何陽光進入洞內。一組囚徒背對著出口，面向遠處的牆壁。他們的四肢被套上了枷鎖，頭頸也被固定住，無法轉動，因此看不到他人，實際上也看不到自己身體的任何部分，只能夠看到面前的牆壁。他們在如此的環境下終其一生，不知道其他任何東西。在洞穴中，他們身後有一把明火。他們不知道自己和明火之間隔著與人一般高的土牆，在牆的另一邊，人們頭頂東西走來走去，東西的影子被火光投射到囚徒面前的牆壁上，人們的嘈雜聲也迴響到牆壁那邊囚徒們的耳朵裡。柏拉圖說，這樣一來，囚徒們一生中所感覺或經驗到的唯一實在就是這些影子和回聲。在此情況下，他們自然而然地會以爲這些影子和回聲成了全部的現實，他們能夠談論的，就是這種現實以及對這種現實的經驗。如果有一個囚徒掙脫了枷鎖，由於他一生都在半暗半明中被禁錮得太久，只要他轉過頭來，就會感到痛苦不堪、呆若木雞。火光使他眼花繚亂，他會因此而手足無措，暈頭轉向，只想轉身重新面對牆壁，因爲那裡才是他所認爲的現實。倘若把他從洞穴中完全帶到光天化日之下，他更是兩眼漆黑，無所適從，很長一段時間後才能看東西或認東西。然而，要是在上面的世界待久了再重新回到洞穴，他面對黑暗一時又會感到兩眼漆黑，對於那些僅僅以影子和回聲爲現實的囚徒而言，他所經歷的一切簡直是天方夜譚。「洞穴隱喻」說明，我們生活在影子和幻象的洞穴中，被無知和冷漠束縛著，當我們試著去解開身上的枷鎖時，教育便開始了。教育就是要引導人能夠理

智地認識眞實的世界。從現代生活的角度而言,我們每個人都處在各種各樣的洞穴之中。柏拉圖要做的就是把我們從日常觀念的洞穴中拉出來,幫助人們認清自己是傳統的或流行的價值觀念的囚徒這一生活事實,幫助人們解脫精神枷鎖,反思自己的生活,活得清楚明白。

(四)可以採用蘇格拉底法

根據柏拉圖的認識論,可以採用的教育方法就是蘇格拉底法。蘇格拉底往往從對方所熟知的具體事物和現象開始,進行反諷、暗示、歸謬,進而讓人在自己的矛盾中透過思考,自己求得結論,這樣人就獲得了知識。蘇格拉底把這種方法稱爲「產婆術」,即透過對話喚醒人已經忘記了的觀念,如同把胎兒從母親的肚子裡催生出來一樣。產婆術的比喻意味著必須先有一個快要生孩子的孕婦,否則助產士的工作就是毫無意義的。因此,蘇格拉底在邏輯上先驗地認爲人的觀念是本來就有的,只是人出生後由於肉體的干擾忘記了,所以要透過對話幫助人重新回想起來。蘇格拉底的這個前設被他的學生柏拉圖歸結爲「心靈回憶說」。儘管對蘇格拉底而言,「心靈回憶說」是隱藏著的,但毫無疑問,柏拉圖的挖掘是正確的,後來教育史上的啓發式教學就是從此發展來的。在《美諾篇》中,柏拉圖描述了蘇格拉底與一位做苦工的男孩對話的情景,透過嫻熟的追問,蘇格拉底讓這個男孩說出了畢達哥拉斯定理,而這個男孩對自己這樣的認知一無所知。

第三節　經驗主義認識論與教育

經驗主義(empiricism)是一種認識論學說,認爲人類知識起源於感覺,並提出以感覺的領會爲基礎。經驗主義反對柏拉圖的觀念天賦論,也反對唯理論,唯理論主張唯有理性推理而非經驗觀察才提供了最確實的理論知識體系。縱觀經驗主義的發展歷史,基本上可以將其劃分爲溫和的經驗主義與激進的經驗主義兩類。溫和的經驗主義者

認為，所有的意識觀念均來源於知覺，但同時也承認意識的機能（諸如記憶、想像和語言的官能）是內在的能力；激進的經驗主義者則認為，所有的一切都是後天習得的，不僅是意念的內容，而且意念的整個過程都不可能存在內部能力，而只能是習得的。經驗主義的代表人物有休謨、洛克、貝克萊，他們都是英國人。

一、洛克的經驗主義認識論

　　洛克可以被看作經驗主義的始祖。所謂經驗主義，即這樣一種學說：我們的全部知識（邏輯和數學或許除外）都是由經驗得來的。因此，洛克首先反對的就是柏拉圖、笛卡兒及經院哲學家，他認為沒有天生的觀念或天賦的原則。洛克否定了天生的觀念，提出了「心靈白板說」，意思是人類沒有感覺經驗之前的心理狀態就像一張白紙一樣，上面沒有任何字跡，也就是沒有任何觀念。

專欄5-1
洛克的「心靈白板說」

　　洛克説：「我們可以假定人心如白紙似的，沒有一切標記，沒有一切觀念，那麼，它如何又會有了那些觀念呢？人匆促而無限的想像既然能在人心上刻畫出幾乎無限的花樣來，則人心究竟如何能得到那麼多的材料呢？他在理性和知識方面所有的一切材料，都是從哪裡來的呢？我可以一句話答覆説，它們都是從『經驗』得來的，我們的一切知識都建立在經驗上，而且最後是導源於經驗。」

資料來源：洛克，人類理解論[M]，關文運譯，北京：商務印書
　　　　　館，1959：74。

　　洛克認為，知覺作用是認識的第一步和第一階段。他說：「人們如果要問，一個人在何時才開始有了觀念，那正無異於問說，他何

時才開始能知覺。」[7]在現代人看來，洛克說的這個道理幾乎是微不足道的，這已經成為教育者常識的一部分。但是在洛克時代，他倡導的認識完全依賴知覺作用，還是一個革命性的新說。從柏拉圖時代以來，幾乎所有的哲學家，直到笛卡兒和萊布尼茲，都認為我們最可貴的知識大都不是從經驗而來的。所以，洛克是一個認識論的革新者。洛克是一個溫和的經驗主義者，他主張心靈是能動的白板，能夠藉助感覺與外界溝通。作為一個溫和的經驗主義者，洛克認為觀念有兩個來源，第一個就是他說的知覺。他說：「感覺的對象是觀念的一個來源——第一點，我們的感官，在熟悉了特殊的可感物象以後，能按照那些物象刺激感官的各種方式，把各種事物的清晰知覺傳達於人心。因此，我們就得到了黃、白、熱、冷、軟、硬、苦、甜，以及一切所謂可感物等觀念。……我們關鍵的大部分，即導源於感生知覺的那些東西，傳達在心中的，因此，我們便叫這個來源為『感覺』。」[8]除知覺外，洛克認為，人之所以能與物象溝通，在於人的心理活動，所以，觀念的另一個來源是心理活動。「我們在運用理解以考察它所獲得的那些觀念時，我們還知覺到自己有各種心理活動。我們的心靈在反省這些心理作用、考究這些心理作用時，它們便供給理解以另一套觀念，而且所供給的那些觀念是不能由外面得到的。屬於這一類的觀念，有知覺、思想、懷疑、信仰、推論、認識、意慾，以及人心的一切作用。」[9]當孩子從外界看到一個紅色、堅硬、圓形等具體物體的觀念，再運用理解力把這些簡單觀念組合起來，就形成了複雜的觀念。從這個意義上講，洛克並不是徹底的經驗主義。

---

[7] 洛克，人類理解論[M]，關文運譯，北京：商務印書館，1959：77。

[8] 洛克，人類理解論[M]，關文運譯，北京：商務印書館，1959：74，74。

[9] 同註8。

二、經驗主義認識論與教育

(一)主張知識的學習從經驗開始

洛克作爲經驗主義者對後世的教育產生了非常大的影響。經驗主義認識論帶給我們一個基本的教育原則，即「對兒童實施形式教育需要有堅實的經驗基礎；沒有經驗，他們最多只能學些單詞，而無法掌握深層次的概念。」[10]這個原則對教育實踐的影響就是大量的實物教學。裴斯泰洛齊就曾經設計一種感官訓練方法，被稱爲「實物教學」。根據這一方法，教師可以循序漸進地透過分級課程引導兒童認識各種各樣的實物。經驗主義認識論的這個觀點也影響了皮亞傑、杜威、蒙特梭利，這些人都反對把兒童看成機械的被動接受者，而是要把孩子看成主動的、積極的、不滿足於現狀的人。這種兒童觀帶來了兒童教育的革命，即關注兒童的主觀感受，成爲解放兒童的思想前哨。

(二)重視環境的作用

經驗主義認識論認爲人的心靈是白板，強調人的一切精神活動都來源於感官對外界事物的感覺。因此，在人的成長過程中，環境的作用是非常大的。一些極端的經驗主義者否認人與人之間的個別差異，斷言人的形成只是教育的結果，人與人之間的才智差異也僅僅是教育造成的，即「人受了什麼樣的教育，就成爲什麼樣的人。」經驗主義認識論否認了先天知識的理論，主張人的差異主要是後天教育造成的，這在一定程度上催生了教育民主的理論，使得人人都可以平等地接受教育成爲可能。

---

[10] Randall Curren，教育哲學指南[M]，彭正梅等譯，上海：華東師範大學出版社，2011：304。

(三)重視成人對兒童的引導和監管

由於兒童的心靈是白板，因此，兒童的理性發展是過程性的。而且兒童的理性發展過程存在著這樣、那樣的缺陷，所以在外在知識輸入過程中，父母等監護人的管教就顯得非常有必要。在教育的過程中，經驗主義主張透過紀律對兒童進行約束，在道德教育方面強調對兒童進行價值觀的灌輸。

第四節　實用主義認識論與教育

在經驗主義認識論和理性主義認識論爭論的過程中，出現了超越兩者的實用主義認識論，它以美國的實用主義哲學為典型代表。實用主義認識論主張，人的知識既不是主觀的，也不是客觀的，而是人在與環境的互動過程中獲得的。

一、杜威的實用主義認識論

杜威的認識論實際上包括兩個方面：一方面是兒童一開始是如何認識世界的，另一方面是作為變幻世界中的人類是如何認識世界的。這是密切相關的兩個認識論思想。

(一)人類在操作中學習

杜威對傳統的經驗主義認識論和理性主義認識論都進行了分析。

杜威找到了經驗主義和理性主義兩派共通的地方，提出人們在操作中獲得觀念。他說，從我們根據觀念的操作性來替觀念下定義和找驗證的觀點來看，觀念是具有經驗根源和經驗身分的。就「行動」一詞字面上和存在上的意義而論，觀念就是所實行的行動，就是去做一些事情，而不是去接受從外面強加在我們身上的感覺。感覺性質是重

要的，但是只有當它們是有意地進行某種行動的後果時，它們在理智上才是有意義的。[11]李澤厚曾經評價過杜威的這一主張，「思維規則和數學系統的根源是操作活動。」[12]

專欄5-2
杜威論經驗主義和理性主義

　　這兩個學派不管怎樣極端的相反，它們卻有一個共同依據的前提。按照這兩個哲學體系來看，反省思想，即包含有推論和批判的思維，並不是創造一切事物的根源。反省需有現在的實在為之驗證，而這種現在的實在是在某種非反省的直接經驗中被揭示出來的。這種反思的思想是否有效，要看我們是否可能把它和這種先在的直接知識內容連結起來，從而核查了它的結論。這兩個學派的爭論只在於它們對於這種事先直接知識的性質和器官的意見不同。這兩個學派都認為反省，即包含有推論的思想，是有再生性的；它的結果只有當它們和不經過任何推理即能認知的東西加以比較時才能得到「證明」。

資料來源：約翰・杜威，確定性的尋求——關於知行關係的研究[M]，傅統先譯，上海：上海人民出版社，2004：106。

　　杜威確立了實驗主義的思維方式，用經驗這個概念統一了兩種認識論。他說：「我們透過視覺所經驗到的感覺性質之所以在認識方面

---

[11] 約翰・杜威，確定性的尋求——關於知行關係的研究[M]，傅統先譯，上海：上海人民出版社，2004：111，112-113，123。

[12] 李澤厚，實用理性與樂感文化[M]，北京：生活・讀書・新知三聯書店，2005：17。

有其地位和功能，並不（如感覺經驗主義所主張的）由於這些感覺性
質是孤立自存和自有的，或由於它們是強迫引起我們注意的，而是因
爲它們是我們有意地從事於一定明確的操作的後果。這些感覺性質只
有在當它們和這些操作的意向或觀念聯繫在一起時，才能揭露事實或
驗證理論。理性主義堅持感覺性質只有當它們被觀念所聯繫起來的時
候才能對知識有意義，從這一點看，理性主義學派是正確的。但是他
們認爲這些聯繫作用的觀念是脫離經驗、深居於理智之中的，在這一
點上，他們又是錯誤的。聯繫是透過操作進行的，而操作是界說觀念
的。操作和感覺性質一樣都是屬於經驗範圍以內的事情。」[13]既然我
們的思維與操作密切相連，「我們就可以用操作來界說觀念，而決定
這種操作的並不是什麼先驗的驗證或者規則。這些操作本身就是在實
際探究進程中透過實驗發展出來的。這些操作是從人類的自然動作中
創造出來的，也是在做的進程中驗證和改進的。」[14]

(二)人類在與環境的互動過程中學習

杜威認爲，人類在操作中獲得觀念雖然與馬克思的辯證唯物主義
觀點不同，但畢竟贊成人類的活動在人類思想觀點產生發展中所起的
重要作用。杜威強調了人在和環境相互作用的過程中產生了觀念。杜
威認爲世界是變化的，是受到進化論影響的，與實體論觀點不同。世
界進化、變化、發展並不是一種事先的安排，不是從舊的事物中會突
變形成新的形式。進化論推翻了上帝造人的觀念，認爲人是自然界的
一部分，因此對人類的行爲進行的解釋與以前不同，認爲人的生活就
是爲了取得與環境的平衡，人類發展理性就是爲了使人能夠更好地生
活。「（杜威）提出的認識方法理論可以稱爲實用主義認識論。它的
本質特徵是堅持認識和有目的地改變環境的活動之間的連續性。實用

---

[13] 同註11。

[14] 同註11。

主義的認識論主張，在嚴格的意義上，知識包含我們理智方面的種種資源——包含使我們的行動明智的全部習慣。只有已經組織到我們心理傾向中的那種知識，使我們能讓環境適應我們的需要，並使我們的目的和願望適應我們所處的情境，才是眞正的知識。知識不僅僅是我們意識到的東西，而且包含我們在瞭解現在所發生的事情中有意識地運用心理傾向。知識作爲一個行動，就是考慮我們自己和我們生活的世界之間的聯繫，調動我們一部分心理傾向，以解決一個令人困惑的問題。」[15]

二、實用主義認識論與教育

「如果人的知識或觀念是大腦裡天生就有的話，那麼，最有效的教學策略就是啓發人們的自覺意識，比如，蘇格拉底法。然而，如果學習是在個人與環境的交互作用中發生，那麼，正如杜威所倡導的，最有效的方法就應該是問題解決法。」[16]既然人類的觀念不是先天就有的，也不是後天灌輸的，而是與環境相互作用透過經驗獲得的，那麼，人類就要透過經驗的方式來學習。這也就有了杜威的教育觀點。杜威既不是一個主觀主義者，也不是一個客觀主義者，而是一個反對二元對立的經驗主義者。他的觀點是「從經驗中學習，就是在我們對事物有所作爲和我們所享的快樂或所受的痛苦這一結果之間，建立前前後後的連結。在這種情況下，行動就變成嘗試，變成一次尋找世界眞相的實驗；而承受的結果就變成教訓——發現事物之間的聯結。」[17]

---

[15] 約翰・杜威，民主主義與教育[M]，王承緒譯，北京：人民教育出版社，1990：360，149，150。

[16] 傑拉爾德・古特克，哲學與意識型態視野中的教育[M]，陳曉瑞主譯，北京：北京師範大學出版社，2008：8。

[17] 同註15。

　　杜威在知與行的關係上尤其重視「行」，觀念的獲得也是與行動密切相關的。實用主義哲學其實就是關於行動的哲學，英文字「pragmatism」，原意是「行爲、行動」，是一種幫助我們實現理想目標的哲學，鼓勵我們尋找途徑並加以行動。杜威認爲，人類觀念的獲得離不開人的操作，在操作的過程中透過反省思維不斷地得以改進。因此，人類的教育活動就要按照人類獲得觀念的方式來進行。由此，杜威提出了「做中學」的教育方式。「做中學」這一學說的核心是「做」。做就是行動，就是實踐，就是人與環境的相互作用。這個過程中，既有身體的活動，也有精神的活動。除了做中學以外，根據人與環境的互動這一觀點，我們還需要反省思維，根據反省思維對兒童進行教育。

(一)「做中學」的教育方式

　　杜威看到傳授教育的弊端在於要麼是單純的身體活動，要麼是靠精神活動直接領會意義，這兩種方式都是身心二元對立的體現。杜威批評了教育中對身體活動的輕視。傳統教育把身體的活動看成一種干擾，被認爲與精神活動毫無干係。杜威反對這種觀點。杜威說：「學生有一個身體，他把身體和心智一起帶到學校。他的身體不可避免地是精力的源泉，這個身體必須有所作爲。」[18]然而，教師卻把學生的身體當作討厭的東西，當作學生違反紀律調皮搗蛋的根源。教育輕視人的身體，教師大部分時間抑制學生的身體活動，因爲教師認爲學生身體活動太多，心思就不在教材上了，所以，「學校很重視寧靜；鼓勵沉默，獎勵呆板一律的姿勢和運動；助長機械的刺激學生理智興趣的態度。」[19]實際上，對學生身體活動的過分限制會產生很多問題。

[18] 同註15。

[19] 約翰・杜威，民主主義與教育[M]，王承緒譯，北京：人民教育出版社，1990：150，150，151-152，207，207-208。

杜威說：「學生的身體受忽視，由於缺乏有組織的、有成效的活動管道，突然爆發出無意義的狂暴行為，而不自知其所以然；或者陷入同樣無意義的裝傻和做傻事，這兩種情況都與兒童的正常遊戲截然不同。身體好動的兒童變得煩躁不安，不守規矩；比較安靜，所謂虛心謹慎的兒童，把他們的精力用在消極的壓制他們的本能和主動傾向的工作上，而不用在積極的建設性計畫和實行計畫的工作上。所以，它們不是教育兒童負責有意義地、雅致地使用他們的體力，而是教育他們克盡不發洩體力的義務。」[20]杜威的主張是「做中學」，而「做中學」不排斥身體的活動，甚至是要求身體的活動。所以杜威認為，「任何把身體活動縮小到造成身心分離，即身體和認識意義分離開來的方法，都是機械的方法。數學的教學，甚至高等數學，如果過分強調計算技術，就有這種弊端；自然科學的教學如果為實驗而實驗，也會發生這種弊病。」[21]傳統教育只是一味地傳授知識，要求學生坐在固定的座位上，靜聆講解和背誦課本，使學生全然處於消極被動的地位，教師則強硬地灌輸與生活無干的教條，完全脫離社會現實和不顧兒童身心發育的規律，結果不僅無法使學生掌握真正的知識，反而激發起學生極其嚴重的厭學情緒，扼殺了學生的創造才能，壓抑了學生的生命活力和智慧。

　　「做中學」的方式可以充分調動學生的積極性和主動性。「經驗表明，當兒童有機會從事各種調動他們自然衝動的身體活動時，上學便是一件樂事，兒童管理不再是一種負擔，學習也變得比較輕鬆了。」[22]在杜威看來，「做中學」的方式首先表現為遊戲和主動地作業。「做中學」的教育方式能讓學生體驗到學習的快樂。以往人們也會讓兒童參與遊戲等活動，目的是消除學校正規學習所產生的疲勞。

[20] 同註19。

[21] 同註19。

[22] 同註19。

但是杜威反對這一觀點，他認為：「探索、操作工具和材料、建造、表現歡樂情緒等先天傾向，具有基本的價值。如果這些本能所激起的種種練習是正規學校課程的一部分，學生便能專心致志地學習，校內生活和校外生活之間的人為隔閡因之減少，能供給種種動機，使學生注意有顯著教育作用的各種資料和過程，並使學生通力合作，瞭解知識資料的社會背景。總之，學校之所以採取遊戲和主動的作業，並在課程中占一明確的位置，是理智方面和社會方面的原因，並非臨時的權宜之計和片刻的愉快愜意。沒有一些遊戲和工作，就不可能有正常的有效學習；所謂的有效學習，就是知識的獲得是從事有目的的活動的結果，而不是應付學校功課的結果。講得更具體些，遊戲和工作完全與認識的第一階段特徵相應。」[23]

(二)間接經驗的學習要能夠引起學生興趣

經驗是杜威哲學中的重要概念。經驗既包含著行動的涵義，也具有認識的特徵，沒有思考的涵義在裡面，經驗就變得沒有意義了。雖然杜威強調直接經驗的重要性，但並不等於說杜威反對間接經驗的教育。從人類遺傳的角度講，杜威還是很重視間接經驗的。杜威說：「人與下等動物不同，因為人保存他的過去經驗。過去的事在記憶裡還可以重新經驗過。我們今天做的事並不是孤立的；每一件事的周圍，隱隱約約地都是一些與這件事相類似的過去經驗。……人與禽獸所以不同，人文與天然所以大異，這是因為人能記憶，能保存他的經驗。」[24]

而人能後天得以保存經驗，就是因為教育的存在。杜威說：「教育所以不可少的緣故，就是因為人類在嬰孩時期自己不能生存，要是沒有父母去教育他、扶助他，就不能成人了。有許多低等動物的

---

[23] 同註19。

[24] 杜威，哲學的改造[M]，胡適等譯，合肥：安徽教育出版社，2006：1。

教育，從小到大，不過都有偏於形體一方面。人類卻不能僅注重形體一方面，還有心理、知識、道德等各方面的教育也都應該注重。因為人類的嬰孩時期是個漸進的時期，什麼人都要經過的。教育就是從這個嬰孩時期渡到成人時期的一隻擺渡船，所以，教育不是奢侈品，是必需品。簡單說，教育所不可少的緣故，就是因為『生』與『死』兩件事。人類當生下來的時候，不能獨立，必須依靠他人，所以有賴於教育；死去的時候，把生前的一切經驗和知識都丟了，後世子孫倘要再去從頭研究，豈非太不經濟，甚至文化或可因此斷絕。所以，因為人有死亡這一件事，也非有教育把他的經驗和知識傳之子孫不可。」[25]可以說，杜威並不是否定間接經驗的重要性，而是對於學校教育如何傳授間接知識提出了自己的看法。按照杜威的說法，傳統教育存在的問題就是把間接經驗直接呈現在兒童面前，忽視了兒童已有的經驗，採取強硬的方式灌輸進兒童的大腦。這樣的做法是絕對錯誤的。在小學階段，杜威主張運用做中學的方式學習；但是到了中學階段，杜威並不否定教師的講授方式，而是對教師的講課方式作了規定。杜威曾經例舉如何教中學生上課，他說：

「再用寒帶以南受日光較多、天氣較溫的地方來講。地勢有高山、平原的不同，土性有膏腴、瘦瘠的不同，因此發生的民族有特別的氣質、風俗和習慣。如蒙古的地方宜於畜牧，所以發生遊牧民族，養成居無定所的習慣和勇敢冒險的天性。因職業的關係，所以出產品是油餅、牛乳等物。又因天性、習慣、文化種種關係，所以人民善戰，在文化史上發生極大的影響。……

「這樣的講法既把學生的眼光推廣，然後漸漸引他到社會政治的問題上去。如英國為什麼以這樣小的島國，而能在商業上占這麼大的

---

[25] 單中惠、王鳳玉，杜威在華教育講演[M]，北京：教育科學出版社，2007：4，63。

地位，殖民地這麼多，運輸這麼發達？……」[26]

　　由此可見，杜威並不是反對間接經驗本身，而是對人們對間接經驗的態度和兒童學習間接經驗的方式提出了自己的看法，杜威要求間接經驗的學習必須能夠引起學生的興趣。杜威認為，我們活學活用過去的經驗最為重要。他曾經舉過兩個案例來說明這個問題。第一個是基督教的一個案例：「耶穌《新約書》裡有個寓言，很可以拿來證明這個道理。有一個主人，把許多錢分給三個僕人，自己出門去了。第一個僕人拿了主人的錢去做生利的事業，賺了一倍；第二個賺了好幾倍；第三個恐怕錢弄壞了，盡力地把它保存起來，不敢動它。過了幾年，主人回來算帳，知道這事，遂賞了第一、第二兩個人而罰了第三個人，因為他把主人給他的錢不曾發生一點效果的緣故。古代的學生也與錢是同樣的道理。倘把它藏起來，不加一些利息上去，仍舊把原物還古人，這非但一方面我們自己不能拿來應用，另一方面也太對不起古人了。」[27]第二個案例把教育比喻成一隻船。他說：「指揮教育、改造教育，好像駛一隻船：裝載貨物固然應該持平，不要使它畸輕畸重；然裝了以後，不能揚帆開始，使滿裝了貨物的船停在船塢裡腐爛，當然是不行的。古代傳下來的學問，就是裝在船裡的貨物。現在的新潮流、新趨勢，就是行船的風。我們應該使這滿裝貨物的船乘風前進，不使它停在船塢裡腐爛。」[28]所以，對於間接經驗我們要進行改造，讓它煥發生命的活力，而不是把間接經驗灌輸進兒童的大腦。如果認為杜威僅僅讓兒童透過直接經驗來學習，那就大錯特錯了。杜威並不否認間接經驗的學習，同樣認為間接經驗在人類生活中

[26] 同註25。

[27] 單中惠、王鳳玉，杜威在華教育講演[M]，北京：教育科學出版社，2007：23－24，8。

[28] 同註27。

有重要作用，只是學習間接經驗的方式必須受到批判，要以能夠引起學生興趣的方式進行。

(三)反省思維與教學方法

既然世界是變化的，這種變化是人類難以應付的，那麼在認識世界的時候，以反省思維探究世界就是必然的方法論了。杜威所說的反省思維就是實驗思維。杜威在很多著作中反覆論證了他的反省思維，反省思維是杜威重要的理論貢獻。杜威將思維五步法直接運用到教學方法上，認為：「教學法的要素和思維的要素是相同的。這些要素是：第一，學生要有一個真實經驗的情境——要有一個對活動本身感到興趣的連續的活動；第二，在這個情境內部產生一個真實的問題，作為思維的刺激物；第三，他要占有知識資料，從事必要的觀察，應付這個問題；第四，他必須負責有條不紊地展開他所想出的解決問題的辦法；第五，他要有機會和需要透過應用檢驗他的觀念，使這個觀念意義明確，並且讓他自己發現它們是否有效。」[29]

這種思維就是科學家在實驗裡做實驗的思維，是解決問題的思維。杜威把這種思維上升到人類存在的高度。杜威的學生、中國著名學者胡適把杜威的反省思維概括為「大膽的假設、小心的求證」，這可以說是恰當的。實用主義要求我們要善於在這個變化的世界裡提出問題、分析問題和解決問題。杜威提出的反省思維與傳統的演繹思維不同，演繹思維是從一般的結論進行推理，進而獲得對特殊問題的解決。經典的演繹推理三段論就是「人都會死，蘇格拉底是人，所以蘇格拉底會死」。經過後來哲學家的不斷發展，演繹思維上升到人類存在的高度。法國著名哲學家笛卡兒和萊布尼茲贊成演繹思維，都試圖在正確無誤的公理基礎上進行演繹，推理出人類其他的各種真理。然

---

[29] 約翰・杜威，民主主義與教育[M]，王承緒譯，北京：人民教育出版社，2001：179。

而，演繹思維是存在缺陷的。演繹思維實際上無法提出新的問題，無論如何演繹，推理得出的結論都不是對新問題的思考。因此，到了近代英國，哲學家洛克就開始質疑這種演繹思維，而提出「知識就是力量」的思想家培根則明確提出了歸納思維。歸納思維是從各種特殊的現象中歸納出一般的原理，這種思維可以提出新的問題，有助於人類創新。杜威提出的反省思維則偏重於歸納思維，有助於人類對未知世界的探索。人類的探究活動就是要考慮經驗、經驗的本來性質和價值在當前有什麼作用和意義。探究的觀念擔負起了研究生活的責任，讓人在不確定的環境中，擁有行動的力量。人類探究活動的意義就在於研究特殊變化是怎樣服務於我們的目的，又怎樣使我們的目的受到挫折，而不是發現或者陳述某種終極意義，或者這種特殊變化背後的永恆本質。

第五節　建構主義認識論與教育

建構主義認識論的基本思想與杜威的實用主義認識論有相似之處，它們都反對以往的理性主義和經驗主義，都走了一條人類認識的中間路線。建構主義者認為，對世界的認識需要主觀和客觀相互作用。

一、建構主義認識論

1980年代後期，建構主義迅速成為影響巨大的教育流派，它並不是一個單一流派，而是擁有眾多的分支，它提供了關於學習的新觀點，對教學觀、評價觀等產生了廣泛的影響。建構主義不僅僅是一種哲學認識論，也是一種教育心理學，因此對教育實踐產生了廣泛的影響。

建構主義有很多派別，極端建構主義首先是強調認識活動的建

構性質，認為一切知識都是主體的建構，我們不可能具有對外部世界的直接認識，認識活動就是一個「意義賦予」（sense making）的過程，即主體依據自身已有的知識和經驗建構出對外部世界的意義。其次是對認識活動的「個體性質」的絕對肯定，認為各個主體必然地具有不同的知識背景和經驗基礎（或不同的認知結構）。因此，即使就同一個對象的認識而言，相應的認識活動也不可能完全一致，而必然地具有個體的特殊性。個人的建構有其充分的自主性，是一種高度自主的活動，也就是說，「一百個人就是一百個主體，並會有一百個不同的建構。」也正是在這樣的意義上，極端建構主義常常被稱為「個人建構主義」（personal constructivism）。

建構主義有很多理論淵源，維柯的新科學、康德的哥白尼式哲學革命、杜威的經驗自然主義都與建構主義淵源甚深，但是最直接的理論來源是心理學上的建構主義。一個是皮亞傑的建構主義理論，即發生認識論，把哲學認識論轉為科學認識論即發生認識論。皮亞傑認為，學習是個體的自我建構、個體思維的發生過程，就是兒童在不斷成熟的基礎上，在主、客體相互作用的過程中獲得個體經驗與社會經驗，從而使圖式不斷地協調、建構（平衡）的過程。另一個代表人物是維高斯基（Lev Vygotsky, 1896-1934）。他認為，學習是一種社會建構，強調認知過程中學習者所處社會文化歷史背景的作用，重視活動和社會交往在人的高級心理機能發展中的地位。維高斯基在1930年代提出了「文化歷史發展理論」，主張人的高級心理機能是社會歷史的產物，受社會規律的制約。他十分強調人類社會文化對人的心理發展的重要作用，以及社會交互作用對認知發展的重要性。他認為，人的高級心理機能是在社會的交互作用中發展起來的，或者說，人的高級心理活動起源於社會的交互。高級心理機能的實質是以心理工具為仲介，受到社會歷史發展規律的制約。「無論是在社會歷史發展過程中，還是在個體發展過程中，心理活動的發展應被理解為對心理機能的直接形式，即『自然』形式的改造和運用各種符號系統對心理機

213

能的間接形式，即『文化』形式的掌握。」[30]維高斯基認爲，人所特有的心理機能不是從內部自發產生的，它們只能產生於人們的協同活動和人與人的交往中，社會建構主義的核心在於對認識活動的社會性質的明確肯定，認爲社會環境、社會共同體對於主體的認識活動有重要作用，個體的認識活動是在一定的社會環境中得以實現的。

二、建構主義認識論與教育

(一)建構主義知識觀

知識具有社會性和情境性。建構主義認爲，知識是人對客觀現實的一種解釋、假設，是不斷發展的，並不是問題的最終答案。知識不是名詞，而是動詞，知識是獲得知識的過程。個人知識的獲得，是主觀和客觀相互作用的產物。「按照建構主義者喬納森的觀點，現實不過是人們的心中之物，是學習者自身建構了現實或者至少是按照他自己的經驗解釋現實：每個人的世界都是由學習者自己構建的，不存在誰比誰的世界更眞實的問題；人們的思維只是一種工具，其基本作用是解釋事物和事件，而這些解釋則構成認知個體各自不同的知識庫。換句話說，知識是學習者與環境交互作用過程中依賴個人經驗自主建構的。」[31]

(二)建構主義學習觀

建構主義強調學習的主動性、社會性和情境性方面的特徵，認爲學習是學習者以已有經驗爲基礎，透過與外界的互動來建構對世界的新理解，學習的過程不是把外界的知識搬到記憶中的過程。建構主

---

30 維高斯基，維高斯基教育論著選[M]，余震球選譯，北京：人民教育出版社，2005：2。

31 何克抗，關於建構主義的教育思想與哲學基礎──對建構主義的反思[J]，中國大學教學，2004(7)：16。

義認為，知識不是透過教師傳授得到，而是學習者在一定的情境，即社會文化背景下，藉助其他人（包括教師和學習夥伴）的幫助，利用必要的學習資料，透過意義建構的方式而獲得。也就是說，知識無法傳遞，學習知識就不是人純粹主觀努力的結果，也不是客觀傳遞的結果。因此，建構主義特別強調學習者的主動性。在學習的結果上，建構主義強調「意義建構」，因為每個人對世界的理解都是不一樣的。

(三)建構主義教學觀

建構主義強調學習環境和自主學習策略的教學設計。在學習環境上，要創設與學習主題相關的情境，提供給學生必要的訊息資源，可以說，學習環境是促進學生學習的外部條件。在學習策略上，包括支架式、拋錨式、啓發式、自我回饋式等策略。在教學觀上，建構主義強調幫助學生從現有的知識經驗出發，在眞實的情境中，透過操作、對話、協作等進行意義建構。建構主義主張合作學習，「學習者以自己的方式構建對於事物的理解，從而不同人看到事物的不同方面，不存在唯一的標準的理解，但是，我們可以透過學習者的合作而使理解更加豐富和全面。」[32]建構主義認為，每個個體都是以自己的經驗為背景思考問題，理解事物的時候只能是某一個方面，不可能是全面的。因此，教學應該使學生超越自己的認識，透過合作學習瞭解那些與自己不同的理解，這樣就會形成更加豐富的認識。建構主義也主張情境性教學，倡導學生在與現實情境相類似的情境中解決眞實性任務的學習方式。

建構主義的知識觀和學習觀為教育領域帶來了一系列的觀念變革，在理論與實踐上對全世界的教育改革都產生了影響。但近年來也有學者反思建構主義的觀點，皮連生和吳紅耘在《兩種取向的教學論

---

[32] 張建偉，從認知主義到建構主義[J]，北京師範大學學報：社會科學版，1996(4)：77。

與有效教學研究》中引用了瓦爾特‧迪克對建構主義的批判，認為建構主義的缺點是沒有說清楚其理論使用的範圍，其理論似乎適用於一切學習領域；未關心導致學生學習成敗的起點技能；對效率顯得漠不關心；關於學生的控制問題，建構主義者提出了幾乎無限的選擇權利；建構主義所講的教學沒有具體目標，沒有針對目標的內容和聯繫與回饋活動，所以不符合教學設計者所定義的教學。從科學教育心理學的角度，建構主義的觀點似乎只能是一種認識的理論，無法提供人們具體可操作的教學設計方式。從哲學的角度來看，建構主義走向了與客觀主義相對立的另一個極端，即相對主義和主觀主義，他們過於強調世界的不確定性，否認本質、規律和一般的存在，否認知識與客觀世界的一致，相對主義色彩較為濃厚。

主要結論與啟示

1. 認識論就是關於合理的認知，以及我們是如何知道我們想知道的各種事情的理論。瞭解人類是如何認識世界的，有助於教育教學的展開。

2. 從不同角度可以把認識論分為理性主義認識論與經驗主義認識論、理性主義認識論與感性主義認識論、哲學認識論與發生認識論。

3. 理性主義認識論是建立在承認人的理性可以作為知識來源的理論基礎上的一種哲學方法。理性主義認識論起源於柏拉圖的思想，柏拉圖提出了「觀念天賦論」和「心靈回憶說」。後來的理性主義者均強調理性在認識世界中的作用。他們認為，教育要培養人的理性，教育的過程是理性能力不斷增長的過程，所以，課程的安排必須涉及理性能力的發展，所要遵循的教育原則就是引導和啟發，而不是灌輸。蘇格拉底法是理性主義者所推崇的教育方法。

4. 經驗主義認識論認為人類知識起源於感覺，並提出以感覺的領會為基礎。在教育上，經驗主義主張知識的學習從經驗開始，重視環境的作用，重視成人對兒童的引導和監管。

5. 杜威的認識論實際上包括兩個方面：一方面是兒童一開始是如何認識世界的，另一方面是作為變幻世界中的人類是如何認識世界的。前者的答案是人類在操作中獲得觀念，後者的答案是人類在與環境的互動過程中學習。在教育上，杜威提出了「做中學」的教育方式，主張間接經驗的學習要能夠引起學生的興趣和利用反省思維進行教學。

6. 建構主義反對以往的理性主義和經驗主義，認為人類的知識是主觀和客觀相互作用的結果。建構主義認為，知識具有社會性和情境性；學習是在社會文化背景下，透過人與物、人與人的互動，主動建構意義的過程，而不是直接接受現成結論的過程。在教學觀上，建構主義強調幫助學生從現有的知識經驗出發，在真實情境中，透過操作、對話、協作等進行意義建構。

學習評價

1. 什麼是認識論？認識論可以怎樣分類？

2. 柏拉圖的教育觀點是什麼？其背後的認識論根基是什麼？

3. 請評價該教師的課堂表現和課後反思的觀點。

　　某歷史教師呈現了一張沉嘉蔚的畫作圖片《北大鐘聲》，問：「同學們看見了什麼？」所有的學生全部傻眼，不知道老師問的是什麼。結果學生的答案五花八門，但都不是老師心目中的答案。終於有個學生說：「老師，他們穿的衣服都不一樣，頭髮也不一樣。」老師說：「說的對，繼續說。」但是學生說不下去了。一直等不到預設好的答案，課堂就在這糾結著。終於有個學生說：「老師，他們受到的教育不一樣。」老師的目的是想說明當時北京大學的老師來源多樣，不同服飾的人代表不同的派別。課後該教師進行了反思，說學生的心靈根本不是白板，而是白癡。

4. 案例分析：下列兩位教師《白雪歌送武判官歸京》的課堂導入方式，哪個更貼近杜威的實用主義認識論觀點？

第一種：直接告訴學生今天學習一首古詩，大家先自由朗讀，問學生關於學古詩有什麼問題，然後再讓學生齊讀，問題是：這首詩的主題是什麼？學生回答是關於離別的。

第二種：先跟學生說一些關於離別的詩句：桃花潭水深千尺，不及汪倫送我情。勸君更盡一杯酒，西出陽關無故人。悄悄的我走了，正如我悄悄的來；我揮一揮衣袖，不帶走一片雲彩。然後引出要學習的一種離別的方式。

5. 如何評價建構主義理論，其合理與不合理之處分別是什麼？

學術動態

近幾年來，從認識論的視角分析教育並不是熱點，相較於學習心理學的微觀理論，哲學認識論顯得尤為宏大。但認識論由於其經典性，研究認識論對教育的啟示和影響的理論並沒有消失，猶如柏拉圖的「洞穴隱喻」一樣歷久彌新。在本書介紹的幾種主要的認識論理論中，建構主義認識論較引人注目。對於建構主義理論，一開始人們熱烈追捧，現在愈來愈多的人開始對建構主義進行反思，要求教師在教育實踐中去判斷理論使用的優劣，尋求有效而恰當的理論支撐。相對來說，近來的焦點是圖像社會的到來對教育的影響，人們關心感性主義認識論的觀點及其對教育的啟示。

參考文獻

Randall Curren，教育哲學指南[M]，彭正梅等譯，上海：華東師範大學出版社，2011。

中國大百科全書總編輯委員會《教育》編輯委員會，中國大百科全書・教育[Z]，北京：中國大百科全書出版社，1985。

何克抗，關於建構主義的教育思想與哲學基礎——對建構主義的反思[J]，中國大學教學，2004(7)。

李澤厚，實用理性與樂感文化[M]，北京：生活・讀書・新知三聯書店，2005。

杜威，哲學的改造[M]，胡適等譯，合肥：安徽教育出版社，2006。

洛克，人類理解論[M]，關文運譯，北京：商務印書館，1959。

約翰・杜威，民主主義與教育[M]，王承緒譯，北京：人民教育出版社，1990

約翰・杜威，確定性的尋求——關於知行關係的研究[M]，傅統先譯，上海：上海人民出版社，2004。

高文等，建構主義教育研究[M]，北京：教育科學出版社，2008。

張建偉，從認知主義到建構主義[J]，北京師範大學學報：社會科學版，1996(4)。

傑拉爾德・古特克，哲學與意識型態視野中的教育[M]，陳曉瑞主譯，北京：北京師範大學出版社，2008。

單中惠、王鳳玉，杜威在華教育講演[M]，北京：教育科學出版社，2007。

馮契，哲學大辭典[Z]，上海：上海辭書出版社，1985。

維高斯基，維高斯基教育論著選[M]，余震球選譯，北京：人民教育出版社，2005。

辭海編輯委員會，辭海[Z]，上海：上海辭書出版社，1999。

顧明遠，教育大辭典[Z]，上海：上海教育出版社，1998。

第六章

自由與教育

内容摘要

　　本章主要從自由的視角提出了教育哲學的基本觀點，探討了教育培養自由主體的可能性、合理性及其悖論。首先，分別從政治、倫理和認識論的視角，歸納了西方思想家對自由內涵的三種不同理解以及「兩種自由」的概念。其次，因循自由主義理論發展的歷史脈絡，分析了不同時期的自由教育觀與教育自由問題，主要包括古希臘自由思想與博雅教育、近代自由主義與教育自由、現代自由主義與「新教育運動」，以及當代自由主義思潮及其對教育改革的影響。

學習目標

1. 理解自由的基本內涵，能夠立足於自由的視角思考教育問題。
2. 瞭解不同時期思想家們關於自由主義的理論觀點及其教育觀，能夠從歷史與現實的雙重角度對其進行評價與反思。
3. 學會檢視教育過程中涉及自由的各種要素，能夠分析它們之間的複雜關係。

關鍵詞

自由　博雅教育　教育自由　新教育運動　教育改革

　　教育是促進人類不斷進步的重要方法，問題在於，這種進步的主旋律是什麼，又遙指何處？馬克思和恩格斯的回答是，人類進步的歷史進程正是人類爭取自身解放的自由發展史，「文化上的每一個進步，都是邁向自由的一步。」[1]正是趨向這一理想，教育始終指向人的發展與完善，力圖順應人類進步和個人自由發展的自然歷史進程與規律，成就眞正自由的主體。儘管在中國傳統的思想體系中，自由觀念在「普天之下，莫非王土；率土之濱，莫非王臣」的集權主義宰制下缺乏根基，但是隨著社會型態的不斷發展，自由已然成爲現代人的自覺追求。這意味著爲了構建一個自由、民主的社會和國家，教育應該致力於培養具有「獨立之精神、自由之思想」（陳寅恪語）的人，在最大程度上促進人的自由本質的全面實現。

第一節　對自由內涵的三重理解

　　在西方思想史上，「自由」是最難以釐清的理念之一。「人們給自由所下的定義多種多樣，這表明，在對自由的認識上，無論是在熱愛自由的人們中，還是在厭惡自由的人們中，持有相同理念的人微乎其微。」[2]討論教育中的自由問題，首先需要澄清自由的涵義。總覽西方思想家對自由內涵的不同理解，大致可以從政治、倫理和認識論三個視角加以歸納。

一、自由是一種權利

　　近代西方資產階級思想家多從政治哲學的視角解讀自由，強調天賦人權以及實現它的現實條件。

1　馬克思恩格斯文集：第九卷[M]，北京：人民出版社，2009：120。
2　阿克頓，自由與權力：阿克頓勳爵論說文集[M]，侯健、范亞峰譯，北京：商務印書館，2001：307。

(一)天賦自由論

天賦自由論者強調自由是人天生所具有的權利,是指每個人在自然狀態(自然法)下有權從事一切無害於他人的行為,可以不受阻礙地做他們期望做的事情。這一觀點的代表人物是英國哲學家湯瑪斯・霍布斯(Thomas Hobbes, 1588－1679)和約翰・洛克。

首先,自由意味著人生而平等,擁有做我願意的事情的權利。霍布斯認為,自由是「外界障礙不存在的狀態」[3],而「自然權利就是每一個人按照自己所願意的方式運用自己的力量保全自己的天性──也就是保全自己的生命──的自由。因此,這種自由就是用他自己的判斷和理性認為最合適的手段去做任何事情的自由」[4]。洛克則明確地強調「人類天生都是自由、平等和獨立的,如不得本人的同意,不能把任何人置於這種狀態之外,使受制於另一個人的政治權力」[5]。

儘管霍布斯和洛克都主張在自然狀態下,人享有處理人身和財產的無限自由,但在論及「自由」和「法律」的關係時,兩者存在分歧。霍布斯認為,自由和法律是對立的。天賦自由是絕對的,不能加以任何限制,甚至在自然狀態下,人為了生存去殺死他人也是完全合理的。一旦法律被制定出來,人的天賦自由就被剝奪了,法律的目的「只是要以一種方式限制個人的天賦自由」[6]。在社會狀態中,人們用放棄自由權利來交換法律提供的安全,而這一切都建立在國家擁有絕對的、無限的權力基礎上。洛克則透過區分「自然的自由」和「社會的自由」來闡明自由和法律的內在一致性。[7]他強調自由有兩點限

---

3 霍布斯,利維坦[M],黎思復、黎廷弼譯,北京:商務印書館,2008:52,53,111。

4 同註3。

5 洛克,政府論:下篇[M],葉啓芳、瞿菊農譯,北京:商務印書館,1996:59。

6 同註3。

7 洛克認為,人的自然自由就是不受人間任何上級權力的約束,不處在人們的意

制：第一，自由是在理性指導下的自由。「人的自由和依照他自己的意志來行動的自由，是以他具有理性爲基礎的，理性教導他瞭解他用以支配自己行動的法律，並使他知道他對自己的自由意志聽從到什麼程度。」[8]由於自由是理性的自由，所以，洛克主張還不具有理性的兒童就沒有自由，必須由父母的理性來指導、支配和管理，直到成年。第二，自由是法律中的自由。自由既受到法律的約束，也受到法律的保護。一方面，「處在政府之下的人們的自由，應有長期有效的規則作爲生活的準繩，這種規則爲社會一切成員所共同遵守，並爲社會所建立的立法機關所制定」[9]；另一方面，「法律的目的不是廢除或限制自由，而是保護和擴大自由……這是因爲自由意味著不受他人的束縛和強迫，而哪裡沒有法律，哪裡就沒有這種自由。」[10]因此，法律的眞正涵義在於指導一個理智的人去自由地追求他的正當利益。

(二)公民自由論

公民自由論者強調自由是民主國家的公民具有的「政治自由」，它透過民主政治的完善得以實現，是一種「約定的自由」。這一觀點的代表人物是法國哲學家孟德斯鳩（Baron de Montesquieu, 1689-1755）和盧梭。

自由是指在法律允許的範圍內活動的權利，法律規定自由。孟德

志或立法權之下，只以自然法作爲他的準繩；處在社會中的人的自由，就是除經人們同意在國家內所建立的立法權以外，不受其他任何立法權的支配，除了立法機關根據對它的委託所制定法律以外，不受任何意志的統轄或任何法律的約束。（洛克，政府論：下篇[M]，葉啓芳、瞿菊農譯，北京：商務印書館，1996：16。）

[8]　洛克，政府論：下篇[M]，葉啓芳、瞿菊農譯，北京：商務印書館，1996：39，16，36。

[9]　同註8。

[10]　同註8。

斯鳩強調：「政治自由並不意味著可以隨心所欲。在一個國家，即在一個有法可依循的社會裡，自由僅僅是做應該想做的事情和不被強迫做不應該想做的事情。……自由是做法律所許可的一切事情的權利：倘若一個公民可以做法律所禁止的事情，那就沒有自由可言了。」[11] 盧梭則表示：「無論是我或其他的人，都不能脫離法律的光榮的約束。」[12]

　　孟德斯鳩認為，只有君主立憲的政治體制才能建立民主國家，使權力透過相互約束達到平衡，以保障公民自由。這一過程如何實現呢？第一，透過「三權分立」。「三權」是指立法權、有關國際法事項的行政權力（即國家行政權）和有關民政法規事項的行政權力（即司法權）。只有建立和劃分三種權力，使它們彼此互相獨立又箝制，才能保障公民自由。任何兩種權力合二為一，都將產生對公民的生命和自由實施專斷的權力。第二，透過制定各類有效的特別法律。他認為基本法確立了自由的基調，「可是，就自由與公民的關係而言，習俗、風尚以及管理都可以帶來自由……某些公民法也有能促成自由的」[13]，比如：政治法、民法、刑法和國際法等。各種法律應當各自有其嚴格的施用範圍和界限，才能避免暴行，有利於公民的自由和財產安全。第三，國家賦稅、地理環境和風俗習慣是影響公民自由的重要因素。他認為氣候、土地、疆域是影響自由的自然條件，而與之相應所形成的法律、宗教、風俗、習慣等則是影響自由的「一般的精神」。在法制建立、健全的社會和國家中，法律幫助人們形成愛自由並為自由而奉獻的民族精神和風氣，使「自由民族的習慣是他們享有

---

[11] 孟德斯鳩，論法的精神：上卷[M]，許明龍譯，北京：商務印書館，2011：184，204。

[12] 盧梭，論人與人之間不平等的起因和基礎[M]，李平漚譯，北京：商務印書館，2007：20。

[13] 同註11。

的自由的一部分」[14]。

　　盧梭則認為，公民自由的實現建立在社會契約的基礎上，只有人民持有立法權的民主政權才能保障人民的自由和平等。他的政治哲學建立在對自由的前提假設和追求基礎上，並像恩格斯在《反杜林論》中稱讚的那樣，充滿了辯證的色彩。從《論科學和藝術》（1750）到《論人類不平等的起源和基礎》（1753）再到《社會契約論》（1762），始終貫串著一個思想主題：從自由的異化到自由的恢復，從極端的不平等到平等的實現。

　　第一，自然賜予人天然的自由。盧梭盛讚古典文明，憧憬烏托邦式的原始、自然的生活，強調自然狀態是最適合人類本性的自由境界。他對科學、藝術、理性、啓蒙等一切與文明和進步有關的表徵大體都持否定態度，認為正是它們使人遠離了自由。他說：「『科學和藝術都是從我們的惡中誕生的』。這種惡的根源，在於文人的那種科學與藝術的激情，它既不能回到自身的單純性和自由，也不能來自於徹底擺脫自身的那種榮譽感」[15]；「啓蒙是使現代人道德敗壞的根源；啓蒙透過被解放出來的知性塑造了各種新的想像和幻象，給人們造成強烈的知識刺激，讓他們『發燒』，從而形成了泛濫的公眾意見的專制。」[16]也正是基於此，盧梭認為，好的教育應該適應並為兒童天性的自然發展準備條件，而不是以人為的方式干涉他們的自由，教育應該脫離理性的束縛。

　　第二，私有制異化了人的天然自由。盧梭提出，人類自由的失去，源於人類文明社會進程中三次不平等的巨大變化，而根源在於私

---

[14] 孟德斯鳩，論法的精神：上卷[M]，許明龍譯，北京：商務印書館，2011：280。

[15] 渠敬東、王楠，自由與教育——洛克與盧梭的教育哲學[M]，北京：生活・讀書・新知三聯書店，2012：157，156–157。

[16] 同註15。

有制和私有觀念的出現，以及導致的奴役、掠奪和貧富分化。富人為了保護其私有財產而哄騙窮人制定一些所謂的「無論何人都必須遵守的保證公正和安寧的規章，讓強者和弱者都互相承擔義務」[17]，這就是社會和法律的根源。「它們給弱者戴上了新的鐐銬，使富人獲得了新的權力，並一勞永逸地摧毀了天然的自由，制定了保障私有財產和承認不平等現象的法律，把巧取豪奪的行徑變成一種不可改變的權利。」[18]公民社會由此拿走了自然人的自由，產生了極度的不平等，正所謂「人是生而自由的，但卻無往不在枷鎖之中」[19]。

第三，只有建立社會契約才能使人重獲社會自由。為了克服私有制產生的「不利於人類生存的種種障礙」[20]，人們需要「尋找出一種結合的形式，使它能以全部共同的力量來維護和保障每個結合者的人身和財富，並且由於這一結合而使得每一個與全體相聯合的個人又只不過是在服從其本人，並且仍然像以往一樣地自由」。這樣的契約從兩方面保障和實現了人民的自由：一是人們透過自由協定締結契約，交出天然自由換取公民自由。締結契約不是轉交自己的自由和主權，而是每個人都必須毫無保留地把自己的一切權利交給所有的人或全體，並從社會共同體中獲得更多、更大的社會力量，以保護自己。因此，「人類由於社會而喪失的，乃是他的天然自由，以及對於他所企圖的和所能得到的一切東西的那種無限權利；而他所獲得的，乃是社會的自由，以及對於他所享有的一切東西的所有權。」[21]二是透過擁有「人民主權」而非「三權分立」維護公民自由。締結契約的主體

[17] 盧梭，論人與人之間不平等的起因和基礎[M]，李平漚譯，北京：商務印書館，2007：100，101。

[18] 同註17。

[19] 盧梭，社會契約論[M]，何兆武譯，北京：商務印書館，2003：4，19。

[20] 同註19。

[21] 盧梭，社會契約論[M]，何兆武譯，北京：商務印書館，2003：26，20，24-25。

是人民，而不是君主政府。人民主權體現了「公意」，包括「公共的人身」和「公共的大我」。作爲共同體不可分割的一員，「每個人都以其自身及其全部力量共同置於公意的最高指導之下」[22]，「任何人拒不服從公意的，全體就要迫使他服從公意。這恰好就是說，人們要迫使他自由。」[23]爲了眞正實現人民主權和自由，人民必須直接擁有立法權。政府機構和法律分別是被人民賦予行政權力的執行者和「公意」的具體化。因爲立法權是國家的心臟，行政權是立法權衍生的，司法權是行政權的使用，三者是統一的、不可分割的。由此可見，正是在契約建立的過程中，人從自然狀態過渡到文明狀態，人變成了道德的存在，並重建了社會的自由與平等。

二、自由是一種德性的善

自古希臘以來，眾多西方哲學家從道德哲學的視角解讀自由，強調自由是個人作爲道德主體所追求的「善」及其實現過程。

(一)善之滿足即自由

古希臘哲學開創了西方哲學史上的唯智主義倫理學傳統，把求善的過程和求眞的過程完全等同起來，建立了以知識論爲根基的自由觀，認爲自由體現在對善的眞理性認識中。這種「善」與「眞」相統一的自由觀對後世的哲學思想產生了深遠的影響，而它的提出者正是柏拉圖。

首先，「人皆求善」是界定自由的基本原則。柏拉圖認爲，人的生存受到愛好和慾望的驅使。慾望可以分爲必要慾望和奢侈慾望，其中前者趨善，後者趨惡。人之本性追求善，只有當人能夠追求並終於達到善時，人才是自由的。因此，認識眞正的善、把握眞理，是自

---

[22] 同註21。

[23] 同註21。

由的關鍵。他指出，雅典民主提供的自由，本質上是一種「自由選擇」，就是隨心所欲，爲所欲爲。「每個人都被准許想做什麼就做什麼」[24]，「不願意服從命令，你也完全可以不服從，沒有什麼勉強你的。」[25]這種自由允許奢侈慾望參與抉擇，從而把人生引向惡的方向，給人的生存帶來損害，是一種虛假的自由。因爲奢侈慾望是外在於人的本性的，在奢侈慾望中，生存的人無法根據自己的本性進行抉擇，而是被動地受到異己力量驅動，而受外在之力控制的生活並不是自由的生活。眞正的自由在於滿足自己的必要慾望，它有益於人的靈魂和至善的追求，只有這樣的生活才是眞正的隨心所欲，擁有這樣的生活就是擁有自由。

其次，眞正的自由來自靈魂的善，也就是理性的支配。柏拉圖認爲，人的靈魂才是眞正的自我，它存在於「理念世界」（在這個世界中，最高的理想就是善）中，是向善的，它把人的生存引向善，肉體慾望必須在靈魂的控制之下。自由意味著一個節制的有秩序生活，一個眞正自由的人具有「自制精神」，「他會被發現是在時刻爲自己心靈的和諧而協調自己的身體。」[26]爲了實現自由，人應當關注靈魂的善，並需要做兩件事：一是「知道什麼是善」；二是「根據善的知識擺脫惡的事物，淨化自己」。柏拉圖認爲，「一切能毀滅、能破壞的是惡，一切能保存且有助益的是善。」而對靈魂的善的本質進行理解，從而追求它則要依靠理性。「爲了認識靈魂的眞相……我們必須依靠理性的幫助，充分地細看它在純淨狀況下是什麼樣的。」[27]只有

---

[24] 柏拉圖，理想國[M]，郭斌和、張竹明譯，北京：商務印書館，1986：331，332。

[25] 同註24。

[26] 柏拉圖，理想國[M]，郭斌和、張竹明譯，北京：商務印書館，1986：385，414。

[27] 同註26。

從靈魂的善出發而隨心所欲，才能得到眞正的自由。離開眞正的善來談論人的自由，是沒有意義的。

(二)自律之遵從即自由

啓蒙思想家們繼承了古希臘的思辨傳統，開啓了人類發展史上又一扇理性之門。在這裡，「自由」擺脫了文藝復興時期強調的感性和個體性，被賦予了具體和普遍的內容。如何在理性中發現「自由意志」的祕密？康德在他的道德哲學中提出了「自由即自律」的觀點。

首先，自由是理性人的意志自由。康德認爲，人的自由本性存在於理性之中，「自由必須被設定爲一切有理性東西的意志所固有的性質。」[28]他把整個世界和人分爲「此在」和「彼岸」。「此在」是感性的、自然的現象世界，受到自然因果律的支配；「彼岸」是超感性的、理性的本體世界，人可以實現眞正的意志自由。這兩個方面在人的身上是並存的，人需要對此有一種清醒的認識。所以，他說：「位我上者，燦爛星空；道德律令，在我心中。」這意味著人作爲感性的存在者，受到自然必然性的制約，敬畏自然法則，按照自然法則行動，沒有自由可言；但人作爲理性的存在者，則能擺脫自然必然性的制約，按照心中的道德律令行動，沒有受任何外界力量的奴役，是絕對自由的。爲此，他用「至善」這個概念來表達人的最高嚮往，就是當人的善良意志與道德普遍法則完全契合時，人才可能實現終極自由。但這種「至善」在現實世界難以實現，只能寄託於「彼岸」世界。

其次，意志自由透過「自律」實現。康德認爲，意志自由就是自我選擇和自我決定。這種自我選擇和自我決定不是依據外在的力量和規律，而是遵守自己制定的法則，即所謂「自律」。「自律概念

---

[28] 伊曼努爾·康德，道德形而上學原理[M]，苗力田譯，上海：上海人民出版社，1986：102。

和自由概念不可分離地聯繫著，道德的普遍規律總是伴隨著自律概念。」[29]在康德的思想中，遵守自己的道德原則和獲得自由等同於一件事，所以他說：「自由意志和服從道德規律的意志，完全是一個東西。」[30]那麼，這種「自律」遵循什麼樣的原則呢？那就是理性的普遍性原則。康德表述爲：「這樣行動，你意志的準則始終能夠同時用作普遍立法的原則。」[31]也就是說，如果一個道德準則僅適用於個人，而不適用於其他人，那是違反理性的。「自律」意味著人只有按照理性的普遍規律行動，才能避免對抗和傷害，才能實現意志自由。

三、自由是對必然性的認識

從認識論的角度對自由和必然的關係進行揭示，構成了自由發展史上的重要環節。培根、斯賓諾莎、康德、謝林、黑格爾、馬克思等均有論述，認爲自由是「對必然性的認識」，強調自由和必然存在辯證統一的關係。

(一)內在的必然性就是自由

黑格爾哲學旨在描述理念及其發展的邏輯過程，自由則是理念的根本規定。由此，黑格爾構建了一個關於自由王國的思辨哲學體系，是近代自由思想的集大成者。其自由觀一方面突破了簡單描述自由的感覺與感受，揭示了這種感覺與感受的內在眞理和邏輯；另一方面擺脫了二元論的束縛，第一次把自由的本性描述爲一個矛盾運動過程，展示了自由和必然在不同環節上的對立統一關係，辯證地解決了康德哲學中隱含的矛盾。

---

[29] 伊曼努爾·康德，道德形而上學原理[M]，苗力田譯，上海：上海人民出版社，1986：107，101。

[30] 同註29。

[31] 康德，實踐理性批判[M]，韓水法譯，北京：商務印書館，1999：31。

　　第一，自由的本質是精神的自我實現活動，依照自身的必然性決定自己。黑格爾認爲，人和世界的本質是理念，整個世界就是理念的展現過程，最終復歸於統一的精神本體，並依照自身的必然性和規律進行自我決定。精神自身的必然性不表現爲外在強制作用（比如力學中的撞擊），而是自身內在的決定作用，即「內在必然性」。這種「內在必然性」就是自由。「實體即主體」是黑格爾自由觀的精髓。自由的實體性表明自由乃萬物之根本，整個世界終究歸爲一個自由世界；自由的主體性表明自由是一個活生生的精神活動過程，是精神的自我實現活動。所以他說：「『精神』的實體或者本質就是『自由』。……『精神』的一切屬性都從『自由』而得成立；又說一切都是爲著要取得『自由』的手段；又說一切都是在追求『自由』和產生『自由』。『自由』是『精神』的唯一眞理，乃是思辨的哲學的一種結論。」[32]

　　第二，必然性透過對自身的揚棄轉化爲自由。黑格爾認爲：「必然作爲必然還不是自由；但是自由以必然爲前提，包含必然性在自身中，作爲被揚棄了的束西。」[33]這　揚棄包含兩個要點，　是由外在的、相對的必然性，到內在的、絕對的必然性的發展。這一發展過程「可表明那彼此互相束縛的兩方……只是一個全體中不同的環節。而每一個環節與對方發生聯繫，正所以回復到它自己本身和自己與自己相結合。這就是在必然性轉化爲自由的過程，而這種自由並不單純是抽象的否定的自由，反倒是一種具體的積極的自由」[34]。二是

32　黑格爾，歷史哲學[M]，王造時譯，北京：商務印書館，1963：55。

33　黑格爾，小邏輯[M]，賀麟譯，北京：商務印書館，1980：323。

34　比如一個有德行的人，因爲意識到了自己行爲內容的必然性和自在自爲的義務性而具有了眞正的內容充實的自由，而不是任性的自由；而一個罪犯之所以認爲他受到的懲罰限制了他的自由，是由於他沒有對必然性進行揚棄，所以難以認識到這種懲罰是他行爲自身的一種表現。（黑格爾，小邏輯[M]，賀麟譯，北京：商務印書館，1980：323-324。）

只有透過精神才能揚棄必然性。精神能夠對必然性進行思維和自覺，從而消解其堅硬性，將其內化爲自己的內在環節，黑格爾稱其爲「精神從必然性中解放自己」的過程。「這種解放，就其是自爲存在著的主體而言，便叫作我；就其發展成一全體而言，便叫作自由精神。」無論是「我」還是「自由精神」，都是指人的理性活動。物的世界固然是理念的顯現，但它是低級環節，還有待於脫離僵硬的必然性。只有人能夠透過理性揚棄這種必然性，走向現實的自由。也正是在這個意義上，黑格爾堅持了邏輯和歷史的統一，認爲自由實現自身的現實過程，就是世界歷史。它「不是單純的權力判斷」，而是「理性各環節光從精神的自由概念中引出的必然發展，從而也是精神的自我意識和自由的必然發展。這種發展就是普遍精神的解釋和實現。」[35]

(二)自由是對必然的認識和對客觀世界的改造

在批判地吸收資產階級思想家自由理論的基礎上，馬克思和恩格斯（Friedrich Von Engels, 1820-1895）肯定了黑格爾的「自由是對必然的認識」這個命題，並把「實踐」引入自由領域，提出「自由就在於根據對自然界的必然性認識來支配我們自己和外部自然，因此，它必然是歷史發展的產物。」[36]

第一，自由以實踐爲基礎，包括思想自由和行動自由。「實踐」是馬克思哲學的重要範疇，它不僅是認識客觀對象的基礎，還是人們獲得和實現自由的基礎。自由範疇從總體上可以規定爲實踐的主體透過能動的實踐活動把握客體，進而達到與客體和諧統一的狀態。自由包括思想自由和行動自由，兩者密切相關，構成一個整體。馬克思說：「自由不僅包括我靠什麼生活，也包括我怎樣生活；不僅包括

---

[35] 黑格爾，法哲學原理[M]，范揚、張企泰譯，北京：商務印書館，1961：352。
[36] 馬克思恩格斯文集：第九卷[M]，北京：人民出版社，2009：120。

我做自由的事，也包括我自由地做這些事。」[37]這裡「靠什麼生活」是指人對必然的認識，「怎樣生活」是指自由必須透過實踐去創造，「自由地做這些事」則達到了思想自由和行動自由的和諧統一。這裡所說的「必然」，更多地是指客觀世界的發展規律（自然規律），所以，恩格斯進一步闡明自由的本質時區別於黑格爾，強調「自由不在於幻想中擺脫自然規律而獨立，而在於認識這些規律，從而能夠有計畫地使自然規律為一定的目的服務。這無論對外部自然的規律，或對支配人本身的肉體存在和精神存在的規律，都是一樣的。這兩類規律，我們最多只能在觀念中而不能在現實中把它們互相分開。」[38]自由不是擺脫規律，它恰好是與規律同一的。人對規律的認識愈深刻，人便愈自由；人對規律的把握愈自覺，人的自由的層次也就愈高。

　　第二，人的自由是主體能動性和受動性的統一。人作為自然存在物具有雙重性：「一方面具有自然力、生命力，是能動的自然存在物；這些力量作為天賦和才能、作為慾望存在於人身上；另一方面，人作為自然的、肉體的、感性的、對象的存在物，與動植物一樣，是受動的、受制約的和受限制的存在物。」[39]這意味著，一方面，人的實踐活動是積極的、自覺的，只有在認識和把握客觀規律的基礎上，人的實踐才是自覺的，不是盲目的，人才是自由的；另一方面，人的自由不僅受到自然規律的制約，還受到社會規律的制約。人的自由意味著創造性勞動的實現，這種創造「不是隨心所欲地創造，並不是在他們自己選定的條件下創造，而是在直接碰到的、既定的、從過去承繼下來的條件下創造。」[40]人的自由總是在一定歷史條件下、一定的社會發展階段上，由社會的人們共同獲得的。所以，毛澤東才說：

37 馬克思恩格斯文集：第一卷[M]，北京：人民出版社，1995：181。
38 馬克思恩格斯文集：第九卷[M]，北京：人民出版社，2009：120。
39 馬克思恩格斯文集：第一卷[M]，北京：人民出版社，1995：209。
40 馬克思恩格斯文集：第二卷[M]，北京：人民出版社，2009：120。

「人們爲著要在社會上得到自由，就要用社會科學來瞭解社會、改造社會，進行社會革命。人們爲著要在自然界裡得到自由，就要用自然科學來瞭解自然、克服自然和改造自然，從自然裡得到自由。」[41]

第三，人的自由是一個無限的歷史過程。立足於歷史唯物主義，馬克思把人類自由的發展劃分爲三個歷史階段。第一階段是原始自由階段，是自由的萌芽和產生階段。工具的製造和語言的使用，成爲人類自由的積澱手段，是人類個體能力的有限性和類能力的無限性的統一，是人類自由進程的有力槓桿，啓動了人類走向自由的歷史車輪。第二階段是自由分裂階段。生產力的發展和階級的產生帶來了人的異化，導致了自由的雙重分裂：征服自然的能力不斷提高，但卻不能駕馭自身的社會關係；人與物的關係被顛倒，物統治人，宰制人性。這種自由分裂是歷史的必然，看似是一種退步，實則是一種前進。因爲「物的限制」是「人的限制」在發達形式上的表現，它使人享有更大的自由，比如「自由時間」。作爲自由分裂階段的積極產物，「自由時間」表明人類對外在必須的一種擺脫，也是對自身勞動的一種超越。第三階段是自由個性階段。如果說前兩個階段還是歷史必然性在盲目地起作用，那麼，這一階段的人類歷史則是自發與自覺的對立統一。在共產主義社會，「人終於成爲自己的社會結合的主人，從而也就成爲自然界的主人，成爲自身的主人 —— 自由的人。」[42]自由的人是自由個性充分發展的人，是全面發展的人，是人的自由本質的全面實現。

四、對三種自由內涵的評價

英國哲學家以賽亞・伯林[43]（Isaiah Berlin, 1909−1997）在對自

---

[41] 毛澤東文集：第二卷[M]，北京：人民出版社，1993：269。

[42] 馬克思恩格斯文集：第三卷[M]，北京：人民出版社，2009：566。

[43] 以賽亞・伯林是20世紀最傑出的自由主義思想家之一。他出生在蘇聯，成長在

由的觀念史進行梳理時指出，儘管西方思想家、理論家和政治家關於自由的定義有兩百多種，但大致可分為兩種取向，他稱之為「消極自由」和「積極自由」。

「消極自由」試圖回答的問題是：「主體（一個人或人的群體）被允許或必須被允許不受別人干涉地做他有能力做的事、成為他願意成為的人的那個領域是什麼？」[44]伯林將它概括為「免於……的自由」[45]，意味著個人對個人以外的干涉力量持否定態度。在個人與國家、社會之間劃定一個清楚明白的界限，為個人保留一個國家或社會力量絕對不允許進入、不允許干涉的「私人領地」，即別人不得妨礙我的正當行動，是獨立於他人專斷意志的自由。他認為：「對自由的捍衛就存在於這樣一種排除干涉的『消極』目標中。」[46]而大部分英法古典政治哲學家們，比如霍布斯、洛克、盧梭、亞當·斯密、穆勒等，大多談論的都是「消極自由」。

「積極自由」試圖回答的問題是：「什麼東西或什麼人，是決定某人做這個、成為這樣，而不是做那個、成為那樣的那種控制或干涉的根源？」[47]伯林稱其為「去做   的自由」[48]，它起源於人的自主性要求，意味著個人希望自己不受任何外在強制力，能夠運用理性，依據自己的觀念和意圖選擇和決定自己的行動，其實質是追求「自我實現」。正是基於對「自我」的關注，斯賓諾莎、康德、黑格爾、馬克思等思想家大多談論的都是積極自由。同時他也指出，由於持積極自由的人對生活持進攻性的、進取性的、干預性的態度，所以也往往

英國，1997年逝世，享壽88歲。

[44] 以賽亞·伯林，自由論（修訂版）[M]，胡傳勝譯，南京：譯林出版社，2011：170，175，176，170，179，210。

[45] 同註44。

[46] 同註44。

[47] 同註44。

[48] 同註44。

容易走向它的反面，導致專制。

在伯林看來，自由包含一種深刻的內在緊張：相信消極自由的人想要約束權威本身，而相信積極自由的人則想要把權威握在自己手中。但「對『自由』這個詞的每一種解釋，不管多麼不同尋常，都必須包含我所說的最低限度的『消極自由』。」[49]

總的來看，自由主要是指人們在私人和公共生活領域中自主地思考和採取行動的一種權利或狀態。首先，自由不僅涉及私人領域，還涉及公共領域；其次，自由不僅是一項社會權利，也是一種思想、活動或情感狀態；再次，自由既是積極的，又是消極的；最後，自由不是少數人的政治特權，而是每一個人廣泛的社會權利與基本的存在需要。作為一種自人類產生以來不息的價值追求，自由是人性中最寶貴的東西，是人能成為一個真正意義上的人的根本標誌，是人精神中最具活力的東西，體現著人的批判精神和創造意識。

第二節 古希臘自由思想與自由教育

古希臘哲學的一個重要特點是對世界的二重化，即本質與現象、一般與個別、理念與事物的分離。這使得古希臘時代的自由觀念也二重化了，它被區分為兩種：一種是現實的、有限的自由，另一種是理想的、無限的自由。在政治領域，區分為現實的法制國家和理想國家；在倫理領域，區分為具體的行為之德和高尚的智慧之德；在思維領域，區分為有限事物的知識和無限神聖的知識。如何從現實的、有限的自由走向理想的、無限的自由？古希臘人指出了一條「陶冶之路」，那就是透過自由教育對人的靈魂進行改善。這條將政治哲學和倫理哲學合一的古典自由教育先河由蘇格拉底開鑿，途經柏拉圖，至

[49] 同註44。

亞里斯多德處集大成。古典自由教育主張將人在教育中的提升與社會的良性運行歸並為同一條途徑：一方面，注重人和政治社會的整體統一，自由教育應透過知識的探尋去解決實踐層面上的政治問題；另一方面，注重將人的哲學上升之路賦以道德屬性，強調自由教育應使人形成道德與知識融合而成的教養，而不是僅以實用和職業為終極目的的教學過程。

一、「善的知識」── 古希臘哲學中的自由之魂

古希臘哲學認為，自由關乎自然與人、宇宙與城邦、天體與社會之間的關係，意味著「人的自治」。這種通往自由（或者說幸福）的自治生活有兩個原則：德性的和技術的。但德性必須指令技術，唯有德性才能將技術引向正確的方向，形成以「善」為目的知識。人類只有獲得了「善的知識」，才能造就真正的幸福，實現思想和精神上的獨立與自由。

(一)透過求善確立人性

第一，「善」是第一原理，是真理和理性的源泉。蘇格拉底相信，善是人類和萬物的本原，先於真實的存在和靈魂。「它的確就是一切事物中一切正確者和美者的原因，就是可見世界中創造光和光源者，在可理知世界中，它本身就是真理和理性的決定性源泉。」[50]善照亮我們的心靈，就像太陽照亮可感知世界裡的萬事萬物一樣，因此，「任何人凡能在私人生活或公共生活中行事合乎理性的，必定是看見了善的理念的。」[51]善是一切的目的，「每一個靈魂都追求善，

---

[50] 柏拉圖，理想國[M]，郭斌和、張竹明譯，北京：商務印書館，1986：276，276，261。

[51] 同註50。

都把它作爲自己全部行動的目標。」[52]知識也以善爲目的，因爲「善的理念是最大的知識問題」，如果沒有關於善的知識，「那麼，別的知識再多對我們也沒有任何益處。」問題在於，「關於善的理念，我們知道得很少」[53]，它是可理知世界中最後看到也是最難看到的事物，必須透過學習才可以獲得。所以，柏拉圖借蘇格拉底之口強調，學習善的理念意味著我們必須用理性去瞭解有助於心靈秩序的事物，而這一認知過程正是人生中「最重要的學習」[54]。

第二，人性的本質是理性，人性的善意味著張揚理性、節制慾望。柏拉圖繼承了蘇格拉底的思想，認爲人性的本質是理性，應從精神的滿足方面理解人性的善，只有擺脫物質慾望，才能實現精神自由。柏拉圖認爲，人的靈魂從高到低包含三個部分：理性、意志和情慾。一個人如果能夠用理性和意志控制情慾，就可以擺脫肉體的罪惡，達到善的境界。他再次借蘇格拉底之口把這一過程解釋爲「人的靈魂裡面有一個較好的部分和一個較壞的部分，而所謂『自己的主人』就是說較壞的部分受天性較好的部分控制。」[55]這個過程意味著人應該運用理性促使自身形成「節制」的美德。只有這樣，人的靈魂才可以不受物質慾望的汙染，堅定自身，成爲獨立自主的、自由的靈魂。

(二)透過知識獲得解放

正是基於對「善」的極力推崇，蘇格拉底和柏拉圖試圖爲人類德性尋求一個可靠的理性化基礎，並最終將其確定爲倫理化的技藝——

---

[52] 同註50。

[53] 柏拉圖，理想國[M]，郭斌和、張竹明譯，北京：商務印書館，1986：260，258，150。

[54] 同註53。

[55] 同註53。

以「善」爲目的的知識，也就是哲學。他們認爲，人只有在哲學的幫助下才能獲得最終的自由，實現人類的解放。正是在這個意義上，他們開啓了一種以知識重建人類道德原則的新的智性實踐生活，就是從個人靈魂的道德變革出發，整理被民主政治攪得混亂不堪的社會生活秩序。

第一，知識是一切事物的尺度。蘇格拉底駁斥普羅泰戈拉「人是一切事物的尺度」的論調，將「人」代之以「知識」。他認爲，知識能夠解決「做好事的大門對他們敞開著，但他們卻去做其他事」[56]，即人類意志的脆弱性或頑固性之難題。他認爲，以數數和稱量等實踐理性爲基礎的科學知識能夠揭示事物的真實狀態，從而消除生活中由於假象而造成的衝突和矛盾，「使靈魂生活在平靜與安寧之中，與真理在一起，以此拯救我們的生命。」[57]在這裡，「真」與「善」是完全同一的。一項關於事物真實情況的知識，即我們所謂的事實科學，也是倫理的。也正是在這個意義上，柏拉圖才斷言：「知識是一樣好東西，能夠支配人，只要能夠區分善惡，人就不會被迫以知識所指示的以外的方式行事，因爲智慧就是他所需要的全部援兵。」[58]

第二，知識透過靈魂的教育獲得。柏拉圖深信，只有知識才能拯救人，使人的靈魂轉向善。但是這種轉向是十分艱難的，它依賴於一種「最偉大的學習」，就是靈魂的教育。靈魂的教育首先要重視音樂的薰陶和體育的訓練，因爲它們能夠開啓人們的感知力，是人們觀照精神存在的梯子；其次要學習算術、幾何和天文學，因爲它們能夠引導心靈去關注真正的存在，把握事物的本質和永恆法則，使人們發現並進入秩序的王國；再次要學習辯證法，因爲它能夠透過概念

---

[56] 柏拉圖，柏拉圖全集：第一卷[M]，王曉朝譯，北京：人民出版社，2002：478，482，477。

[57] 同註56。

[58] 同註56。

的思考，使人們最大限度地張揚理性，獲得最高形式的知識——善的知識。至此，人的靈魂就獲得了永恆的眞、善、美，達到了自主、自立、自由。古希臘創造「七藝」（邏輯、語法、修辭、數學、幾何、天文、音樂）的目的也正在於此。

可以說，由蘇格拉底、柏拉圖和亞里斯多德開啓的透過尋求「善的知識」獲得自由的主張，從一開始就漠視人類技術的發展，認爲自由教育是一種精神活動，它不但能夠使人獲得哲學的視野和方法，還能促使人們思考和探尋個體生存和生活的意義。它指向人的自我超越，是一種「爲知識而知識」的教育，而不是「爲實用而知識」的教育。[59]而在兩千多年後，培根恰恰反其道而行之，他在《新大西島》中重拾人類的技術信念，提出「技術指令德性或宗教」的新命題，認爲古典哲學及其自由教育觀促使人像神一樣沉思，以求獲得華而不實的知識和虛無縹緲的自由，而現代人自由願望的實現則蘊含在對科學的認識與改造中。只有掌握了科學的知識，人們才能自由地按照自己的意志來支配這個世界。

二、培養理性的「自由人」——亞里斯多德的自由教育觀

亞里斯多德師承柏拉圖，是古典思想史上的集大成者。馬克思稱他是「古代最偉大的思想家」[60]，恩格斯稱他爲古希臘「最博學的人」[61]，黑格爾認爲他是「人類的導師」，更有人稱：「在西方歷史中，再沒有人比亞里斯多德給後世在思想界影響更深遠了……沒有一個人能忽視他，在許多年代裡，人們發現總是與他密切相聯繫，充滿

---

[59] 雅斯貝爾斯對這種「蘇格拉底式的教育」模式大爲推崇，認爲這種以學生思維訓練爲目的的自由教育，正應成爲現代大學教育的哲學理念。（卡爾·雅斯貝爾斯，大學之理念[M]，邱立波譯，上海：上海人民出版社，2007：80。）

[60] 馬克思恩格斯文集：第五卷[M]，北京：人民出版社，2009：469。

[61] 馬克思恩格斯文集：第三卷[M]，北京：人民出版社，2009：538。

著不可抵抗的感情。」[62]的確如此，就教育思想而言，他不僅是最早明確提出「自由教育」的哲學家，更在《形而上學》、《政治學》、《倫理學》三部曲與《論靈魂》等一系列著作中，樹立了一種堪稱典範的道德人格——在對純粹知識的追求中實現自我。「他以自己無與倫比的成就，證明了自己就是他所稱頌的那種自我實現的人、幸福的人或自由的人。」[63]

(一)亞里斯多德眼中的「自由人」

亞里斯多德的教育思想始終圍繞一個問題展開，那就是「如何才能使自由人獲得幸福」。因此，對「自由人」的理解是分析其自由教育觀的重要基點。

第一，自由人擁有身體和思想的雙重自由。亞里斯多德把人的生活分成兩種：一種是鄙俗的奴隸生活，以謀生、實用為主要目的；另一種是奴隸主和平民享有的「自由人」的生活，人們的所行所學僅是「為了自身的需要，或是為了朋友，或是為了助成善德的培養」[64]。首先，這種「自由人」擁有身體自由，他們擺脫了他人的束縛和支配，也擺脫了繁重的體力勞動，可以根據自己的興趣、愛好以及能力選擇職業。其次，這種「自由人」擁有思想自由，他們擁有獨立思考的權利，可以對大自然、人類的奧祕進行探索。只有兼具身心自由的「自由人」才有進行純粹思辨、獲得真知的可能性，否則無論如何都不會產生自由學問——哲學。正如埃及的祭司僧侶擁有閒暇的身體、

---

[62] S．E．佛羅斯特，西方教育的歷史和哲學基礎[M]，吳元訓等譯，北京：華夏出版社，1987：73。

[63] 吳式穎、任鍾印，外國教育思想通史：第二卷[M]，長沙：湖南教育出版社，2002：287。

[64] 亞里斯多德，政治學[M]，吳壽彭譯，北京：商務印書館，2011：415，416，398-400，416-419。

充足的時間和豐厚的財富，但他們的思想始終被束縛在神性之下，毫無自由可言，因此也就只能產生出數學、幾何學、天文學、神學，永遠產生不出哲學。

第二，自由人能夠在閒暇中從事理性活動，培養德性。亞里斯多德十分重視閒暇的作用，認爲自由人「全部生活的目的應是操持閒暇」[65]。閒暇是勞動的目的，勇敢和堅韌適用於勞作之時，智慧適用於閒暇之時。優良城邦中的好公民應當既勤勞勇敢又善於追求閒暇[66]。「閒暇自有其內在的愉悅與快樂和人生的幸福境界」，在閒暇中，人們發展自己的理性，操修「善德」，以造就「豁達的胸襟和自由的精神」[67]。人類的閒暇時間是隨著生產的發展和技術的進步逐漸增多的，它促進了知識的產生。「迨技術發明日漸增多，有些豐富了生活必需品，有些則增加了人類的娛樂；後一類發明家自然地被認爲較前一類更智慧，因爲這些知識不以實用爲目的。在所有這些發明相繼建立以後，又出現了既不爲生活所必需，也不以人們快樂爲目的的一些知識，這些知識最先出現於人們開始有閒暇的地方。」[68]由此，當人們不再爲衣食住行而操勞時，就可以在閒暇中爲求知而進行思辨的理性活動，而全無任何實用目的。思辨理性被亞里斯多德視爲最高的現實活動，能夠從事這種純粹的學術活動，正是一個人自由本質的確證。

第三，自由人追求的理想道德境界是純粹理性和純粹精神層面的。亞里斯多德認爲，自由人追求理想的、絕對的、理性的智慧之德，追求超越物質生活的最高自由。儘管他也強調道德是可教的，人可以在現實行爲領域經過訓練形成「中道」的習慣。但是這種道德行

---

[65] 同註64。

[66] 同註64。

[67] 同註64。

[68] 亞里斯多德，形而上學[M]，吳壽彭譯，北京：商務印書館，2011：3-4。

為並不是最高的善，因為它是相對於物質生活的，是感性世界的善，這種自由是有條件的。真正的道德自由存在於純理性、純精神的思想活動之中，這種幸福具有自足、悠閒自適、持久不衰的品性，是人的理想境界。只有在這樣的境界中，人才能「感應最高尚的本原，才能有最高尚的快樂」[69]。而這一主張正是對柏拉圖的繼承，所以羅素才會說，亞里斯多德只是「被常識沖淡了的柏拉圖」[70]。

(二)亞里斯多德關於自由教育的基本觀點

亞里斯多德認為好的教育「既非必需亦無實用，而毋寧是性屬自由、本身內含美善的教育。」[71]他把教育的本質指向自由，這種自由不僅使自由人在身體上不受束縛，更在於去解放他們的心智，通往幸福美好的生活，「自由教育」由此得名。

第一，自由教育是一種理性教育。亞里斯多德認為，人之所以為人的基本特徵，在於人具有理性。人只有充分利用、發展理性，才能真正實現自我。在他看來，能夠在生活中運用理性解決各種問題，是人接受教育最重要的目的。理性可以使人們避免受到外部權威的控制和外部環境的影響，使個體能夠保持獨立思考，這是達到心靈自由的重要條件。所以，教育中「需有某些科目專以教授和學習操持閒暇的理性活動」[72]。因為「操修理性而運用思想正是人生至高的目的」[73]。由此可見，自由教育正是致力於在個體學習知識的過程中去獲得理性、達到心靈自由的必要途徑。值得指出的是，自由教育的理

---

[69] 亞里斯多德，政治學[M]，吳壽彭譯，北京：商務印書館，2011：417，418，417，401，417。

[70] 羅素，西方哲學史（上）[M]，馬元德譯，北京：商務印書館，1976：212。

[71] 同註69。

[72] 同註69。

[73] 同註69。

性屬性不僅是柏拉圖時代以來，也是自由教育傳統中最為基礎的意旨所在。

　　第二，自由教育區別於職業教育，以自由學科為基本內容。亞里斯多德的「自由教育」駁斥了「智者教育」倡導的實用取向，明確了教育的自由價值基礎。他認為，職業教育是透過學習某種技巧而達到實用目的的「非自由」教育，它只是滿足個人生計的教育，難以獲得心靈的自由。自由教育則指向人的自身發展，是合人生目的的。所以他說：「凡有關閒暇的科目都出於自主而切合人生的目的，這就實際上適合於教學的宗旨；至於那些使人從事勤勞（業務）的實用科目固然事屬必需，而被外物所役，只可視為逐生達命的手段。」[74]這樣，亞里斯多德就把課程分為兩種類型：作為逐生達命手段的實用課程，以及作為操持閒暇的理性自由課程。實用課程是為職業作準備的知識，能夠獲取錢財、獲得某種實際功利的知識和技能，但這些並不適宜自由人去學習；而理性自由課程則是可以發展人的理性、切合人生目的的知識，是自由人應該學習的。這種知識就是自由學科，包括讀寫、體操、音樂和繪畫。

　　亞里斯多德指出，自由學科中的某些科目也有一定的實用性，但在這些同時具有實用價值和自由價值的學科中，自由價值才是主要的，教育要充分發揮其弘揚理性的方面。他說：「某些為了實用而授予少年的科目，例如讀寫，也並不完全因為這只是切合實用的緣故；無關實用的其他許多知識也可憑所習的讀寫能力，從事進修。同樣的，教授繪畫的用意也未必完全為要使人購置器物不致有誤，或在各種交易中免得受騙；這毋寧是目的在養成他們對於物體和形象的審美觀念和鑑別能力。事事必求實用是不合於豁達的胸襟和自由的精神的。」[75]在自由學科中，亞里斯多德論述的重點是音樂課程及其價

---

[74] 同註69。

[75] 亞里斯多德，政治學[M]，吳壽彭譯，北京：商務印書館，2011：415，417。

值。他認爲：「我們的祖先把音樂作爲教育的一門，其用意並不是說音樂爲生活所必需——音樂絕不是一種必需品。……音樂的價值就只在操持閒暇的理性活動。當初音樂被列入教育科目，顯然由於這個原因：這確實是自由人所以操持於安閒的一種本事。」[76]在他看來，音樂和「教育」、「遊嬉」、「娛樂」三者是相通的。這類看似「遊嬉」、「娛樂」的課程，其目的恰恰在於教育——透過這種教育能夠使人享受閒暇，過著一種有德性的生活，體會人生幸福和自由的最高境界。

第三，自由教育將哲學視爲最高級的知識，是唯一的自由學問。亞里斯多德曾斷言：「一切思想必爲實用、製造與理論三者之一。」[77]據此，他認爲人類有三種知識：一是製造的知識，例如：建築、雕塑、音樂、醫學等，這是具體的技藝，是生產日常生活的必需品。這種知識爲了滿足生活需要，有明確的目的。二是實用知識，例如：政治學、倫理學、經濟學、修辭學等，這些知識在社會實踐中有實用價值，使人們在社會活動中取得成功。最高級的一種是理論知識，包括：數學、物理學、哲學。理論學術是關於事物原理與原因的知識，是最普遍、最深刻的知識。在理論學術中，數學研究存在的一個屬性，物理學研究存在的一部分，只有哲學研究存在的「本體」，即「存在」本身，所以，哲學是最高級的知識。它是以最高的「善」、「神」、「理性」爲對象，而「善」、「神」、「理性」又是以自身爲對象或目的的，無所外求。因此，哲學也是以其自身爲目的，研究哲學的人在與最善、最美者的交往中，達成了一種自滿自足、無暇外求的自由境界。

哲學作爲一門探究萬物終極目的或宇宙至善的學問，具有自由

---

[76] 同註75。

[77] 亞里斯多德，形而上學[M]，吳壽彭譯，北京：商務印書館，2011：134，6，6。

價值。從起源上看，哲學產生於驚奇，始於人的「愛智」，愛智慧的目的是擺脫自己的無知，所以，「他們為求知而從事學術，並無任何實用的目的。」[78]哲學的研究純粹是為了滿足人們的求知慾，而不是為了某種福利。哲學是在人們開始有閒暇的地方產生的，既不為生活所必需，也不為人世的物質快樂，而是在這些得到保證之後，人們為了智慧、為了知識才開始研究哲學。哲學作為自由的學術，它沒有世俗的慾望，只是為了知識本身、為了學術本身、為了它自身。哲學是人類求知慾的表現，是無功利目的的純粹高尚的事業。所以，亞里斯多德才說：「我們不為任何其他利益而找尋智慧；只因人本自由，為自己的生存而生存，不為別人的生存而生存，所以，我們認取哲學為唯一的自由學術而深加探索，這正是為學術自身而成立的唯一學術。」[79]

(三)對亞里斯多德自由教育觀的評價

第一，亞里斯多德確立了教育中的「形而上」問題，即教育的終極目的。教育的終極目的是引導教育向何處去的界標，是關於人生存與發展的終極意義的設定與追尋，指向人能達到的最理想境界。亞里斯多德認為，人追求的最高境界是幸福，幸福的人不是野蠻的人，也不是自然狀態的人，而是受過教育、有教養、有道德的人。倫理道德和教育相互融合，教育目的和人生目的完全一致，這就是亞里斯多德教育思想的核心。他提出，教育的根本目的就是獲得閒暇，使人可以有致力於重要事務的自由。自由存在於擺脫了一切物質束縛的思維活動中：人僅因為愛智去求知，能夠達到超凡脫俗的道德境界，這就是真正的幸福。教育應引導人實現這一終極目標，這是教育的根本宗旨所在。亞里斯多德的自由教育觀超越了蘇格拉底把教育作為一種個體

---

[78] 同註77。
[79] 同註77。

喚醒方法、一種哲學生活方式的個人本位目的論，也超越了柏拉圖把教育作爲彌補民主制度缺陷的社會本位目的論，將教育的目的遙指通向至善至美的人類「共同的善」。可以說，自亞里斯多德以後，西方教育思想的發展進入了一個更高的階段，教育中的「形而上」問題，即教育的終極目的幾乎成爲每位教育思想家必須探討的重要問題。

　　第二，亞里斯多德的自由教育理論標誌著西方理性主義教育思想傳統的形成，特別是對自由教育的發展產生了深遠影響。亞里斯多德對理性和自由的推崇和追求，深刻地影響了西方文化和教育的發展。從文藝復興時代人文主義者弗吉里奧（Pietro Paolo Vergerio, 1349-1420）提倡「應回復古希臘人文課程（包括希臘文和拉丁文），喚起、訓練與發展那些使人趨於高貴的身心、最高的才能，使受教育者獲得德性與智慧」的自由教育主張；到18世紀，啓蒙思想家康德認爲：「道德、理性是人之所以爲人的根本特點，教育應當以發展人的理性和道德作爲基本目的」；再到19世紀，教育思想家紐曼（John Henry Newman, 1801-1890）與赫胥黎（Thomas Henry Huxley, 1825-1895）兩種自由教育思想的交鋒[80]；直至20世紀，永恆主義教育思想家赫欽斯（Robert Maynard Hutchins, 1899-1977）、要素主義教育思想家科南特（James Bryant Conant, 1893-1979）等提出的通識（普通）教育應該透過共同知識的傳遞以訓練和發展人的理智，包括列奧·施特勞斯（Leo Strauss, 1899-1973）強調「自由教育在

---

80 紐曼認爲，自由教育等同於古典人文主義教育，目的在於理智的訓練，旨在培養卓越的智力，使其成爲具有高尚修養的紳士。他特別強調作爲一種「自由學習」的大學教育應當提供一種「自由教育」，教學生學習古典語言和文學，以及古代歷史和哲學爲主要內容的「自由知識」。赫胥黎則認爲，傳統的古典主義華而不實，認爲自由教育應該是一種公民教育，目的在於使人可以選擇任何一種職業，並按照國家要求勝任各種職務。學習內容包括人文學科，也包括自然學科。（吳式穎、任鍾印，外國教育思想通史：第八卷[M]，長沙：湖南教育出版社，2002：136-146，179。）

於聆聽最偉大的心智之間的對話，旨在喚醒一個人自身的優異和卓越」等教育思想，無一不是對亞里斯多德自由教育觀的繼承與發揚。正是在長達16個世紀的漫長發展過程中，以培養人的理性爲目的的自由教育觀也在發生著更加符合現代社會要求的變化，它不再僅僅面向「自由人」，而是面向廣大民衆；不再僅僅與職業教育對立，而是成爲融合專業教育的通識教育思想；不再僅僅倡導個體獲得精神、道德和思想上的自由，更要促進人類的思想交流和文化傳遞。

第三節　近代自由理論與教育自由

近代以來，隨著權利觀念的興起，「服從與強制」的問題開始成爲政治哲學的基本問題。這一問題被伯林稱爲「兩種觀念體系間的公開鬥爭」[81]，並深刻地影響了近代自由理論的發展。如何看待和解釋「對自由權利的承認」與「某種約束手段的使用」這兩者的關係，成爲近代自由理論的重要內容。在對自由理論進行建構時，包括洛克、盧梭、康德、黑格爾、穆勒等近代思想家儘管存在理性主義自由觀與經驗主義自由觀、政治自由與道德自由等方面的諸多分歧，但卻不約而同地將視線聚焦於教育——這一作爲個體提升必要途徑和社會公共意志反映的重要領域，對教育自由問題，即「教育與自由結合而可能出現的內在緊張關係」進行關切。這種關切主要從兩方面展開：一是在國家、社會和個體關係的層面上探討教育的自由問題，涉及國家對教育的控制及其限度；二是探討教育過程中的自由問題，涉及教育者對兒童的控制及其限度。

---

[81] 以賽亞·伯林，自由論（修訂版）[M]，胡傳勝譯，南京：譯林出版社，2011：188。

一、近代自由理論中的教育自由

　　隨著近代哲學中自由和權利觀念興起以及向教育領域的滲透，傳統意義上的教育強制之正當性受到來自自由的挑戰，並由此產生了教育和自由之間存在的內在的邏輯張力。康德將這種邏輯困境表述爲：「人們怎樣才能把服從於法則的強制和運用自由的能力結合起來。因爲強制是必須的。我怎麼才能用強制培養出自由呢？」[82]（後文稱爲「康德問題」）正是圍繞「權利」和「強制」這對近代自由理論的基本範疇，自洛克以來的近代自由主義教育思想家們對教育自由的相對合理性、實踐有限性和可能性條件展開了各種各樣的論證。

(一)兒童的自由權利及其限度

　　第一，兒童天然具有自由的權利，可以成爲教育自由的主體。兒童權利的解放發端於洛克，彰顯於盧梭。洛克提出兒童與成人一樣，天然地擁有部分的實質性權利（財產權、生命權和健康權）。儘管對自由權有所保留，但是他依舊強調在教育中應當讓兒童「獲得他們的年歲所應有的自由」，並主張「只要做得不壞就行，其餘的自由都應給予他們」[83]。盧梭更是透過強調「人是生而自由的，但卻無往不在枷鎖之中」，提出要尊重兒童的自由天性。教育應該爲解放兒童的自由權利創設條件，兒童的發展方向由他們的天性（自由）來決定，不是由作爲教育者的成人來決定。杜威對此盛讚不已，認爲「教育不是從外部強加給兒童和年輕人某些東西，而是人類天賦能力的生長。從盧梭那時以來，教育改革家們所強調的種種主張，都源於這個概念」[84]。

---

[82] 伊曼努爾·康德，論教育學[M]，趙鵬等譯，上海：上海人民出版社，2005：13。

[83] 約翰·洛克，教育漫話[M]，楊漢麟譯，北京：人民教育出版社，2006：55。

[84] 約翰·杜威，學校與社會·明日之學校[M]，趙祥麟、任鍾印、吳志宏譯，北

第二，兒童的自由因理性不足而受到限制，需要透過教育獲得。洛克認為，理性乃是個體自由的基礎和條件。理性能夠教導一個人瞭解他用以支配自己行動的法律，使他知道對自己的自由意志聽從到什麼程度。按照他的「白板說」，理性不是兒童天然具有的，而是透過「年齡」和「教育」獲得的。在兒童具有理性來指導自身行動之前，放任他享有無限制的自由是一件危險的事情，所以他主張「兒童年齡愈小，就愈不應當依從他們的任性；兒童愈缺乏理性，就愈應當受到管教者的絕對權力的約束」[85]。這種「絕對權力」就是父母在兒童成年之前所持有的教育權力，而教育的過程正是兒童的理性得到發展的過程。同樣的，基於對兒童理性不足的考慮，康德則強調兒童自由的限度在於「不妨礙別人」和「不傷害自己」[86]，需要成年人替他來制定計畫，以引導他們學會「自己給自己制定計畫」[87]。這一過程正是理性獲得的過程，也就是教育展開的過程。

(二)教育的強制及其合理性

對兒童權利和自由的主張，必然面臨「教育強制」正當性和合理性的問題。無論是費希特的「純粹的倫理生活」，或是康德的「自我規定的法」，抑或是盧梭的「公意」，還是黑格爾的「普遍意見」，都預設了一種人之自由的理想狀態。對於兒童來說，由於理性不足的自身侷限性，要進入這一理想狀態，必須藉助於教育者的引導和幫助，而在這一過程中，又必須服從教育者的意志或者命令。這正是教育強制獲得合理性辯護的根本所在。人的自由，表明他在實踐中的理

京：人民教育出版社，1994：221。

[85] 約翰‧洛克，教育漫話[M]，楊漢麟譯，北京：人民教育出版社，2006：35。

[86] 伊曼努爾‧康德，論教育學[M]，趙鵬等譯，上海：上海人民出版社，2005：14，3。

[87] 同註86。

性的存在。如何使人變得有理性，這就是教育及其強制的根本目的。

第一，教育者對於兒童的教育強制或干預，具有道德上的正當性和合理性。無論是康德、黑格爾還是費希特，他們都是在合乎倫理要求的意義上強調教育強制的合理性的。在康德看來，教育強制首先是構成教育實踐的合理性因素，其目的在於使兒童獲得自由的理性。他將教育強制區分為兩種：一種是機械的強制，即「習得謙恭和一種被動的服從」；另一種是道德性強制，即「學會在法則下運用思考能力和他的自由」。後者對於理性健全的成人來說並不是一種強制，而是自律和自由；但是對於理性不足的兒童來說，由於無法認識「自我規定的法」所包含的普遍性和公正性，所以他才會感到是一種強制。一旦兒童透過教育獲得理性的發展和完滿，那麼，這種強制也就消失了。所以康德才說，在教育中「對他施加一定的強制，是為了指導他去運用自己的自由，人們對他進行培養，是為了他有朝一日能夠自由，即不再依賴他人的照料」，「應該讓兒童習慣於忍受對其自由所施加的強制，並應同時指導他去良好地運用其自由。」[88]

第二，教育強制的合理實施存在不同策略。洛克認為，教育強制的合理實施，重點應在教育方法上。他區分了兩種管教的方法：「嚴厲管教」和「溫和管教」。前者適用於年幼的兒童，以便幫助他們克制自己的任性與慾望，形成自我約束的理性自覺。但是過分嚴厲的管理和壓制會造成兒童失去活力和勤奮，此時應「改為較溫和的管教方式」[89]，把兒童當作「理性的動物」，用「極少的極明白的措辭」進行「適合兒童的能力和理解力的說理」[90]。康德則試圖從兒童品格的

[88] 伊曼努爾・康德，論教育學[M]，趙鵬等譯，上海：上海人民出版社，2005：13-14，36。

[89] 約翰・洛克，教育漫話[M]，楊漢麟譯，北京：人民教育出版社，2006：38，72。

[90] 同註89。

服從入手，認爲服從的品格就是自由的品格，教育強制的合理實施重
點在於促使個體明白服從什麼。他把兒童的服從對象分爲兩種：一是
對領導者絕對意志的服從，表現爲服從父母和老師；二是服從領導者
那種被承認爲理性和善意的意志，表現爲服從普遍的法則。如何使兒
童習慣於服從？也是透過兩條途徑：一是透過強制產生絕對的服從，
這對於兒童來說是必要的；二是透過信賴產生自願的服從。[91]

(三)基於自由精神的教育強制

正如羅素所言：「權力某種程度上在教育中是不可避免的，凡
是施教的人必須找到一條按照自由精神來行使權力的道路。」[92]教育
強制的合理性並不意味著教育權力和教育者權威可以隨意地施加於兒
童身上，它們的行使必須遵循符合自由精神和兒童自我發展的基本原
則，使兒童的言行符合自由的道德要求。

第一，讓兒童學會透過別人的權利認識自己行爲的限制。這一
原則是由康德提出的。個體與他人的關係問題，是在實施教育強制時
必須時刻加以關注的問題。每一個兒童都有基本的教育自由。在可能
與他人發生任何聯繫或關係的時候，自由的行使都必須限定在不妨礙
他人自由的前提內。具體而言，包括不能妨礙其他兒童受教育的自由
（如：不影響別的兒童的學習、不更多地占有教育資源等）、不能妨
礙教育者的自由（如：課堂上的大聲喧嘩和隨意走動，會導致教師課
堂教學無法正常進行等）、不能妨礙其他兒童其他方面的自由（如：
他人的表達自由、行動自由等），以及不能損害社會的公共利益。一
旦兒童能夠透過教育認識到這些限制，並且在與他人的交往中遵循這
些限制時，他便不會感到行爲的不自由。

---

[91] 同註88。

[92] 伯特蘭·羅素，社會改造原理[M]，張師竹譯，上海：上海人民出版社，2001：
94。

第二，寬容作爲實施教育強制應遵循的精神和原則。洛克認爲，教育者在教育過程中應當對兒童保持一種寬容的教育態度：對於兒童不應當干預之事，保持緘默；對於兒童應當干預之事，採用引導的方法。事實上，寬容也意味著對兒童差異性的尊重，以及處理分歧時應保持的客觀、公正的態度和原則。

總之，近代自由理論中關於兒童的教育自由問題，正是沿著「權利」與「強制」兩個向度展開的觀念博弈。這使得教育自由至少包含兩個基本涵義：一是「參與教育的自由」，具體包括兒童享有受教育的權利，以及兒童參與其與教育有關的各項事務管理；二是「教育選擇的自由」，主要包括思想自由與表達自由。

二、兒童的教育自由及其保障

自由主義者認爲，理想的教育狀態是使兒童的未來選擇最大化，爲兒童提供機會，讓兒童在最廣泛的生活方式中自由理性地進行選擇。約翰・穆勒（或譯爲「密爾」）是自由主義的集大成者，他從教育資源配置的角度分析了如何保障兒童的教育自由。

(一)穆勒主張個性自由

作爲自由主義者的穆勒提出了一份自由的清單：「第一是內心自由，其中包括思想自由、言論自由、出版自由、學術自由、宗教自由和情感自由等等；第二是行動自由，每個人都有自由制定適合於自己性格和興趣的生活計畫；第三是結社自由，每個人都有自由地相互聯合。」[93]可以看出，穆勒的這些自由基本上屬於消極的自由。對消極自由的實現來說，人的個性發展十分重要。每個人都有權利按照自己的個性來選擇自己的生活。所以，穆勒對於西方社會趨同化的發展提出了反對的意見，社會應該千方百計地鼓勵人的個性發展，按照個性

---

[93] 姚大志，當代西方政治哲學[M]，北京：北京大學出版社，2011：49。

自由地發展，應該是人類幸福的基本條件之一。「穆勒關注的主要問題是如何在民主社會、商業社會保持個性的光芒。他擔心，在大眾主導的民主社會，在商業精神、中產階級意識成為主流的現代社會，人的個性很難保持。」[94]穆勒強調個性的發展，害怕工商業社會對人的個性的侵害，他提出的個性自由似乎可以被看成如何治療民主社會平庸的藥方。穆勒關注人的個性，強調的並不是個人內心的修養，也不是個人不畏強權、堅持個性，而是強調必須要防止政治、法律和社會對個性發展的壓制。他十分強調個性的價值，那些有個性的人「發現新的真理」，「開創一些新的做法」，「這些少數人恰似地上的鹽，沒有他們，人類生活就會變成死水一潭。」[95]穆勒認為，有個性的人才能為人類生活的發展作出更大的貢獻，平庸的社會必須為那些有個性的菁英留下成長的空間。

(二)教育要發展人的個性

穆勒非常重視教育，他認為，父母把孩子生下來，就必須為孩子提供足夠的教育和訓練。「一個人只顧把孩子生出來，而不相當地籌畫好能夠不僅為他的身體提供食品，而且為他的心智提供教育和訓練，這對於那個不幸的後代和整個社會都是一種道德上的犯罪；如果做父母的不履行這項義務，國家就應當實行監督，使這項義務盡可能靠父母負擔而得以履行。」[96]因此，穆勒和洛克有著相似的地方，他們都贊成父母對兒童的教育責任，都把培養一個自由人的教育交給了父母。穆勒說：「政府如果下定決心要求每個兒童都受到良好的教育，那也許就不必自己去操心辦教育。可以讓父母根據自己的喜好為

---

[94] 密爾，論自由[M]，顧肅譯，南京：譯林出版社，2010：導讀，68。

[95] 同註94。

[96] 密爾，論自由[M]，顧肅譯，南京：譯林出版社，2010：111，111，110，112，113。

子女選擇在何處得到怎樣的教育，國家只需要幫助貧困階層的兒童付學費，對完全無人負擔的兒童代付全部上學費用，這就足夠了。」[97]穆勒的理想就是一個好的教育不能限制兒童對美好生活方式的選擇，而是要提供機會讓每個孩子能在盡可能多樣化的生活方式中作出自由的理性選擇。「至於國家，它雖然尊重每個人在特別關涉自己的事情上的個人自由，也有責任對它允許每個人施加於他人的權力保持一種警惕的控制。」[98]因此，在教育資源配置上，穆勒反對國家干預。

專欄6-1
約翰・穆勒論教育

　　一個人只顧把孩子生出來，而不相當地籌畫好能夠不僅為他的身體提供食品，而且為他的心智提供教育和訓練，這對於那個不幸的後代和整個社會都是一種道德上的犯罪；如果做父母的不履行這項義務，國家就應當實行監督，使這項義務盡可能靠父母負擔而得以履行。

資料來源：密爾，論自由 [M]，顧肅譯，南京：譯林出版社，
　　　　　2010：111。

　　穆勒還基於言論的自由對教育內容提出自己的觀點。他反對國家對教育內容的干預，說：「為了防範國家透過這些安排來對人們的觀點施加不正當的影響，考試中所測驗的知識（除那些純工具性的知識，如語言及其用法以外），應當嚴格地限制在事實和實證科學的範圍，甚至高級別的考試也是如此。關於宗教、政治或其他有爭議的課題的考試，不應當用於測驗有關觀點的真偽，而是測驗有關事實的知

---

[97] 同註96。

[98] 同註96。

識，即那些作者、學派或教會曾根據什麼理由主張過什麼觀點。」[99]
國家不能要求兒童的價值判斷，對觀點測試不能統一爲標準答案，在
有爭議的題目上，國家不能強迫公民接受某一方面的觀點，「一個攻
讀哲學的學生，若有能力透過關於康德和洛克的考試，不論他贊成其
中的哪一位，還是一位都不贊成，那總是更好些。」[100]從這一點看，
穆勒特別害怕由於國家的干涉後，各種觀點變得單一化。因此，在學
校教育內容上，他堅持多元化的價值觀，反對國家的干涉。

　　穆勒害怕的是啓蒙以來的普遍理性主義對自由的威脅，可以
說，他認識到了啓蒙運動的普遍主義文明方案可能會威脅自由與多
樣性。所以，他以崇尚個性的方式維護個體的自由，同時又追求多樣
性。

第四節　現當代多元思潮對教育及其自由問題的影響與反思

　　19世紀末、20世紀初是人類發展的轉折時代，以電力革命和內
燃機革命爲標誌的科學技術革命，極大地促進了人類的發展。人類開
啓了基礎教育普及的進程，而教育思想愈加的豐富和多元，對自由問
題和教育自由問題的看法也呈現出多元化的樣態。

一、進步主義教育思潮與新教育運動

　　開端於20世紀初期的兩大教育改革運動都與自由有關，都是在
對傳統教育的批判中彰顯了對自由的追求。

---

[99] 同註96。
[100] 同註96。

(一)進步主義教育運動中的兒童自由

進步主義教育運動發端於北美，對傳統教育的批判集中到一點，那就是：傳統教育的實質是權威主義的，缺乏民主和自由。所以，進步主義各項主張的精髓就是它的民主與自由精神。進步主義者認爲，民主、自由與教育是三位一體的。進步主義教育運動對自由的追求並不是停留在思想的解讀上，而是身體力行地把它變成一個改革傳統教育弊端的教育革新運動。因此，進步主義主張的兒童自由充滿了實踐色彩。

在進步主義者看來，教育與民主、自由是一回事，教育必須適應社會的民主與自由。所以，他們要求學校本身就成爲民主的機構，在這個機構中，兒童成爲中心，要促進兒童自由發展。杜威反對傳統教育中教師所具有的那種專斷性的主導作用，認爲那種由上級的權威者把所必須接受的東西傳給下級的接受者形成的教育體制，不是教育，而是灌輸、宣傳。他說：「教師在學校中並不是要給兒童強加某種概念，或形成某種習慣，而是作爲集體的　個成員來選擇對於兒童的影響，並幫助兒童對這些影響作出適當的反應。」「教師的職務僅僅是依據較多的經驗和較成熟的學識來決定怎樣使兒童得到生活的訓練。」[101]因此，杜威提出要以兒童爲中心，認爲理想的學校就是兒童生活的地方，兒童的生活是決定學校一切的目的，學校的任務就是以兒童爲中心，並把兒童的生活組織起來。杜威認爲，教學應該「使兒童將經驗中所接觸的各種東西不斷地形成明確、生動和成長中的表象」[102]。興趣是「生長中的能力的信號和象徵」。而在談到如何培養兒童的興趣時，杜威認爲，既不能壓抑兒童的興趣，同時也不能放任

---

[101] 華東師範大學教育系，杭州大學教育系，現代西方資產階級教育思想流派論著選[M]，北京：人民教育出版社，1980：103，112。

[102] 同註101。

兒童的興趣，最重要的是要發現兒童興趣背後隱藏著的能力。

在進步主義教育陣營內部，對兒童自由的觀點存在著諸多的衝突。杜威的確主張兒童中心，但是我們必須把杜威和浪漫主義分開。杜威認為，主張以兒童為中心的浪漫派，針對傳統教育實踐的缺陷提出了改革的方法，但是這種改革方案只是簡單地否定了傳統，並沒有提出切實可行的教育方式。他們只是在否定舊式教育的同時走向了另一個極端。杜威把那種浪漫主義的兒童中心論者稱為「自由黨」。自由黨的教育方針是：「讓我們利用特定的材料、工具和器械把學生團團圍住，然後讓學生按照自己的想法對這些東西產生反應。最重要的是，我們不該向學生指示任何目的或計畫；我們不該告訴學生他們該做些什麼，因為那將是對學生神聖的學習個性的侵犯，而這種個性的本質就是樹立目的和目標。」[103]杜威對這樣的浪漫主義的做法作出了中肯的評價，認為他們的做法是愚蠢的。杜威認為：「因為這種方法試圖達成不可能實現的目的，這總是很蠢的做法；這種方法誤解獨立思考的條件。對於周圍條件作出反應的方式有許多，如果沒有來自於經驗的某些指導，這些反應幾乎肯定是隨意的、斷續的，也最終令人感到疲憊，還會帶來精神壓力。因為教師比學生更富有經驗，所以他們有權力，事實上也有責任告訴學生該做些什麼（浪漫派未能夠認識到，在他們為學生提供的材料中已經蘊含的指導究竟達到了何種程度）。教師的建議，而非教師的命令與來自無法控制的任何來源的建議相比，可能會更加有助於真正地形成和促進嚴格意義上的個人能力發展。」[104]

杜威熱情參與教育改革的時代，正好是美國進步主義教育的時代。進步主義改革者創辦了很多新式的學校，雖然杜威對這些新式學

---

[103]羅伯特·威斯布魯克，杜威與美國民主[M]，王紅欣譯，北京：北京大學出版社，2010：529，530。

[104]同註104。

校也持肯定的態度，但他也對一些不好的做法提出了批評。當時曾經有一幅漫畫否定這種浪漫派進步主義者的做法，畫面是一個愁容滿面的小女孩問自己的老師：「我們今天必須想做什麼就做什麼嗎？」浪漫派把兒童當成中心，強調的是兒童的消極自由。英國哲學家以賽亞·伯林區分了積極自由和消極自由，積極自由就是可以做什麼的自由，消極自由是免於做什麼的自由。杜威認為，浪漫派的錯誤就在於過分重視兒童的消極自由，而沒有把消極自由當成促進兒童積極自由的手段。杜威認為，教師的任務並不是容許兒童任意揮灑自己的衝動，而是指導兒童，使兒童的衝動能夠獲得智慧的引導，讓兒童學會自我控制。

(二)新教育運動中蒙特梭利的自由教育觀

新教育運動是19世紀末至20世紀初在歐洲出現的資產階級教育改革運動，主要內容是建立與舊式的傳統學校在教育目的、內容、方法上完全不同的新學校，因此也稱為新學校運動。這次教育改革很快地與北美的進步主義教育運動融合在一起，形成聲勢更大的教育改革運動。在這個運動中出現了許多思想家和教育家，蒙特梭利就是其中非常有代表性的一位。瑪麗亞·蒙特梭利是享譽世界的義大利著名兒童教育家，她總結了盧梭、裴斯泰洛齊、福祿貝爾等人的自然主義教育思想，集當時世界上先進的醫學、生物學、心理學、人類學和教育學等學科之大成，同時還結合自己在「兒童之家」對於兒童的觀察和研究，提出了自己對兒童的獨特觀點，形成了獨具特色的蒙特梭利兒童觀，進而奠定了蒙特梭利教育法的理論基礎，影響至今。

在兒童自由方面，蒙特梭利主張保證兒童發展的自由，她所謂的自由是指使人從妨礙其身心和諧發展的障礙中解放出來的自由。她認為，如果要建立一種合乎科學的教育，其基本原則必須是使兒童獲得自由，這種自由將使兒童的天性得到自然表現。因此，促進學生的

全面發展是蒙特梭利自由教育的旨歸。蒙特梭利在《人的形成》中談
道：「在改造社會中一個最迫切需要做的就是改造教育，要喚醒那
些至今仍隱藏著的奇妙力量……然後就可以出現適合現代文明的兒
童。」[105]正是從教育基本要求出發，蒙特梭利提出要去除兒童發展過
程中的各種障礙，使他無論在何處都免受危險、誤解和威脅。在反思
傳統教育缺陷的基礎上，蒙特梭利尖銳地指出，在傳統教育模式下，
兒童被當作「成人」一樣看待，兒童教育被認為是兒童簡單接受「成
人」灌輸的過程。因此，兒童是孤立的存在，是「被遺忘的公民」。
兒童「如同被針釘住的蝴蝶一樣被釘在各自的座位上，釘在課桌旁，
張開著他們所得到的乏味的、沒有意義的知識翅膀，然而這種翅膀已
失去了作用」[106]。她認為，只有尊重兒童成長的規律，把兒童當作
兒童，把兒童從傳統教育模式中解脫出來，才能使兒童的發展獲得
自由。為此，只有給兒童以自由的權利，才能適應兒童發展的要求。
「為了培養有高度自覺自主的智力活動的人，我們必須賦予『自由』
以新的概念。」[107]

在保障兒童自由方面，蒙特梭利提出要創設適當的教育環境。蒙
特梭利認為，一定教育活動的開展，離不開一定的教育環境。與學生
的自我發展相比較，環境不是推進教育的第一要素。但是，環境也具
有重要性。「無疑地，環境是生命現象的第二因素，它可以促進和阻
礙生命的發展。」[108]蒙特梭利提出，孩子具有天生的學習傾向。透過
適當的環境，能夠激發孩子的學習興趣，促進孩子主動學習。為此，
她堅決反對傳統強制性的、制度約束下的學習。良好的環境標準應該

---

[105]黃人頌，學前教育學參考資料[M]，北京：人民教育出版社，1991：41。

[106]蒙特梭利，蒙特梭利幼兒教育科學方法[M]，任代文、主譯校，北京：人民教育
出版社，1993：59，738，126，68。

[107]同註106。

[108]同註106。

是能夠促進兒童自由地選擇活動項目。「科學的教育學的基本原則，應該是兒童自由的原則——這一原則允許個性發展，允許兒童天性的自然表現。」[109]蒙特梭利提倡把教育教學建立在日常生活中，建立在學生對於教具自由選擇的使用中，建立在「有預備」的環境中。在這樣的環境裡，實現知識的移植。「這就是兒童的學習方法，這就是兒童經歷的途徑。他學會一切而不知自己是在學習。與此同時，他逐步從無意識過渡到有意識，而在這一過程中總是充滿著歡樂和愛。」[110]蒙特梭利認為，透過學生對於教育教學環境的感覺，能夠刺激學生的感官，激發學生的學習興趣，增強學生的動手能力，培養學生的自由心理。

發揮教師的引導作用是蒙特梭利自由教育的關鍵。蒙特梭利認為，教師在兒童的學習過程中具有關鍵性作用。但是，在蒙特梭利教育教學思想中，教師的工作不是把既定的知識傳授給學生，而是激發學生學習的熱情，培養學生的學習能力。「成人的工作不是教，而是在幼兒的發展過程中幫助其心理的形成。」[111]這意味著，教師應當引導學生自我學習的激情，引導兒童積極主動地探索知識，引導兒童從活動中獲取經驗。在蒙特梭利看來，一個合格的教師，應該有助於學生的自由學習。

如何使兒童獲得自由，蒙特梭利還提出了一些教育原則。第一，在自由的基礎上培養紀律性。蒙特梭利認為，「自由並不意味著應該支持兒童毫無目的的、放任的、無規則的活動。」[112]教師應讓孩子知道什麼是對的，什麼是錯的，哪些事情應該做，哪些事情不應該做，以便使他們辨別好與壞。因此，她認為應培養孩子的紀律性。說

---

[109] 同註106。

[110] 蒙特梭利，吸收性心智[M]，蒙特梭利教育研究組編譯，蘭州：蘭州大學出版社，2002：344-345，346，62，63，65。

[111] 同註110。

[112] 同註110。

到紀律，蒙特梭利認爲並不是單純的說教和懲戒所帶來的，「這種獎勵和懲罰，請允許我如此措辭，簡直是靈魂的『板凳』，是奴役精神的工具，它們不是用來減少畸形，而是用來製造畸形，用獎勵和懲罰所激起的努力是被迫的，而不是自然的，可以肯定地說，這絕不會給孩子帶來自然發展。」[113] 也就是說，良好的紀律與秩序來自自覺自願。在教育教學過程中，不能簡單地靠紀律來約束孩子，而應在推進教育教學過程中，增強孩子的自信心，提高孩子的自制能力，這才是眞正促進孩子成長的方式，也才是科學的方式。正如蒙特梭利所指出的：「人的一切勝利，人的一切進步，都是靠人的內心力量。」[114]

第二，透過獨立達到自由。蒙特梭利認爲，在正常情況下，兒童都有一種獨立活動的慾望（如要自己拿東西、自己穿衣服、自己吃飯），教育應當促使兒童這種慾望的實現。而兒童也正是在這種獨立中得到成長，自我完善。因此，她指責很多教育改革者，在原則上承認兒童的生長在於解放他內部潛在的力量，因而應使他盡可能自發地活動，但實際上兒童仍然是經常被控制的。爲此，蒙特梭利強調，一個人不獨立就不能自由。嬰兒從斷奶時就開始選擇自己的食物，沿著獨立的道路前進，到了3歲便有了較大程度的獨立和自由。此時，教育必須成爲一種動力，幫助兒童沿著獨立的道路前進。如果對兒童姑息、溺愛、什麼事都替他們做，反而會造成兒童的依賴性，不必要的幫助也會成爲障礙，甚至會造成他們的自卑感。正如蒙特梭利所說的那樣：「我們的任務是教會兒童做，而不是什麼都代替他們做。當然，代替要比教會容易得多，但那是很危險的，雖能一時奏效，但對將來卻是有害的。」[115] 只有能獨立活動的人，才能在戰勝困難中增長能力，使

---

[113] 同註110。

[114] 同註110。

[115] 波拉・波爾克・里拉德，現代幼稚教育法[M]，劉彥龍、李四梅譯，濟南：明天出版社，1986：186，187。

自己發展得更加完善。第三，在自由的練習活動中發展意志。意志是人們從事某種活動、克服困難、達到目的所應具備的優良品質。蒙特梭利認為，只有透過兒童自由的活動才能培養意志。兒童之所以選擇某件事，而不做另一件事，是由內部的意志傾向來決定的。他的意志引導他的前進，並發展他的力量。兒童對於自己選擇的工作，不僅不會使他感到被動，還會強化他的個性。現實生活中，成人往往把自己的意志強加給孩子，干涉他正在做的事。強令他做成人所要他做的事，使他處於被壓服的地位，喪失練習自己意志的力量，那就破壞了他的發展，結果使其成為膽小、不果斷的犧牲品。因此，蒙特梭利強調：「兒童必須透過自由和練習活動，使得衝動和抑制互相平衡，從而鍛鍊意志，形成有意服從的好品質。」她說：「意志和服從並不矛盾，而是攜手並進的。」[116]意志是服從的前提，鍛鍊個人的意志，等到他能做到自我控制的時候，才可以產生服從社會生活規範的更高級的道德品質。

　　儘管有不少人對蒙特梭利的教育主張予以肯定，但也仍然存在非議。正如杜威所說：「教育上的事沒有一件是沒有爭論的。」[117]如美國進步主義教育活動家克伯屈就對蒙特梭利的主張進行了批評，認為蒙特梭利的理論屬於19世紀中期，是落後現代教育理論發展約五十年的學說。其批評主要集中在兩方面：一是認為蒙特梭利提出的感覺訓練是落伍的，所採用的教具缺乏變化，無法充分激發兒童的想像力；自動教育也是一種夢想，而非事實，因此斷定她所倡導或發明的感官教育及教具具有很大侷限性，價值不大。二是缺乏社會生活的訓練。克伯屈指出，蒙特梭利提倡的兒童的學習是單獨進行的，沒有提供與社會合作的機會，因此相對於杜威的學校社會化及從生活、經驗

---

[116] 同註115。

[117] 吳式穎、任鍾印，外國教育思想通史：第九卷[M]，長沙：湖南教育出版社，2002：204，201。

中學習的主張，蒙特梭利是瞠乎其後的。[118]

二、海耶克的自由觀與教育觀

海耶克（Hayek, 1899-1992）是奧地利裔英國經濟學家，新自由主義的代表人物。他繼承了18世紀的啓蒙思想，從人主義出發，強調維護人的自主，提出了自生自發的自由秩序，認為社會秩序的形成是人們行動的後果，而不是人為設計的結果。《自由秩序原理》是其關於自由理論的代表著作。

(一)海耶克的自由觀

比起其他的自由主義者，海耶克的自由觀顯得更爲根本和徹底。他在《自由秩序原理》開篇就提出：「一個人不受制於另一人或另一些人因專斷意志而產生的強制狀態，亦常被稱爲『個人』自由（individual freedom）或『人身』自由（personal freedom）的狀態；然而，我想提醒讀者注意，如果我在這一意義上使用『自由』一詞時，我將直接採用『個人自由』或『人身自由』的表達方式。」[119] 海耶克認爲，他所使用的自由的涵義最貼近自由的原始意義，他不願意使用政治自由這樣的概念。他說：「自由預設了個人具有某種確獲保障的私域（some assured private sphere），亦預設了他的生活環境中有一系列情勢是他人所不能干涉的。」[120] 而生活中顯然有一些領域必然是要強制的，人們才能生活。由此，海耶克也承認國家的必要性。但他認爲，國家固然有強制的權力，但是政府必須有限，必須在權力限制下行動。由於海耶克首先承認的是個人的自由，因此在解釋

---

[118] 同註117。

[119] 弗里德里希・馮・海耶克，自由秩序原理（上）[M]，鄧正來譯，北京：生活・讀書・新知三聯書店，1997：4，6，61。

[120] 同註119。

社會秩序方面，他反對建構論的唯理主義框架，主張進化論的理性主義框架，因爲前者是組織的、人爲的、人造的社會秩序，是「故意」設計出來的，後者則是「自生自發的秩序」。海耶克認爲，自由不是一種自然的狀態，而是一種文明的產物，並且這種文明的產物並不是出自人精心設計的結果，「各種自由制度，如同自由所造就的所有其他的事物一般，並不是因爲人們在先已預見到這些制度所可能產生的益處以後方進行構建的。」[121]

(二)海耶克的教育觀

海耶克並不相信透過普及教育能夠改變社會。海耶克在談自由的時候也和其他思想家一樣，還談及了責任的問題，他同樣認爲，自由意味著要承擔自由選擇帶來的代價。顯然，兒童並不具備承擔代價的能力。「就兒童而言，值得我們注意的一個重要事實當然是，他們並不是那種自由的主張可以完全適用的具有責任能力的個人。」[122]因此，必須爲兒童提供教育。但海耶克對公共教育制度持批判態度，尤其是對義務教育傳遞某些明確的價值理念持懷疑態度，對以往自由主義者認爲透過學校教育可以改變社會，可以開啓新時代的觀點持懷疑和批判的態度。他說：「所有的教育都必須且應當根據某些明確的價值觀念加以指導的事實，卻也是公共教育制度（system of public education）會產生眞正危險的根源。人們必須承認，就這一點而言，大多數19世紀的自由主義者對於那些知識傳播所能達致的成就有著一種天眞幼稚的信賴。他們根據唯理式的自由主義觀（rationalistic liberallism），常常主張普通教育並爲之提供理由，似乎知識的傳播可以解決所有的重要問題，似乎只要將那種受過教育

---

[121]同註119。

[122]弗里德里希·馮·海耶克，自由秩序原理（下）[M]，鄧正來譯，北京：生活·讀書·新知三聯書店，1997：160，161。

的人多餘出來的少許知識傳播給大眾，就能夠實現『對無知的征服（conquest of ignorance）』，並且經由這種征服而可以開創一個新時代。」[123]海耶克在知識觀上早期強調「分立的個人知識」，後來又提出「知道如何」的「緘默知識」，最後確立了以「無知」爲核心的「無知」意義上的超驗知識觀。因此，他不像其他自由主義者那樣相信知識的作用。所以他才說：「我們也沒有什麼證據可以證明：一個社會中受過較多教育的人與受過較少教育的人之間於某個時候所存在的知識上的差異，會對社會的特徵產生如此這般的決定性影響。」[124]

海耶克對政府管理學校也提出了異議。世界上絕大多數國家都是透過政府投資教育的，但海耶克認爲這不能成爲政府管理學校的理由，「正是那種高度集權化的且由政府支配的教育制度，將控制人們心智的巨大權力置於了權力機構的操握之中。」[125]海耶克看到了奧匈帝國中由於價值觀不同而帶來的種種衝突，所以他認爲，強行推行統一價值觀的學校教育普及並不會爲人民帶來福利，甚至說：「與其讓一些孩子在爭奪誰應該控制正規教育的權力戰鬥中被殺死，不如根本不讓他們接受這種正規教育。」[126]在海耶克看來，教育上的所有問題都是價值問題，不是可以根據客觀的檢驗標準加以判定的科學問題。既然這樣，由政府推行的「基礎教育都有可能被某一特定的群體所持有的理論觀點所支配，亦即那種想當然地以爲其擁有著解決那些問題的科學答案的群體。特定群體支配教育這種可能性的存在應足以警告我們：將整個教育制度置於國家管理或指導之下，切切實實地隱含著

---

[123] 同註122。

[124] 弗里德里希·馮·海耶克，自由秩序原理（下）[M]，鄧正來譯，北京：生活·讀書·新知三聯書店，1997：161，163，163，164，175。

[125] 同註124。

[126] 同註124。

種種危險」[127]。那麼，普通教育的費用應當由誰來承擔？對此，海耶克推崇傳利曼（Milton Friedman, 1912-2006）的「教育券」制度。根據傳利曼的說法：「為了對政府所規定的最低學校教育提供經費，政府可以發給家長們票證。如果孩子進入『被批准的』教育機關，這些票證就代表每個孩子在每年中所能花費的最大數量的金錢。這樣，家長們就能自由地使用這種票證，再加上他們所願意添增的金額向他們所選擇的『被批准的』教育機關購買教育服務。」[128]至於學校內部的管理和教育內容都由學校決定，政府無權過問。

　　既然透過普及教育和公共教育制度更多的是思想的宰制，那麼如何實現知識的進步呢？雖然海耶克的知識觀傾向於「無知」的先驗知識觀，但他並不否認知識在推動社會發展中的重要意義和價值。對此，海耶克認為，學術自由是推動思想自由的表現形式。「從最高層面看，由教育傳播知識的工作，實與透過研究而增加知識的工作無從分離。只有那些主要從事研究工作的人，才能夠對那些突破現有知識邊界（the boundaries of knowledge）」的問題進行探究[129]。因此，海耶克倡導學術自由。「學術自由不是指每個科學家都應進行在他看來最為可行的研究，也不是指整個科學應當自治。而是指應當有盡可能多的獨立研究中心，在研究中心那些已被證明有能力增進知識發展且被證明能專心於研究工作的人士，能自行確定研究問題；在研究中心，他們能闡述和討論已經獲得的結論，而不管這些結論是否符合雇主或大眾的願望。」[130]因此，海耶克認為，必須對研究機構和教學機

<hr/>

[127] 同註124。

[128] 米爾頓·傳利曼，資本主義與自由[M]，張瑞玉譯，北京：商務印書館，2001：87。

[129] 同註124。

[130] 弗里德里希·馮·海耶克，自由秩序原理（下）[M]，鄧正來譯，北京：生活·讀書·新知三聯書店，1997：178，182。

構給予保護，以免它們遭受政治集團和經濟集團野蠻的干預。

海耶克是一個徹底的自由主義者，他說：「在我們最無知的地方——亦即現有知識之邊界，換言之，在沒有人能夠預言邁出下一步的結果爲何的地方——自由亦就最爲重要。」[131]但是海耶克的自由觀難以擺脫意識型態屬性，在當今民族國家林立的時代裡，如果按照海耶克的說法進行教育實踐，是難以使年輕一代認同國家與民族的，導致的結果必然是社會的動盪不安。

三、傅柯對自由的反思

傅柯作爲法國法蘭西學院思想體系史的教授，位於法國學術金字塔的頂端位置。他思想怪異，行爲乖張，極富有尼采式的「重估一切價值」的批判精神。在自由問題上，他是一位對自由持反思態度的學者。在政治哲學範疇內，傅柯在評論自由主義的時候並沒有把自由主義當成意識型態，而是把它當成一種實踐方式和政治技術。「作爲一種實踐方式，自由主義是資產階級追求最大限度貢獻的政治手段，它是以最少成本達到最大限度經濟效果的政治實踐技巧。」[132]因此，傅柯認爲自啓蒙運動以來，整個社會的發展是朝著以規訓個人作爲其首要目標的方向，而不是理性和自由。傅柯以反思和否定的方式表達了他對自由的看法。

「規訓」（discipline）是傅柯創造的新術語。在法文、英文乃至拉丁文中，這個詞具有紀律、教育、訓練、校正、懲戒等多種釋義，同時還有「學科」的釋義。傅柯利用這個詞的多義性，賦予它新的涵義，用以指一種特殊的權力技術，即權力是干預肉體的訓練和監視技術，又是製造知識的手段。它本身也是權力─知識結合的產物。規訓既使每個個體發揮自己的積極性和創造性，又能協調整個社會

---

[131] 同註130。

[132] 高宣揚，當代政治哲學[M]，北京：人民出版社，2010：564。

的法制和規範，自律地約束自己，與整體社會的發展及宏觀運作相配合。所以，傅柯說規訓「應該成爲一種歷史背景，有關現代社會的規範化權力以及知識的形成的各種研究都應該在這一歷史背景下進行」[133]。

　　既然把規訓當成背景，傅柯也就以一種否定的方式談論了學校教育的自由問題，即學校和醫院、軍隊、工廠、監獄都是規訓的機構。「在學校、兵營、醫院和工廠的環境中，這種細致的規則、挑剔的檢查、對生活和人身的吹毛求疵的監督，很快將會產生一種世俗化的內容，一種關於這種神祕的無窮小和無窮大計算的經濟的或技術的合理性。」[134]因此，學校教育中，人處在被監視的狀態，並沒有什麼自由可言。

　　傅柯認爲，懲罰制度和技術的演變是社會權力精心安排和有效運轉的典型方式。學校作爲社會系統的一部分，其內在的懲罰模型也不例外。正如在《規訓與懲罰》第二部分論及的有關學校及學校教育中微觀物理權力發生作用的規訓技術（空間分配技術、時間控制技術、能力傾向編碼技術、組合編排技術），第三部分提到的規訓手段（層級監視、規範化裁決、檢查）和全景敞視主義（曝光、透視）所揭示的那樣，學校已經和正在進行著對個體的「解剖」，透過「規訓與懲罰」，「培養」和馴順有用和聽話的個體，製造和產出符合紀律和規範要求的「臣民」，形成並產生該特定領域所獨有的標識體系和知識。

　　「統治權力透過關於人的科學（如：心理學、醫學、教育學、犯罪學）的生產，以及相應的『微型權力』機構（心理診所、醫院、

---

[133] 米歇爾·傅柯，規訓與懲罰[M]，劉北成、楊遠嬰譯，北京：生活·讀書·新知三聯書店，2003：354。

[134] 米歇爾·傅柯，規訓與懲罰[M]，劉北成、楊遠嬰譯，北京：生活·讀書·新知三聯書店，2003：159。

學院、監獄）的建立，來無聲地控制每一個人。」[135]學校是傅柯研究權力思想的重要分析和說明的場域之一。傅柯認為，作為規訓機構的學校來講，權力已經滲透到學校的每個角落，進行著有板有眼的、像模像樣的監視、調控、規範和評價。例如，學生、教師在內的生命群體，學生上課的教室、走廊櫥窗、寢室、洗手間的樣式，學生在班級、走廊、具體場所的著裝差異，學生對教師發出的各種指令和信號的行為反應，牆壁上張貼的各種學習、生活作息、校規校訓、道德規範、評獎評優原則等。

專欄6-2
傅柯論學校「規訓」

　　保持筆直的身體，稍稍向左自然地側身前傾，肘部放在桌上，只要不遮住視線，可以用手支著下顎。在桌下，左腿應比右腿稍微靠前。在身體與桌子之間應有兩指寬的距離。這不僅是為了書寫更靈活，而且沒有比養成腹部壓著桌子的習慣更有害健康的了。左臂肘部以下應放在桌子上，右臂應與身體保持三指寬的距離，與桌子保持五指左右的距離，放在桌子上時動作要輕。教師應安排好學生寫字時的姿勢，使之保持不變；當學生改變姿勢時，應用訊號或其他方法予以糾正。

資料來源：米歇爾・傅柯，規訓與懲罰[M]，劉北成、楊遠嬰譯，
　　　　　北京：生活・讀書・新知三聯書店，2003：172。

　　傅柯運用這種細線條的勾勒，已經將18世紀法國的教室場景與今天教育實踐領域正在應用的教育方式吻合得天衣無縫，教室中對學

[135]鄧志偉，後現代主義思潮與西方批判教育學[J]，外國教育資料，1996(4)：3-9。

生進行的身體控制被透視得淋漓盡致。在這裡，身體的器官、功能，它的所有被認為是生物學意義的組織，都被動搖和改變了，都被認為是權力和社會的塑造產品。身體進入到權力的視野中，進入到社會的視野中，進入到制度的視野中。可以說，對身體的控制是行使規訓統治的開始，教育對學生的規訓，首先是從作為「肉體」的身體的塑造開始。在這裡，學生的身體並沒有對權力的運作表現出任何實質性的反抗。

傅柯評論學校的空間安排，說「它使教育空間既像一個學習機器，又是一個監督、篩選和獎勵機器」[136]。學校空間的風格展示了監視的存在，「一個建築物不再僅僅是為了被人觀賞（如宮殿的浮華）或是為了觀看外面的空間（如堡壘的設計），而是為了便於對內進行清晰而細緻的控制，使建築物裡的人一舉一動都彰明顯著。」[137]例如，學校建築大都沿襲傳統學校的建築風格，是走廊加教室的模式，這種模式與監獄十分相似，「各個房間沿著一個走廊排開，宛如一系列小囚室」[138]，這就是一個帶有監視色彩的學校建築。不僅如此，學校的紀律也是對人的一種監督和控制。「在對紀律實行層層監督時，權力並不是一個被占有的物或一個可轉讓的財產，它是作為機制的一部分起作用的。」[139]教育學上說的蘭卡斯特制也被傅柯說成了監督的手段：「一種如同使時鐘機構的互教學校體制逐步嚴密地形成了。開始，老學生負責監督，有時是檢查功課，有時是教新學生。最後，所有學生的全部時間不是用於教，就是用於學。學校變成了一個學習機器，不同水準學生的所有時間都被恰當地結合起來，在整個教學過程

---

[136] 米歇爾・傅柯，規訓與懲罰[M]，劉北成、楊遠嬰譯，北京：生活・讀書・新知三聯書店，2003：167，195，196，200，186。

[137] 同註136。

[138] 同註136。

[139] 同註136。

中不斷地得到利用。」[140]教育中的監督到處存在，權力關係無處不在。

在《規訓與懲罰》中，傅柯揭露的是人赤裸裸地處在被監控的狀態中，在這個意義上，主體的人是不存在的。傅柯以現實對自由的侵蝕為批判的靶子，表達了自由對人的重要價值。相比於其他思想家在理論上論述自由，傅柯則是在批判自由在實踐中的遭遇。可以說，傅柯倡導的是一種實踐自由。

主要結論與啓示

1. 自由可以有三種理解，即：自由是一種權利，是一種德性的善，是對必然性的認識。
2. 古希臘蘇格拉底、柏拉圖和亞里斯多德主張尋求「善的知識」進而獲得自由，把自由教育當成精神活動。
3. 近代的自由理論關注的是如何在兒童成長過程中處理保障兒童自由權利的問題。穆勒主張個性自由，教育必須發展人的個性，保障個體的自由權利。
4. 進步主義教育運動和新教育運動是歐美19世紀末20世紀初對傳統教育進行革新的教育改革運動，改革者們以弘揚自由主義精神、關注兒童成長為主題，發起了對傳統教育的批判。
5. 海耶克從個人主義出發，強調維護人的自主，提出了自生自發的自由秩序，在教育上反對政府的過度干預。
6. 傅柯以反思的方式提出了對現代以來實踐自由的批判，提出教育即規訓的觀點，批判學校教育中各種「反自由」的技術手段。

---

[140] 同註136。

學習評價

1. 自由是一種無拘無束的狀態嗎？
2. 現代社會是否需要自由教育，為什麼？
3. 在兒童成長過程中如何協調自由與紀律的關係？
4. 蘭卡斯特制被傅柯說成了監督的手段，你對此持何種立場？

學術動態

　　自由與教育問題是教育哲學經久不衰的主題。一般而言，自由與教育的問題包括三類：第一類，分析教育中的自由問題，例如，兒童的自由權利及其限度，如何協調自由與紀律、權威的關係。第二類，分析教育本身的自由問題，例如，如何保障高等學校的學術自由，如何維持學校的相對獨立，使學校教育少受到來自工商業和政黨思想的影響。第三類，研究博雅教育、自由教育的問題，在現代社會中表現為通識教育。

　　自由與教育的問題，在當下的教育實踐中有一種表現是教育私營化。教育私營化深受新自由主義政治哲學的影響。新自由主義以「政府的角色最小化」、「快速的私有化」和「快速的自由化」為典型特徵，要求打破政府對學校教育的壟斷，以市場原則進行教育資源配置。海耶克等學者的思想成為教育私營化實踐的理論根據。

　　傅柯的研究以及思想都是開創性的。他對人文學科和整個社會科學都產生了非常廣泛的影響。他的一些思想不僅被諸如醫學、教育等學科所吸收，也在各種政治運動和社會實踐中產生了深刻的效應。研究者關注傅柯為研究教育領域和一部分人文科學提供了理論的和方法論的手段，關注他提出的權力與知識的關係問題。

參考文獻

以賽亞·伯林，自由論（修訂版）[M]，胡傳勝譯，南京：譯林出版

社，2011。

弗里德里希・馮・海耶克，自由秩序原理（上）[M]，鄧正來譯，北京：生活・讀書・新知三聯書店，1997。

弗里德里希・馮・海耶克，自由秩序原理（下）[M]，鄧正來譯，北京：生活・讀書・新知三聯書店，1997。

伊曼努爾・康德，道德形而上學原理[M]，苗力田譯，上海：上海人民出版社，1986。

米歇爾・傅柯，規訓與懲罰[M]，劉北成、楊遠嬰譯，北京：生活・讀書・新知三聯書店，2003。

亞里斯多德，形而上學[M]，吳壽彭譯，北京：商務印書館，2011。

孟德斯鳩，論法的精神：上卷[M]，許明龍譯，北京：商務印書館，2011。

阿克頓，自由與權力：阿克頓勳爵論說文集[M]，侯健、范亞峰譯，北京：商務印書館，2001。

姚大志，當代西方政治哲學[M]，北京：北京大學出版社，2011。

洛克，政府論：下篇[M]，葉啓芳、瞿菊農譯，北京：商務印書館，1996。

約翰・杜威，學校與社會，明日之學校[M]，趙祥麟、任鍾印、吳志宏譯，北京：人民教育出版社，1994。

約翰・洛克，教育漫話[M]，楊漢麟譯，北京：人民教育出版社，2006。

密爾，論自由[M]，顧肅譯，南京：譯林出版社，2010。

密爾頓・傅利曼，資本主義與自由[M]，張瑞玉譯，北京：商務印書館，2001。

喬伊・帕爾默，教育究竟是什麼？——100位思想家論教育[M]，任鍾印、諸惠芳譯，北京：北京大學出版社，2008。

渠敬東，王楠，自由與教育——洛克與盧梭的教育哲學[M]，北京：生活・讀書・新知三聯書店，2012。

蒙特梭利，蒙特梭利幼稚教育科學方法[M]，任代文譯，北京：人民
　　教育出版社，1993。

盧梭，社會契約論[M]，何兆武譯，北京：商務印書館，2003。

盧梭，論人與人之間不平等的起因和基礎[M]，李平漚譯，北京：商
　　務印書館，2007。

諾姆‧喬姆斯基，新自由主義和全球秩序[M]，徐海銘、季海宏譯，
　　南京：江蘇人民出版社，2000。

霍布斯，利維坦[M]，黎思復、黎廷弼譯，北京：商務印書館，
　　2008。

民主與教育

內容摘要

　　本章主要從民主的視角提出教育哲學的基本觀點，從正反兩個角度分析了教育與民主的關係。首先，從正面分析教育與不同類型民主的關係，主要包括教育與菁英民主、教育與契約民主，以及教育與協商民主。其次，從反面分析思想家們對教育與民主的批判和反思，主要分析了再生產理論、批判教育學等觀點。

學習目標

1. 理解教育與各種不同類型民主的關係，並能根據其理論反思教育現實。
2. 瞭解思想家們批判教育與民主的理論觀點，並能根據其理論反思教育現實。

關鍵詞

菁英民主　契約民主　協商民主　再生產　批判教育學

「20世紀教育的歷程表明，滿足政治、軍事、經濟方面的需要幾乎成爲各國不同時期教育發展與改革追求的目標。」[1]沒有哪一個時代如此重視教育，教育與國家的命運、教育與民主的關係從來也沒有如此密切過。西方永恆主義教育哲學家阿德勒（Mortimer Jerome Adler, 1902-2001）講過，政治是一種規則，是一種調整，當然，有時也是一種鬥爭，它的目的是實現人與國家的和解，使其呈現出一幅和諧的圖像。當人類在思考什麼才是理想的社會秩序時，教育就與之結下了不解之緣。《詩經》說：「飲之食之，教之誨之」，教育與人的飲食需要一樣，是非常自然的事情。但是在社會發展的維度上，人的這種自然需要承載諸多的功能。在現代社會，教育承擔著共同體成員透過接受教育實現美好生活的重任；在民主的社會裡，教育的目的不是讓統治者更好地實現統治，而是讓民衆更加有智慧。

第一節　關於民主的理論

民主在現代社會中是人們追求的基本價值。在一般的意義上，民主是指在一定的階級範圍內，按照平等和少數服從多數原則來共同管理國家事務的國家制度。實際上，不同的思想家對民主的看法不同。

一、把民主理解爲一種政治制度

民主與國家的秩序密切相關，只要涉及國家的秩序問題，勢必涉及民主問題。

第一，菁英民主理論。菁英民主理論認爲，任何社會都存在著統治者與被統治者，統治者肯定是少數的菁英人物，他們行使各種政治職能，而被統治者則是多數人。雖然現代社會倡導主權在民，但社會

---

[1]　陸有銓，躁動的百年[M]，濟南：山東教育出版社，1997：916。

的統治秩序必須交給少數的社會菁英來安排。帕累托、莫斯卡、米歇爾斯、韋伯和熊彼特等思想家，都是菁英民主的代表人物。例如，韋伯提出了三種正式的政治支配和權威的形式：魅力型權威（家族和宗教）、傳統型權威（宗主、父權、封建制度），以及法理型權威（現代的法律和國家、官僚）。韋伯對這三種類型的政治支配和權威形式的立場不同，但是基本上主張菁英政治。

第二，契約論的民主。以洛克等人爲代表的自由主義者，把國家看成契約的產物。這種學說提供了一種假設：人與人之間是透過契約的形式，把一部分權力讓渡出來交給共同組織，即形成了行使公共權力的國家。契約論提供了說明國家內部統治者與被統治者之間關係的合理性的一種途徑。契約論認爲，國家是透過把社會和國家看作人們之間訂立契約的結果，來說明政治權威、政治權利和政治義務的來源、範圍和條件等問題。一般認爲，契約分兩種：社會據以成立的契約，稱爲社會契約；政治機構或政治權威據以確立的契約，稱爲政府契約。洛克就是一位契約論民主主張者。洛克在《政府論》下篇中指出，每個人在自然上都是平等的自由人，除非透過自願的契約和讓渡，任何人都沒有資格統治其他人。一個人之所以服從他人的統治，歸根結柢是因爲服從他人的統治就是服從自己的統治 —— 也就是說，人在自然上是自由的。「人類天生都是自由、平等和獨立的，如不得本人的同意，不能把任何人置於這種狀態之外，使受制於另一個人的政治權力。」[2] 國家的唯一目的「只是爲了人民的和平、安全和公衆福利」[3]。對於洛克來說，自由與保護自己的生命是聯繫在一起的，把自己的自由交給別人就相當於把自己放在別人的絕對權力之下。如果失去了自由就等於失去了一切，「因爲自由是其餘一切

2　洛克，政府論：下篇[M]，葉啓芳、瞿菊農譯，北京：商務印書館，1982：59，80，13，5，5，54。

3　同註2。

的基礎」[4]。洛克說，人類最初處在自然狀態中，即一個有自由、有平等、有自己財產的狀態[5]。自然法統治著自然狀態；自由、平等和財產都是人們的自然權利；自然狀態不是「放任的狀態」[6]。透過契約社會所建立的「公民社會的目的原是避免並補救自然狀態的種種不方便」[7]。「雖然他在自然狀態中享有那種權利，但這種享有是很不穩定的，有不斷受別人侵犯的威脅。既然人們都像他一樣有王者的氣派，人人與他都是不平等的，而大部分人又並不嚴格遵守公道和正義，他在這種狀態中對財產的享有就很不安全、不穩定。這就使他願意放棄一種儘管自由卻是充滿著恐懼和經常危險的狀況，因而他並非毫無理由地設法和甘願與已經或有意聯合起來的其他人們一起加入社會，以互相保護他們的生命、特權和地產。」[8]這就是洛克所說的要建立社會的理由。所以，在洛克看來，政府的目的就是保護公民的財產。

二、把民主當成一種生活方式

持這種觀點的代表人物是約翰‧杜威。杜威說：「民主主義不僅是一種政府的形式，它首先是一種聯合生活的方式，是一種共同交流經驗的方式。」[9]杜威理解的這種民主被稱爲社會民主：「對一個社會來說，劃分成許多階級將是致命的。一個社會必須給全體成員以平等的和寬厚的條件求得知識的機會。一個被劃分成不同階級的社會，只需特別注意統治者的教育。一個流動的社會，有許多管道把任

---

[4]　同註2。

[5]　同註2。

[6]　同註2。

[7]　同註2。

[8]　洛克，政府論：下篇[M]，葉啓芳、瞿菊農譯，北京：商務印書館，1982：77。

[9]　約翰‧杜威，民主主義與教育[M]，王承緒譯，北京：人民教育出版社，1990：92，92，105。

何地方發生的變化分布出去，這樣的社會，必須教育成員發展個人的首創精神和適應能力。」[10]在杜威眼裡，人類個體之天性也是社會性的，因此，共同體是人類生活所必需的。人類個體在共同體中學會了所扮演的角色，從而實現了發展。所以，在杜威所提出的民主社會中十分重視共同體的利益，民主社會的標準就是共同利益和相互作用，也就是說，要看看社會成員共享的利益如何，社會各群體之間相互作用到什麼程度。「從個人的角度來說，民主在於根據其能力而有責任地分享、形成和指導其所屬團體的活動，在於根據其需要參與那些團體所維持的價值。從團體的角度來說，民主要求在符合共同利益和共同善的前提下，解放團體成員的各種潛力。」[11]實際上，杜威所提出的民主社會是一種協商民主，民主不應該首先被定義為所有公民的投票權，而應該是幫助產生創新思想的手段。他說：「我們選擇了兩點用來測量社會生活的價值，這兩點就是：一個團體的利益被全體成員共同參與到什麼程度。換言之，一個不良的社會對內對外都設置重重障礙，限制自由的往來和經驗的交流。倘有一個社會，它的全體成員都能以同等條件，共同享受社會的利益，並透過各種形式的聯合生活的相互影響，使社會各種制度得到靈活機動的重新調整，在這個範圍內，這個社會就是民主主義的社會。」[12]

三、對民主進行價值判斷

當代的許多學者都批判虛偽的資產階級民主，認為資產階級的民主制度具有欺騙性，從民主誕生的那天起，就充滿了各種各樣的欺騙性。美國前總統尼克森也曾說過：「付得起千百萬元的法律費用的

---

[10] 同註9。

[11] 童世駿，科學與民主的和諧相處何以可能？——論杜威和哈伯瑪斯的科學觀和民主觀[J]，華東師範大學學報：哲學社會科學版，1999(4)：36。

[12] 同註9。

人，在法庭中所擁有的機會，比付不起這麼多錢的人在法庭中的機會好。在布朗克斯南區的貧民窟出生的孩子擁有的機會，比不上在斯卡斯代爾別墅裡出生的孩子擁有的機會。」[13]盧梭就曾經評價過英國人的民主自由，他說：「英國人民自以為是自由的，他們大錯特錯了。他們只有在選舉國會議員期間是自由的，議員一旦選出之後，他們就是奴隸，他們就等於零了。」[14]而把民主當成生活方式的約翰·杜威也曾批判過民主制度，他說：「民主可悲的崩潰就由於這一事實：把自由和在經濟領域內、在資本主義財政制度之下最高程度的無限制的個人主義活動等同起來了，這一點注定了不僅使平等不能實現，而且也使得一切人們的自由不能實現。」[15]因此，有許多學者都把批判民主當作自己畢生的學術使命。在教育問題上，他們提出教育是維護統治階級統治的工具，並且以各種各樣的名目掩蓋其本質。

實際上，民主的價值判斷具有一定的條件。首先，民主不是萬能的。在公開場合、書店、報刊、網路上對民主侃侃而談，說出民主的N條好處，其實是民眾對「民主有一種玫瑰色的期待」，似乎只要這個神奇的東西降臨大地，它將摧枯拉朽、蕩滌汙流濁水，讓一切變得美好起來。其次，民主不是個壞東西，在所有的政體中，民主不是最壞的政體。即使是那些對民主持懷疑態度的人，往往也不會否認「民主」的終極價值。他們只是堅持，中國現在的條件仍然不成熟；假以時日，中國終有一天會實現「民主」。再次，民主所屬的西方文化相對於傳統中國文化是一個異質文化，其對教育方面的啓迪是普及教育權利的明確提出。當然，在工業化推進的大背景中，普及的教育成了工廠式生產的教育，這是另一個側面的問題。對民主的價值判斷，需

---

[13] 理查·尼克森，角鬥場上[M]，劉炳章、盧佩文、隋麗君譯，北京：新華出版社，1990：344。

[14] 盧梭，社會契約論[M]，何兆武譯，北京：商務印書館，2003：120−121。

[15] 杜威，人的問題[M]，傅統先、邱椿譯，上海：上海人民出版社，1965：93。

要一分爲二地看待。

第二節　教育與不同類型的民主

國家是政治哲學研究的主題，因此，政治哲學家們提出了什麼樣的國家是理想國家，什麼樣的社會是理想社會，相應地，他們把教育當成實現理想國家和理想社會的重要手段。國家作爲政治哲學的主題，還要分析的一個問題是對國家權力的限制。相對於個人來說，現代國家的權力很大，如果不對這種巨大權力加以限制，那麼，國家就有可能濫用權力。因此，教育與民主的理論論題首先表現爲教育與理想國家的關係問題。

一、菁英民主與教育 —— 柏拉圖的教育與民主的理論

古希臘是西方文明的發源地，當時的希臘是民主政體，但是偉大的思想家從蘇格拉底到亞里斯多德都反對民主制，而主張菁英政治，這方面，柏拉圖提出的政教合一型國家具有代表性。在這種民主類型裡，教育與民主的關係成爲一個重要的問題，值得我們分析。從政治哲學的角度講，柏拉圖和亞里斯多德分別開啓了政治哲學不同的發展路徑，柏拉圖開啓的是菁英主義的政教合一型國家，亞里斯多德基於人是政治的動物的前提，開啓了經驗分析的道路，主要分析政體形式。

柏拉圖在思想史上的地位是不可忽視的。「歐洲哲學傳統最可信賴的一般特徵是，它是由柏拉圖的一系列注腳所構成的。我這樣說並不是指學者們有可能從柏拉圖著作中概括出系統的思想體系，而是指那些散見於這些著作之中的豐富的一般觀念。他的個人天賦、他在一個偉大的文明時期廣泛的經驗機會，他對尚未因過分的系統化而僵化的理智傳統的繼承，凡此種種，使他的著作成爲當今世界用之不竭的

思想源泉。」[16]因此，當我們找尋教育與國家的關係時，也必然從柏拉圖尋起。

柏拉圖在代表作《理想國》中闡述了教育與國家之間的關係。《理想國》討論了「什麼是正義」這個嚴肅的政治哲學問題。理想國，顯然是一種政治哲學，關於國家起源的學說，核心問題是理想國家何以可能，公正的國家何以可能。在研究這個問題的時候，柏拉圖討論了教育與他所主張的菁英民主之間的關係。

爲了瞭解柏拉圖對教育與民主的主要觀點，我們首先要瞭解柏拉圖的政治哲學觀點，要瞭解柏拉圖所認爲的理想國家是一個什麼樣的國家，在這樣的國家中，教育與國傢具有怎樣的關係。

(一)柏拉圖的理想國家

柏拉圖關於理想國家的論述，可以從三個方面展開。

第一，爲什麼要有國家。柏拉圖指出，城邦的存在根源於人的需要，因爲一個人不能脫離國家。人有很多種需要，一個人不能滿足自己的所有需要，所以許多人要一起生活，這樣可以滿足人不同的需要。柏拉圖說：「在我看來，之所以要建立一個城邦，是因爲我們每一個人不能單靠自己達到滿足，我們需要許多東西。」[17]國家的起源就是源於人的需要。他說：「因此，我們每個人爲了各種需要，招來各種各樣的人。由於需要許多東西，我們邀集許多人住在一起，作爲夥伴和助手，這個公共住宅區，我們叫它作城邦。」[18]

第二，理想的國家。在柏拉圖看來，好的城邦的建立需要經由三個階段：健康的城邦或豬的城邦、純潔的城邦或兵營式的城邦、美的

---

16 懷特海，過程與實在——宇宙論研究[M]，楊富斌譯，北京：中國人民大學出版社，2013：50。

17 柏拉圖，理想國[M]，郭斌和、張竹明譯，北京：商務印書館，1986：5，58。

18 同註17。

城邦或由哲學家統治的城邦[19]。理想的城邦有三個等級，統治者是哲學王，哲學家應為政治家，政治家應為哲學家，哲學家不是躲在象牙塔裡的書呆子，應該學以致用，求助實踐。最有智慧的人應該成為統治者。武士是國家的保衛者，勞動者是國家的生產者。三個階層各司其職就構成了這個國家的等級組成。柏拉圖說，哲學王擁有的是黃金元素，士兵擁有的是白銀元素，勞動者擁有的是銅鐵元素。哲學王擁有理性的靈魂特質，其良好的品德是智慧；武士的靈魂特質是激情，其良好的品德是勇敢；勞動者的靈魂特質是慾望，其良好的品德是節制。

　　第三，為什麼這樣的國家就是正義的國家。柏拉圖所認為的正義的城邦，就在於靈魂的每一個部分都做「其天性最適合的工作」。在城邦裡，每個人只能做一項工作，也就是那項最適合他本性的工作。每個人應當牢記自己的職責，「木匠做木匠的事，鞋匠做鞋匠的事，其他的人也都這樣，各起各的天然作用，不起別種人的作用，這種正確的分工乃是正義的影子。」[20]兩個工人對調他們天生的位置，帶來的傷害並不會很大；但是如果不同的階級之間發生流動，就意味著城市的陷落與倒退。「如果一個人天生是一個受益人或者生意人……企圖爬上軍人等級，或者一個軍人企圖爬上他們不配的立法者和護國者等級，或者這幾種人相互交換工具和地位，或者同一個人同時執行所有這些職務，我們也會覺得這種交換和干涉會意味著國家的毀滅吧！」[21]如果城邦三個階級的任何一個都能各司其職、各盡其責，城邦就是公正的。在這樣一個等級和層次分明的國家裡，每個人

---

[19] 列奧・施特勞斯、約瑟夫・克羅波西，政治哲學史（第三版）[M]，李洪潤等譯，北京：法律出版社，2009：35。

[20] 柏拉圖，理想國[M]，郭斌和、張竹明譯，北京：商務印書館，1986：172，156，66，60。

[21] 同註20。

都有自己的職責，每個人都理性地執行著自己的職責，這樣國家就和諧了，就實現了正義。作為典範而建立的城邦所依據的原則是「一人一事」，在這樣的城邦中，士兵是城邦自由的「工匠」，哲學家是公共美德的「工匠」，還有專司神聖事務的「工匠」，甚至神也是「工匠」——永恆理念的工匠。柏拉圖指出：「我們選拔其他的人，按其天賦安排職業，棄其所短，用其所長，讓他們集中畢生精力專搞一門，精益求精，不失時機。」[22]「只要每個人都在恰當的時候做適合他性格的工作，放棄其他的事情，專搞一行，這樣就會使每種東西都生產得又多又好。」[23]誠如馬克思所言：「在柏拉圖的理想國中，分工被說成是國家的構成原則，就這一點說，他的理想國只是埃及種姓制度在雅典的理想化。」[24]

(二)柏拉圖關於教育與國家關係的思想

在教育與國家的關係上，柏拉圖的主要觀點是：教育是實現理想國家的手段或工具。

第一，教育是培養哲學士——國家的統治者的唯一途徑。柏拉圖把教育制度分為三個階段：第一階段是接受人文科學教育，從懷胎到18歲。他要求3～6歲的兒童都要受到保姆的監護，集中在村莊的神廟裡，進行遊戲、聽故事和童話。柏拉圖認為這些都具有很大的教育意義。7歲以後，兒童就要開始學習軍人所需的各種知識和技能，包括讀、寫、算、騎馬、投槍、射箭等。第二階段是接受為期四年的高等教育，年齡是20～30歲。這一時期，那些對抽象思維表現出特殊興趣的學生就要繼續深造，學習算術、幾何、天文學與和聲學等學科，以鍛鍊其思考能力，使其開始探索宇宙的奧妙。第三階段是挑

---

[22] 同註20。

[23] 同註20。

[24] 馬克思恩格斯全集：第二十三卷[M]，北京：人民出版社，1972：405-406。

選出優秀分子進行五年的辯證法教育，培養哲學王。柏拉圖是菁英主義政治哲學思想的主張者，他認為政治家和哲學家的身分必須合而為一。因此，三個階段的教育是培養哲學王的保證。透過教育所培養的哲學王才具有處理公共事務的能力，才能不自私。而且在柏拉圖眼裡，「犯錯的統治者根本不再是統治者。」[25]所以，柏拉圖的理想國是政教合一型國家，國家負有教化人民的責任，國家不能犯錯。因此，培養哲學王的教育過程是非常慎重的，對統治者也就是哲學王的教育是以智慧統治國家的關鍵。哲學王的統治實際上是人治，為了保證人治的正義性，就必須保證哲學王不犯錯。因此，教育所承擔的責任就是重大之重大的。

第二，各個階層的人的品質需要教育來培養和塑造。在柏拉圖的理想國中，只有少數菁英能夠成為哲學家，其他人必須在各個崗位上履行自己的職責。在這個意義上，教育的作用就是把每個人根據他們的資質分配到不同的崗位上。如同杜威所講：「這個國家能夠進行一種教育，對各個人進行篩選，發現他們有什麼用，並且提供一個方法，給每一個人分配與他的稟賦最適合的工作。每個人做他分內的事情，永不侵犯他人，以能維持整體的秩序和統一。」[26]所以，柏拉圖非常重視教育在維持社會秩序方面所起的作用。「教育在協調心理和組織國家這兩方面發揮作用：擺好個人在社會階層中的位置，也擺好人心中各種能力的相互關係。」[27]在教育與國家的關係上，柏拉圖的思想也具有民主性。在柏拉圖的理想國中，他強調了個人在社會中

---

[25] 列奧・施特勞斯、約瑟夫・克羅波西，政治哲學史（第三版）[M]，李洪潤等譯，北京：法律出版社，2009：32。

[26] 約翰・杜威，民主主義與教育[M]，王承緒譯，北京：人民教育出版社，2001：99。

[27] 喬爾・斯普林格，腦中之輪：教育哲學導論[M]，賈晨陽譯，北京：北京大學出版社，2005：4。

的地位並不是由出身、財富或者傳統來規定的，金質的父母也能生出銀質或者銅鐵質的孩子。個體的社會地位主要是由在教育過程中所發現的個體天賦所決定。所以在這樣的理想國中，教育承擔著篩選的作用。

第三，教育是爲維護國家穩定服務的。在個人與國家的關係上，柏拉圖是國家本位的。在柏拉圖的思想裡，看不到對個體個性的尊重。柏拉圖的理想國是一個穩定的並不求取變革的國家，他要維護的是國家的穩定，因此，他要求國家中的個體安於自己的位置。這和柏拉圖的世界觀密切相關，因爲柏拉圖要尋找變化世界背後永恆不變的理念世界，他的世界觀是靜止的。在具體的教育內容上，柏拉圖進行了嚴格的限定，他反對職業教育，否定技能的教育。柏拉圖選擇透過教育來培養人、來實現他的理想國。具體來說，教育要做到：一是審查文學故事，不允許出現不符合國家利益的內容；二是既然無法確切知曉歷史的眞實，可以傳授有利於國家利益的歷史；三是教導人們遵循最高的理想──善；四是主張運用理性控制慾望和感情，以此來維護城邦的共同利益。由此可見，爲了實現理想國家，柏拉圖對教育寄予了極大的希望。

(三)對柏拉圖的評價

後人批判柏拉圖是西方專制主義思想發展的淵源，卡爾·波普爾就認爲柏拉圖式的正義是極權主義的正義[28]。但是在今天的民主社會中，我們不得不承認，柏拉圖的思想依然有著現實意義。

第一，國家對教育干預的合理性。合理性就在於教育要培養國家需要的人。在柏拉圖的觀點裡，來自於國家權威的教育具有排他性，而且在個體的善和社會的善的關係上，柏拉圖強調社會之善的先

---

[28] 卡爾·波普爾，開放社會及其敵人：第一卷[M]，陸衡等譯，北京：中國社會科學出版社，1999：172。

在性，個體必須首先實現社會之善，其次才能實現個體之善，而這樣的政治理想的實現，需要的是理性的人。這樣的觀點對後世具有很大的影響。美國前總統甘迺迪曾經說過，不要問你的國家爲你做了些什麼，而要問你爲你的國家做了什麼。這與柏拉圖強調社會的善具有先在性是一致的。

第二，教育的國家功能就是維護國家的等級，培養國家需要的人。在柏拉圖的世界裡，個體存在的價值主要體現在國家的需要上。美國曾發布過一份赫赫有名的檔案——《國家處在危險中：教育改革勢在必行》，認爲教育是實現國家利益的手段，國家需要什麼樣的人，教育就要培養什麼樣的人，個體就是國家利益的工具。就教育與國家的關係來說，今天的國家對教育所要求的和柏拉圖對教育所要求的，在其思維邏輯上是一致的。爲了維護國家的等級和秩序，教育有許多事情要做。例如，統治者要控制向民衆傳播知識的種類和層次：無論向兒童傳遞什麼樣的知識，都必須經過嚴格的審查，提供給兒童關於善的知識。而且既然我們不知道古代事情的眞相，我們就應該使它變得有用，這就意味著可以透過選擇、解釋歷史材料爲政治國家服務。因此，在當今世界上，兒童學習的知識無不是經過國家的一些部門審查的。無論這種審查後的知識是什麼樣子，但可以肯定的是，沒有一個國家會任由兒童學習任何知識。

第三，教育與國家的關係：國家具有教化的功能。柏拉圖的理想國家是政教合一型的國家，儘管他也論證了這樣的國家不能實現，因爲哲學家不願意當統治者。不過，教育要以國家利益爲轉移，在一個良好秩序的社會中，對兒童、甚至對成年人講一些假話是必要的[29]。因爲只有統治者知道對民衆來說什麼才是好的，爲了城邦的利益，使用欺騙手段是合理的。而在這個理想國家中，最大的謊言就是關於人

---

[29] 列奧‧施特勞斯、約瑟夫‧克羅波西，政治哲學史（第三版）[M]，李洪潤等譯，北京：法律出版社，2009：27。

身上金屬元素的比喻了。為了讓人們接受自身的社會地位，柏拉圖說這是由人先天的稟賦決定的。金子元素構成的人是最為珍貴的，可以當統治者，而士兵是由銀子做成的，工人、農民則是由銅鐵做成的。

在教育與國家的關係上，柏拉圖的許多觀點在今天也有著深刻的體現。現代社會中，人們以教育作為篩選手段把人分配到各個崗位上的，「幾乎沒有哪個現代教育系統不向人們灌輸服從國家統治者的思想。」[30]柏拉圖的思想對後世影響非常大，18世紀時，歐洲各國都把教育看成實現帝國利益的手段。18世紀的教育思想家們為了實現自己的教育理想，為了使教育能夠改造社會，都認為國家必須支持教育的發展，「民主教育的運動必然是公立學校或由政府管理的學校的運動。」[31]所以，民族國家形成時期，德國透過義務教育維持著德國政治上的統一，而這種實踐也影響了教育哲學思想的發展。18世紀出現了教育的國家主義思潮，認為教育必須為國家利益服務，教育的任務就是實現國家的任務。德國就是這種教育理想與政治理想的典型代表。當然，按照柏拉圖的觀點，這樣教育就陷入了與國家的緊張關係中，個體成為國家利益的工具，個體的意義和價值受到壓抑。所以，啟蒙時代出現了極端重視個體利益價值的浪漫主義，而這種個體和國家的對立關係直到杜威才得以解決。

二、契約民主與教育——盧梭的民主理想與教育

西方近代社會的開端源於文藝復興、啟蒙運動、宗教改革、工業革命等運動。在教育思想發展歷史上，近代首次提出了要培養自由人，經過文藝復興、啟蒙運動、宗教改革的洗禮，人的形象、地位、

---

[30] 喬爾・斯普林格，腦中之輪：教育哲學導論[M]，賈晨陽譯，北京：北京大學出版社，2005：12。

[31] 約翰・杜威，民主主義與教育[M]，王承緒譯，北京：人民教育出版社，2001：104。

理性受到重視和尊重。康德在1784年發表於當時《柏林月刊》的文章中，有一段精采的論述：「啓蒙運動就是人類從自己造成的未成年狀態中走出來。未成年狀態就是不經別人的引導，就不能獨立地使用自己的理智。當其原因不在於缺乏理智，而在於不經別人的引導就缺乏勇氣與決心去加以運用時，那麼，這種未成年狀態就是他自己所造成（或該受指責）的了！拿出勇氣來（運用你自己的理智）！」[32] 啓蒙運動就是讓人能夠獨立使用自己理性的成年狀態。盧梭生活的時代正是西方社會急劇變革的時代，在這樣的時代，如何實現教育理想和政治理想的統一？考察盧梭的公民教育思想，會發現其公民教育和自然人教育的契合和斷裂，映射出他在尋求教育中個人與國家之間黃金分割點上的艱辛努力和困惑。從這個視角審視盧梭的教育思想可以發現，盧梭倡導的個人自由限度因所處社會發展階段而定，歸宿點在消極自由而不在積極自由；他所說的國家權力，強調的是道德上引領而非塑造，目的在個人而不在國家；他認為的理想社會強調社會「人化」與人的「社會化」兼具。

(一)盧梭教育理想中的分裂

盧梭的政治哲學「有一種強烈對水晶般透明結構的共同體的渴望，美麗但卻易碎」[33]，但盧梭為了這個美麗的政治理想鍥而不捨地進行著教育上的努力。對於盧梭教育理論研究呈現出一種看似分裂的狀態，一些學者認為，盧梭的教育目的是培養公民，其理論是共和主義公民教育理論；另一些學者認為，盧梭的教育目的是培養自然人，其理論是自然主義教育理論。之所以出現這樣的狀況，是因為盧梭思想本身就不是鐵板一塊，而是充滿著矛盾和衝突，是一個開放的體系，但更根本性的是其公民教育和自然人教育本身存在的斷裂和衝

---

[32] 康德，歷史理性批判文集[M]，何兆武譯，北京：商務印書館，1990：22。

[33] 麻莉，淺析盧梭的政治哲學與教育哲學的關係[J]，福建論壇，2010(10)：5。

突。「在盧梭看來，人若要成爲人，就必須回到黃金時代裡的那種人作爲自身的自然和家庭的自然關係中，從而實現人作爲人的自然的單純性；人若要成爲公民，就必須回到斯巴達城邦裡那種人徹底否定自身的自然以及一切自然關係的政治型態中，實現人作爲公民的社會的單純性。那麼，這是否意味著現代若要獲得德性，實現自然的或社會的『好』，就必須在『人』與『公民』之間作出或此或彼的選擇呢？」[34]他呈現給我們的是一個時代難題，而不是一個答案。盧梭是一面鏡子，其思想之光足以點亮今天的教育現實，其思想的矛盾和衝突足以洞察今日的教育困境。

　　盧梭的公民教育理論具有強烈的國家主義和集體主義色彩，這在他有關國家與公民關係的闡述中體現得淋漓盡致。他說：「公民只不過是一個分數單位，是依賴於分母的，他的價值在於他與總體，即與社會的關係。」[35]他還透過對兩個事例的描述，生動地展現了這樣的公民特徵——個人的存在依賴於國家，國家利益至上[36]。但是，我們不能由此就推論說，盧梭的教育目的就是培養公民，就是集體主義的。實際上，如果把他的公民教育思想和他的自然人教育思想放在整體視域中來考量，我們會發現，他思想中的這種國家主義和集體主義傾向只是他全部思想的冰山一角，而冰面之下則潛藏著強烈的以追求自然自由和強調個人權利優先性爲特點的個人主義的倫理訴求。他

---

[34] 盧梭，論科學與藝術[M]，何兆武譯，北京：商務印書館，1963：41。

[35] 盧梭，愛彌兒：上卷[M]，李平漚譯，北京：商務印書館，2010：9。

[36] 「斯巴達人佩達勒特提出他自己要參加三百人會議，遭到拒絕；然而，鑑於斯巴達有三百個勝過他的人，他也高高興興地回去了。我認爲，這種表現是眞誠的，我們有理由相信他是眞誠的：這樣的人就是公民。」「有一個斯巴達婦女的五個兒子都在軍隊裡，她等待著戰事的消息。一個奴隸來了，她顫慄地問他。『你的五個兒子都戰死了。』『賤奴，誰問你這個？』『我們已經勝利了！』於是這位母親便跑到廟中去感謝神靈。這樣的人就是公民。」（盧梭，愛彌兒：上卷[M]，李平漚譯，北京：商務印書館，2010：10。）

始終糾結於冰面之下的個人訴求和冰面之上的國家主義之間，並始終試圖尋求這兩者的最佳結合點。瞭解他的「糾結」，分享他的「尋求」，對於我們深入思考國家、社會與個人之間的關係是有啓示的。我們看到，盧梭的糾結並非僅僅是他個人的糾結，也不只是那個時代的糾結，他所面臨的糾結人類還尚未解決，因爲他探討的教育是要培養自然人還是公民，這一命題乃是一個歷史性的時代命題[37]。因此，盧梭的意義和貢獻或許不在於給出這個問題的答案，而是讓這個潛在的問題浮出水面，成爲歷史與現實的聚焦點。

我們看到，盧梭和柏拉圖在思想軌跡上不是沒有關係的。柏拉圖的理想國完全是需要教育來維護的，只是柏拉圖無法回答我們如何以教育來建立一個理想國家，我們能做的只是以教育維持一個理想國家的運轉。盧梭也面臨著這樣一個矛盾。盧梭的教育理想也是培養公民，而培養公民的前提是人生活在他《社會契約論》中的國家裡，然而現實卻是專制主義的，盧梭的教育理想和社會理想出現了落差。所以，教育與國家的關係在盧梭那裡就演變成人的教育和公民的教育是否能夠統一。

(二)個體權利優先，還是公共利益優先 —— 盧梭的糾結

盧梭民主理想的邏輯起點是個體還是共同體？他所說的公民教育所依托的政治哲學頂端是共同體，還是個體？他的公民教育的歸屬點是共同體的利益，還是個體的權利？他的權利框架裡是個人先於且獨立於其目的和目標，還是目標先於且獨立於個人？這些問題在他的思想中有沒有一個明確的答案和基本的傾向？我們先不要給盧梭下一個定義，說他是共和主義者抑或是個人主義者，讓我們儘量中立地來釐清他思想的基本觀點。

---

[37] 于偉，公民抑或自然人 —— 盧梭公民教育理論的前提性困境初探[J]，教育研究，2012(6)：36-43。

1. 對公意的推崇，使其思想呈現出強烈的集體主義傾向

國家是一種「道德人格」，代表著最高的道德價值，共同體不對公民個體所贊同的價值與目的保持中立。國家和公意是同時產生的，公意就是國家的道德人格，國家依靠契約而產生。契約可以簡化為如下的詞句：「我們每個人都以其自身及其全部力量置於公意的最高指導之下，並且我們在共同體中接納每一個成員作為全體之不可分的一部分。」[38]有學者指出：「在盧梭看來，社會公意既是公共的大我，又是全體人結合而成的公共人格和道德，它既是國家，又是人民。」[39]這個公意就是國家的共同道德準則，因為「公意永遠是公正的，而且永遠以公共利益為依歸。」[40]推崇公意，實際上表明盧梭對公民選擇自己價值與目的的能力持懷疑的態度。他說：「公意永遠是公正的，並且永遠以共同利益為依歸，但不能由此推論說，人民[41]的考慮永遠有著同樣的正確性。人們總是願意自己幸福，但人們並不總能看清楚幸福。人民是絕不會被腐蝕的，但人民卻往往會受欺騙，而且好像唯有在這時候，人民才好像會願意要不好的東西。」[42]所以，公意的產生是克服眾意、抽離私意的過程。公眾、私意都不能讓人獲得幸福，因為「個人看得到幸福卻又得不到它，公眾在願望著幸福卻又看不見它。」[43]唯有公意才能引導人民過幸福的生活。這實際上否定了公民個人在自身幸福生活中的特定內涵，否認了幸福的多樣性和豐富性，即從根本上否定了公民自己選擇價值與目的的能力。我們在

[38] 盧梭，社會契約論[M]，何兆武譯，北京：商務印書館，2010：20，35。
[39] 金觀濤、劉青峰，觀念史研究[M]，北京：法律出版社，2009：110。
[40] 同註38。
[41] 人民是公民的集合名詞。盧梭在《社會契約論》中說：「至於結合者，他們集體地就成為人民；個別地，作為主權權威的參與者，就叫作公民。」（盧梭，社會契約論[M]，何兆武譯，北京：商務印書館，2010：21。）
[42] 盧梭，社會契約論[M]，何兆武譯，北京：商務印書館，2010：35，49。
[43] 同註42。

這裡看到的是盧梭對集體主義徹頭徹尾的推崇，在他的視域中沒有小寫的「個人」，只有大寫的「集體」，而他對公意的詮釋恰好在為自己的這個「集體主義」尋找合理性與合法性的根據。這種強烈的集體主義傾向在教育中表現為愛國主義至上的傾向。盧梭說：「這是最最重要的一條。教育之事必須給予人民的心靈以民族的形式，又這樣形成其意見和嗜好，使得他們不但由於必要而且也由於性向和願望而成就其為愛國者。一個兒童當他的眼睛初始見到亮光時，即需重視他的祖國。而且應該繼續如此直到死日為止。每一個真的愛國者對於國家的愛是和母親的奶一同吸入進去的。這個愛是他的全部生命。他只想到他的國家而不及其他。他生著只是為他的國家。至於他自己個人，那是不值得什麼的。倘使他的國家不再生的了，他也就死亡了。縱使不死，他比死還不如。」[44]這種國家主義傾向的教育和他在公民教育中對社會自由的強調相呼應。因為社會自由具有道德色彩，而「道德注重應然，即強調人的義務。」[45]教育中，國家主義傾向和對人的愛國情感的強調，正是盧梭的義務優先觀念在教育中的反映。

2. 對人的自愛情感的崇尚和對自然人絕對價值的肯定，使其思想又呈現個人主義傾向

盧梭是不是將自己這樣的一種集體主義一以貫之呢？他是不是始終高舉這種集體主義的大旗而對個體視而不見呢？答案是否定的。這一點從他對自然人的描述就可以看出：「自然人完全是為他自己而活；他是數的單位，是絕對的統一體，只與自己和他的同胞才有關係。」[46]他不像公民那樣依賴於社會，而不具備獨立的價值。「他的自由是沒有規律而言的，是沒有任何責任感的自由。」[47]所以，從另

[44] 張煥庭，西方資產階級教育論著選[M]，北京：人民教育出版社，1979：138。

[45] 金觀濤、劉青峰，觀念史研究[M]，北京：法律出版社，2009：109。

[46] 盧梭，愛彌兒：上卷[M]，李平漚譯，北京：商務印書館，2010：9。

[47] 張盾，「道德政治」系譜中的盧梭、康德、馬克思[J]，中國社會科學，2011(3)：60。

一個角度看，他對個人價值持完全的肯定和推崇，以至於讓我們難以相信他會使用「社會契約」、「公意」等這類政治名詞，更不用說他會持有集體主義思想了。

對「自愛」情感優先性的肯定，加之教育必須遵循人的自然天性的主張，表明自身——個體乃是一切活動的根本，是我們的終極目的。這種把個體作爲一切活動的出發點和目的的主張，具有明顯的個人主義色彩。「我們種種慾念的發源，所有一切慾念的本原，唯一與人一起產生而且始終不離的根本慾念，是自愛。它是原始的、內在的、先於其他一切慾念的慾念，而且從一種意義上說，其他一切的慾念只不過是它的演變。」[48]「自愛始終是很好的，始終是符合自然秩序的。由於每一個人對保存自己負有特殊責任，因此，我們第一個最重要的責任就是而且應當不斷地關心我們的生命。」「爲了保持我們的生存，我們必須要愛自己，我們愛自己要勝過愛其他一切的東西。」[49]

盧梭的個人主義還表現在他認爲個人的權利優先於個人負有的責任。「我們首先是要對自己盡我們的責任；我們原始的情感是以我們自己爲中心的；我們所有一切本能的活動，首先是爲了保持我們的生存和我們的幸福，所以，第一個正義感不是產生於我們怎樣對別人，而是產生於別人怎樣對我們。」[50]基於這種認識，教育中也要實現一個權利優先性的轉變，由此，他指出了以往教育存在的一個錯誤。他說：「一般的教育方法還有一個錯誤是，首先對孩子們只講他們的責任，而從來不談他們的權利，所以開頭就顛倒了。」[51]

---

[48] 盧梭，愛彌兒：上卷[M]，李平漚譯，北京：商務印書館，2010：289，289，103，103，5。

[49] 同註48。

[50] 同註48。

[51] 同註48。

　　實際上，從《愛彌兒》開卷發出的吶喊——「出自造物主之手的全都是好的，而一到了人的手裡全都變壞了」[52]——就可以看到盧梭對人的自然天性的肯定，這種肯定勢必導致一種性善論的傾向，以及對人的自然能力的滿滿信心與高度尊重，這種尊重使其肯定一種內發性而非外爍性的教育觀，而這與之在公民教育理論中提出的塑造性的公民教育存在著一定程度的對立。

　　3. 個人與集體糾結的傾向導致教育中教育方式的背離和矛盾

　　盧梭強調公意的產生就是克服私意的過程，並對公民選擇自己價值與目的的能力持懷疑與否定的態度，並由此說：「任何人拒不服從公意，全體就要迫使他服從公意。這恰好就是說，人們要迫使他自由。」[53]由此，盧梭提出了共同體的塑造性政治和教育中的愛國主義主張。這和他的人性論觀點存在衝突。他認為，人天生就有憐憫之心，即不願意看見自己的同類受苦的厭惡心理，他認為這是人類唯一具有的天然美德[54]。既然人始終有這種美德，並且這種美德「即使最敗壞的風俗也是難以摧毀的」[55]，依據此人性觀點，在自然人的教育中，他大力提倡的是尊崇人的自然天性的消極教育，其特點是注重「我們的才能和器官的內在發展」[56]。這實際上就等於承認，人依靠

---

[52] 同註48。

[53] 盧梭，社會契約論[M]，何兆武譯，北京：商務印書館，2010：24-25，7。

[54] 「人天生就有一種不願意看見自己同類受苦的厭惡心理，使他不至於過於為了謀求自己的幸福而損害他人，因而可以在某種情況下克制他強烈的自尊心，或者在自尊心產生之前就克制他的自愛心，我認為這是人類唯一具有的天然美德，這一點就連對人類的美德大加貶抑的人也是不得不承認的。」（盧梭，論人與人之間不平等的起因和基礎[M]，李平漚譯，北京：商務印書館，2007：72。）

[55] 盧梭，論人與人之間不平等的起因和基礎[M]，李平漚譯，北京：商務印書館，2007：73。

[56] 同註53。

這種天性自然成長，也會明白是非，具有鑑別能力，而不會像他說的「看不清幸福」、「會受欺騙」。而且，他認為人類的種種美德都是從這樣一種天然的美德中衍生出來的。那麼，我們就要問，愛國主義不是一種美德嗎？既然愛國主義也是一種美德，不也會從人天然就具有的憐憫心中衍生出來嗎？既然它可以衍生，為什麼還要國家這種公共的道德人格來塑造，還要教育來培養公民的公共精神呢？

盧梭始終糾結在這兩種傾向之間。一方面，他反對人的受奴役狀態，認為處於受奴役狀態的人已經失去了人的本質，甚至都不稱其為人，只能是「奴隸」。而這種奴役產生的原因，他明確說「奴役的鏈條是由於人們的相互依賴和使他們聯繫在一起的需要形成的」[57]。另一方面，他又製造著這樣的以人們的相互依賴和聯繫在一起為特徵的鎖鏈。這條鎖鏈就是他創造的以「接納每一個成員作為全體之不可分割的一部分」[58]為特徵的共同體，也就是國家。「不可分割」[59]，一語道破他創建這樣的共同體恰恰就是以人們的相互依賴和有機結合為特徵。為什麼他一方面反對鎖鏈，另一方面又在製造鎖鏈呢？盧梭這種理論窘境產生的原因，和他面臨的歷史與時代的挑戰緊密相關。盧梭的這種個人主義是以對人的自然天性的倍加讚美和對人本身的絕對價值的推崇為特點的，高舉這樣的個人主義大旗，主要是因為他看到當時的法國社會科學和藝術的發展不但沒有提高人的道德修養，反而導致人性的腐蝕和墮落這一社會現實。在科學和藝術的發展中，人不但沒有駕馭好自己的創造物，反而為他們的創造物所異化。可見，

[57] 盧梭，論人與人之間不平等的起因和基礎[M]，李平漚譯，北京：商務印書館，2007：81。

[58] 盧梭，社會契約論[M]，何兆武譯，北京：商務印書館，2010：20。

[59] 因為「分割」在現代漢語裡的解釋為「把整體或聯繫的東西分開」，所以，在盧梭的語境中，這個整體或有聯繫的東西就是共同體，即國家。事實上，他把國家與構成它的各個部分的關係，比喻成個人與自己各部分肢體之間的關係，也說明了他創建的國家的特徵。

他提出自然人的培養和自然人價值的絕對性，是看到了或預見了社會的發展可能會使人存在著工具化的危險[60]。也是對這樣一種危險的擔心，使他提出了教育中一定要實行自由、獨立、自主的自然人培養的教育理念。

盧梭的這種個人主義，很大程度上是他對當時社會的不滿和反叛情感在教育中的反映。而理性使他認識到，人始終不能脫離社會，更不可能退回到無異化的原始社會而生活，所以，正確的道路就是面對現實，在現實社會中為人、為個體權利和自由尋找空間。由於看到了個人所處的社會和國家對個人發展的決定性影響，使得他堅信只有在一個自由民主的國度才能真正實現個體的自由和發展，才能實現「自然人」的生存理想。所以，他的邏輯是首先創造這樣一個國家，而創造這樣一個國家首先需要培養維繫這一國家的公民，而這樣的公民的特點就是擁有強烈的愛國情懷，因此，他的公民理論又體現了強烈的集體主義傾向。

(三)個人自由與國家權力的必要張力 —— 盧梭的立場

長期以來，對盧梭公民教育理論的解讀，往往注重的是發掘他的公民教育理論中的國家主義和集體主義成分，少有把他的公民教育理論和自然人的教育理論整合起來進行分析和借鑑，很少看到他的公民教育和自然人教育之間的邏輯自洽和必要張力。而只有這種整合性的分析，才能從多個面向把握他的公民教育理論的全貌。原有的單一性解讀使我們更多地強調了公民的「公」而忽略了公民的「私」，沒有看到「公」與「私」之間的內在契合和必要張力。透過整合性的分

---

[60] 盧梭生活的時代是啟蒙時代。「啟蒙時代是與感性決裂的時代，是理性高揚的時代，也是理性片面發展的時代。……當理性走向工具理性的片面發展，理性的工具屬性轉成終極目的時，人又面臨著被物化或被處理為物化的危險。」（朱學勤，道德理想國的覆滅[M]，上海：上海三聯書店，2003：44。）

析，悉查公民教育的潛藏訴求和面臨的困境，對於反思公民教育的前提性觀念，重新思考公民教育中個人、國家和社會的合理位置有深刻啓示。

1. 個人自由 —— 限度因所處社會發展階段而定，歸宿點在消極自由而不在積極自由

自由是相對的，不是絕對的，自由的參照物是個體合理享受自由的能力。「自由和食物一樣，對人的效用將因人而異；以食物爲例，鮮美的固體食物，體質強壯並常吃這類食物的人食之，當然大有裨益，可增強身體；然而體質柔弱的人食之，則徒增腸胃的負擔，有損健康，陷於沉醉。」[61]個體的這種享受自由的能力，與他所處的歷史時代背景相聯繫。處於不同時代、不同歷史階段、不同社會發展型態的個人，對自由的理解和對自由的使用能力是不同的。比如長期處於奴役狀態的人民，由於長期缺乏自由營養供給而造成營養不良的體質，導致他們可能無法享用突如其來的自由，即「人民一旦過慣了在首領統治下的生活，就不可能從這種狀態中走出來。如果他們試圖擺脫枷鎖，他們將更加遠離自由，他們將把與自由背道而馳的恣意行事和胡作非爲當成自由；他們的革命最終將使他們落入蠱惑家的手裡，使他們身上的鎖鏈更加沉重。」[62]自由的限度是具有歷史進程性的，這是盧梭傳遞給我們的一個最基本資訊。因此，應把自由放到長時段歷史來考察，在不同的歷史發展階段，積極自由和消極自由之間的張力是不同的。無論是盧梭提出的自然自由還是社會自由，都是在謀求個體理想的無異化的生存狀態，社會自由和個人自由都是實現這樣的生存狀態的工具，都是在不同的背景下對實現這一狀態的努力和探討，其歸宿點在消極自由而不是積極自由。

---

[61] 盧梭，論人與人之間不平等的起因和基礎[M]，李平漚譯，北京：商務印書館，2007：21，21。

[62] 同註61。

2. 國家權力 —— 道德上引領而非塑造，目的在個人而不在國家

在政治哲學發展史上，道德與政治一直糾纏在一起，盧梭亦然。盧梭的道德政治理念落實在國家權力層面，就是他強調的國家實際上是一種道德人格。在盧梭看來，「政府的首要考慮是公民的美德。公民社會要想起到一個社會的作用就必須構成一個這樣的統一體，在其中，個人為了整體利益放棄了他們自己的私慾。如果人們想自由地生活而不當掌權的利益集團的工具的話，社會就不應被認為是相互衝突的利益間的均衡器。不是啓蒙，而是嚴厲的道德教育才是健全的公民社會的第一要素。」[63] 盧梭以公意的形式對共同體的成員進行人格塑造。由於他強調的公意是單一的，而非多元的，對公民個人價值與目的的選擇持否定的態度，「任何人拒不服從公意，全體要迫使他服從，這就好比全體要迫使他自由」[64]，對這樣一種公意進行全體性的塑造，勢必產生一種強制性的危險。這樣的心靈專政，極有可能導致以自由的名義侵犯自由的事件發生[65]。這是他的單一的公意理念自身免疫系統所無法克服的。事實上，受盧梭影響的雅各賓派在法國的統治最終走向專制和道德嗜血的慘烈教訓，也說明了這個問題。這不能不引發我們的思考：道德可以塑造嗎？意志可以強迫嗎？個人到底有沒有選擇他們價值目標的能力？哪怕他們的選擇是錯誤的。我們認為，國家是一種道德人格，所有人的意志都出於公意，個人與個人之間的意志完全同一，這作為一種理想存在無可厚非，但因為是一種理想就強迫所有人都去做，這就是強制。如人的全面發展是一個好

---

[63] 列奧·施特勞斯、約瑟夫·克羅波西，政治哲學史（第三版）[M]，李洪潤等譯，北京：法律出版社，2009：561-562。

[64] 盧梭，社會契約論[M]，何兆武譯，北京：商務印書館，2010：24-25，19。

[65] 伯林說：「在整個現代史上，盧梭是現代自由最危險和最可怕的一個敵人。」（以賽亞·伯林，自由及其背叛[M]，趙國新譯，南京：譯林出版社，2005：50。）

的理念，但是認為如果你不全面發展就不行，這就是「暴力」。由此可見，觀念和制度設計不能混為一談，觀念不能直接落為制度設計。國家有一個共同的道德理念，是民族向心力、凝聚力和民族精神的表徵，國家不應把這種道德理念轉化為制度設計進行強制性的塑造，而應在尊重個人多元價值理念的基礎上，朝著這種核心理念的方向進行引領，在引領的基礎上生成。

盧梭注重公民愛國主義教育，目的是增強其公民的國家認同感，以此來建成一個民主的、自由的國家。因為公民只有在這樣的國家裡，才能真正實現社會狀態的人的自由和自主，實現其自身的獨特價值。從這個意義上說，他的集體主義也是為了追求個人主義。他的這個邏輯是建立在對國家本質的理解基礎上的。他說：「需要找出一種結合形式，使它能以全部共同的力量來維護和保障每個結合者的人身和財富，並且由於這一結合而使得每一個與全體相聯合的個人又只不過是在服從他本人，並且仍然像以往一樣的自由。」[66]所以，「他不得不把政治社會，或者說暫時的歷史的有機體，建立在就像自然人的原本的、前社會的、絕對的和『不可剝奪』的權利一樣難以駕馭的原則之上。」[67]他所創建的民主共和國，就是他所要尋找的結合形式。集體主義的歸宿點在個人的自由和價值的實現。盧梭的集體主義始終是建立在強烈的個人倫理訴求之上的集體主義。這樣的集體主義對於修正「要把人類改造成為大公無私的共產主義社會的公民」[68]這樣完全沒有個人空間的集體主義，具有一定的啟示和借鑑價值。現在已經進入後改革開放時代，也就是開放的時代、多元的時代、張揚個人價值和主體性的時代。在這樣一個時代，更要在集體中給個人的合理訴求以恰當的位置。「任何集體（如階級、國家）對個人都不應成

---

[66] 同註64。

[67] 德拉－沃爾佩，盧梭和馬克思[M]，趙培傑譯，重慶：重慶出版社，1993：11。

[68] 許紀霖，公共性與公民觀[M]，南京：江蘇人民出版社，2006：38。

為權威概念和外在壓迫，個人絕不能是無足輕重的工具或所謂『歷史狡計』的犧牲品。」[69]因此，在公民教育中，不能以民族國家發展或推動歷史進步的名義，忽視或貶損個體的本體性存在，使個人的豐滿個性在民族國家的發展過程中被擠扁。無數歷史經驗表明，這樣做的結果，最終是違反人性和國家終極目的的。

3. 社會定位──社會「人化」與人的「社會化」兼具

社會在個人的成長與發展中發揮著重要的影響，因此應注意挖掘社會環境因素在公民教育中的作用。「凡是生於奴隸制度之下的人，都是生來做奴隸的；這是再確鑿不過的了。奴隸們在枷鎖之下喪失了一切，甚至喪失了擺脫枷鎖的願望；他們愛他們自己的奴隸狀態，猶如優里賽斯的同伴們愛他們自己的奴隸狀態一樣。因而，假如有什麼天然的奴隸的話，那只是因為已經先有了違反了天然的奴隸。強力造出了最初的奴隸，他們的怯懦則使他們永遠當奴隸。」[70]正如「人作為社會的存在物，其活動範圍和條件是由社會關係決定的」[71]一樣，這種受社會關係決定的人的活動範圍和條件，還繼而決定個體的生存狀態。這種生存狀態是人的意識養成的環境和土壤，當然也是公民教育中公民意識生成的基質。

要堅持「社會化」和「人化」兼具的社會定位取向，合理地、歷史地看待這個問題。雖然過度的社會化可能會損害個人的自由，使得社會中的人不能完全享有人在自然狀態中那樣完全的自由，所謂「成年人在文明狀態中也只能享受部分的自由」[72]，但歷史地看，「社會化或者異化在某種程度上來講是必要的。無此異化就無此人類社會。

---

[69] 李澤厚，實用理性與樂感文化[M]，北京：生活‧讀書‧新知三聯書店，2005：122，132。

[70] 盧梭，社會契約論[M]，何兆武譯，北京：商務印書館，2010：8。

[71] 于偉，現代性與教育[M]，北京：北京師範大學出版社，2008：143。

[72] 盧梭，愛彌兒：上卷[M]，李平漚譯，北京：商務印書館，2010：82。

人只有透過異化才能脫出動物界，如同人只有透過分工才能發展一樣。許多看來是限制、奴役、強制的東西，如權利、工具理性等，作為異化的某個形式或某個方面，從歷史來看，卻是合理的、必要的、重要的。」[73]因為畢竟「人不是抽象地蟄居於世界之外的存在物。人就是國家，就是社會。」[74]所以，雖然盧梭對原始社會「這種墮落之前的狀態依依留戀」[75]，但他並未主張人要退回到原始社會，也沒有停留在簡單的感傷主義，因為他看到社會歷史發展的不可逆轉性。他說：「自然狀態的原始階段是無法實現的，歷史是不會倒退的。」[76]所以，面對當時個體已經形成的「社會狀態」，他的課題就是在社會中為個體謀求公民的自然人的生存狀態。他積極地回應社會可能帶給人自由的危機，提出：「在一個社會內部，有可能存在自由、自利和尊重約定等；而在社會之外，則根本不存在所謂道德和不道德的事情。個人乃是從社會中獲致精神的和道德的能力，而正是由於社會，他們才稱其為人。」[77]而過度「人化」帶來的危機使人容易脫離社會，「像多次發現過的那個狼孩那樣：用四肢爬行，吃生的血肉，無人的語言、無理性邏輯——那不是人。」[78]那麼，如何調和這兩者之間的矛盾，使人在社會狀態也能享有自然狀態的全部自由呢？盧梭指出了可以解決一切社會矛盾的看法：「有兩種隸屬：物的隸屬，這是屬於自然的；人的隸屬，這是屬於社會的。物的隸屬是屬於自然的，

---

[73] 同註69。

[74] 馬克思恩格斯選集：第一卷[M]，北京：人民出版社，2004：1。

[75] 雅克·德里達，論文字學[M]，汪堂家譯，上海：上海譯文出版社，1999：195。

[76] 阿思穆斯，盧梭[M]，梅溪譯，北京：商務印書館，1963：24。

[77] 喬治·薩拜因，政治學說史：下卷[M]，鄧正來譯，上海：上海人民出版社，2010：269-270。

[78] 李澤厚，實用理性與樂感文化[M]，北京：生活·讀書·新知三聯書店，2005：130，244。

因而不損害人的自由，不產生罪惡；人的隸屬則非常紊亂，因此罪惡叢生。正是由於這種隸屬，才使主人和奴隸都相互敗壞了。如果用什麼方法可以醫治社會中的這個弊病的話，那就是要用法律來代替人，要用那高於任何個別意志行動的真正力量來武裝公意。如果國家的法律也像自然的法律那樣不稍易變，不為任何人的力量所左右，則人的隸屬又可以變為物的隸屬；我們在國家中可以把所有自然狀態和社會狀態的好處結合起來，就可以把使人免於罪惡的自由和培養結合的道德相互結合。」[79]盧梭的努力或許具有烏托邦的色彩[80]，但烏托邦對於人類來講卻是必要的，因為「活著沒有烏托邦是今日的迷途」[81]。烏托邦是個人發展、乃至人類發展的價值追尋的一個範導。

(四)對盧梭的評論

從教育哲學的角度，盧梭進行了一場教育的革命，而這場教育革命背後有其深刻的政治哲學原因。盧梭所要培養的自然人，實際上是社會的自然人。《愛彌兒》中的公民教育就是要培養真正的愛國者，「正是教育把一個國家的形式賦予人的心靈，進而形成它的觀點和趣味，使得他們不但由於必要，而且由於性向和情感而成為愛國者。一個孩子應該從一睜開眼就觀望著自己的祖國，直至死亡。每一位真正的愛國者都應該從母親的乳汁中汲取對祖國的熱愛之情。這種熱愛之情就是他存在的意義。他除了自己的祖國，什麼都不去想。他活著只為了自己的國家。就他個人而言，他算不了什麼。如果它的祖國不存在了，那他也就不存在了，即使活著，也是生不如死。」[82]盧梭

---

[79] 盧梭，愛彌兒：上卷[M]，李平漚譯，北京：商務印書館，2010：82-83。

[80] 這在前面對「公意」的分析中可以看出。

[81] 同註78。

[82] 讓‧雅克‧盧梭，愛彌兒（精選本）[M]，彭正梅譯，上海：上海人民出版社，2007：222。

認為，人的本質是自然人，這種自然人具有的是潛在性，而不是終結性。「人沒有任何限定，他是自由的動物。但正是這種素質引導他脫離了他原始的滿足而走向了文明生活的苦難之深淵，但他也給予了他掌握自己和自然的能力。」[83]

三、協商民主與教育——以約翰·杜威為代表

當人類社會發展到工業時代，個人的獨立性愈來愈強。如同馬克思所講，個體是建立在對物的依賴性的基礎上的自由性，因此，人的屬性可以用社會人來稱呼。那麼在社會人的語境下，教育與國家的關係如何呢？這其中思想的集大成者莫過於約翰·杜威了。

在教育與國家的關係中，柏拉圖、盧梭、杜威三個人做的事情具有相似性：柏拉圖強調的是教育怎樣來保存和維護國家，盧梭強調的是如何在專制的社會中避免個人自由受損害，杜威則認為個體性和社會性是可以統一的。所以，杜威提出了在共同體裡為了共同體的教育，提出了關於教育與國家的新看法。作為哲學家的杜威也是教育家，杜威說，哲學可以解釋為教育的一般理論，教育乃是使哲學上的分歧具體化並受到檢驗的實驗室。杜威的政治哲學主要是他的民主思想。

(一)杜威的政治理想

杜威的代表作是《民主主義與教育》，杜威的政治理想與民主密切相關。杜威對民主的考察是以共同體的利益作為標準的。人們經常誤解杜威，認為杜威是一個個體主義者，因為他強調兒童中心，一提到杜威，人們也總是冠之以「兒童中心論」的主張者這樣一個頭銜。然而，如果這樣理解杜威，真是誤解了他。實際上，杜威重視的

---

[83] 列奧·施特勞斯、約瑟夫·克羅波西，政治哲學史（第三版）[M]，李洪潤等譯。北京：法律出版社，2009：565。

是共同體。個體的生命短之又短，工作的時日也是屈指可數的，孤立無援時，人是難以做成事情的，然而，人類學會了建構制度，人類可以創造巨大的文明。所以，在杜威眼裡，人類個體其天性也是社會性的，因此，共同體是人類生活所必需的。人類個體在共同體中學會了所扮演的角色，從而實現了發展。所以，杜威所提出的民主社會十分重視共同體的利益，民主社會的標準就是共同利益和相互作用，也就是說，要看看社會成員共享的利益如何，社會各群體之間相互作用到什麼程度。「從個人的角度來說，民主在於根據其能力而有責任地分享、形成和指導其所屬團體的活動，在於根據其需要參與那些團體所維持的價值。從團體的角度來說，民主要求在符合共同利益和共同善的前提下，解放團體成員的各種潛力。」[84]從這個意義上講，杜威是個民主主義者，不是一個個體主義者。

在談論什麼是民主社會的時候，杜威批判了專制社會。他認為，在專制社會中，各個群體都只顧自己的利益，沒有共同利益，也談不到群體之間的相互作用。他說：「在這種社會裡，很少有共同的利益；社會各成員之間沒有自由的往來。刺激和反應是非常片面的。為了要有大量共同的價值觀念，社會全體成員必須有同等的接受機會，必須參與各種各樣的事業和經驗。否則，很多勢力教育一些人成為主人，卻教育另一些人成為奴隸。這兩方面不同的生活經驗模式，不能自由交流，每一方面的經驗都失去意義。社會劃分為特權階級和受壓迫階級，社會失卻內滲作用。上層階級在物質方面所受的影響較小，也較難察覺，但他們所受禍害同樣是實在的。」[85]所以，杜威批判那種封閉的無法交流的社會。「由於缺乏各方面共同利益的自由而

[84] 童世駿，科學與民主的和諧相處何以可能？——論杜威和哈伯瑪斯的科學觀和民主觀[J]，華東師範大學學報：哲學社會科學版，1999(4)：36。

[85] 約翰·杜威，民主主義與教育[M]，王承緒譯，北京：人民教育出版社，1990：89，92，394。

平等的交往，理智的刺激作用失去平衡。刺激的多樣性意味著有許多新奇的事物，有了新奇的事情，思維就得到挑戰，如果人們的活動愈加限於狹隘的範圍，如果有嚴格的階級界限，彼此經驗無法適當交流，活動的範圍就受到限制——處於不利地位的階級，他們的行動就愈加墨守成規，而在物質上處於優越地位的階級，他們的行動就愈加任性、無目的和暴躁。」杜威非常重視人與人、團體與團體在社會生活中的相互交流，因為交流能夠增加彼此的瞭解，有助於社會問題的解決。杜威反對社會的均勻性、單調性和一致性，認為社會應該具有豐富性和複雜性。杜威認為，民主必須要使人與人之間能夠交流，不同的群體之間能夠理解。

在杜威生活的時代，當時的思想家對民主的價值判斷也是觀點不一。當時也有思想家對民主持批判態度，認為民主是不穩定的，具有破壞性，民主無助於促成共識，而共識才是有效政府的核心。杜威則認為，「民主主義不僅是一種政府的形式，它首先是一種聯合生活的方式，是一種共同交流經驗的方式。」[86]他認為民主包括兩個要素：第一個要素是「不僅表明有著數量更大和種類更多的共同利益，而且更加依賴於作為社會控制因素的共同利益的認識」；第二個要素，「表示各種社會群體之間更加自由的相互影響（哲學社會群體由於要保持隔離狀態，曾經是各自孤立的），而且改變社會習慣，透過應付由於多方面交往所產生的新的情況，社會習慣得以不斷地重新調整。」[87]

在杜威的思想裡，個體和社會不是對立的，而是統一的。社會應該能夠包容和支持個體，而且社會應該培養既服從傳統又有批判意識的個體。對社會來說，這種有批判意識的個體並不是脫離社會，而是意味著責任，社會的理想是社會成員們能更好地處理社會生活的問

---

[86] 同註85。
[87] 同註85。

題。民主社會能夠擴大社會成員的共同利益和社會群體成員之間的相互作用，也能促進個體的解放與發展，這樣的社會就是杜威心目中的理想社會。但是在杜威生活的時代，美國的民主制度並不是穩定的，杜威認為，在民主社會上犯的最大錯誤就是把民主看成某種固定的東西。所以，在如何看待民主社會的問題上，杜威強調的是點滴改造，零碎進步，既反對對社會狂風暴雨式的攻擊和批判，也反對對社會進行總辯護；對社會的變革不能是根本性的變革，而是逐步的改造。杜威贊成的社會是流動的社會，而不是劃分階級的社會。他說：「對一個社會來說，劃分成許多階級將是致命的。一個社會必須給全體成員以平等和寬厚的條件求得知識的機會，一個劃分成階級的社會，只需特別注意統治者的教育。一個流動的社會，有許多管道把任何地方發生的變化分布出來，這樣的社會，必須教育成員發展個人的首創精神和適應能力。否則，他們將被突然遇到的種種變化所迷惑，看不出這些變化的意義或關聯。結果將是一片混亂，人們盲目的、由外部勢力指揮的活動的成果將為少數人濫用。」[88]

總的來說，杜威所提出的民主社會是一種協商民主，民主不應該首先被定義為所有公民的投票權，而應該是幫助產生創新思想的手段。他說：「我們選擇了兩點用來測量社會生活的價值，這兩點就是：一個團體的利益被全體成員共同參與到什麼程度。換言之，一個不良的社會對內對外都設置重重障礙，限制自由的往來和經驗的交流。倘有一個社會，他的全體成員都能以同等條件共同享受社會的利益，並透過各種形式的聯合生活的相互影響，使社會各種制度得到靈活機動的重新調整，在這個範圍內，這個社會就是民主主義的社會。這種社會必須有一種教育，使每個人都有對於社會關係和社會控

---

[88] 約翰・杜威，民主主義與教育[M]，王承緒譯，北京：人民教育出版社，1990：93，105，105。

制的個人興趣，都有能促進社會的變化而不致引起社會混亂的心理習慣。」[89]

(二)杜威論民主社會何以需要教育

要使民主社會得以維持和改造，必須依賴教育。民主的社會需要思想和感情的融合，而這是離不開教育的。杜威曾經引用美國公共教育之父賀拉斯·曼的話：「教育是我們唯一的政治安全；在這個船外，只有洪水。」「公共學校是人類最大的發現。其他社會機關是醫療的和補救的。這個機關是預防的和解毒的。」[90]透過教育來改造社會的觀點在歷史上並不是沒有，只是這些思想與杜威的想法並不一致。杜威曾批判了柏拉圖、18世紀的個人主義，以及19世紀流行的國家教育與社會教育的思想主張。杜威說：「柏拉圖的教育哲學理想，在形式上與我們所講的觀點很相似，但是在他把這個理想付諸實施時，卻把階級作爲社會的單位，而不是把個人作爲社會的單位，從而放棄了這個理想。18世紀啓蒙時期所謂的個人主義，把社會看得和人類一樣廣大，個人是人類進步的器官。但是，這一派哲學缺乏任何發展其理想的機構，它求助於自然就是證明。19世紀的制度化的唯心主義哲學，把民族國家作爲實現理想的機關，彌補了這個缺陷。但是在實施中又把社會目的的概念限於統一政治單位的成員，重新引進了個人從屬於制度的思想。」[91]

杜威認爲，民主社會，尤其是美國的民主社會要透過教育來維持。杜威認爲，在一個民主社會中，習慣支配著人們、驅動著人們、控制著人們，我們是依賴於我們的習慣來對行爲的結果進行價值判斷

---

[89] 同註88。

[90] 杜威，人的問題[M]，傅統先譯，上海：上海人民出版社，1965：34。

[91] 同註88。

的。從這個角度講，杜威所說的習慣，其實就是社會習俗。社會習俗在各方面強有力地塑造了我們的行為。但是對於一個發展中的社會而言，誰又能對這種社會習俗作出判斷呢？在變革的社會中，傳統的習俗儘管已經不適應社會的發展與變化，但依然是難以改變的。人類甚至把自己的很多習俗予以神聖化，結果導致我們如果拋棄習俗就是拋棄我們自己。然而，人們也認識到，人類的生活雖然依附於傳統、甚至把傳統習俗神聖化，但是也有不屈服傳統的相對主義思想。「當年輕人日益認識到我們總是將傳統的等同於正確的時候，他們要繼續保持追尋道德上的可辯護的東西就會顯得特別困難。幫助這些未來的成人作好準備去利用習俗而不被之征服，此乃教育制度的職責所在；並且，我們學校和其他教育結構應當對神聖化的壓力保持高度敏感。」[92]所以在杜威的眼裡，即使是民主的社會，也需要人們不斷地改造來適應新的變化。因此，年輕人在社會改造中的作用是最重要的，由此，教育就是民主社會理想的必要手段。教育要把我們過去的經驗與現在、未來發生聯繫，「教育必須有助於讓未來更多地思考社會，它必須有助於指導社會去思考如何發現和處理共同問題。」[93]

　　總之，杜威認為社會的改良是要依靠教育的，主要就是因為兒童的習慣是沒有形成或者固定的，是可以透過影響改變的，可以透過讓兒童形成良好的習慣而改良社會。

(三)杜威論教育對民主社會的回應

　　杜威所有的教育主張都和他的社會理想密切相關。杜威說：「既然民主主義在原則上主張自由交換，保持社會的連續性，它就必須說明一種認識理論，在認識中發現一種方法，使一個經驗能用來給

---

[92] 拉里・希克曼，閱讀杜威：為後現代做的闡釋[M]，徐陶等譯，北京：北京大學出版社，2010：42，52-53。

[93] 同註92。

予另一個經驗以指導和意義。從教育上來說，就是要使學校中知識的獲得與在共同生活的環境中所進行的種種活動或作業聯繫起來。」[94]杜威的《我的教育信條》集中體現了他把教育當成實現民主社會的重要手段。

專欄7-1
「我的教育信條」

杜威的第一個教育信條是：「一切教育都是透過個人參與人類的社會意識而進行的。這個過程幾乎是在出生時就在無意識中開始了。它不斷地發展個人的能力，熏染他的意識，形成他的習慣，鍛鍊他的思想，並激發他的感情和情緒。由於這種不知不覺的教育，個人便漸漸分享人類曾經積累下來的智慧和道德的財富。他就成為一個固有文化資本的繼承者。」

第二個教育信條是：「學校主要是一種社會組織。教育既然是一種社會過程，學校便是社會生活的一種形式。在這種社會生活的形式裡，凡是最有效地培養兒童分享人類所繼承下來的財富，以及為了社會的目的而運用自己能力的一切手段，都被集中起來。因此，我認為教育是生活的過程，而不是將來生活的預備。」

第三個教育信條，杜威討論的是教材的內容問題，他說：「兒童的社會生活是其一切訓練或生長的集中或相互聯繫的基礎……學校科目相互聯繫的真正中心不是科學，不是文學，不是歷史，不是地理，而是兒童本身的社會活動。」

第四個教育信條是關於教育方法，他說：「提供教材和處理教材的法則就是包含在兒童自己本性中的法則。」

---

[94] 約翰‧杜威，民主主義與教育[M]，王承緒譯，北京：人民教育出版社，1990：361。

第五個信條是杜威最後的結論：「教育是社會進步和社會改革的基本方法。」

資料來源：約翰·杜威，學校與社會·明日之學校[M]，趙祥麟、任鍾印、吳志宏譯，北京：人民教育出版社，2005：1，5-6，8，11，13。

杜威爲了實現其民主主義的理想，發出了振聾發聵的吶喊，把教育當成實現民主社會的手段。《我的教育信條》是杜威以通俗易懂的語言對教育理想的表達。但體現杜威對民主與教育核心觀點的著作是《民主主義與教育》，杜威本人也把這部著作當成自己對教育哲學最完整、最詳細的闡述。這部著作也確立了杜威在美國教育界的地位，使他被譽爲美國最有創建和最爲淵博的教育家，並開始成爲全世界享有盛譽的教育家。在教育與民主的關係上，杜威提出了如下觀點。

1. 教育目的——培養民主社會的合格公民

杜威經常被認爲是教育無目的的主張者。如果我們用比較嚴謹的語言來表達杜威的觀點，杜威並不是無目的的主張者，他只是反對外在的教育目的。杜威認爲，教育就是生長，生長就是目的，所以除了生長之外，教育沒有其他的目的。也就是說，教育的目的只能存在於教育的過程之中，教育並沒有過程以外的目的。教師、家長、社會、政治會有自己的目的，而這些固定的、呆板的目的無法保證經驗的連續性。杜威提出了好的教育目的的三個標準：「①一個教育目的必須根據受教育者的特定個人的固有活動和需要（包括原始的本能和獲得的習慣）。我們前面講過，把預備作爲教育目的，有不顧個人現有能力而把某種遙遠的成就和職責作爲教育目的的傾向。總的來看，人們有一種傾向，就是提出千篇一律的目的，忽視個人的特殊能力和要求，忘記了一切知識都是一個人在特定時間和特定地點獲得的。②一個教育目的必須能轉化爲與受教育者活動進行合作的方法。這個目的

必須提出一種解放和組織他們的能力所需要的環境。除非這個目的有助於制定具體的進行程序，除非這些程序又能檢驗、校正和發揮這個目的，否則這個目的便是沒有價值的。③教育者必須警惕所謂一般的和終極的目的。」[95]

　　從杜威上述的觀點可以看出，他之所以反對外在的教育目的，與其民主主義的社會理想是密切相關的。民主社會就是杜威的教育目的，否則，他的民主主義理想何以實現呢？杜威認為，傳統教育最大的缺點就是把兒童的生活和教育分開，這不是民主的教育，也不是民主社會中應該有的教育。為了拯救危機，教育必須肩負起它的使命。杜威認為，教育就是生長和生活，只有這樣的教育才能讓兒童懂得民主，進而成為民主社會的合格公民。他認為，兒童自己動手操作的活動，有助於兒童之間的交往與合作，能讓兒童從小就培養民主的生活態度與生活儀式。在學校成為社會雛形的基礎上，兒童透過各種各樣的活動培養公民意識，長大後就會成為民主社會的合格公民。這就是他認為學校即社會這個思想的邏輯。所以，杜威認為教育沒有外在的目的，教育本身就是教育的目的。在民主主義的社會中，在民主主義的教育中，教育不需要一個外在的目的來約束教育的發展，因此，教育沒有外在的目的。

　　杜威在中國講學的時候又提到教育是有目的的。杜威說：「教育的目的——民治國家尤其如此——是要養成配做社會良好分子的公民。詳言之，就是使社會各分子能承受社會的過去或現在的各種經驗，不但被動地吸收，還需每人同時做一個發射的中心，使他所承受的及發射的都貢獻到別的公民心裡，也來加入社會的活動。」[96]有人把這當成杜威教育思想中的矛盾。其實這並不矛盾，因為民主的社會

---

[95] 約翰・杜威，民主主義與教育[M]，王承緒譯，北京：人民教育出版社，1990：115-116。

[96] 單中惠、王鳳玉，杜威在華教育講演[M]，北京：教育科學出版社，2007：22。

儘管遇到了危機，但在杜威眼裡還是很民主的，美國民主社會裡的民主教育自然不需要外在的目的，但是在民主尚未發展起來的中國，教育是需要一個目的來指引教育發展的，而這個目的就是培養民主社會的合格公民。對杜威來說，培養合格的公民實際上就是讓個體意識到共同生活，並且敏感地忠誠於他的社會生活。「教育必須幫助我們變得更加具有批判精神：更能認識到價值，更能意識到社會進步之可能性的性質。這樣，學生和成人能夠發展『聰明地判斷人和手段之能力，在制定和服從規則之活動中承擔確定的職能』。」「教育的終極目標是生產能夠作出合理判斷的成人，能夠在關於人類生存之問題『作出中肯的、有洞察力的判斷』的人。」[97]

2. 教學五步──民主的教學方法

杜威以他的實驗主義思維，在教育與民主社會之間建立起了聯繫。杜威深受實驗主義的自然科學影響，他認為，民主社會需要的是民主的思維，而民主的思維就是科學的思維，教育要培養兒童運用科學思維解決問題。所以，杜威提出的思維五步，實際上就是民主的方法。所謂思維的五個階段或五個方面是：「地位處在兩種情境之間，有如下幾種狀態，它們是：①暗示，在暗示中，心智尋找可能的解決辦法；②使感覺到的（直接經驗到的）疑難或困惑理智化，成為有待解決的難題和必須尋求答案的問題；③以一個接一個的暗示作為導向意見，或稱假設，在蒐集事實資料中開始並指導觀察及其他工作；④對一種概念或假設，從理智上加以認真的推敲（推理是推論的一部分，而不是推論的全部）；⑤透過外顯的或現象的行動來檢驗假設。」[98]由此我們可以看到，反省思維的態度本身就是民主的，教育

---

[97] 拉里・希克曼，閱讀杜威：為後現代做的闡釋[M]，徐陶等譯，北京：北京大學出版社，2010：53、53-54。

[98] 約翰・杜威，我們怎樣思維・經驗與教育[M]，姜文閔譯，北京：人民教育出版社，1991：88。

在培養兒童科學思維的同時，就是在培養兒童民主的態度。杜威重視在教學中透過反省思維培養兒童良好的思想品質，認爲在民主社會，當思考的目標和價值觀互相矛盾時，科學思維會有所幫助，因爲民主社會的善是不能用感官體驗的，而且善也是不能精確測量的，從這個意義上講，科學思維對人類社會是一種實踐智慧和實踐理性。在杜威看來，科學判斷並不是屬於科學家的專利，在日常生活中，每個人都需要科學判斷。杜威認爲，兒童天生的、自然的傾向中包含著強烈的好奇心、豐富的想像力，這種態度與科學家十分接近。因此，科學精神、科學思維就是人類展開生活的可靠工具。學會思考是民主社會所有成員都需要具備的品質。民主社會中並不是每個人都要成爲科學家，但是每個人都需要具備科學家的思維品質。杜威認爲，自由探究、寬容不同的觀點對民主社會來說是最重要的，科學思維則提供有效的方法。科學思維並不壟斷任何觀點，也不強迫任何觀點的永恆正確性。因此，科學思維或者說反省思維在本質上就是社會性的，就是民主的。

(四)對杜威的評論

　　杜威對學校教育與社會民主的關係持樂觀的態度，他說：「各階級和各民族的融合與相互作用是最近才有的。因此，富有同情思想和合理情感的有效交流只是新近方才開始存在。作爲體現公衆利益和公衆關係的教育，並可適用於所有的個體，其存在還不滿一百年；與此同時，教育應該以別樣的方式觸及任何個體複雜性和多樣性的概念。當社會更加嚴肅而全面地考慮其教育功能時，每一個承諾都表示將來要比過去有更快的進步。」[99]但杜威已經離開我們有半個多世紀的時間了，他的民主理想和教育理想並沒有實現。他所期待的民主社會並

---

[99] 杜威，杜威全集·中期著作：第五卷[M]，魏洪鍾、樂小軍、楊仁瑛等譯，上海：華東師範大學出版社，2012：312-313。

沒有出現，社會也沒有形成共同的利益，教育改革的方向也沒有按照他說的發展。杜威在從哥倫比亞大學退休之後，在晚期著作中反思了自己對民主和教育之間關係的看法。

杜威在1944年發表的〈民主信仰與教育〉文章中，充分意識到民主社會的實現是一件非常複雜的工程。他說：「民主主義不是一條容易採取和遵行的道路。相反的，就其在現代世界複雜情況中的實現來說，它是一條極艱難的道路。」[100]杜威認為，在民主社會的變革中，學校教育只是諸多教育機構中的一種，教育力量也只是諸多力量中的一種。建設民主社會是需要教育的，但是教育貢獻的力量和所起的作用則是有限的。而且「杜威更加公開地承認，學校與通行的權力結構有著千絲萬縷的聯繫。因此，要把學校改變成民主改革的機構，真是極其困難。1935年時，杜威指出這種改變會反覆，與急於維護現行社會秩序的利益方造成衝突。代表著這些主導利益的就是校董會。『教董會成員把自己視為私營的勞動力雇主，他們把教師看作自己的男女雇員。』教師對他們的工作幾乎沒有任何控制權。由管理者制定教學科目和授課大綱，決定教學方法。教師只能接受命令，而管理者的任務就在於『無限度地服從經濟階級的慾望，在校董會，主要是由經濟階級實行社會控制』。同年，杜威在他處指出，教師們應該認識到，他們與農民和工廠勞工一樣都是『工人』，因此也就受到『具有經濟特權的、人數雖少、但權力很大的階級』的控制。教師工作的穩定性和進步『在很大程度上都取決於這個階級的願望和計畫』。杜威鼓勵工人們要努力贏得自身工作的控制權，並要與其他的工人聯合起來，『反對他們共同的敵人——特權階級，同時在聯盟中培養有助於實現民主社會秩序的品格、技術和智慧』」[101]。所以，杜

---

[100] 杜威，人的問題[M]，傳統先譯，上海：上海人民出版社，1965：23，23-24。

[101] 羅伯特‧威斯布魯克，杜威與美國民主[M]，王紅欣譯，北京：北京大學出版社，2010：536-537。

威在晚期的研究中意識到，如果學校的缺陷無法獲得彌補，教育實現民主社會的理想就是難以實現的。然而，杜威始終不曾放棄他的民主理想。也就是在1944年〈民主信仰與教育〉中，杜威提出了科學人文主義的解決策略，他說：

　　這便是指示給我們的任務。如果用冠冕堂皇的名詞來說，這個任務是使科學人文化。這個任務不能在具體上完成，除非作為科學的果實的技術被人文化了。只有把任務仔細分析，把智慧應用到許多場合中各色各樣的問題上，使科學和技術成為民主希望和信仰的侍僕，才能在具體上執行這個任務。這個動機鼓舞著思想上和行動上的忠誠心。但是除掉聯繫著希望和努力，我們還應養成觀察和瞭解的自由的、廣泛的、有訓練的態度，使這些態度成為和科學方法的基本原則血肉相連的東西，成為習慣的不知不覺的東西。在這個成就中，科學、教育和民主動機合而為一。希望我們能肩負起這個時代任務，因為這是我們的人生問題。只有透過人的慾望、人的瞭解、人的努力，這個問題才能得到解決。[102]

　　可見，杜威從未放棄他的理想，這也是美國實用主義哲學樂觀精神的體現。

第三節　對教育與民主關係的批判和揭露

　　教育與民主從實踐的角度而言，包括兩個方面的內容：一是教育的民主，二是民主的教育。教育的民主意味著要把政治上的民主拓展到教育領域中，使接受教育成為公民的基本權利與義務，意味著用民

---

[102] 同註100。

主的眼光與視角審視教育，要求教育實踐符合民主的要求和標準。民主的教育意味著把專制的、不民主的教育改造成民主的、適合統治階級需求的教育，意味著學校教育中必須進行必要的民主訓練，以把年輕一代培養成一定社會的合格公民。但在教育中，許多思想家提出各種各樣的觀點來批判教育民主問題。

一、再生產理論

西方馬克思主義者運用馬克思的核心概念「再生產」（臺譯為再製），提出了「再生產教育理論」，從再生產的角度，對教育與國家的關係進行了思考。根據吉魯的解析[103]，西方新馬克思主義教育與國家關係的理論模式主要有兩種：一種是再生產理論，另一種是抵制理論。再生產理論包括經濟再生產教育理論、文化再生產教育理論和國家再生產教育理論。

(一)經濟再生產教育理論

經濟再生產教育理論早期代表人物是法國「結構主義的馬克思主義者」路易‧皮埃爾‧阿爾都塞（Louis Pierre Althusser, 1918-1990）。他認為，馬克思1848年以後的著作中表明，在任何一個社會的整體裡，都有四種不同的層次，即：經濟的、政治的、思想的和理論的。雖然經濟是最終的決定性因素，但在不同情況下，其他因素也可能具有支配作用。他強調從資本主義社會的整體結構來分析學校教育。阿爾都塞認為，學校教給兒童知識和技能，將思想意識灌輸給兒童，都是為使整個社會整體結構能夠繼續運轉。資本主義的學校教育就是在再生產著資本主義社會的整體結構。

在經濟再生產教育理論方面最有影響的人物是薩繆爾‧鮑爾斯（Samuel Bowles, 1939-）和赫伯特‧金蒂斯（Herbert Gintis,

[103] 陸有銓，現代西方教育哲學[M]，北京：北京大學出版社，2011：238。

1940-）。他們認為，資本主義社會中，統治階級在教育政策上的目標是勞動力的再生產、生產關係和社會關係的再生產。傳統自由派認為學校教育可以促進社會平等，但鮑爾斯和金蒂斯對此表示疑問。他們說：「面對工業社會的現實情況，學校環境能夠促進人的發展或社會的平等嗎？自我發現也許是與理想的勞動角色相融合，但教育能夠改變日常勞動世界的醜惡現實嗎？平等也許與教育的其他職能相一致，但廣泛而深刻的種族、階級和性別分層的制度能夠透過『平等的學校教育』而徹底改變嗎？」[104]鮑爾斯和金蒂斯得出的結論是：「教育從來就不是實現經濟平等的有力推動力。」[105]學校教育反映著生產關係和階級結構，資本主義社會的學校教育是資本主義生產關係和階級結構的產物。學校根據不同階級、種族和性別的區分，為不同階級和社會集團的人獲得相應的職業地位，並提供其勝任工作的技能，而且還養成了適合於等級分工的個性品質。資本主義經濟結構和階級關係都被反映到教育中，而教育也回應著這種國家現實。鮑爾斯和金蒂斯提出：「教育系統並不會增加或減少不平等和壓抑性的個人發展的總體程度。相反的，最好把教育系統理解為一個把青年人順利地統和到勞動力大軍中去，從而使經濟生活的各種社會關係得以永恆化的機構；透過這些經濟生活的社會關係，教育的組織形式才得以確立。」[106]

　　鮑爾斯進一步分析了階級文化和階級權力方面的影響。在對美國大量的實證研究基礎上，鮑爾斯指出：「建立在生產等級制結構上的社會分工，產生了性質截然不同的亞文化群，每個亞文化群所特有的

---

[104]薩繆爾·鮑爾斯，赫伯特·金蒂斯，美國：經濟生活與教育改革[M]，王佩雄等譯，上海：上海教育出版社，1990：35，11，15，340，344，344。（本書亦有李錦旭之臺譯本，資本主義美國的學校教育，臺北：桂冠圖書公司，1989。）

[105]同註104。

[106]同註104。

價值觀、個性品質和期望，透過家庭社會化中的階級差異，以及不同階級地位的子女在通常所受學校教育的類型和數量上的補充性差異代代相傳。學校教育中，這些階級差異在很大程度上是透過上層階級控制學校財政、學生評估，以及教育目標的基本原則等權力而得以維持的。」[107]教育是如何實現在其中變革的？「歷史學家和其他學科的學者對教育變革的過程作了不同的、而且往往是明顯對立的解釋。」[108]在他們的解釋中，逐步形成了三種觀點：民主必需論、民眾需要教育論和技術論。顯然，鮑爾斯對三種觀點都持否定態度。針對民主必需論和技術論，他說：「民主必需論和技術論都不能說明問題，因為它們所依據的前提是錯誤的。美國教育的結構、內容和控制的歷史，在它對青年的自我意識的壓抑方面表現了驚人的持久性。而正是這一事實推翻了諸如巴茲這樣的歷史學家們的鼓舞人心的觀點。控制——而不是解放——是我們大多數有影響的教育領導人的口頭禪。」[109]「抱定民主必需論的作者處在一種不值得羨慕的地位上，因為他們對歷史起源作出解釋的某些事情是永遠不會出現的！」[110]

面對教育中的這種問題，鮑爾斯和金蒂斯認為，資本主義的教育系統只是在為經濟上的不平等進行辯護，並且努力培訓他們所需要的勞動力，讓這些勞動力聽命於資本主義經濟發展的需要。造成教育如此功能上的弊端根源是資本主義制度，而不是教育系統本身，所以，他們期待改變的是教育賴以實施的社會制度和社會關係。鮑爾斯和金蒂斯提出：「平等主義教育改革方案，必須徹底弄清平等不是一個亞

---

[107] 張人傑，國外教育社會學基本文選[M]，上海：華東師範大學出版社，2009：193。

[108] 同註104。

[109] 同註104。

[110] 同註104。

文化價值觀念（subcultural values）的問題。」[111]「平等主義教育改革必須努力破除不平等顯得有益、公正或不可避免的神話。」[112]「平等主義教育改革方案還必須努力使各種不同的社會集團聯合起來，與分化不同社會背景的勞動者的企圖作鬥爭。」[113]

(二)霸權─國家再生產理論

安東尼奧・葛蘭西（Antonio Gramsci, 1891–1937）是西方馬克思主義的先驅，其著作主要有《獄中札記》、《獄中書信》等。葛蘭西認為，現代西方國家在保持傳統國家的暴力特徵的同時，也具有契約的特徵。而這樣的國家是政治社會和市民社會的組合，隨著市民社會作用的增強，國家的一些職能和性質也發生了一些改變，國家在暴力統治和強制方面的功能減弱，但是在倫理、文化、教育方面的職能卻逐漸增強。所以，葛蘭西使用了倫理國家、文化國家、教化者等概念來表述國家特徵的變化和國家的新職能。葛蘭西指出：「對國家的認識離不開對市民社會的認識（因為人們可以說國家＝政治社會＋市民社會，即強制力量保障的領導權）」[114]，「資產階級給法律意識帶來的革命，以及由此給國家職能帶來的革命，特別表現為服從的意志（因此產生所謂的法律道德規範和國家道德規範）。以前的統治階級本質上思想保守，不願推動其他階級向本階級過渡，也就是說，不願擴大本階級的『實際』和思想範疇，他們的思想形成封閉的等級。資產階級自視為不斷運動的有機組織，可以吸收整個社會，把它納入自

---

[111] 薩繆爾・鮑爾斯，赫伯特・金蒂斯，美國：經濟生活與教育改革[M]，王佩雄等譯，上海：上海教育出版社，1990：371，371，371。

[112] 同註111。

[113] 同註111。

[114] 安東尼奧・葛蘭西，獄中札記[M]，曹雷雨、姜麗、張跣譯，北京：中國社會科學出版社，2000：218，216，198。

己的文化和經濟範圍之內。國家的職能因此得到徹底改變，成為一個『教化者』等等。」[115]葛蘭西指出：「國家具有教育和塑造的作用，其目的在於創造更高級的新文明，使『文明』和廣大群眾的道德風尚適應經濟生產設備的繼續發展，從而發展出實實在在的新人類。」[116]葛蘭西作為馬克思主義的理論學者特別強調教育的功能，他強調的是教育的文化啓蒙功能，提出必須透過文化的啓蒙不斷地提升民眾的文化高度，從而使得無產階級取得文化方面的領導權。葛蘭西在談論教育的功能時並不是侷限在學校教育方面，教育的關係「存在於整個社會中，適用於每一個個人與其他個人的關係。它存在於知識分子階層和非知識分子階層之間，統治者和被統治者之間，菁英和他們的追隨者之間，領導和被領導者之間，先鋒隊和軍隊的主力之間。『領導權』的每一種關係必然地是一種教育關係。」[117]

人們用葛蘭西的理論分析國家與學校教育的關係，將其命名為霸權－國家再生產理論。

(三)布林迪厄[118]的文化再生產理論

皮埃爾・布林迪厄（Pierre Bourdieu, 1930–2002）是當代法國著名社會學家。現代教育的重要功能就是把傳統文化中的精髓傳遞給下一代，同時培養他們的創新能力。但是在布林迪厄看來，這種功能卻成為一種文化的再生產，「特殊的惰性是學校的特點，當它被賦予保存和傳遞一種從過去繼承下來的文化功能並具有特殊的自我永續手段時，更是如此。」[119]所謂的教育大眾化、教育民主化，僅僅是一個口

---

[115] 同註114。

[116] 同註114。

[117] 葛蘭西，實踐哲學[M]，徐崇溫譯，重慶：重慶出版社，1990：33。

[118] 布林迪厄也譯作布林迪約。

[119] P・布林迪約、J・C・帕斯隆，再生產——一種教育系統理論的要點[M]，邢克超譯，北京：商務印書館，2002：157，14，18。

號。布林迪厄從符號暴力的角度分析教育，他說：「教育行動在客觀上是一種符號暴力，是因為一個社會構成各集團或階級之間的權力關係是專斷權力的基礎，而這一權力是建立一種教育交流關係的條件，即以一種強加和灌輸（教育）的專斷方式進行的強加和灌輸文化專斷的條件。」[120]他認為，教育有助於維持合法化一種不平等的、階級劃分的社會，如果教育被假定為一種傳遞觀念與知識的制度，那麼它並不是成功的。儘管教育承擔著眾多的功能，但其最重要的功能乃是透過作為相對獨立的壟斷者合法實施符號暴力的社會機制，「教育行動使它灌輸的文化專斷得以再生產，從而有助於作為它專斷強加權力的基礎的權力關係的再生產（文化再生產的社會再生產功能）。」[121]

專欄7-2
布林迪厄論「文化再生產」

　　特權階級總是把選擇的權力更完全地委託給學校，以顯得他們把從一代人向下一代人傳遞權力的權力交給了一個完全中立的當局，從而拒絕了透過世襲傳遞特權的專斷性特權。但是，學校表面無可挑剔的判決總是客觀地為統治階級服務，因為它只是為了這些階級的社會利益才犧牲了他們的技術利益。……總而言之是一個以民主思想為基礎的社會裡所能想像出來的唯一方式，促進業已建立的秩序的再生產。

資料來源：P.·布林迪約、J.·C.·帕斯隆，再生產——一種教育
　　　　　系統理論的要點[M]，邢克超譯，北京：商務印書館，
　　　　　2002：180。

---

[120]同註119。

[121]同註119。

實際上，布林迪厄的分析是針對法國教育制度的，但是這個理論提出來後引起了很大的反響，獲得非常多的認同，許多研究者在各自的國家中試圖證明布林迪厄所說的觀點並尋找證據。

教育之所以能實現再生產，布林迪厄認為原因主要有以下幾點。

第一，考試具有選擇和淘汰的功能。布林迪厄批判了考試，他說：「考試使為數不多的候選人中的中選者，從被選中一事中看到對一種價值或一種『天資』的證明——由此可以假設他們比別人更討人喜歡。同時，考試引導自我淘汰的人把自己當成考試失敗的人。所以，什麼也沒有比考試更啟發所有的人，承認他們使之合法化的學校判決和社會等級的合法性。只有揭露考試掩蓋沒有考試的淘汰的這種功能，才能完全理解為什麼作為明顯的選擇方法的考試運行過程中有那麼多特點，仍然服從制約它所掩飾的淘汰的那種邏輯。」[122]考試的存在，把那些與社會主流不符合的人慢慢地淘汰，社會的各個階層接受教育的機會和品質並不是平等的，甚至有一些人根本沒有機會參加考試就被淘汰了。

第二，透過考試實現了由社會的不平等向學校的不平等的轉換。各個學校本身的不同等級，以及各個專業在學校中的不同地位，就是「學校的不平等」的重要表現。「如果學校一方面具有生產和證明能力的技術功能，另一方面具有保存和認可權力與特權的社會功能，人們就能懂得，現代社會為教育系統提供了許多施展它把社會優勢轉化為學校優勢的能力的機會。而學校優勢又可以轉換為社會優勢，因為現代社會可以使教育系統把學校方面的、因而暗含地也是社會方面的前提，作為從事一種職業在技術方面的前提。」[123]或許社會

[122] P.・布林迪約、J.・C.・帕斯隆，再生產——一種教育系統理論的要點[M]，邢克超譯，北京：商務印書館，2002：174，179，225，85，127。

[123] 同註122。

下層人民的子女也可以透過考試進入大學，但是大多數人即使可以進入大學，從事的專業也僅僅是「二流專業」，注定是一種淘汰。「學校保證了文化資本的效益，並透過掩飾它正在完成這一功能而使它的傳遞合法化。於是，在社會特權的取得愈來愈依靠對學校文憑的占有的社會中，學校功能便不僅是保證不會再以一種直接和公開的方式傳遞的資產階級權力的隱蔽性繼承。學校是特別受資產階級社會神正論重視的工具，它賦予特權者不以特權者面目出現這一最高特權。在文化方面，絕對不占有越是排斥對不占有的意識，學校就越能輕易地說服無權繼承的人，同意他們在學校和社會方面的命運取決於天資缺乏或成績不好。」[124]

　　為什麼學校具有這種功能？布爾迪厄把學校看作現代社會中為社會等級制提供證明的極為重要的制度機制。每一個個體在進入學校教育體系之前，都獲得了「最開始由家庭灌輸的習性（這裡指對母語的實際控制）」[125]，兒童透過早期社會化，憑藉家庭內部的代際傳遞獲取了各自不同數量與類型的文化資本。「對任何人來說，包括對特權階級的兒童，大學的語言並不是一種母語。它是語言歷史上的過去狀態不按時間順序的混合，與不同社會階級實際使用的語言距離的遠近差別很大。可能有些專斷，比如像人們發現的那樣，『能區分一定數量的法語講話習慣，因為這受到不同社會等級的影響。但在這等級的兩端，存在著兩種明確定義的言談：資產階級的言談和粗俗的言談』。」[126]學校所使用的語言是規範的，社會上層所使用的語言與學校的規範語言是一致的，「一個給定社會的給定時刻可使用的各種語言編碼的社會價值（即它們的經濟和符號效益），總是取決於它們與語言規範的距離。學校則在定義被社會承認的語言『正確性』的標準

---

[124]同註122。

[125]同註122。

[126]同註122。

定義時，強行使用這一規範。更確切地說，每個人語言資本在學校市場上的價值，隨以下兩者之間的距離變化：學校要求的符號控制的類型，來自本人階級初始教育的對語言的實際控制。」[127]所以，社會上層的兒童上大學更容易些，他們的語言與大學所使用的語言更相似。但是社會下層的文化資本與學校所倡導的文化資本則是不一致的。以語言學習爲例：「語言不單單是一種交流工具，它除或多或少的詞彙之外，還提供一個複雜程度不同的類別系統，以使辨別和掌握諸如邏輯學或美學方面複雜結構的能力，在一定程度上取決於家庭傳授的語言的複雜性。這樣，隨著一個階級與學校語言的距離增加，它在學校中的死亡率也必然只能增加。」[128]也就是說，社會下層的兒童與學校語言的距離很遠，要想獲得學業上的成功也就非常困難了。兩個階層兒童的語言不通，導致他們的經驗也是對立的：「一種是在由詞彙定義事物眞相的家庭環境中度過的童年所準備的對學校環境的經驗，另一種是爲把反映現實的談話內容非眞實化，而在學校學到的一種經過良好加工的語言爲下層階級的兒童帶來的不眞實經驗。課堂上『精練的』和『正確的』，即『經過糾正的』語言，與那些眉批所稱的『隨便的』或『粗俗的』語言是對立的。……農村地區來的兒童同時面對強迫的文化移入和祕密的反文化移入兩種經驗，只能在分化和屈從於淘汰這兩者之間進行選擇。」[129]由此，學校就成爲遵循著某種優勢原則的仲介場所，導致社會上層的兒童與學校教育之間得以「暗喻與合謀」[130]。那些具有上層文化資本的學生，往往來自於擁有占統治地位的文化資本家庭，能夠更迅速有效地積累學校所賞識的知識技能、審

---

[127]P.‧布林迪約、J.‧C.‧帕斯隆，再生產——一種教育系統理論的要點[M]，邢克超譯北京：商務印書館，2002：128，87，131−132，129。

[128]同註127。

[129]同註127。

[130]同註127。

美品味、生活方式，進而達到較高的教育階段。

布林迪厄批判了學校教育這種再生產統治階級文化的功能。但也應該看到，教育也在進行著重構，即杜威所說的經驗改組和改造。「從當代西方教育學者的許多批評來看，它們集中表現在只看到了社會統治階級對學校實施文化統治和意識型態控制的一面，因而片面地認為學校的文化性質和知識形式只是『統治階級文化資本的無力反應』，『學校知識再生產統治階級文化和意識型態的靜態機構』；而沒有看到這種統治與控制反映在學校教育過程內部是充滿矛盾、衝突、鬥爭和抵制的。」[131]

二、保羅・弗雷勒的解放教育學

保羅・弗雷勒是巴西著名的教育學家，是20世紀批判教育理論和實踐方面最重要、最有影響的作家之一。由於他在掃盲工作方面取得的成就，使他最初作為成人教育家而聞名於世。他的思想影響深遠，批判研究路徑大大地超出了成人教育領域，專注於教育在被壓迫人民的鬥爭中所起的作用．

1960年代，巴西政府推行國民教育，其中最重要的就是掃盲運動。弗雷勒認識到，在當時的巴西社會，現有文化是統治階級的文化，這種文化導致了人的物化，人們沒有辦法推行「歷史的邏輯」，而只能接受現有文化的規範。因而，「在他們具體『發現』他們的壓迫者以及反過來『發現』自己的意識之前，他們幾乎是對自己的處境持宿命的態度」[132]，傳統的結果不是使其獲得解放性的覺悟，而是使其受到馴化，成為維護現有制度的成員。「壓迫者意識想方設法打消

---

[131] 陸有銓，現代西方教育哲學[M]，北京：北京大學出版社，2011：244。

[132] 保羅・弗雷勒，被壓迫者教育學[M]，顧建新、趙友華、何曙榮譯，上海：華東師範大學出版社，2001：16，14，22，16，30。（本書有方永泉之臺譯本，受壓迫者教育學，臺北：巨流，2003。）

人們的探索慾望，抑制人們永不滿足的精神，扼殺人們的創造力，而
這些正是生命的特徵。」[133]人性化被扼殺以後就成為非人的「物」，
失去了自由，所以，弗雷勒才主張解放的教育，提出被壓迫者的教育
學。「鬥爭的開始是以壓迫者認識到自己已被毀滅為標誌。宣傳、管
理、操縱──一切統治的手段──都不可能是他們人性化的工具。唯
一有效的工具是人性化的教育學。」[134]弗雷勒認為，在階級社會裡，
統治階級為了自己的利益建立了學校，透過學校再現他們的思想意
識，學校就是要培養他們所需的人才。所以，人的解放要從政治上來
解放自己。在對成年人進行掃盲教育的過程中，就是要讓「沉默文化
圈」的「邊緣人」勇於表達自己的心聲，從文化上來解放自己；「灌
輸式教育直接或間接地強化了人對其所處境況宿命論式的認識，提問
式教育則把人們目前的處境作為問題提出來。」[135]所以，弗雷勒提
出「解放教育」（或「提問式教育」），目的就是要將教師和學生從
「馴化教育」或「銀行儲蓄式教育」的教學模式中解放出來。他提出
種種教育哲學，最終目的是要透過教育之船把人載向自由的彼岸，使
人獲得真正的解放。

　　弗雷勒在他後期的許多著作或談話中都明確地提出了「教育即
政治」的思想。他認為，學校的主要功能就是再造統治階級的思想意
識。統治階級要求學校按照統治階級的規定辦學，要求學校培養統治
階級所需的人才。「作為實施統治的手段，教育促進了學生的輕信。
它的思想意圖（通常不為教育者所察覺）是向學生灌輸適應受壓迫世
界的觀念。」[136]學校教師在教育實踐中，無時無刻不面臨著政治性的
問題。例如，我在學校教學，我贊成什麼？反對什麼？我贊成誰？反

---

[133] 同註132。

[134] 同註132。

[135] 同註132。

[136] 同註132。

對誰？總之，弗雷勒認為，教育的全部活動在本質上都是政治的。政治不是教或學的某一個方面。不管教師和學生是否承認他們的工作和學習的政治性，教育的所有形式都是政治的。

雖然單純地從政治的角度分析教育實踐是存在侷限性的，但弗雷勒的批判觀點繼承了馬克思主義的批判思想，艾普爾（Michael Apple）等當代批判教育哲學者都把他當作批判教育學的創始人，這無疑是恰當的。

三、彼得・麥克萊倫的批判教育學

彼得・麥克萊倫是美國著名的批判教育學者，他引領批判教育學向馬克思主義轉向，代表著作是《校園生活：批判教育學導論》。麥克萊倫致力於探索教育理論與實踐之間的辯證關係，檢視社會領域與教育層面上的意識型態，倡導教育機構、流行文化中的主體平等，呼喚反性別歧視、反種族歧視、反恐懼同性戀傾向的課程制定。他的學術思想主要包括批判教育學、多元文化主義、批判的民族誌三個方面。

關於批判教育學，麥克萊倫承認他的思想來源於保羅・弗雷勒。他早期的批判教育學試圖分析社會生活中抵制和改革的可能性，分析權力關係如何在諸如教室和社區這些具有媒介性質的空間發揮作用，試圖研究經濟領域的中介結構如何扎根於學生和教師的日常生活，並以「常識」的姿態遊走其中。他說：「批判教育學，不只是侷限在學校教室情境的教育學，它也適合一般的公共場域。從最廣義的角度而言，它企圖要改變社會中主體和客體元素的辯證關係，讓社會經濟結構用來服務人類，而非將人類的慾望轉化為追求消費享樂主義……在資本主義的民主下，那塊免費的『乳酪』就是放在捕鼠器上的那一塊。總而言之，批判教育學並非哀怨地在尋找失去的烏托邦，而是在殘缺中建立『新世界秩序』，一個建立在人民自由勞動與集體

需求上的一種文化，社會生命的解放策略。」[137]

　　麥克萊倫還對傳統上對於學校與民主社會的關係論述進行了批判：「美國人在傳統上假定，學校已具備支持民主和平等的社會秩序的功能。批判教育理論家的觀點則相反，他們認為，學校並沒有提供學生機會，去發展出在西方人道傳統下的自我和社會集體增能，事實上，學校的做法根本是背道而馳。批判教育學也對學校的功能乃是社會和經濟流動的主要場所的預設提出質疑。像艾普爾等的理論家所主張，美國的學校教育對平等改革的支票跳票，而且事實上，它也沒有提供機會讓大部分的學生可以有能力成為具有批判能力、積極主動的公民；相反的，他們宣稱，出身富有家庭的學生，其學校教育的經濟報酬率遠大於弱勢家庭的學生。」[138]

　　在第一版《校園生活》出版後不久，麥克萊倫和吉魯共同編輯了一本著作——《批判教育學，國家和文化抗爭》[139]。麥克萊倫在這本書中與吉魯一起撰寫了導言〈學校教育，文化政治學和為民主而戰〉（schooling, cultural politics, and the struggle for democracy）。在導言中，他們指出：「雷根時代（1981-1989）即將結束之際，一場全國範圍內關於公立學校的未來的爭論，在美國政界主要的黨派中以及美國公眾中繼續升溫，繼整個1980年代的教育爭論之後，希望在新階段的教育爭論能夠提出一些新問題，提供新的分析語言，拓寬對於公立教育目的和意義的定位。而本書中收錄的文章都將關注這一爭論，以及這場爭論延伸出的更廣泛的意義和涉及的更重要議題。總體

---

[137] Peter McLaren. Life in schools: An introduction to critical pedagogy in the foundations of education (Fourth Edition) [M]. Boston: Allyn and Bacon, 2003: xxi-xxii, 272.

[138] 同註137。

[139] Henry Giroux and Peter McLaren (editors). Critical pedagogy, the state, and cultural struggle [M]. New York: State University of New York Press, 1989: introduction.

來說，所有的文章將圍繞一個共同的主題，即教育改革與民主議題、社會關係的倫理性和政治性議題。」1994年左右，麥克萊倫認識到傳統批判教育學沒有將資本主義本身作為一個問題進行審視，開始使用「革命的批判教育學」這一說法。他指出，革命的批判教育學力圖在社會變革中扮演一個積極的角色，我們不是一定要遵循資本主義的價值規律，馬克思提供了另外一種世界圖景。

在多元文化主義研究方面，麥克萊倫認為，多元文化教育領域缺失一個重要的議題，即差異的政治學。他期盼建立一種基於批判的實用主義、批判的解釋學、女性主義的後結構主義、反霸權的教育學實踐。他在《批判教育學與食肉文化》一書中指出，對身分的認可不是對身分特徵基本概述的認可。對身分的認可是對身分論述的默許接受，這種論述劃分了身分的邊界，例如我群與他者。

在批判的民族誌研究方面，發表於1980年代的《學校作為儀式表演》，是麥克萊倫第一次試圖系統地發展一種方法論式的框架，從批判的後結構主義符號理論的視角來理解學校文化。麥克萊倫試圖表達一種主體性的模式，即強調二元框架之外媒介衝突的部分，試圖解釋身體之於精神和精神之於身體的拐點，重新思考主體內外關係。受到傅柯的影響，麥克萊倫開始試圖挑戰「意識能夠認識其自身」這一主流教育觀點，討論身體如何透過在教室和操場上經驗話語文本隱喻一般地被刻以記號。他闡明了一種有關身體的理論：身體作為被刻以記號的身體，作為一種社會形式，作為一種文化產物，其自身邏輯需要予以深刻而全面的探究。

作為批判教育學者，麥克萊倫不僅在理論上鬥爭，在實踐中也是一位身體力行者。他親自到委內瑞拉支持查維茲總統的工作，參加《總統你好》電視節目。為此，他還受到了一些極端右翼分子的公開詆毀。2006年，加州大學洛杉磯分校的右翼校友聯合會（Bruin Alumni Association）在網路上公布了一組名單，這組名單被命名為「骯髒的三十人」，名單上的教授由於在校園中散播了美國政府不喜

歡的危險信息而被列入黑名單，麥克萊倫成爲名單之首。該聯合會鼓
勵學生對這些教授在課堂上的「激進言辭」進行錄影和錄音，並對有
效揭露教授的學生給予100美金的回報[140]。因爲這一舉動引起了國際
的關注和反對，該聯合會停止了對學生間諜行爲的金錢獎勵做法，
但仍鼓勵學生監督和舉報激進教授[141]。對美國保守政治的揭露，使
得麥克萊倫受到來自其他國家的肯定，例如：墨西哥教育工人聯合
會（the National Union of Educational Workers）授予麥克萊倫團結
友誼獎，委內瑞拉授予他在批判教育學領域的國際獎（International
Award in Critical Pedagogy），希臘雅典批判教育研究協會授予他在
批判研究領域的成就獎。

四、艾普爾的教育與意識型態理論

1970年代以來，美國著名學者邁克爾‧W．艾普爾將分析哲
學、現象學、批判理論與馬克思主義經典學說結合，並形成具有鮮明
特徵的教育與意識型態理論。他在史賓塞經典命題「什麼知識最有價
值」的基礎上追問：「誰的知識最有價值」和「什麼價值該教」，明
確指出課程應隨科學和意識型態的變化而變化。他認爲，生活中大量
存在的、不平等的權力關係控制著教育，教育是經濟、政治等因素
的附庸，教育所涉及的理論、政策與實踐不是技術性問題，而是政治
性問題。課程與主流意識型態的關係千絲萬縷，主流意識型態透過課
程得以傳播，價值判斷無法保持中立狀態。另外，艾普爾指出，由政
治家、思想家和科學菁英共同認可的課程內容，實質上是一種強勢
文化。當人們被強勢文化控制並逐漸失去獨立思考與判斷能力時，強
勢文化便上升爲「文化霸權」現象。語言不再是傳播思想的工具，反

---

[140] Exposing UCLA's Radical Professors: A project of the Bruin Alumni Association [EB/OL]. http://www.uclaprofs.com/letter.html.

[141] 同註140。

而成爲思想本身。艾普爾的代表作爲批判三部曲——《意識型態與課程》、《教育與權力》和《教師與文本》，主要涉及文化霸權、意識型態與文化再生、潛在課程與衝突本質和超越意識型態再生等。

　　首先，關於文化霸權。艾普爾認爲，教育不僅僅在經濟領域充當再生產不平等的主要工具，在文化領域亦是如此。他在繼承雷蒙德・威廉姆斯和安東尼奧・葛蘭西意識型態霸權兩個必要條件的基礎上，用所謂「關係分析」方法論構建文化霸權的基本內核。「霸權並非是處於一個高屋建瓴的抽象水準上的意義堆積，而是指一個意義和實踐的有組織的集合體，一個中心的、有效的、具支配作用的生活意義、價值和行爲系統。」教育機構不是中立事業的原因有二：其一，學校具備經濟產出的功能。經濟產出涉及相關利益群體，而利益群體必將使教育帶有一定的主觀色彩，也就是教育爲誰服務的問題。其二，學校在經濟和文化再生產過程中扮演權力機構角色。學校透過課程設置直接決定哪種文化可以在學生中傳播，在客觀上幫助學生作出主觀選擇。另外，學校也在一定程度上促進了階級分層與階級流動。因而，艾普爾總結說，作爲一個國家機構，學校在很多方面具有關鍵作用，它輔助建立了資本積累和合法性的必要條件。

　　其次，關於意識型態與文化再生、經濟再生。艾普爾批判了將現實作爲社會建構基本原則的常見說法，指出「知識與社會生活、經濟生活的組織與控制無任何重要聯繫」的不合理性。他認爲，學校既加工「知識」，也「加工」人，具有再造文化、再造經濟的作用。因爲學校教給學生的課程知識，與再生產理論家描述的課程知識之間存在巨大差異，我們才能看清學校與不平等的經濟間存在的眞正關係。學校教育並不是一些教育社會學家和經濟學家所預設的「黑箱」，學生身心的發展也不等於進入勞動力市場的輸出與進入學校前的輸入之差。他們不關注在「黑箱」中發生了什麼，更不考慮學生在教育過程中獲得了什麼。如果僅僅從經濟利益的角度計算，學生並不是主體人，而是流水線上的商品。把學校當作經濟再生產的機構是重要的，

而將學校當作培養人的機構更爲重要。教育是鬥爭和妥協的場所，它也代表了更大範圍內的戰鬥，爲了我們的機構應當做什麼、它們應當服務於誰和誰應當作出這些決定而戰鬥。

再次，關於潛在課程與衝突的本質，艾普爾認爲，正是學校知識和潛在教學再造了文化霸權。在學校知識的選擇過程中暗含著兩個基本假設：否定衝突的本質，以及把學生視爲價值的接受者而非創造者。比如，在歷史課本中不能正視本國與他國的衝突矛盾，面對同樣的歷史問題，我們是對的、客觀的，他們是錯的、主觀的。儘管一些秉持開放教育觀念的學校容許爭論與爭議，「但學校中的爭論往往只是在暗含擁有的活動規則的變數範圍內的選擇，沒有人試圖去關注變數本身。」正因爲沒有人質疑或沒有人有能力質疑，文化霸權現象得以滋生、增長、乃至肆虐。學校無視集體中社會衝突的存在，歪曲集體中社會衝突的作用，在一定程度上阻礙了個體適應社會不平等能力的發展與完善。

最後，針對教育領域存在的文化霸權現象和不平等現象，艾普爾提出了自己的解決辦法，即超越意識型態再生。馬克思在《德意志意識型態》中提及的「統治階級賦予其思想以普遍性，並表示爲唯一合理、普遍妥當的東西」，恰恰是艾普爾所拒斥的。他倡導人們認識眞正的知識和眞正的權力，倡導形成徹底的、批判性的文化型態社會學，課程應根植於關注不利群體權利與利益的社會公正理論。他說，應利用統治性的架構，就權力不平等群體所面對的日常生活建構新的常識。同時，課程應該遠離非科學的管理機構，課程的編制需要大量專業課程學者才能得以完善。與哈伯瑪斯提倡在官僚化機構增加科學與技術知識一樣，艾普爾倡導在持半中立觀的教育共同體中發展批判性的教育思維。

總之，作爲一名曾在初等學校和中等學校任教的教師，艾普爾的觀點是務實的、建構的；而作爲一名政治活動分子，他的觀點又是批判的、解構的。他要求教育工作者反思我們爲什麼教，而不僅僅是我

們教得怎麼樣；我們教的有沒有用，而不僅僅是我們教的是什麼。要向自己挑戰，向教育事業挑戰，向社會的不公正挑戰。

五、吉魯的後現代批判教育思想

亨利・吉魯是美國批判教育學創始人之一，1977年在卡內基美隆大學獲得博士學位，並於波士頓大學執教，1983年至1992年在邁阿密大學擔任教育學教授，是一位有名望的駐校學者。從1992年起，他在賓夕法尼亞州立大學擔任講座教授。他在《跨越邊界》、《教師作為知識分子》、《後現代教育》等著作中具體闡釋了他的批判教育觀點，其主要觀點涉及邊界教育學、抵制理論等思想。此外，他對再生產理論的批判以及對教師角色的獨特認識，對思考教育也有一定啓示。

吉魯是美國後現代批判教育學的突出代表人物之一，其思想多元，關心種族主義、女權主義。後現代主義作為獨特的理論視角，為吉魯的批判教育學提供了理論基礎。他的思想經歷了從現代主義到後現代主義的轉變，但吉魯卻始終沒有改變他在批判中的人道主義關懷。同時，在以往批判教育理論的基礎上，他又批判地吸收了最新的理論流派，形成了自己獨特深刻的批判理論視野。吉魯的後現代批判教育學要旨是教育是一種文化政治學，教育並不能完全脫離政治的影響。在對教師的定義上，吉魯認為「轉化性知識分子這個範疇的核心是有必要使教育更具有政治性，而使政治更具有教育性。」[142]吉魯提出，教育旨在培養清醒、自由、民主以及具備覺醒勇氣的公民，學生應該成為具有個性和批判精神的公民，應該回歸到人性所要求的教育中成長。

吉魯對傳統的再生產理論作了批判。對於布爾迪厄的再生產理

---

[142]亨利・A・吉魯，教師作為知識分子——邁向批判教育學[M]，朱紅文譯，北京：教育科學出版社，2008：154，199，5，4。

論，吉魯認爲他認識到了學校成爲統治階級文化再生產的工具，充滿了文化的壓制與不平等，但是卻沒看到學校還是個充滿矛盾、衝突和抵抗的地方，並沒有完全喪失自己，學校對專斷文化有抵制的作用。「學校是意識型態的和政治的領域，正是在這個領域中支配性的文化『製造』其霸權的『必然性』；但是，它們同時也是這樣的場所，在其中，統治的和從屬的群體透過持續不斷的戰鬥和交換來相互界定和約束。」[143] 學校是個充滿複雜爭論和衝突、主流文化與非主流文化並存的場所，學校裡的教師和學生並不只是被動地順從接受學校所傳遞的統治階層文化，學校還是學生對這種文化進行抵制的地方，這種抵制並不是盲目的、具有破壞作用，而是爲了維護不利階層的權利，改善自己的不平等地位，擁有保護自己的話語權，具有「解放」的因素。傳統教育中，教師是主流文化價值的代表者，肩負著傳遞統治階層文化的使命。吉魯認爲，教師「要發展出反霸權的教育（counter hegemonic pedagogies），不但給予學生在更大範圍的社會中作爲批判的能動者能用得上的知識與社會技能，由此而賦予學生以社會權能，而且還要教育他們參與轉化性的行動」[144]。爲了這種轉化，吉魯認爲，教師應該成爲具有改革能力的轉化型知識分子，持有一種懷疑的態度，反對霸權課程，審視教材，爲培養具有批判能力和民主素養的公民做準備。

　　吉魯的後現代批判教育學的重要思想表現是「邊界教育學」。在《跨越邊界》一書中，吉魯以「邊界」比喻權力擁有、世界觀和自我認同的分野，跨越邊界即走向多元對話和眞正民主的過程。爲了使學校教育富於批判性，進而使其獲得解放，吉魯認爲，「任何教育理論，要成爲批判的和解放的，要有益於批判的理解和自覺行動的旨

---

[143] 同註142。

[144] 同註142。

趣，就必須造就一種超越管理與順從的既定語言的話語。」[145]「邊界教育學主張源於民主利益和解放樣式社會關係的各種形式的權威，即權威就是把知識和權力關係的重要意義，當作獲得平等、自由和鬥爭勝利所必要的批判政治學理論。」[146]跨越邊界意味著尋找解放的途徑，教師、學生和教育參與者進行對話。吉魯指出，邊緣是一個差異性產生的地方，正是這種差異性造就了我們，因而我們完全可以理解這種差異。在學校中，差異給了學生和教師表達自己思想的機會，可以跨越邊界，瞭解不同的文化，增加邊界雙方彼此的理解和溝通。

　　吉魯的後現代批判教育學屬於西方馬克思主義思潮，他藉助於後現代主義的視角展開其批判教育學理論，對資本主義社會中的矛盾和教育實踐中的問題進行批判和揭示。吉魯的理論不僅是反抗，還有改變超越的意味。雖然他的批判教育理論對於我們不免有文化上的差別，但他思考問題的方式、對邊界教育學和教師角色的定位，以及他對學校功能的思考，對我們重新認識教育都有著很大的啟示。

主要結論與啟示

1. 民主可以被理解為政治制度和生活方式，無論怎樣理解，教育都是民主實現的基本手段。

2. 柏拉圖和盧梭都把民主當成政治制度，柏拉圖提出的是菁英民主，把教育當成實現民主的手段。

3. 盧梭提出的是契約民主，教育在個體權利與公共利益、個人自由與國家權力之間保持必要的張力。

4. 杜威把民主當成生活的方式，教育既是社會民主的一部分，也是實現社會民主的手段。

---

[145] 同註142。

[146] 魏玲、趙衛平，試論吉羅克斯的後現代教育觀——激進教育中的邊界教育學 [J]，外國教育研究，2006(5)：11-15。

5. 西方批判教育學學者批判現實社會中的學校教育制度，認為學校教育制度是社會主流階層的再生產手段。這些學者把對學校教育的批判視為自己的學術責任。

學習評價

1. 如何理解教育是民主的手段？

2. 請從教育與國家關係的角度對柏拉圖的以下觀點進行評論。

   在柏拉圖的理想國家中，只有少數菁英能夠成為哲學家，其他人必須在社會各個崗位上履行自己的職責。因此，在這個意義上，教育的作用就是把每個人根據他們的資質水準分配到不同的崗位上。柏拉圖說：「我們選拔其他的人，按其天賦安排職業，棄其所短，用其所長，讓他們集中畢生精力專搞一門，精益求精，不失時機」，「只要每個人都在恰當的時候做適合他性格的工作，放棄其他的事情，專搞一行，這樣就會使每種東西都生產得又多又好。」杜威評價過柏拉圖的觀點，他說：「這個國家就能夠進行一種教育，對個人進行篩選，發現他們合適做什麼，並透過一種方法，給每一個人分配與他的稟賦最適合的工作。如果每個人只是做分配給他的事情，從不逾越這種界限，那麼，社會整體的秩序和統一就能得到維持。」

3. 盧梭思想中，關於培養公民和培養自然人的思想是否矛盾？為什麼？

4. 杜威的民主社會思想與教育思想之間的關係是什麼？

5. 西方批判教育學學者如何批判現代教育制度？

學術動態

　　民主與教育的關係一直是研究的焦點，大多數研究成果均是從政治哲學出發，研究教育與國家、民主的關係。國家是政治哲學研究的主題，因此，政治哲學家們提出了什麼樣的國家是理想國家，什麼樣的社會是理想社會，相應地，他們把教育當成實現理想國家和理想社會的重要手段。在現代社會，民主要求對國家權力進行限制。相對於個人來說，現代國家的權力很大，如果沒有對這種巨大權力進行限制，國家就有可能濫用權力。因此，研究者主張限制國家的權力，倡導公民享有各種自由和平等的權利。國家必須保障公民的自由權利，一般這種自由權利由憲法和各種法律所規定並保障。國家也必須平等地對待所有的公民，不能區別對待，不能歧視某些社會成員。在這個視角下，政治哲學家們一方面要求限制國家權力，另一方面分析如何培養合格的社會公民，或者如果建立了權力受到限制的國家，教育應該有何作為。此外，當代的學者在權利優先於善的政治哲學思想體系中，對教育的關注不再是培養什麼樣的人，而是如何配置教育資源，保障公民的受教權利。而後現代主義政治哲學和西方馬克思主義者採取的基本態度都是揭露和批判，他們是拒斥政治哲學的政治哲學，他們不說自己的理想國家是什麼樣子，也不說善優先於權利還是權利優先於善，而是不斷地揭露資本主義國家政治現實中的問題，同時提出自己對公共教育的批判觀點。

參考文獻

P.・布林迪約、J.・C.・帕斯隆，再生產——一種教育系統理論的要點[M]，邢克超譯，北京：商務印書館，2002。

列奧・施特勞斯、約瑟夫・克羅波西，政治哲學史（第三版）[M]，李洪潤等譯，北京：法律出版社，2009。

安東尼奧・葛蘭西，獄中札記[M]，曹雷雨、姜麗、張跣譯，北京：

中國社會科學出版社，2000。

亨利・A・吉魯，教師作為知識分子——邁向批判教育學[M]，朱紅文譯，北京：教育科學出版社，2008。

拉里・希克曼，閱讀杜威：為後現代做的闡釋[M]，徐陶等譯，北京：北京大學出版社，2010。

保羅・弗雷勒，被壓迫者教育學[M]，顧建新、趙友華、何曙榮譯，上海：華東師範大學出版社，2001。

柏拉圖，理想國[M]，郭斌和、張竹明譯，北京：商務印書館，1986。

洛克，政府論：下篇[M]，葉啓芳、瞿菊農譯，北京：商務印書館，1982。

約翰・杜威，民主主義與教育[M]，王承緒譯，北京：人民教育出版社，1990。

陸有銓，現代西方教育哲學[M]，北京：北京大學出版社，2001。

陸有銓，躁動的百年[M]，濟南：山東教育出版社，1997。

喬爾・斯普林格，腦中之輪：教育哲學導論[M]，賈晨陽譯，北京：北京大學出版社，2005。

單中惠、王鳳玉，杜威在華教育講演[M]，北京：教育科學出版社，2007。

盧梭，社會契約論[M]，何兆武譯，北京：商務印書館，2003。

盧梭，愛彌兒[M]，李平漚譯，北京：商務印書館，2010。

盧梭，論人與人之間不平等的起因和基礎[M]，李平漚譯，北京：商務印書館，2008。

盧梭，論科學與藝術[M]，何兆武譯，北京：商務印書館，1963。

邁克爾・W・艾普爾，意識型態與課程[M]，黃忠敬譯，上海：華東師範大學出版社，2001。

懷特海，過程與實在——宇宙論研究[M]，楊富斌譯，北京：中國人民大學出版社，2013。

第八章

公正與教育

内容摘要

　　本章從影響比較大的幾種公正觀出發，分析教育與公正之間的關係。古希臘哲學家把公正視為一種美德；社會契約論從自然法理論的角度探討公正的內涵，追求自由、平等、權利；功利主義把公正看成最大多數人的最大福祉；羅爾斯提出關於正義的兩個基本原則，探討制度公正問題；社群主義則批評以羅爾斯為首的自由主義正義觀存在缺陷，並在共同體內探討什麼是公正的問題。這些主張共同構成了探討教育公正的理論基礎。

學習目標

1. 瞭解古希臘哲學家、社會契約論、功利主義、自由主義與社群主義的公正觀，比較它們之間的關聯與區別。
2. 瞭解羅爾斯對於教育與公正之間關係的哲學論證，並能說明權利公正、分配公正與補償公正之間的關係。
3. 運用所學到的公正理論分析教育問題，瞭解目前比較突出的教育公正問題。

關鍵詞

教育公正　權利公正　分配公正　補償公正　羅爾斯

在西方的思想傳統中，「公正」的概念與「正義」的理念有很大的關係。正義的理念在西方哲學、政治和法律思想中都居於非常重要的地位，在一定意義上甚至可以說，西方人的正義概念也塑造著它們的政治與法律制度。西方正義概念最初產生於對政治生活中政治利益集團進行公正的平衡觀念，其原初涵義是指「得一個人的應得」，這一涵義即使從詞源上也能部分地反映出來。在英語中，正義和公正都用「justice」一詞，希臘文「dikaion」的涵義是「訴訟法律」，拉丁文「justum」的涵義是「已被命令的」。在上述所有詞源中，「正義」均指由權威強制的、規定的做事情的方式，與公平交易和正當的行為有關。「公平」（fairness）是社會正義的基本要求，指平等或平等的份額共用，要求相同的情況要相同地對待，不同的情況要不同地對待。社會對資源的分配必須根據接受者的貢獻、需要和能力來決定。

在中文中，「公正」通常與「公道」、「公平」等詞並用。古代的「公」指平分，區別於「厶」（私），或者指為人方面的正直無私，如《韓非子·五蠹》中「背厶（私）為公」，《墨子·尚賢上》「舉公義，辟私怨」[1]。《現代漢語詞典》（2006年版）和《辭源》對「公正」和「公平」的解釋都是「不偏私，正直」，與「公道」基本上同義。

從歷史源流而論，中國對於公正問題的思考始於先秦。這個時期的思想家闡明了一種樸素的公正觀，他們透過社會內憂外患的事實，認識到社會政治生活和上天對待人間世界的雙重不公平。但是人們對什麼是公正，怎樣才能夠實現社會的公正，並沒有理性的清晰認識，僅僅是有了公正的意識。對於公正觀念談論最詳細者，荀況是第一人。他以「法」作為標準，認為無偏私地衡量事情的輕重，就能夠做到公正。韓非子則認為，社會的公正與否，不在於執法的人，而在於

---

[1] 辭源[Z]，北京：商務印書館，2006：311。

法律的權威，在這個不可撼動的權威面前，「暴者守願，邪者反正。大勇願，巨盜貞，則天下公平，而齊民之情正矣。」[2]要確切地評價孔子的道有多少社會公正的思想，並不太容易。孔子所極力實踐的是周公時期的禮樂制度和等級秩序，但他所崇尚的遠古堯舜時期的禪讓、尊賢與清明的爲政，不能說其中沒有社會公正的思想成分。他所提出的「不患寡而患不均，不患貧而患不安。蓋均無貧，和無寡，安無傾」[3]的「均富論」，也正是基於對分配公正、社會問題的認識所提出的。

第一節　關於公正的哲學理論

概略地說，從希臘神話、梭倫、柏拉圖、亞里斯多德一系的主流希臘思想，接通中世紀基督教的良心觀念，經注入自然法的啓蒙觀念，匯合爲自由主義的體系，並在此母體上吸收社群主義思想的部分影響，構成了西方公正概念迄今發展的主脈[4]。

一、古希臘哲學家的公正觀

論源流，古希臘公正概念的產生當始於梭倫。梭倫的這一貢獻與他的經歷有很大關係。在梭倫所處的時代，雅典四分五裂，各個派別使窮人和富人之間的鬥爭非常激烈，而政客們在很長時間內都對這種局面毫無辦法，最後，雅典人把改革政體的工作委託給梭倫。梭倫在接手這一工作後，認爲雅典的政體無論是傾向於富人還是偏袒於窮人，都無益於公正與和平。他認爲要保持公正，就要在富人和窮人之

---

[2]　韓非子·守道[M]。

[3]　論語·季氏[M]。

[4]　廖申白，論西方主流正義概念發展中的嬗變與綜合（上）[J]，倫理學研究，2002(2)：55−60。

間不偏不倚。因此,他主政後,既要求富人壓制他們的慾望,對平民的人身自由予以扶持;又拒絕了平民拆分城邦財產權的要求,不予平民更多的福利。在改革的過程中,梭倫最早在公正概念中引入了「給一個人以其應得」的涵義。可以說,公正即「應得」的涵義構成了後世權利、自由、應當等概念的最早起源。「公正」這一概念在西方文化中雖歷經變化,但「應得」的涵義始終是其基本意義。

柏拉圖沿著這一方向,將正義的美德擴充到城邦的社會生活中。在他看來,人的天賦是不一樣的,不是每個人都能當政治領導者。他認為,國家的教育和培養能保證每個男人和女人在社會中找到適合自己的位置,在社會中發揮他們最能勝任的職能。有智慧天賦的人統治國家,勇敢的人保衛國家,節制的人生產食物和其他社會所需物品。當每個人都從事最適合自己的工作,並且所有社會職能都能得到最好發揮時,社會就是合乎正義的:上面提到的三種美德和諧相處,就產生了正義的美德。正義是與共同體相關的美德,它是指其他三種美德的和諧相處,即智慧、勇敢與節制的和諧相處。

柏拉圖的學生亞里斯多德也對「正義」(公正)的理念進行了較多的論述。按照亞里斯多德的看法,正義是所有德性中唯一一個與他人的善有關的德性。節制、勇敢、智慧都可以說是私人的德性,同一個人與他人的關係沒有顯著的聯繫,儘管它們也跟一個人參與公共事務的品質有關。而正義,正如柏拉圖在《普羅泰戈拉》中所說,是一種過政治生活的德性,它只存在於一個人對至少某一個他人的關係上,並且關切的是他人的善。

從平等的原則出發,亞里斯多德區分了兩類正義:交易平等的正義和分配平等的正義。交易平等是透過經濟領域的市場實現的。公平交易在於一個人的付出與所得相等。當一個人損害或傷害了另一個人的權益,我們在法律上就要恢復平等。公平的補償是對受損害的那部分進行補償,公平的懲罰是給予多占者同等數量而非性質上的懲罰。亞里斯多德不同意「以眼還眼,以牙還牙」的原則。

所謂分配平等的正義，是指任何一個秩序良好的社會，都需要建立分配權利和義務、社會利益和負擔的制度安排。分配物是什麼、分配給誰，這是人們關注的首要問題。同時，人們更為關注的是如何公平地去分配這些東西：是按努力程度分配還是按需要分配，或是根據權力、財富或德性分配，還是每人一份呢？亞里斯多德既主張分配上的平等原則（每人一份），又主張分配上的等級原則（就專門職能和角色而言的平等）[5]。

二、社會契約論中的公正觀

近代以來，西方公正理念頗受古希臘思想的啓蒙，對於「何為公正」這一古老問題的回答，主導性的理論解釋是關於自然法的論證。自然法理論的重要之處，在於它開啓了另一種討論正義概念的近代傳統——從權利的視角討論正義的基礎、性質與限制，並在這個傳統中，孕育了自由主義這個啓蒙時代以來最重要的、對西方具有根本性影響的政治哲學思潮。

對於自然法理論的闡釋，我們可以先從霍布斯[6]的論證開始。霍布斯首先請求人們進行一場思想實驗：讓我們想像國家還不存在的時候，人們的生活是什麼樣子。霍布斯由此引入了自然狀態的概念來澄清國家出現之前的生活樣態。他論證道，如果沒有國家的話，人類將感到不安全。沒有國家，我們就只好自己管自己。但是由於維持人們生存的物質產品是稀缺的，因此，人類會陷入每個人反對其他人的衝突狀態中，那麼，自然狀態中的每個人都生活在持久的恐懼、彼此懷疑和爭奪物質利益的狀態之中。這樣，如果所有人都同意換一種方式管理自己，建立一種確保每個人的生命和健康的社會契約的話，對大家都是有利的。因此，國家存在的基礎就在於每個人根據社會契約讓

---

[5] G.·希爾貝克、N.·伊耶，西方哲學史——從古希臘到二十世紀[M]，童世俊、郁振華、劉進譯，上海：上海譯文出版社，2004：93。

[6] 霍布斯，利維坦[M]，黎思復、黎廷弼譯，北京：商務印書館，2011：92。

渡自己的自由權利，國家則集合法的武力於一身，負責保護每一個人
的安全。

從自然狀態和社會契約的理論假設出發，霍布斯進一步推導出了
「自然法」的概念：自然法就是人們憑借理性而達成的一些規範或普
遍規則。在這些規則中，權利是行動或放棄行動的自由。法律則規定
人們應該或不應該做什麼。因此，當建立起一個國家的時候，自然法
就開始生效了。它們是一些理性規則，其基礎是所有個人從長遠的自
身利益出發，對他們爲保存生命、維護安全生活之社會條件所達成的
共識。顯然，對霍布斯來說，引導自然權利中規範的是物質因素，是本
能和開明的自利。自然權利和自然法是用個人的自私本性來說明的。

洛克像霍布斯一樣把個人看作基本單元，把國家看作由個人之間
的社會契約創造的產物[7]。但是，洛克的自然狀態並不是一個無政府
的戰爭狀態，而是一種個人擁有無限制自由的生活形式。

第一，與霍布斯不同，在洛克所設想的自然狀態中，人類天性都
是平等的，平等意味著做我們自己主人的自由，只要我們不傷害其他
任何人。進一步說，這種平等和自由意味著我們自由地支配自己的身
體，因而支配我們用自己的身體所取得的任何東西，也就是我們勞動
的結果，即財產。

第二，當人們設法逃避自然狀態，進入有政治秩序的社會時，這
不是因爲害怕死亡，而是因爲他們意識到，他們在一個有政治秩序的
社會中要比在自然狀態中更安全。

第三，與霍布斯相反，洛克把以下兩者區別開來：社會是自發
地、有規則地運作的，它可以存在於一種自然狀態之中；國家則代表
一種政治安排，並且是一個政治契約的產物。對洛克來說，一個有政
治秩序的社會並不是一個專制社會，它是一個由多數人統治的、服從
某些規定的社會：每個個人都擁有任何統治者都不能染指的不可侵犯

7　洛克，政府論：下篇[M]，葉啓芳、瞿菊農譯，北京：商務印書館，2009：3。

的權利。由此即構成一個公正的社會。

專欄8-1
洛克論「自然法」

　　人們既生來就享有完全自由的權利，並和世界上其他任何人或許多人相等，不受控制地享受自然法的一切權利和權益，他就自然享有一種權利，不但可以保有他的所有物——他的生命、自由和財產——不受其他人的損害和侵犯，而且可以就他認為其他人罪有應得的違法行為加以裁判和處罰，甚至在他認為罪行嚴重而有此需要時，處以死刑。但是，政治社會本身如果不具有保護所有物的權力，從而可以處罰這個社會中一切人的犯罪行為，就不成其為政治社會，也不能繼續存在；真正的和唯一的政治社會是，在這個社會中，每一成員都放棄了這一自然權力，把所有不排斥他可以向社會所建立的法律請求保護的事項都交由社會處理。於是沒有個別成員的一切私人判決都被排除，社會成了仲裁人，用明確不變的法規來公正地和同等地對待一切當事人；透過那些由社會授權來執行這些法規的人，來判斷該社會成員之間可能發生的關於任何權利問題的一切爭執，並以法律規定的刑罰來處罰任何成員對社會的犯罪，這樣就容易辨別誰是和誰不是共同處在一個政治社會中。凡結合成為一個團體的許多人，具有共同制定的法律，以及可以向其申訴的、有權判決他們之間糾紛和處罰罪犯的司法機關，他們彼此就都處在公民社會中；但是那些不具有這種共同申訴——我是指在人世間而言——的人，還是處在自然狀態中，因為既然沒有其他的裁判者，各人自己就是裁判者和執行人，這種情況，如我在前面已經說明的，是純粹的自然狀態。

資料來源：洛克，政府論：下篇[M]，葉啓芳、瞿菊農譯，北京：商務印書館，2009：52。

綜觀霍布斯和洛克的思想，他們都遵循相同的思路：從人的自然狀態出發，透過社會契約論，確立自由、平等、權利的主題，並認爲透過個體的權利相互締結的社會契約就構成了社會正當性的基礎。正是透過這些近代思想家的努力，自然法的論證邏輯成爲現代自由主義哲學論證的脈絡。我們將在後文進一步展開對自由主義論證邏輯的說明。

三、公正以功利爲基礎

一個普遍承認的事實是，功利主義對現代社會的影響是無處不在的，以至於人們完全可以作出如下一種判斷：功利主義在我們的社會裡是一個不言而喻的背景，其他理論不得不在這個背景下出場和論證；如果我們把政治哲學中各種理論的交鋒看作一幕戲劇的話，功利主義就是這齣戲劇演出的舞臺。這一結論乍看之下顯得有些過譽。然而，羅爾斯（John Bordley Rawls, 1921-2002）在1971年出版的巨著《正義論》的開篇，用如下一段文字來表達功利主義爲其帶來的困難。

在現代道德哲學的許多理論中，占優勢的一直是某種形式的功利主義。出現這種現象的一個原因是：功利主義一直得到一系列創立過某些確實富有影響和魅力的思想流派的傑出作家們的支持。我們不要忘記：那些偉大的功利主義者像休謨、亞當·斯密、邊沁和穆勒也是第一流的社會理論家和經濟學家，他們所確立的道德理論旨在滿足他們更寬廣的興趣和適應一種內容廣泛的體系。而那些批評他們的人則常常站在一種狹窄得多的立場上。他們指出了功利主義的模糊性，注意到它的許多推斷與我們的道德情感之間明顯地不一致。但我相信，他們並沒有建立起一種能與之抗衡的實用的和系統的道德觀[8]。

---

[8] 約翰·羅爾斯，正義論[M]，何懷宏、何包鋼、廖申白譯，北京：中國社會科學出版社，1988：1。

(一)兩種吸引力

功利主義的學說何以具有如此大的魔力？一些學者認為，功利主義的主張之所以受到歡迎，是因為其具有以下兩個重要的特點：簡單，且與人們的直覺吻合。

首先，功利主義最簡單的表述形式是這樣的：能夠為社會成員創造最大幸福的行為或政策，就是道德上正當的。這一主張將道德的正當性建立在人類的福祉上，排除了以往各種道德學說依賴超自然力量（如上帝）或形而上學實體為自己辯護的論證模式。在現實生活中，不論功利主義將善（good）界定為幸福、福利（welfare）還是福祉（well-being），都是人們在世俗社會中所追求的東西；功利主義者只是要求在追求人類福利或效用的過程中，應該公平地對待社會中的每一位成員。

其次，功利主義的主張吻合人們的兩個直覺：第一，人的福祉是重要的；第二，道德規則必須依其對人的福祉的後果而受到檢驗。如果我們接受這兩點，功利主義就必然會出現，不管其以何種面貌出現。如果人的福利就是道德所涉及的善，社會的公正行為就只能是：在同等程度地關注每個個體福利的前提下，最能增加人類總體福利的行為[9]。

(二)功利與社會公正的關係

現在讓我們來思考以下這個問題：功利主義如何進一步將自身的學說與社會公正聯繫起來？這一問題之所以重要，是因為對它的回答關係到功利主義學說作為一種政治哲學何以可能的問題。恰如穆勒所言：「在一切思辨時代，阻礙人們接受『功利』或『幸福』是檢驗行

---

9 威爾・金里卡，當代政治哲學[M]，劉莘譯，上海：上海譯文出版社，2011：50。

爲對錯的標準這一學說的最大障礙之一，始終來自正義的觀念。」[10]
「正義」這樣的核心倫理概念在功利主義體系中究竟處於何種位置，
其涵義又是什麼，是需要說明理由的。這個問題對於功利主義的辯護
來說也是一個關鍵問題。針對這一問題，穆勒在《功利主義》一書的
末尾，對功利主義與正義觀念的關係進行了闡述。

1. 正義是什麼

穆勒認爲，正義規範有別於其他道德規範的地方在於，正義規範
包含著人的權利：「任何情況，只要存在著權利問題，便屬於正義的
問題，而不屬於仁慈之類的美德問題。」換言之，一般人所謂的正義
規範，就是尊重或不侵犯他人的正當權利。總而言之，正義的觀念可
歸結爲兩個基本要素：對權利的侵犯與對這種侵害的懲罰或者說對權
利的保護。

2. 正義與功利的關係

其一，既然正義的基本成分就是權利受到侵害與報複的慾望，那
麼就很清楚，正義是建立在權利或利益的基礎上的，是對正當權利或
利益的維護。其二，既然正義的意思就是對權利的尊重，那就意味著
社會對權利的保護。不過，我們之所以需要正義，需要社會對權利的
保護，是因爲這涉及我們最爲至關重要的利益，即安全利益。其三，
由於公平正義與利益相關，不同的人對公平正義便有不同的看法，甚
至同一個人在不同的場合對公平正義也有不同的看法。要想解決人們
關於公平正義的爭論，只有根據功利主義原則。

總而言之，穆勒認爲，正義是一種有別於仁慈和慷慨的底線道
德，它的重要性在於透過禁止侵害他人的權利而滿足人的安全需要。
但由於沒有統一的正義標準，故在不同的正義標準發生衝突時，取捨
的標準唯有社會功利。由此看來，正義是建立在功利基礎上的[11]。

---

[10] 約翰・穆勒，功利主義[M]，徐大建譯，上海：上海人民出版社，2008：42。

[11] 約翰・穆勒，功利主義[M]，徐大建譯，上海：上海人民出版社，2008：譯者前
言。

但是功利主義也有缺陷。如果我們把實現社會公正的目的建立在功利主義的基礎上，它就會允許為了大多數人的利益而犧牲弱小群體的利益。同時，對於社會上少數群體（如同性戀者、原住民、殘疾人士）的權利問題，功利主義也無法提供清晰可靠的行動指南。功利主義的上述缺陷構成了羅爾斯批判功利主義，並企圖構建一種新的規範哲學體系的出發點。

四、作為公平的正義

規範的政治哲學復興於羅爾斯1971年出版的《正義論》。要想瞭解當代的各種公正理論，羅爾斯的理論是一個自然的出發點。羅爾斯的理論支配著當代政治哲學的論爭，儘管並不是人人都接受他的理論，但是其餘各派觀點通常是在回應羅爾斯理論的過程中產生的。因此，這些不同的觀點都只有依照它們與羅爾斯的關係才能得到很好的理解。

(一)制度的正義

羅爾斯首先關注一個經常被人們忽視的問題，即制度正義的缺失。所謂制度正義，就是在社會契約或其他政治認同基礎上，對社會全體人員的權利和義務的正義安排、正義分配和正義保護，以及為實現此類正義所建立的各種政治規章和倫理規範。在《正義論》中，羅爾斯將制度理解為「一個公開的規範體系，這一體系確定職務和地位，以及它們的權利、義務、權力、豁免等」[12]。正義原則下的社會制度，其根本目的在於保證使社會每一個成員的基本權利得到充分實現。

---

12 John Rawls. A theory of justice [M]. Beijing: China Social Sciences Publishing House, 1999: 55.

(二)正義的兩個原則

在制度正義的視角下，羅爾斯認爲，理想中的秩序良好的民主社會具備正義的社會制度，需要人們在原初狀態下達成一致的選擇，即在正義原則的指引下形成制度，從而進行正義的活動[13]。人們公認什麼樣的原則，便會採取什麼樣的行爲。當時理論界盛行的功利主義原則，面臨種種現實情況和自身存在的缺陷而陷入了困境。因此，羅爾斯認爲應該建立一種更公平的原則來適用於社會基本結構。他在《正義論》中首次提出了正義的兩個原則。第一原則強調人們擁有基本的自由和平等的權利，用來支配權利與義務的分派，確定和保障公民的平等自由，稱爲平等的基本自由原則；第二原則規定了人們收入和財富的分配，即社會和經濟利益的分配，稱爲公平的機會平等原則和差別原則。在爾後的論證過程中，羅爾斯又進行了不斷的完善和補充，最後在《作爲公平的正義》一書中，形成了兩個正義原則的最終表述：

1. 每一個人對於一種平等的基本自由之完全適當體制都擁有相同的不可剝奪的權利，而這種體制與適合於所有人的同樣自由體制是相容的。

---

[13] 羅爾斯的上述觀點影響甚大，但是也存在著一些批評意見。如趙汀陽認爲，羅爾斯對於「無知之幕」的設計是有缺陷的。如果按照邏輯觀點來看，「無知之幕」的可能世界L_1存在條件既然完全不同於事實的可能世界L_2，那麼它們的規律、制度和遊戲規則並不能互通，它們是完全不可通約的兩種遊戲。因此，羅爾斯據此得出的兩條正義原則也是存疑的。趙汀陽提出了建立理論模型的兩個條件：(1)它所意味著的可能生活L_1與實際的可能生活L_2至少是同構的，或者說在基本結構上是映射的（mapping）；或者(2)L_1雖然與L_2有某些不同，但這種不同不影響L_1必然發展爲L_2。（趙汀陽，論可能生活[M]，北京：中國人民大學出版社，2010：154。）

2. 社會和經濟的不平等應該滿足兩個條件：第一，它們所從屬的公職和職位應該在公平的機會平等條件下對所有人開放；第二，它們應該有利於社會之最不利成員的最大利益（差別原則）。第一個原則優先於第二個原則；同樣在第二個原則中，公平的機會平等優先於差別原則。[14]

羅爾斯堅信，每個人都擁有自由平等的權利，這些權利是神聖不可侵犯的，即使是為了絕大多數人的功利，也不能犧牲個人的權利。而功利主義主張最大多數人的最大利益或最大多數人的最大幸福，允許犧牲少數人的利益來實現大多數人的利益，實際上是對個人權利的嚴重侵犯。羅爾斯認為，個人最基本的自由包括參政自由、言論集會信仰自由、人身自由、私人占有財產自由等，這些是公民擁有的基本權利，是不能以其他人的功利理由而加以剝奪的。

除此之外，正義原則還要能夠明確處理人們之間的不平等。羅爾斯認為，一個自由民主的社會應該把維護自由平等的視線放在社會「最不利群體」（the least fortunate group）身上，並作為思考問題的立場和原則。他提出的調節收入、財富和社會地位分配的第二原則，使處於不利地位的人得到最大可能的利益。在教育方面，羅爾斯「假設存在著一種公立學校體系來保證政府試圖透過補貼私立學校或者建立一種公立學校體系，來保證具有類似天賦和動機的人都有平等的受教育、受培訓的機會。在經濟活動和職業的自由選擇中，政府也執行和保證機會均等的政策」[15]。

總的來說，羅爾斯的社會正義理論主要是關於權益公正分配的理

---

[14] 約翰‧羅爾斯，作為公平的正義——正義新論[M]，姚大志譯，上海：上海三聯書店，2002：70。

[15] John Rawls. A theory of justice [M]. Beijing: China Social Sciences Publishing House, 1999: 275.

論，透過社會體制上的改革來保障個人的基本自由權利，同時消除人們之間收入和地位的差距，使職位對一切人開放，從而令最不利者最大限度地獲益，即「合乎最少受惠者的最大利益」。可以說，羅爾斯提出的正義的兩個原則，既是他對人類在謀求平等、自由的道路上的重大貢獻，也顯示了人類在思考正義問題時理論上的成熟。

專欄8-2
羅爾斯哲學的論爭

羅爾斯屬於自由主義，是當代最重要的自由主義者。除羅爾斯之外，自由主義政治哲學的代表人物還有兩位，即諾齊克（Robert Nozick, 1938–2002）與德沃金（Ronald M. Dworkin, 1931–2013）。有趣的是，諾齊克與羅爾斯同為哈佛大學的教授，在生活中他們是一起工作的同事，但是在觀點上，兩人之間卻產生了激烈的爭論，諾齊克與德沃金將批判的矛頭共同指向了羅爾斯。

羅爾斯重視平等，諾齊克則更強調自由，主張自由高於平等。因此，諾齊克的思想被稱為「自由至上主義」（libertarianism）。諾齊克與羅爾斯的主要理論分歧集中在分配正義問題上。羅爾斯主張，當代社會分配領域中存在著嚴重的不平等，這種不平等有悖於正義的理想，從而是必須加以解決的。諾齊克承認社會分配領域中不平等的存在，但他認為這種問題不應由國家透過再分配來解決，否則就會侵犯個人的權利。羅爾斯用以解決不平等的正義原則是差別原則，他試圖從「最不利者」來確定基準，以達到最可辯護的平等。諾齊克則用權利理論來對抗差別原則，主張只要個人財產的來路是正當的，符合正義的獲取原則和轉讓原則，那麼任何他人、群體和國家都無權加以剝奪。

德沃金是一位旗幟鮮明的平等主義者，這點使他與羅爾斯相同而與諾齊克不同。德沃金始終強調權利的重要性，這點又使他與諾

齊克相同而與羅爾斯不同。雖然德沃金與羅爾斯同為平等主義者，但他對羅爾斯提出了尖銳的批評。首先，德沃金批評羅爾斯的契約論是假設的，而假設的契約根本就不是契約，也沒有充分的理由強迫締約者履行契約。其次，德沃金批評羅爾斯的無知之幕排除了必要的知識和信息，而人們如果要從事真正的自由選擇，就應該知道相關的知識和訊息。再次，德沃金批評羅爾斯只關心生活最差者的處境，卻不考慮生活處境與人的抱負、勤奮和個人努力的關係，這是不公平的。

資料來源：姚大志，何謂正義：自由主義、社群主義和其他[J]，吉林大學社會科學學報，2008(1)：113–118。

五、社群主義的批判

可以說，公正是當代政治哲學的主題，西方關於公正問題存在著激烈的爭論，並產生各種各樣的公正理論，這些理論大體上可分為兩個部分：第一個部分是自由主義（包括平等自由主義與自由至上主義），它在西方處於主導地位；第二個部分是社群主義，它是自由主義的挑戰者。自1980年代以來，政治哲學的爭論主要表現為自由主義和社群主義的爭論。

在過去二十多年裡，政治哲學中出現了一種被稱作「社群主義」的思潮，它的中心論斷是：應當把共同體的考慮置於自由與平等之前。顯然，在自由主義的政治視野中不包含任何獨立的共同體原則，如共同的民族性、語言、文化、宗教、歷史或生活方式。針對自由主義的普遍主義正義觀，近年來社群主義者對此基本理念提出了激烈的、有時是根本性的批評。

(一)共同體價值優先於個體權利

社群主義首先對自由主義的如下觀念進行了批判：在自由主義的社會中，共同利益就是把每一種偏好都當作平等的偏好（如果一致於正義原則的話）進行整合的結果。這幾乎等於說，所有的偏好都有同等的地位。然而，在社群主義的社會裡，共同利益被想像成一種關於優良生活的實質觀念，並由它來界定共同體的「生活方式」。這種共同利益不再取決於人們的偏好模式，相反的，它爲評價那些偏好提供了一個標準。共同體的生活方式是對善觀念進行公共排序的基礎，而個人偏好的分量則取決於偏好者在多大程度上吻合了這種共同利益，或在多大程度上爲這種共同利益作出了貢獻。因此，對那些界定著共同體生活方式的共同目標進行的公共追求，優先於個人對資源和自由的要求[16]。丹尼爾·貝爾就曾撰文認爲，自由主義的正義觀作爲一種政治主張，面臨著現實的挑戰，譬如對西方自由民主主義更深刻的挑戰來自東亞地區。在1990年代，「亞洲價值觀」的概念處於爭論的中心，這一概念被幾位亞洲領導人及其支持者所倡導，以挑戰西方式的社會和政治自由。他們提出，亞洲人特別強調家庭和社會的和諧，暗指那些生活在西方「混亂且分裂的社會」中的人們，在以人權民主爲名干涉亞洲時應當三思。正如新加坡前總理李光耀（Lee Kuan Yew, 1923-）所說，亞洲人「幾乎毫不懷疑一個有著將社會利益置於個人利益之上的社群主義價值觀的社會，要比美國的個人主義更適合他們」。這樣的觀點最初引起國際關注，是因爲這些人領導的亞洲國家似乎正經歷著聯合國人類發展報告中所說的「20世紀也許是整個歷史中最可持續的普遍的發展奇蹟」[17]。

---

[16] 威爾·金里卡，當代政治哲學[M]，劉莘譯，上海：上海譯文出版社，2011：234。

[17] 貝淡寧、石鵬，社群主義對自由主義之批判[J]，求是學刊，2007(1)：5-13。

(二)在真正的共同體中，正義原則是不必要的

一些社群主義者論證說，在真正的共同體中，正義原則是不必要的。譬如，按照桑德爾（Michael J. Sandel, 1953-）的看法，如果人們能夠出於愛或共同目標而對他人的需要予以自發的關注，就沒有必要去強調自己的權利。因此，在某些情況下，對正義的關注愈多，就愈反映了道德狀況的惡化，而不是標誌著道德的提升。桑德爾暗示，家庭就是一種不需要正義的共同體：在家庭內部，糾纏於正義會減弱對愛的感受，因此反而會導致更多的衝突[18]。

(三)不存在普遍主義的正義原則

還有一部分社群主義者批評自由主義者錯誤地把正義理解為一種非歷史的外在標準，然後用它來批判每一個社會的生活方式。自由主義者似乎認為，由自己所偏愛的那種理論所提供的標準，是每一個社會都應遵守的。沃爾澤[19]則論證說，追求這樣一種普遍的正義理論是走錯了方向。根本就不存在外在於共同體的視野，根本沒有辦法跳出我們的歷史和文化去構想正義。他斷言，要明確正義的各種標準，唯一的辦法就是弄清楚各個特定的共同體如何理解各種社會利益的價值。如果一個社會的運作方式吻合其成員就該社會獨特的常規與制度所達成的共識，該社會就是正義的。因此，確定正義原則與其說是哲學論證，不如說是文化闡釋。

麥金太爾（Alasdair MacIntyre, 1929-，也譯作「麥金泰爾」）也認為，正義總是具體的、歷史的，現實中的正義並不像羅爾斯所想像的那樣，是普遍的、永恆的。麥金太爾從荷馬的正義觀開始，對於

---

18 威爾‧金里卡，當代政治哲學[M]，劉莘譯，上海：上海譯文出版社，2011：222，223。

19 同註18。

西方思想史上出現過的諸多正義觀進行了全面考察。透過這些考察，他得出結論：不可能有一種包打天下、對全部人類歷史各個時期都有效的正義觀或正義原則。相反的，這些不同的正義觀或正義原則，透過西方思想的諸多傳統而進入現代生活，因此，現代社會生活中有著許多相互衝突而不可通約的正義觀念。例如，有些正義觀把應得的概念作為中心概念，另一些則根本否認應得與正義概念的聯繫；有些正義觀求助於不可轉讓的個人權利，另一些則求助於功利概念。在麥金太爾看來，人類社會越是往後，正義的觀念也就越是多樣[20]。

那麼，我們應當如何看待社群主義對自由主義「公正」觀的批判呢？中國當代著名哲學家李澤厚先生給出了一個公允的評判。在他看來，自由主義的「正義」觀念是人們所應遵循的現代社會性道德的基本原則。人們之所以遵循這些原則，並非僅僅因為它們是思想家的產物，而主要是因為這些思想有經濟力量的支持。這個經濟力量把本來虛構的「原子個人」、「天賦人權」等觀念意識變成了現實，使個人單位、契約原則、公共理性，日益成為現代社會生活的制度秩序、行為規範和道德準則。這個作為真實基礎和來出的現代經濟，即自由貿易、等價交換、商品生產、市場經濟，特別是馬克思所講的勞動力的自由買賣，還在全球繼續蔓延、擴展，所以，自由主義也必然會在全球蔓延、擴展。自由主義的理性原則儘管在今天帶來嚴重問題，但它是由現代現實生活的動向和走勢所造成的，這遠非社群主義所能抗拒[21]。因此，即使社群主義本身也是具有長久自由主義傳統的社會思潮的產物。

---

20 龔群，羅爾斯與社群主義：普遍正義與特殊正義[J]，哲學研究，2011(3)：115-120。

21 李澤厚，回應桑德爾及其他[M]，北京：生活·讀書·新知三聯書店，2014：33。

第二節　教育與公正：羅爾斯的哲學論證

一、正義制度下的教育公正

自1970年代《正義論》發表至今，西方倫理學界出現了一個以社會正義為主題的多種規範倫理學空前繁榮的局面。在此之前，一直是功利主義理論占據著主導地位。羅爾斯面對傳統功利主義占據著西方倫理學界主導地位的局面，提出了自己獨特的正義理論及證明方式。羅爾斯試圖做的就是要進一步概括洛克、盧梭和康德所代表的傳統社會契約理論，使之上升到一種更高的抽象水平，以此來超越功利主義。在這樣的背景下，羅爾斯正義理論中建構的教育公正思想應運而生。

(一)正義的原則保障教育公正

正如前文所述，羅爾斯對公正設置了兩個基本原則：第一原則強調人們擁有基本的自由和平等的權利，用來支配權利與義務的分派，確定和保障公民的平等自由，稱為平等的基本自由原則；第二原則規定了人們收入和財富的分配，即社會和經濟利益的分配，稱為公平的機會平等原則和差別原則。

這兩項原則作用在教育中，恰好體現了教育的公正體系，如保證基本受教育權利的原則與教育機會的平等原則，還有按照天賦能力進行分配的原則，以及教育的補償原則等。顯然，上述各項原則也同樣具有價值序列上的優先性：作為政治公正的教育權利平等，是滿足人的基本發展權利的需要；而作為經濟公正的教育資源分配的公正，是為了給每個人匹配相應的發展資源，促進個體在差異性的基礎上實現個性化的發展。這些方面既是教育制度公正的重要構成，更是實現教

育公正的手段[22]。

(二)平等的基本自由原則下的教育權利平等

羅爾斯認為：「社會正義原則提供了一種在社會的基本制度中分配權利和義務的辦法，確定了社會合作的利益和負擔的適當分配」，「在某些制度中，當基本權利和義務的分配沒有在個人之間作出任何任意的區分時，當規範使各種對社會生活利益的衝突要求之間有一恰當的平衡時，這些制度就是正義的。」[23]因此，保障公民基本的權利和自由是衡量社會制度是否正義的一個標準。教育權利平等的理念是政治、經濟領域的平等權利在教育領域的延伸。在超越了身分制、等級制等將教育視為少數人特權的歷史階段之後，平等接受教育的權利作為基本人權，成為現代教育的基礎價值之一。受教權是一個民主社會的公民所應享有的基本權利，體現了一個正義制度下的人應有的自由和平等。1940年代頒布的《聯合國人權宣言》即規定：「不論什麼階層，不論經濟條件，也不論父母的居住地，所有兒童都有受教育的權利。」

從社會現狀來看，公民享有受教育的平等權利這一原則已獲得教育領域的普遍認同，存在分歧的是當社會面臨教育機會和資源不均衡，人的天賦存在差異的現狀時，人們應採取何種正義的原則來實現最大化的公平。這就是羅爾斯接下來要回答的問題。

(三)機會平等原則下的教育機會均等

在羅爾斯看來，個人自由最容易受到忽視或損害的是那種「處

---

22 馮建軍，教育公正——政治哲學的視角[M]，福州：福建教育出版社，2008：294。

23 John Rawls. A theory of justice [M]. Beijing: China Social Sciences Publishing House, 1999: 5, 106-107.

於最不利地位的人」的權利和自由。他十分清楚地表達了這種擔憂：
「英才統治的社會結構遵循前途向才能開放的原則，用機會平等作為
一種在追求經濟繁榮和政治統治中釋放人們精力的手段。那兒存在著
一種顯著的上層與下層階級之間的不平等，表現在生活資料和組織當
局的特權兩個方面。較貧困階層的文化枯萎凋零，作為統治者的一批
技術菁英的文化則牢固地建立在服務於國家的權力和財富的基礎上。
機會的平等僅意味著一種使較不利者在個人對實力和社會地位的追求
中落伍的平等機會。」[24]

　　基於上述認識，羅爾斯認為，當我們提及機會的公平平等，其意
義也要超過形式的合法平等。譬如通常我們認為，教育公平包括三個
層面的涵義：一是機會平等，即人人都有機會接受平等的教育；二是
過程平等，即在接受教育的過程中，平等地享受教育資源；三是結果
平等，即最終的教育結果應當體現出平等。羅爾斯所追求的是實質上
的結果的平等，即使得每一個公民，不管其階級和出身如何，假定其
具有相同的才能和嘗試的興趣，便應該有獲得有利社會地位的同樣機
會，確保所有人接受公平的教育，以及消除不公正的歧視。在羅爾斯
看來，「機會的公正平等意味著由一系列的機構來保證具有類似動機
的人都有受教育和培養的類似機會；保證在與相關的義務和任務相關
的品質和努力的基礎上，各種職務和地位對所有人都開放。」[25]

(四)差別原則下的教育資源平等分配及補償

　　羅爾斯認為，起點平等的機會均等是做不到的，因此我們只能向
結果均等的目標努力。譬如，每個人都有固定的天賦和社會起點，但
這並不意味著要消除差異。可以用別的方法來消除差異，即採用幫助

---

[24] 同註23。

[25] 約翰・羅爾斯，正義論[M]，何懷宏、何包鋼、廖申白譯，北京：中國社會科學
　　出版社，1988：268。

最低起點的結構。這一原則也被稱爲差別原則。

羅爾斯論證說：「差別原則當然不是補償原則，它並不要求社會去努力抹平障礙，彷彿所有人都被期望在同樣的競賽中，在一公平的基礎上競爭。」[26]面對教育，補償原則認爲：「爲了平等地對待所有人，提供眞正的同等機會，社會必須更多地注意那些天賦較低和出生於較不利的社會地位的人們。這個觀念就是要按平等的方向補償由偶然因素造成的傾斜。遵循這一原則，較大的資源可能要花費在智力較差而非較高的人們身上，至少在某一階段，比方說早期學校教育期間是這樣。」[27]差別原則「將分配教育方面的資源，以便改善最不利者的長遠期望。如果這一目的可透過更重視天賦較高者來達到，差別原則就是可允許的，否則就是不允許的。」[28]

┌─────────────────┐
│ 專欄8-3   │
│ 補償原則與差別原則 │
└─────────────────┘

　　差別原則實際上強調「將自然才能的分配看作一種共同的資產，一種共享的分配利益」。「那些先天有利的人，不論他們是誰，只能在改善那些不利者狀況的條件下從他們的幸運中得到。在天賦上占優勢者不能僅僅因為他們天分較高而得益，而只能透過抵消訓練和教育費用及用他們的天賦幫助較不利者得益。……社會基本結構可以如此安排，用這些偶然因素來為最不幸者謀利。」同時，羅爾斯也認為：「自然資質的分配無所謂正義不正義，人降生於社會的某一特殊地位也說不上不正義。這些只是自然的事實。正

---

[26] John Rawls. A theory of justice [M]. Beijing: China Social Sciences Publishing House, 1999: 101, 100−101, 101.

[27] 同註26。

[28] 同註26。

義或不正義是制度處理這些事實的方式。」「財富遺產的不平等跟智力遺傳的不平等一樣，並非本質上是不正義的。確實，前者大概較容易受到社會的控制，但是關鍵在於：這兩種不平等都應該盡可能地滿足差別原則。這樣，只要遺產所造成的不平等對較不幸運者亦有利，且又和自由及機會的公正平等相協調，那麼這種遺產就是可容許的。」

由此可見，羅爾斯並不否認人們天賦差異的存在，也不主張武斷地將這種差異透過人為的手段抹平（這也是不可能的）。在他的差別原則中隱含著一種互惠性理念：天賦更好的人被鼓勵去獲得更多的利益——他們已經從這種分配的幸運位置中受益了，但條件是他們應以有利於天賦更差的人善的方式來培養和使用他們的天賦。互惠性是介於利他主義的公正無私和互相利用之間的道德觀念。這種互惠性用一句話來表達，即透過適合的方式來組織人們的天賦，利用差別來製造一種優勢，使這些才能之間實現巨大的互補。

羅爾斯用人們合作演奏交響樂的例子很好地說明了這一點。交響樂團中的所有人都具有不同的自然天賦，因而也都同樣學會了很好地演奏每一種樂器。透過長期的訓練和實踐，他們已經成為各自所用樂器的演奏高手。但他們每個個體卻不能成為各種樂器的演奏高手，更無法同時演奏所有這些樂器。因此，在這一特殊例子中，每一個人的天賦才能基本上是相同的，透過同事間的動作協調，樂隊群體便可集各家所長，使每位樂手的演奏能產生總體效果。但是，即使在音樂天賦並不平等、人見人殊的時候，只要這些天賦適當互補和協調，也能產生類似的效果。在每一種情況下，個人之間都有相互需求，因為任何一個人都只有在與他人的積極合作中才能實現其才華，然後透過所有人的努力來發揮大家的才華。只有在社會聯合的活動中，個體才得以完善。即使天賦不同，但為了實現個體利益的最大化，人們可以進行合作。正是個體的需求，使得人們相互合作得以可能。因而，天賦之間的差別並不可怕，關鍵是懂得

如何更好地組合利用。差別原則主張為了繼續從幸運中獲益，我們
必須培養和訓練我們的天賦，使它們以對社會有益的方式來發揮作
用，從而對天賦更少者的利益作出貢獻。

資料來源：約翰·羅爾斯，作為公平的正義──正義新論[M]，姚
　　　　　大志譯，上海三聯書店，2002：4，123，203，261；
　　　　　約翰·羅爾斯，政治自由主義[M]，萬俊人譯，南京：
　　　　　譯林出版社，2000：1，340。

「羅爾斯期望達到一種事實上的平等，而這種平等實際上需要
以一種不平等為前提，即對先天不利者和有利者使用並非同等的，
而是不同等的尺度。也就是說，為了事實上的平等，形式的平等要
被打破，因為對事實上不同等的個人使用同等的尺度，必然會造成差
距。」[29]這樣，實際上就需要在一定程度上實施補償教育政策。羅爾
斯提出一個解決公平問題的差別原則，即在分配教育資源時，對弱勢
地區、弱勢學校和弱勢人群一方傾斜，實行對弱勢群體的優先扶持，
並保障其具備國家教育政策和法律所規定的基本標準的辦學條件和享
受符合基本標準的充分教育。也就是說，要用對待強勢和弱勢的不平
等手段達到真正的教育公平的目的[30]。羅爾斯的機會公正平等原則和
差別原則，強調了補償教育是公平原理的必要條件，也是實現公平社
會不可缺少的前提條件。

二、正義觀下的家庭教育思想

羅爾斯論證道，家庭作為社會基本結構的一個團體，雖然區別

---

[29] 袁振國，論中國教育政策的轉變：對我國重點中學平等與效益的個案研究[M]，
廣州：廣東教育出版社，1999：68。

[30] 劉復興，市場條件下的教育公平：問題與制度安排[J]，北京師範大學學報：社
會科學版，2005(1)：23−29。

於政治團體，但成員之間也應遵循正義原則下社會制度的約束，如家庭中婦女和兒童要擁有基本的權利和地位，尤其是接受教育的基本權利。這不僅是一個民主社會公民應當享有的權利，而且關係到民主社會未來的發展。公民必須對政治與社會制度具有支援性的正義情懷和政治美德。家庭則必須在適當數量上保證合乎這種標準的公民的培養與造就，以維持社會的持久性和繁衍[31]。因此，家庭的核心功能之一就是以合理而有效的方式去安排孩子的培養問題，以形成良好的教養，保證下一代的道德發展和教育都能夠融入廣泛的社會文化背景當中[32]。可見，無論是正義制度所要保障的，還是為了正義理性的延續，家庭教育都具有不可忽視的作用。

(一)婦女地位平等對教育的作用

正義原則之所以倡導婦女要擁有平等的權利和地位，不僅僅是考慮到這是民主社會應有的人權問題，而且是關注到這一點對下一代的成長所具有的重要意義。家庭是孩子早期教育的重要場所，婦女在家庭教育中具有重要的影響力。婦女在家庭中撫育孩子的職責，影響著下一代作為未來良好公民的可能。「正如我們已經注意到的那樣，針對婦女的一種長期的、歷史的不正義是她們生來而且一直在撫育、培養和照顧兒童方面承擔了過重的負擔。這些不正義不僅是針對婦女的，而且也是針對她們的孩子的，它們必然削弱兒童獲得政治美德的能力，而這些政治美德則是民主政體之未來公民所需要的。」[33] 因此，婦女享有同樣的受教權利，是獲得平等的社會地位和基本權利的

---

[31] 約翰·羅爾斯，萬民法[M]，張曉輝等譯，長春：吉林人民出版社，2001：169-170。

[32] 約翰·羅爾斯，作為公平的正義 —— 正義新論[M]，姚大志譯，上海：上海三聯書店，2002：268，272。

[33] 同註32。

重要體現，也是最能影響下一代人的因素之一。女性在社會中扮演的角色是複雜的。女性在將來會成為母親，而母親在家庭中的作用是重要的。孩子的受教育程度很大一部分取決於母親，母親的受教育程度愈高，對孩子的影響也就愈大。母親對兒童智商及後天智力開發的影響大於父親，女性提高自身科學文化素養是優生優育最為重要的因素。當然，這並不是否定父親在家庭中的作用，但孩子確實花更多時間和母親在一起。因此，國家應該重視對女子的教育，這不僅僅關係到家庭的未來，也關係到國家的未來。

(二)「權威的道德」階段的道德教育

在討論道德情感形成方面，羅爾斯對道德的描述始終和人們應當學習的正義觀念聯繫在一起，由此提出了權威的道德、社團的道德和原則的道德三個道德發展系列階段，並分別以家庭、市民社會、最不利者三個倫理實體為依托。權威道德是道德發展系列的第一階段，又稱兒童的道德，是子女在父母愛他們的過程中產生的道德。社團的道德是人類道德發展的第二階段，是個人在不同社團中的角色的那些道德標準，即一個好妻子、一個好丈夫、好朋友、好公民等。可見，社團道德本質上是角色道德或社會公德和職業道德。與權威道德非理性的形成過程不同，理性能力的發展是社團道德形成的主體條件。原則的道德是人類道德發展的第三階段，是人們用社會正義原則指導自己行為、協調相互關係的傾向，即原則道德是一個人想成為一個公正的人的願望，包括了權威的道德和社團的道德，規定著道德發展的最後階段。道德正義感是對原則道德的情感。原則道德情感的形成，就意味著道德正義感的形成[34]。羅爾斯的三個道德發展階段的法則向人們展示了道德心理的發展歷程：「第一法則：假如家庭教育是正當的，假如父母愛那個孩子，並且明顯地表現出他們關心他的善，那麼，那

---

[34]　丁雪楓，道德正義論[D]，南京：東南大學，2005：6。

個孩子一旦認識到他們對於他的明顯的愛，他就會逐漸地愛他們。第二法則：假如一個人由於獲得了與第一法則相符合的依戀關係而實現了他的同情能力，假如一種社會安排是公正的並且被人們理解為公正的，那麼，當他人帶著明顯的意圖履行他們的義務和職責並實踐他們職位的理想時，這個人就會發展與社團中他人的友好情感和信任的聯繫。第三法則：假如一個人由於形成了與第一、第二條法則相符合的依戀關係而實現了他的同情能力，假如一個社會制度是公正的並且被人們理解為公正的，那麼，當這個人認識到他和他所關心的那些人都是這樣社會安排的受惠者時，他就會獲得相應的正義感。」[35]可見，前一階段的道德是後一階段道德的基礎，而三個階段的道德存在著一種遞升關係。

在羅爾斯假設的一個組織良好的社會中，其成員不僅具備理解共同的正義原則的理性認知，而且具有按照正義原則行動的強烈慾望和正義感。像後者這樣的道德情感，對於保證社會基本結構的正義方面的穩定性是必要的。但是，這些理性的情感並非人生來就具備的（如兒童）。因而，這些缺乏合理地追求自己利益能力的人，就需要其他具備理性能力的人代表他們的行動，像兒童在成年之前家長擁有對他的監護權一樣，在這裡，年長者（通常指父母）具有一定的道德與社會權威，這種權利同樣需要遵循正義原則。

羅爾斯認為，權威道德的核心（即家庭道德教育的核心）是愛，是父母和孩子的互愛。其道德心理學法則是：那個孩子愛他的父母，是因為他們（父母）先表達了對他（孩子）的愛[36]。羅爾斯在

---

[35] John Rawls. A theory of justice [M]. Beijing: China Social Sciences Publishing House, 1999: 490.

[36] 羅爾斯指出，此條心理學法則的表達吸取了盧梭《愛彌兒》的思想。（John Rawls. A theory of justice [M]. Beijing: China Social Sciences Publishing House, 1999: 463.）

此處強調父母在教育中如何愛孩子，以產生適當的道德情感。兒童缺乏對道德的知識和理解，出於從父母愛的行為中獲益的本能和慾望的驅動，他們接受父母告知的準則和命令，並對此不含有批判性。因為他們還未獲得根據合理理由拒絕父母話語的能力，不可能用理智來懷疑他們命令的正當性；而且他們愛並信任父母，因此他們就傾向於接受父母的命令。即使兒童做出一些違反命令的行為，父母的獎懲和情感教育使得他們或由於恐懼父母權威，或由於對父母的信任與愛，而對自己的行為產生負罪感。孩子起初的情感可能帶有工具性的物質需求，然而，他們具有愛這種情感的潛在性。當孩子認識到父母對自己的愛，並從他們的讚賞、鼓勵中體會到快樂、自信時，他們就會慢慢地信任父母，產生對父母的愛，並在愛中獲得肯定自尊的能力感。羅爾斯認為，父母對孩子的愛表現在他們關心他、滿足他的愛好、支援他的能力感和自尊感、鼓勵他去完成任務、鼓勵他表現個性。「一般來說，去愛另一個人，意味著不僅要關心他的要求和需要，而且要肯定他自己的人格價值感。」[37]在兒童早期的教育中，父母對孩子人格價值的肯定，是使他們獲得自尊的重要途徑，也是孩子在主觀上樂意按照父母要求的規則而行動的動力。當今教育中，很多家庭缺乏這種愛的溝通，突出地表現在父母缺少對孩子個性的鼓勵和自尊的肯定。有些父母從未意識到孩子也是有自尊心的，在不經意中就傷害了孩子。自尊心是影響孩子健康成長的重要心理因素，尊重孩子不僅能促進其自信心、自尊心的發展，而且能促進其創新精神與自我行為的控制。自尊心受到損害的孩子，在發展中必然會產生心理障礙，如自卑感和對抗心理等。

　　根據此階段兒童道德情感的特徵，羅爾斯提出幾點有利於兒童道德學習的條件。第一，父母必須愛孩子，必須是他崇拜的價值目標。

[37] John Rawls. A theory of justice [M]. Beijing: China Social Sciences Publishing House, 1999: 464.

這樣，他們就在孩子心目中喚起一種價值感，喚起一種要成為某種像父母那樣人的願望。第二，他們必須按照孩子的理解水準清楚地說明那些他們能接受的（並且當然是有道德的）規則。此外，只要他們命令的理由能被理解，他們就應當說出這些理由；同時，只要這些準則對他們也適用，他們自己也必須遵守。對於要求孩子的道德，父母應當以身作則，並慢慢地說清楚這些準則所依據的根本原則。這樣做不僅是為了喚起兒童以後按照這些原則去做的傾向，而且是為了讓他懂得在具體的例子中應當怎樣看待這些原則。如果不具備這些條件，尤其是如果父母的命令不僅粗暴、不公正，而且有懲罰性的、甚至肉體懲罰來強制時，兒童在道德上就可能得不到發展。兒童具有一種權威的道德，就表現在他在沒有獎懲的條件下，也傾向於遵守某種不僅對他顯得相當專斷而且無論如何都不吸引他的原初傾向的準則。如果他獲得了遵守這些禁令的慾望，這僅僅是因為他把這些準則看作一些有權威的人們告訴他的：這些人是他愛的和信任的，並且也在按照這些準則做。於是，他得出這樣的結論：這些準則表現著他想成為的那種人特有的行為方式。在沒有情感、榜樣和指導的情況下，這些過程就不可能發生，在被懲罰性的恐嚇和報複破壞了的沒有愛的聯繫之中，當然也就更不可能發生[38]。正如蘇聯教育家蘇霍姆林斯基說過的：「愛的教育應當是整個德育的主旋律。」因此，在教育活動中，愛應是最重要的理性行為。愛作為人類特有的情感，在人的心理上能產生一種巨大的內動力。

兒童的權威道德主要是許多準則的匯集，在這一階段中，他們所遵守的規則雖然是經過證明的，然而，由於這些規則都是由別人告訴他的，因而兒童還不能把握正當和正義的更大系統。兒童的權威道德是一種暫時的道德，是他的特殊境況和有限理解力的必然產物。所

---

[38] John Rawls. A theory of justice [M]. Beijing: China Social Sciences Publishing House, 1999: 465-466, 101.

以，權威道德在基本的社會安排中的作用是有限的。儘管如此，權威道德在羅爾斯道德發展三個階段中仍處於基礎地位。

三、教育公正的價值

教育公正屬於社會公正的一部分，而教育是培養公民公平意識和正義感，實現政治、經濟、文化等方面公正的基礎。因此，教育對建立羅爾斯理想的秩序良好的民主社會具有重要意義。

(一)培養公共理性

在《作為公平的正義》中，羅爾斯提出了「自由和平等的人」（citizens as free and equal persons）理念，即民主社會中作為公平正義的公民。這些公民擁有「兩種道德能力」（two moral powers）：擁有正義感（sense of justice）的能力和擁有善觀念（conception of the good）的能力[39]。人們能夠公平從事社會合作的根基就是擁有這樣的能力，這也是作為公民的本質。人們是如何在社會中獲得這樣的公共理性的？這其中，教育發揮了不可忽視的作用。正如穆勒所說，政治權利的基礎是（受過教育的）智力、財力和聯合力。「教育的價值不應當僅僅根據經濟效率和社會福利來評價，還要注意到教育的一個作用是使一個人欣賞他的社會文化，介入社會的事務，從而以這種方式提供每一個人以一種對自我價值的確信。教育的這一作用即使不比其他作用更重要，至少也是同等重要的。」[40]

羅爾斯闡釋了在他所建構的政治自由主義的社會中，教育對於發展兒童未來公民角色和培養公共理性的重要意義。「有一個例子可以澄清這一點：各種各樣的宗教派別都反對現代世界的文化，並希望他

---

[39] 約翰·羅爾斯，作為公平的正義——正義新論[M]，姚大志譯，上海：上海三聯書店，2002：31。

[40] 同註38。

們的共同生活遠離這種文化之不良影響。這樣，便產生了有關他們的兒童教育和國家能夠施加的要求問題。康德和穆勒的自由主義可能導向這樣一些要求，即培養自律與個體性的價值，使其作爲支配絕大部分生活（如果說不是全部生活的話）的理想。但是，政治自由主義卻有一種不同的目的，其要求也低得多。它認爲，兒童的教育包括諸如認識他們的憲法權利和市民權利一類的事情，以便讓他們知道，在他們的社會裡存在著良心自由，而背離宗教也不是一種法律上的犯罪，所有這些將保證隨著他們年齡的增長，他們持續擁有的成員身分不是建立在對他們基本權利的無知，或那種並不存在的違反宗教而招致的懲罰之恐懼的基礎上。而且，他們的教育也應該爲他們準備條件，使之成爲充分參與合作的社會成員，並使他們能夠具有自我支撐的能力；它也鼓勵這種政治美德，以使他們在其與社會其他成員的關係中尊重公平的社會合作項目。」[41]

羅爾斯的上述論述表明，首先，教育是能夠爲人們將來成爲充分參與合作的社會成員提供準備的。其次，羅爾斯試圖完全在政治觀念之內來回答兒童的教育問題，培養的內容亦主要是政治方面的公共理性。國家在兒童教育問題上主要關心他們作爲未來公民的角色，如他們獲得公共文化的能力和參與制度設計的能力，他們的政治美德發展等[42]。

(二)改善弱勢個體地位

顯然，根據功利主義主張的「善優先於權利」這一觀點，法律可以爲了公共利益而對個別公民的個人權利進行限制。因此，在功利主義占主導的社會裡，個人權利，特別是弱勢群體的權利無法得到保

---

[41] 約翰·羅爾斯，政治自由主義[M]，萬俊人譯，南京：譯林出版社，2000：211−213，177。

[42] 同註41。

障。羅爾斯完全站在相反的立場上，主張「權利優先於善」這一理
念，有利於維護弱勢群體的權利，防止以各種善的名義將弱勢群體的
利益邊緣化，有利於保證弱勢群體人格的獨立性，使他們的尊嚴、人
身自由、言論自由等不因法律之外的任何原因而被剝奪和限制。

　　羅爾斯十分關注「處於最不利地位的人」的權利和自由，他的
「最少受惠者的最大利益」的差別原則就是要照顧社會的弱勢群體。
羅爾斯認為，既然人們尚且不能找出充分的證據來證明人的才能哪
些是後天的、哪些是先天的，那麼，將一部分才能歸功於天賦看來是
比較保險的。由於天賦不是人所能決定，好的天賦並不是個人努力
得來的，所以，它對個人來講只是一個偶然因素，不應由它來決定
個人的命運。因此，個人自然稟賦的分配應該被視為社會共同財產
（common asset），而不是個人財富[43]。既然如此，那麼，天賦較佳
的強勢群體的機會和財富有一部分是利用社會共同財產換來的，他必
須為社會合作作出更多的貢獻，忍受某些方面對弱勢群體的特殊優
待。因天賦或出身成為弱勢群體者，法律應該給予他們更多的保護，
以彌補偶然因素對人的發展造成的不利影響。

　　此外，教育在一定程度上可以改善個體間的差異。在如何分配工
作報酬的問題上，羅爾斯提出，在一個社會基本結構提供公正平等機
會的社會中，每個人雖然天賦不同，但接受到了同樣的教育機會和訓
練，因而這種天生的差距被拉平了。由於人們之間存在的差異減小，
因而按個人訓練和教育情況付酬的標準便不會被普遍採納。而在一個
沒有提供機會公正平等的社會中，人們接受到的教育不同，產生的差
異也較大，在這樣的情況下，人們便會根據其受教育程度的情況來付
酬。這個觀點，一方面表明了社會的基本結構制度為公民提供平等

---

[43] 被看作共同財產的東西是自然天賦的分配，即人們之間所存在的差別，而不是
　　我們的自然天賦本身。（約翰·羅爾斯，作為公平的正義——正義新論[M]，姚
　　大志譯，上海：上海三聯書店，2002：121。）

的教育機會，對縮小人們之間的差距、改善弱勢群體的地位發揮了重要作用，另一方面則說明了教育在改善人的社會前景方面具有重要意義。「對於教育資源的分配就不僅僅或不一定主要根據它們將產生的在培養能力方面的效果來估價，而是也根據它們在豐富公民（在此包括較不利者）的個人和社會生活方面的價值來估價。隨著一個社會的進步，後一種考慮變得愈來愈重要了。」[44]人們往往希望透過教育使後代改變原先的社會地位，進入一個較高的層次。因此，社會在資源配置上應給弱勢群體以必要的制度傾斜和補償，降低非個人才能因素對教育的影響，使教育有一個眞正平等的起點，眞正地以個體的發展爲核心，眞實地反映個人發展的狀況和要求。所以，對社會弱勢群體進行教育補償，恰是爲了實現受教育權利平等和教育機會的均等，恰是爲了徹底貫徹以才能爲標準的教育資源配置原則，是教育制度公正的重要組成[45]。

(三)實現代際公正

除了一代人的社會基本結構的公平，羅爾斯還考慮到了代與代之間的正義問題，尋求一個正義的儲存原則（just saving principle）。當一個合理的儲存率保持下去，每一代都可以獲得好處。每一代都把公平地相等於正義儲存原則所規定的實際資金的一份東西留給下一代，使下一代能夠在一個較爲正義的社會中享受較好的生活。我們需要注意的是，羅爾斯指的資金不僅僅是諸如金錢、機器等物質上的資本，還包括文化和技術這樣的知識資產。因爲正義的知識使正義制度和自由的公平價值成爲可能。也就是說，人們透過教育，可以將正義

---

[44] John Rawls. A theory of justice [M]. Beijing: China Social Sciences Publishing House, 1999: 107.

[45] 馮建軍，教育公正——政治哲學的視角[M]，福州：福建教育出版社，2008：307。

原則下的公共理性傳承給下一代，使得上一代遵循的正義原則仍能延續於下一代的社會中，進而所有世代都能達到正義的狀態。如在改善最不利地位者的狀況時，羅爾斯認為：「在差別原則的運用中，恰當的期望就是那些關於最不利者的延伸到其後代的長遠前景的期望。每一代不僅必須保持文化和文明的成果，完整地維持已建立的正義制度，而且必須在每一代的時間裡，儲備適當數量的實際資金積累。這種儲存可能採取各種不同的形式，包括從對機器和其他生產資料的純投資到學習和教育方面的投資等等。」[46]因而要逐步消除人與人之間的不平等，人們應該在充分尊重前代人利益的基礎上，努力為子孫後代儲備適當的資金，特別是學習和教育方面的資金，進而逐步縮小後代人之間起點上的差距[47]。

第三節 中國當前教育公正問題的哲學審視

一、教育中的權利公正

權利有多種分類，從作為個體發展因素的角度看，權利可分為基本權利和非基本權利。所謂基本權利，是人們生存和發展必要的、最低的權利，是滿足人們政治、經濟、思想等方面最低的、基本的需要的權利。基本受教權是人們必要的、最低的受教育權，它之所以在現實中必須人人平等地得到保障，是因為它不僅是人的生存和發展必要的、最低的權利之一，也是人們實現其他基本權利的基本條件之一。人的基本受教權的實現，可以為基本的生存權、發展權、就業權、文

---

[46] John Rawls. A theory of justice [M]. Beijing: China Social Sciences Publishing House, 1999: 285.

[47] 李清富，平等還是公正 —— 試論羅爾斯的教育哲學觀[J]，外國教育研究，2006(3)：1-6。

化生活權、健康權的實現奠定必要的基礎，而人的基本受教權的喪失則嚴重制約著這些基本權利的實現。所以，基本權利可以稱爲現代人的人權、現代人的自然權利。非基本權利，也可以說是高級發展的權利，是滿足人的生存和發展的高層次需要的權利，是滿足人的舒適和完滿生活需要的權利。基本權利是一種底線權利，是必須給予的權利，非基本權利則是一種追求高層次享受的權利。

基本受教權領域與非基本受教權領域的劃分，大致可以各國以法律形式確立的義務教育爲標準，將義務教育階段視爲基本受教權領域，將義務教育階段之外的教育階段視爲非基本受教權領域。在中國，基本受教權領域是指由義務教育法確立的九年義務教育階段。所謂基本受教權平等保障原則的具體涵義是，在九年義務教育階段，每一個適齡兒童平等地享有受教權，國家和政府有義務依法爲每一個適齡兒童完成九年義務教育所需合格的、基本平等的條件提供保障。這一原則意味著，爲了切實保障每一個人的基本受教權平等地實現，義務教育應由國家和政府舉辦，具有公共產品的性質[48]。非基本教育權利，是接受義務教育之後，個體繼續發展的一種需要。鑑於制度化教育所具有的篩選性，非基本教育權利不可能滿足所有人的需要實現完全平等，而只能是一種比例平等。

那麼，非基本權利比例平等的原則是什麼呢？有學者認爲，每個人所享有的權利大小，與自己所作出的貢獻大小之比例應該是完全平等的。社會應該根據個人的貢獻大小分配其非基本的權利。這是因爲，才能是每個人潛在的貢獻因素，是決定一個人未來貢獻大小的充分條件。所以，對非基本教育權利來說，應該根據個人才能的高低進行一定的差異分配，以使人們所享有的非基本教育權利與他所具有的才能的比例達到平等，這就是非基本教育權利比例平等的原則。比例平等雖然使人們獲得的非基本教育權利不平等，但它使一個人所受的

[48] 劉健兒，教育公正芻議[J]，北京大學教育評論，2005(3)：102。

教育與其才能相匹配。對於才能差異的人，要按照其不同的才能給予不同的教育權利。但必須明確，這項比例平等原則要服從於按每個人最低限度的需要進行完全平等分配的原則。也就是說，基本權利的完全平等應優先於非基本權利的比例平等。平等保障每個人的基本教育權是最基本的教育公正，是教育公正的底線。國家必須保證所有人基本的受教權，這是教育公正的第一優先原則[49]。

二、教育中的分配公正

從「正義」的原初涵義來看，正義實際上是一條分配公理（或交換公理），即「給予一個人其應得」。也就是說，在特定的社會關係中，某個人所享有的權利比例，與其所承擔的義務比例趨向於相等。從現實的公正論角度來看，在制度化教育的實施中，人們關注的實際上就是每個人「作爲受教育者的主體」如何獲得其「應得的東西」。由此，制度化教育實施過程實際上就是一種分配過程，人們關注教育公正，就是關注教育分配方式的正當合理性的問題。

從分配的角度講，教育公正主要有兩個層面的涵義：其一是在社會權力場域中的分配，此時的教育政策是「作爲社會公共政策的教育」；其二是作爲具體實踐活動場域的教育權力分配，此時的教育政策主要就是教育資源的協調與分配。兩者的區別在於：作爲公共政策的教育主要把目光放在社會公正秩序的維護上，具體的教育政策則是在既定的秩序框架下教育運行的調控性措施。即是說，教育公正既具有制度意義，也具有政策意義。因此，只有在制度公正和社會基本結構公正的意義上，我們才能更好地理解「教育公平是社會公平的重要基礎」。

從分配的主體來看，政府是最主要、影響力最大的再分配主體，公共教育支出是政府公共財政支出的重要組成部分，是政府實現

---

[49] 馮建軍，教育公正需要什麼樣的教育平等[J]，教育研究，2008(9)：34-39。

針對教育再分配的基本方式。在此意義上，公共教育本身就是一種社會資源，它是一種以平等的資助來尋求縮小人們生活水平差距、實現性別平等、減少貧困等社會公正問題的基本方式。而且，有研究表明，公共教育支出愈向基礎教育傾斜的國家，往往愈有較高的在學保留率和畢業率，國民將獲得更高的擺脫貧困的機會與能力。這一結論與1980年代關於教育的社會與個人收益率的研究結論是一致的[50]。

上述研究對於人們重新審視中國教育政策取向中的「效率優先」原則具有重要啓示，這部分地促使研究者們呼籲國家在制定教育政策時，需要更加重視「公正」的倫理訴求。新中國成立以來，一直把教育當作上層建築，強調其政治功能，把教育權利當作政治權利，採用政策干預形式實現教育公正。改革開放以來，以經濟建設爲中心，教育隨之又被當作生產力，促進經濟發展成爲其最重要的功能。以經濟發展的思路指導教育，教育日益受到市場的衝擊和影響，於是，教育的經濟化取向也就成爲當前發展教育的思想。

經濟化取向在教育政策上的主要表現就是「效率優先，兼顧公平」的價值取向。這一改革開放以來經濟發展的指導思想，運用到教育上就是集中辦好一批重點學校，培養社會建設的菁英人才。自1978年起，教育部頒布了一系列辦好各級重點中小學、重點高等學校的文件，重點學校對於百廢待興的中國快出人才確實起了積極推動作用，但它也造成了教育的不均衡發展，妨礙了教育公正的實現[51]。

新時期，中共中央在《關於構建社會主義和諧社會若干重大問題的決定》中提出，要「堅持教育優先發展，促進教育公平」。十八屆三中全會報告再次提出要「大力促進教育公平」。從公正哲學的角度看，這是我國教育政策重新確認「公正」這一制度倫理的重要表現，

---

50 蔡春，分配正義與教育公正[J]，教育研究，2010(10)：17-23。
51 馮建軍，教育公正——政治哲學的視角[M]，福州：福建教育出版社，2008：315。

它不僅堅持了教育的公益性質，也更加有利於教育分配方式正當合理性的實現。

三、教育中的補償公正

一些關於制度公正的研究表明，目前中國的教育制度尚存在諸多方面的偏差：在城市和農村教育之間，偏重城市教育，城鄉教育二元結構問題突出；在基礎教育和高等教育之間，偏重高等教育，教育投資結構不合理；在普通學校和重點學校之間，偏於重點學校，校際均衡發展問題突出；在大眾教育和菁英教育之間，偏於菁英教育，弱勢群體教育機會不均等。上述教育偏差在社會呼籲公平發展的語境中，引發了人們關於教育補償公正的討論。

教育公正是否需要關注弱勢群體？學者們意見不一。事實上，羅爾斯和諾齊克在補償原則的觀點上就有很大差異：羅爾斯主張社會和經濟遵循平等分配原則，認為如果分配不平等，當使社會最不利者獲得最大的利益，其實質就是差別原則（儘管羅爾斯不承認差別原則就是補償原則，但他認為差別原則有利於達成補償的目的）。他說：「在天賦上占優勢者不能僅僅因為他們天賦較高而得益，而只能透過抵銷教育和訓練費用及用他們的天賦幫助較不利者得益。」「遵循這一原則，較大的資源可能要花費在智力較差而非較高的人們身上，至少在某一個階段，比如說早期學校教育期間是這樣。」[52]所以，按照羅爾斯的思路，將補償原則列為教育公正的原則，是完全可以的。但按照諾齊克的觀點，人們在憑藉自己的能力獲得教育資源時，只要獲取的程序是公正的，則無論結果如何都是公正的。一些天賦、才能較低者只獲得較少的教育機會，那只是一種不幸，而非不公正。如果需要補償，則只能從道德仁慈的角度考慮，與公正無關。

---

52 約翰・羅爾斯，正義論[M]，何懷宏、何包鋼、廖申白譯，北京：中國社會科學出版社，1988：101−102。

　　中國學者在上述問題上也出現了分化，但多數觀點都一致認為，為了平等地對待所有人，提供真正同等的機會，社會必須更加注意那些天賦較低和出身較不利的社會地位的人們。一些學者[53]甚至認為，教育中的補償公正可以透過以下途徑逐步實現。

　　第一，建立教育的補償機制。根據羅爾斯公正的差別原則，為了平等地分配教育資源，社會必須更加關注那些天賦較低和處於較不利社會地位的人，對他們實行不平等的分配，「不平等必須確實有效地有利於最不利者的利益，否則這種不平等是不允許的。」[54]也就是說，對弱勢群體而言，只有不平等分配，因此只有給他們以相應的補償，才能換取平等。所以，政府要透過建立教育救助制度或利益補償制度，在政策、資金等方面予以傾斜，給貧困家庭的子女以相應的經濟補償，尤其應加強貸、獎、助、補和減免等制度的完善與落實。

　　第二，建立教育基本保障體系。教育基本保障體系不同於教育補償機制。補償是特定相對弱勢群體而言的，教育基本保障體系是對所有人而言的，它基於人人天賦平等這一基本理念，每個人需要獲得最基本的生活和利益保障，以維持其基本的生存和發展。即便是對於弱勢群體而言，社會保障制度不僅可以為他們提供基本的生存條件，增強其從事各項工作的自信心，而且有助於恢複他們作為社會主義國家主人的尊嚴。建立教育的社會保障制度就是對義務教育實行免費，同時，加強政府對非義務教育的支持力度，建立和完善公共教育財政制度及教育財政的轉移支付制度，制定義務教育的質量基準，規定基本的辦學要求，保障每個公民平等地接受義務教育，使有能力接受高中教育的人，也能夠享受同等的教育資源。目前，中國已在醫療衛生、

---

[53] 馮建軍在〈教育公正與政府責任〉一文中闡述過這一問題。（馮建軍，教育公正與政府責任[J]，教育發展研究，2008(9)：30-34。）

[54] 約翰·羅爾斯，作為公平的正義——正義新論[M]，姚大志譯，上海：上海三聯書店，2002：103。

養老、保險、失業等方面建立了社會保障制度，教育中的社會保障制度也急需建立。

　　第三，建立弱勢群體利益表達和決策參與機制。諾貝爾經濟學獎得主阿馬蒂亞・森（Amartya Sen, 1933−）認為，一個在經濟、政治權利方面缺失的個體，是不大可能在社會中得到與別人同等待遇的。他把貧困歸結為權利的缺乏，政策就是政策制定者權利和利益的反映。長期以來，弱勢群體在政府決策過程中聲音太小、太弱，無法表達自己的利益訴求，對他們的政策安排寄託於權勢群體和強勢群體的「同情」和人道主義關懷。其實，沒有政策制定的參與權，就不可能進行利益的表達和訴求。所以，為了使弱勢群體也能夠參與並表達其利益訴求，除了重大教育決策實施教育行政聽證制度和諮詢制度以外，政府在各級教育決策過程中都要實行教育行政聽證制度、諮詢制度和監督制度，保證他們能夠參與教育的公共管理，並對公共教育權力的行使進行監督。

主要結論與啓示

1. 概略地說，從希臘神話、梭倫、柏拉圖、亞里斯多德一系列的主流希臘思想，接通中世紀基督教的良心觀念，經注入自然法的啓蒙觀念，匯合為自由主義的體系，並在此母體上吸收社群主義思想的部分影響，構成了西方公正概念迄今發展的主脈。

2. 功利主義把最大多數個體成員的最大可能幸福（快樂、功利）作為社會公正的基礎，並要求在追求人類福利或效用的過程中，應該公平地對待社會中的每一位成員。基於上述原則，社會的公正行為是指：在同等程度地關注每個個體福利的前提下，最能增加人類總體福利的行為。

3. 從公平的正義理念出發，羅爾斯提出了關於正義的兩個原則，這兩個原則對後世影響頗大。①每個人對於一種平等的基本自由之完

全適當體制都擁有相同的不可剝奪權，而這種體制與適合於所有人的同樣自由體制是相容的。②社會和經濟的不平等應該滿足兩個條件：第一，它們所從屬的公職和職位應該在公平的機會平等條件下對所有人開放；第二，它們應該有利於社會之最不利成員的最大利益（差別原則）。第一個原則優先於第二個原則；同樣的，在第二個原則中，公平的機會平等優先於差別原則。

4. 羅爾斯提出一個解決公平問題的差別原則，即在分配教育資源時，對弱勢地區、弱勢學校和弱勢人群一方傾斜，實行對弱勢群體的優先扶持，並保障其具備國家教育政策和法律所規定的基本標準的辦學條件和享受符合基本標準的充分教育。也就是說，要用對待強勢和弱勢的不平等手段達到真正的教育公平的目的。

5. 教育公正的價值在於：培養公共理性，改善弱勢個體地位，實現代際公正。

學習評價

1. 請運用你所學的理論知識，從「權利公正」的視角，分析城鄉二元結構對受教育者的哪些權利構成了侵害。

   目前，中國的教育制度中依然存在著鮮明的二元分割性，這主要表現在城市和農村之間的分割。其實質內容是，政府有限的教育經費向城市學校和各級學校中的「重點」傾斜，形成了一種教育政策的「城市取向」。

2. 請從「分配公正」的視角出發，說明如何才能保障教育資源的公平分配。

   目前，中國在教育資源的分配上存在結構性短缺的問題。結構性短缺主要反映在基礎教育和高等教育之間、農村教育和城市教育之間、重點學校與薄弱學校之間、發達地區與欠發達地區之間的明顯差距。

3. 如果你是招生委員會的成員，你的決定是什麼？請結合你學習過的
   教育哲學理論，談談你的決定的理由。

   某小城市的一所社區大學是一所由國家開辦的大學，依靠國家資助
   和校友捐贈作為經濟來源，學生總數大約800人。今年有400多名
   學生報名要求入學，但是只能招收200名學生。招生委員會邀請申
   請入學的這批學生中的兩個學生團體代表到會發表意見。

   其中一個學生團體由200名學生組成，這些學生主要來自社會中上
   層，他們成績優異，入大學後成績也很好，而且這些學生之前就讀
   的中小學也有好的名聲，生師比低，設備精良，還有專門的輔導員
   以適應學生個別鑽研和開設其他特殊課程的需要。

   另一個學生團體也由200名學生組成，這些學生均來自城市和農村
   較窮的街區，他們接受中小學教育的學校通常達不到正常的辦學物
   質要求，經費和師資短缺，設備簡陋。他們的入學成績和考試成績
   都較低。

   第一個學生團體的代表認為，他們的成績應該保證他們在大學的地
   位；第二個學生團體則認為，他們已經處於不利的地位了，應該從
   這種不利境地的事實出發考慮接受他們。

   在招生委員會開會過程中，每個學生還可以舉出他們各自的具體例
   證證明他們的觀點，然後招生委員會將作出錄取這屆200名新生的
   決定。

學術動態

在今天的中國，邁克爾・桑德爾是知名度最高的西方學者之
一，原因之一是他在哈佛大學的公共課「公正：該如何做是好？」
（Justice: What's the Right Thing to Do?）受到學生的熱烈歡迎。該
門課程的視頻於2009年前後透過網路被中國學生熱切傳播著，網路
視頻超過1,000萬人次點擊，被譽為迄今世界上聽課人數最多的政治

公開課。在這門課程中，桑德爾首先把人們引入日常生活的道德判斷境地，給出一個極端處境中悖反的道德判斷問題，但不給聽者任何結論，使得人們不得不面對無法迴避的道德判斷。其次，桑德爾縱橫古今，對上至亞里斯多德、中至康德、下至羅爾斯關於公正的言說，進行了點評；同時跨越邊際，對功利主義、平等主義、自由至上主義等道德哲學流派進行了審視。這種論述跨度，確實比較容易引起人們的感喟。

桑德爾的課程帶給人們以下反思：現代市場經濟興起以後，普通公民在日常生活中逐漸遠離自覺而理性的道德判斷。在某種意義上，人們可能更習慣於訴諸羅爾斯的《正義論》中提到的那種道德直覺，人們對於是非、好壞、善惡的判斷，早已經不習慣於在日常事務中進行理論甄別，更沒有產生從理論上澄清是非、好壞、善惡的智性需要。桑德爾將人們強勢拉回到生活的現場，還政治哲學和道德哲學現實性品格、生活性風格。在對話式的講述中，桑德爾把現代道德、政治哲學理論上的主要流派，貼近日常道德生活實際，擺到了聽眾面前。

值得注意的是，就在桑德爾的「公正」課程在中國大陸受到歡迎時，中國當代著名哲學家李澤厚先生在2014年出版了《回應桑德爾及其他》一書，對桑德爾提出的現代社會中「市場與道德」等公正性難題予以回應和分析。李澤厚先生指出，桑德爾對自由主義思潮的批判具有參考借鑑價值，但直接搬用卻並不妥當。桑德爾所列舉的各種「市場對道德的侵害」案例與中國有相似之處，但問題實質卻迥然不同。因此，一定要在適應中國的情境中予以分析和評論。

參考文獻

A.・麥金泰爾，德性之後[M]，龔群等譯，北京：中國社會科學出版，1995。

G.・希爾貝克、N.・伊耶，西方哲學史——從古希臘到二十世紀[M]，童世俊、鬱振華、劉進譯，上海：上海譯文出版社，2004。

何忠洲，教育是公正最好的試金石[J]，中國改革，2004(12)。

李澤厚，回應桑德爾及其他[M]，北京：生活・讀書・新知三聯書店，2014。

貝淡寧、石鵬，社群主義對自由主義之批判[J]，求是學刊，2007(1)。

威爾・金里卡，當代政治哲學[M]，劉莘譯，上海：上海譯文出版社，2011。

洛克，政府論：下篇[M]，葉啓芳、瞿菊農譯，北京：商務印書館，2011。

約翰・穆勒，功利主義[M]，徐大建譯，上海：上海人民出版社，2008。

約翰・羅爾斯，正義論[M]，何懷宏、何包鋼、廖申白譯，北京：中國社會科學出版社，1988。

約翰・羅爾斯，作為公平的正義——正義新論[M]，姚大志譯，上海：上海三聯書店，2002。

約翰・羅爾斯，政治自由主義[M]，萬俊人譯，南京：譯林出版社，2000。

約翰・羅爾斯，萬民法[M]，張曉輝等譯，長春：吉林人民出版社，2001。

馮建軍，教育公正——政治哲學的視角[M]，福州：福建教育出版社，2008。

廖申白，論西方主流正義概念發展中的嬗變與綜合（上）[J]，倫理學研究，2002(2)。

蔡春，分配正義與教育公正[J]，教育研究，2010(10)。

霍布斯，利維坦[M]，黎思復、黎廷弼譯，北京：商務印書館，

2011。

羅伯特・諾齊克，無政府、國家和烏托邦[M]，姚大志譯，北京：中
國社會科學出版社，2008。

辭源[Z]，北京：商務印書館，2006。

龔群，羅爾斯與社群主義：普遍正義與特殊正義[J]，哲學研究，
2011(3)。

第九章

道德哲學與教育

內容摘要

　　本章主要討論道德哲學與教育之間的關係。首先，介紹道德哲學中的一些基本觀點及道德哲學家爭論的一些道德難題：是與應當問題、絕對主義與相對主義問題、自由意志與決定論問題、幸福與公正問題。其次，分析道德哲學中的兩種主要理論對教育觀的影響：結果論與教育、動機論與教育，並進一步介紹中國的儒家道德哲學，即明禮、習禮、執禮的教化教育。再次，審視中國當前的道德教育：教育政策制定中的制度倫理視角、多元主義對於道德教育的挑戰，以及課程設計中的道德邏輯。

學習目標

1. 瞭解道德研究的兩類哲學方法，並說明規範倫理學與分析倫理學的研究方法之間的不同。
2. 分析結果論與動機論之間的區別，並說明這兩種主要的道德觀對教育所產生的影響。
3. 學會運用道德哲學的視角去看待教育問題，分析教育政策制定中的制度倫理取向，以及課程設計中的道德邏輯。

關鍵詞

道德哲學　結果論　動機論　教化

　　道德哲學主要討論人的舉止行爲的對與錯。它追問的是這樣的問題：任何人或行爲之善、惡、正當、不正當，是由什麼造成的？我們是如何作出判斷的？自身利益或他人利益在道德決定和道德判斷中具有什麼作用？作出道德判斷時，應當基於人們的動機還是行爲的結果？我們應該運用道德的原則、規則或法則，還是應該讓每一種境遇決定我們的德行？

第一節　道德哲學的基本觀點

一、道德研究的兩類哲學方法

(一)規範倫理學

　　第一類道德研究的方法稱爲規範倫理學，它是處理倫理規範或道德標準的問題。以「人常常爲自身利益而行動」爲例，規範的道德哲學家力求探明人是否應該或應當爲自身利益而行動。在這一問題上，顯然存在著各種道德規則的分歧，例如：「根據這些論據，人們應當永遠爲其自身利益而行動」（利己主義）；也有一些道德標準認爲：「人們應當永遠爲他人的利益而行動」（利他主義）；或者認爲：「人們應當永遠爲包括自己在內的一切相關者的利益而行動」（功利主義）。這三個結論就不再只是描述，而是規定了。也就是說，這些陳述規定著人們應當如何行動，而不只是描述人們實際上是如何行動的。

(二)元倫理學或分析倫理學

　　第二類道德研究的方法稱爲元倫理學（臺譯爲後設倫理學），有時又叫作分析倫理學。這種方法不是描述或規定，而是從兩方面進行分析。首先，元倫理學家分析道德語言（例如，當我們使用「善」一

詞時所表達的意思）；其次，他們分析道德體系的理性根據，或各派倫理學家的邏輯和論證[1]。分析倫理學的目的不在於建立道德體系或給出道德建議，而是側重於對道德語言或道德體系的邏輯論證展開分析。下列這些問題就是分析倫理學的典型主題：道德判斷是否能做到客觀？它們是否能夠被證實或證偽？倫理學術語如「善」、「惡」、「對」、「錯」、「應該」、「不應該」是描述性的還是價值有涉的詞彙，抑或只是一種改頭換面的情感表達（情感倫理學）？這些詰問都是分析倫理學提出的有趣且富有意義的問題。

　　比較而言，規範倫理學和分析倫理學都是我們在道德研究中常見到的兩種哲學分析方法。由於現代人所處的世界正在變得複雜，所處的文化也正在走向多元，因而試圖闡述一套適用於所有人甚或大多數人的道德體系，即使並非不可能，也逐漸變得十分困難。這一原因部分地促使分析倫理學的方法在近年來受到歡迎。一些分析倫理學家認為，他們可以像其他專家一樣，致力於研究語言和邏輯而不謀求達成道德體系，可以幫助人們生活得更有意義、更合乎道德。

二、道德領域的幾個基本問題

(一)是與應當問題

　　「是與應當」的問題又稱為「休謨的斷頭臺」（Hume's Guillotine），這是因為這一問題被看作道德哲學家遭遇到的最為棘手的倫理學難題之一。休謨的觀點通常以如下形式表達：任何「是」都無法包含「應該」。這句話的意思是，任何道德論斷都無法以邏輯的方法從純粹事實性的論斷中推導而出。讓我們舉例來解釋這一點。幾乎所有人都會同意這條準則：為了自己的樂趣而虐待兒童，在道德

---

[1]　雅克・蒂洛、基斯・克拉斯曼，倫理學與生活（第9版）[M]，程立顯、劉建等譯，北京：世界圖書出版公司，2008：8。

上是錯誤的。休謨的觀點是，任何事實性的論斷（對世界任一方面非價值判斷性的描述）都無法邏輯地推導出這個原則。比如下列四句話就是對於事實的描述：

1. 虐待兒童使兒童感到很痛。
2. 大多數人害怕看到兒童被虐待。
3. 長時間的虐待會對兒童造成永久性傷害。
4. 沒有哪個孩子希望被虐待。

但是以上的一個或幾個論斷都無法邏輯地推理出下面這句話：

5.〔因此〕虐待兒童從道德上來說是錯誤的。

換句話說，你可以同意1.、2.、3.、4.的主張，但是否認5.，而同時又不會自相矛盾。休謨的觀點是，你永遠無法用邏輯方法從只包含非價值判斷性描述的前提中，推導出包含「應當」一詞的結論（即包含道德判斷的結論）[2]。

(二)絕對主義與相對主義

絕對主義和相對主義是道德推理中經常遇到的基本問題，它們之間的爭論有時變得非常激烈。道德絕對主義者認為世界上存在著絕對，尤其是存在著一經發現就必須予以堅持的道德絕對。這就是說，他們認為，如果「不可殺人」是個真正的道德絕對，那麼，或者因其在邏輯上無可辯駁，或者因其來自某個絕對存在物（例如，上帝）的命令，它永遠不會改變；它適用於一切時間、一切地點和一切人。

道德相對主義者則認為沒有什麼絕對，道德不道德僅僅是相對於具體的文化、團體或個人而言的。我們都聽到過這一類說法：「對我公正的不一定對你公正」，「對美洲人公正的不一定對亞洲人公正」。此外，人類學對於原始文化和現代文化的研究均表明，各種文

---

[2]　唐納德・帕爾瑪，倫理學導論[M]，黃少婷譯，上海：上海社會科學院出版社，2011：9。

化在習俗、禮節、禁忌、宗教、道德、日常習慣和態度等方面都存在著巨大的差異。而且，人們的道德信仰和道德觀念基本上是從文化環境中汲取來的，因此，不存在一種適用於所有文化觀念的終極道德原則。

(三)自由意志與決定論

在談到道德選擇和道德責任時，我們能看到自由意志與決定論的觀點存在很大的分歧，兩者爭論的核心命題是：人們能否自由地作出道德決定並付諸行動？或者說，人們是否為自己所不可控制的外力和內部力量所「決定」，以致自己所認為的自由決定和自由行為實際上並不自由？自由意志與決定論問題本身，其實並非道德問題，而是形而上學問題（與實在的本質有關）。然而，有關人的自由不自由的程度問題，對於可否認為人有道德責任，甚至可否認為人類確定道德體系，具有重大意義。

決定論者通常假定，事物處在普遍的相互聯繫之中，因果關係是不可避免的。因此，如果每個事件、行為、結果、效果等一切都有原因，那麼一切事物，包括人的願望、感情、思想、選擇、決定和行為，都是被「決定」了的。如果你仔細追根溯源地分析人的任何行為或選擇，那麼，你終將發現，任何選擇背後都存在著一個選擇者或行為者所不能掌控的原因。嚴格的決定論者甚至會走向宿命論。關於宿命論的重要觀點，較早地由古羅馬哲學家塞內卡提出。他說：「服從的人，命運領著走；不服從的人，命運拖著走。」死亡是人類最沉重的宿命——死亡剝奪了我們的一切。在宿命面前，人類沒有選擇。顯然，在現代道德體系中，這種由古代哲學家所闡明的悲觀決定論並不受到歡迎。然而，現代自然科學的進步給予決定論觀念以很高的、還在升高的聲望。這些觀念認為，使人的行為實際上如此這般的原因，大多數是超出個體控制範圍的，如物理因素、環境因素或習慣對

人的行為的影響，或是某種較大單元——種族、民族、階級、生物物種——的「自然」成長對人的行為的影響[3]。這些決定論觀念的流行帶給現代道德哲學的困境是：如果人們在作出一項道德選擇時並沒有自主權，那麼，他們也就不必為任何道德選擇承擔責任。

自由意志論者則認為，世界上有相當多的機遇和自由，在人的思考和選擇，特別是道德思考和抉擇的範圍內，可以看到存在著大量的自由或偶然性。著名的美國心理學家、哲學家威廉·詹姆士（William James, 1842–1910）是這一觀點的傑出代表。在他看來，我們追求善行、憎恨惡行就表明存在著自由。這是因為假如惡行完全是預定的，那麼就用不著悔恨了。詹姆士還認為，因為我們不能始終預言某人要走這條路還是那條路，所以，偶然性和自發性對現實顯然至少有某種作用，因而至少存在著一定程度的自由[4]。

(四)幸福與公正

幸福與公正是倫理學的兩個基本和核心問題。倫理學的根本目標是詢問生活意義，它所關心的是什麼樣的行為方式、生活形式和社會制度最能夠創造幸福生活。生活意義／好生活／幸福是三位一體的倫理學基本問題[5]。以此觀點來看，幸福公理是倫理學的第一原則，這是因為追求幸福是每個人的生活動力。如果沒有幸福，生活中的任何一種事情都將失去最終的價值根據，我們將不知道一切事情是為了什麼。如果沒有幸福，那麼有沒有社會公正、自由、規範都變得無所謂了[6]，因為各種規範和制度的合法性辯護正需要生活意義的解釋。

---

[3]　以賽亞·伯林，自由論[M]，胡傳勝譯，南京：譯林出版社，2003：108。

[4]　雅克·蒂洛、基斯·克拉斯曼，倫理學與生活（第9版）[M]，程立顯、劉建等譯，北京：世界圖書出版公司，2008：105。

[5]　趙汀陽，論可能生活[M]，北京：中國人民大學出版社，2010：8，155。

[6]　同註5。

幸福意味著生活意義的最大化——這比利益最大化更重要。一個人如果老老實實地遵守某個社會集團的規範，這個集團的人會贊同他的行為，但這遠遠談不上讚美。倫理規範及其贊談不上表現了真正的道德標準，而幸福和道德卻有著極其密切的關係。

幸福一旦得到就不可能分給別人。這一點是一個非常重要的事實。一個人所擁有的幸福，不可能分給他人或者用來交換其他東西。一個人如果自己不能創造幸福，我們也不可能分配給他幸福。可以看出，幸福原理所處理的首先是每個人與自己的關係問題，即如何善待自己的問題。

與此相反，利益是可爭奪的，也就有著交換與分配問題。生存資源和空間如此有限，尤其它們與人的慾望相比總是非常匱乏。如果一個人能夠獲得較多利益，別人就很可能失去一些利益，於是，利益衝突變得不可避免。人追求利益從根本上說不僅僅是因為主觀的慾望，而是在客觀上的確需要利益。如果沒有足夠的利益，就意味著沒有足夠的物質條件和社會條件去創造和保護幸福生活。所以，要保證幸福生活，我們還需要另一個原理來處理人與人之間的關係問題，那就是公正原理[7]。關於公正的一般直觀是，就像古人所認為的那樣，公正的目的就是建立某種「合理的」或者「良好的」利益分配和權利劃分的社會標準和制度，從而把人與人之間的衝突控制在可以接受的限度內。但這還不是最後目的，公正的最後目的是保證每個人有條件創造他的幸福生活[8]。

╲ 第二節　道德哲學與教育

道德哲學中主要存在兩種理論的劃分：結果論（道德判斷以行

7　趙汀陽，論可能生活[M]，北京：中國人民大學出版社，2010：153，154。
8　同註7。

爲結果的好壞爲基礎）與動機論（不以行爲結果爲基礎或不關心結果）。在哲學史的習慣稱謂上，這兩種理論有時也被稱作目的論與義務論。

一、結果論與教育

結果論包括兩種主要理論：倫理利己主義和功利主義，這兩種理論都主張人們應該以某種行爲能帶來有利結果的方式行事。它們之間的不同點在於：兩者對誰應從這些有利結果中獲益的看法不同。倫理利己主義者認爲人們應當永遠爲了自身的利益而行動，功利主義者則認爲人們應當爲了一切相關者的利益而行動[9]。

讓我們假定如下場景：A在放學後發現校長辦公室的門是開著的，因而他有機會從中盜取一筆資金。如果A是一個結果論者，那麼，他就會努力預測盜取或不盜取這筆資金的結果會如何。如果他恰好是一個倫理利己主義者，他就會努力預測如何行動才符合自己的最大利益；相反的，如果A是一個功利主義的結果論者，他則會預測如何做才能滿足每一個相關者的利益。有趣的是，通常人們會基於他們的常識判斷進行如下臆斷，即作爲倫理利己主義者的A肯定會盜取這筆資金，因爲只有這樣才符合他的最大利益。但事實上，注意到如下現象是耐人尋味的，即無論是作爲倫理利己主義者的A，還是作爲功利主義者的A，都有可能作出不盜取這筆資金的決定。這是因爲倫理利己主義者可能認爲儘管自己盜取這筆資金會帶來一定的好處，但自己的行爲也可能會觸犯法律，並有承受懲罰的風險，而這卻明顯不符合自身的利益；功利主義者的理由則是：盜取這筆資金即使能給自己帶來一定的好處，但同時會損害學校其他人員的利益，因而作出這樣的決定是不對的。正是因爲倫理利己主義者和功利主義者各以不同理

---

[9] 雅克·蒂洛、基斯·克拉斯曼，倫理學與生活（第9版）[M]，程立顯、劉建等譯，北京：世界圖書出版公司，2008：32。

由而得出同一行爲方式的結論，所以說他們的道德論證是相似的，他們都把行爲結果的好壞作爲自身行動的基礎，因此，他們都屬於結果論者。

(一)倫理利己主義

倫理利己主義者主張每個人都應該永遠爲自身利益而行動，不必考慮別人的利益，除非後者服務於他的自身利益。在此需要澄清的是，倫理利己主義並不等同於自私自利，因爲自私的行爲完全可能損害到別人，引起別人對自己的憎恨，這反倒不符合倫理利己主義者自身的利益。因此，倫理利己主義在歷史上廣泛存在。在希臘化時期有系統地闡述這一觀點的是伊壁鳩魯，近代托馬斯・霍布斯的「原初人」設想、亞當・斯密的「經濟人」假設，也可被看作是這一觀點的贊成者。

確實，倫理利己主義的立場在邏輯上是站得住腳的。就經濟生活依據於契約和商業而言，它差不多實現了利己主義的原則。正如亞當・斯密所論證的，在市場經濟的商品交易中，我們每一個人都只期望得到自己的利益，但卻在所有人的利益之間保持著一種確定的和諧。此外，如果我們把純粹利他主義作爲主導的原則，每個人都只關心他人的利益而不關心自己的利益，這反倒會造成一種荒唐的利益交換，現代經濟生活甚至無法維持。

然而，倫理利己主義自身的侷限性在於，對於那些助人性職業的從業者來說，它無法提供適當的倫理基礎。譬如，護士、醫生、教師、牧師等社會工作者的職業通常要求一種利他性的道德準則。因而就教師這一職業來說，雖然我們並不排斥在教育領域內從事教學的一線工作者，在某種程度上也是爲了自身的利益而工作（如獲得職業報酬），但是教師的社會角色是爲了幫助別人而存在的。因此，教育領域中通常提倡「奉獻」、「愛心」、「利他」等倫理準則，只關心自

身利益的倫理利己主義者顯然不適合從事這種類型的職業。

(二)功利主義

1. 功利主義的基本主張

功利主義道德理論的主要創始人是傑瑞米・邊沁和約翰・穆勒。這一理論的核心是功利原則（principle of utility）。根據這條原則，我們選擇的行為應該是為最大多數人謀求最大限度的幸福。這一原則表述為：

把「功利」或「最大幸福原理」當作道德基礎的信條主張、行為的對錯，與它們增進幸福或造成不幸的傾向成正比[10]。

這句話的意思是，作為一切道德基礎的功利或者幸福最大化原則（the greatest happiness principle），認為行為的正確程度與它們促進幸福的程度成正比，而與導致不幸的程度成反比。對於那些首次接觸功利主義學說的初學者來說，這一學說的先天優勢在於，乍看之下它非常容易理解。傑瑞米・邊沁更是把「功利」或「幸福」界定為我們每個人都能感知到的「快樂」，並對「快樂」的值提出一個計算系統。

專欄9-1
傑瑞米・邊沁的「快樂」計算系統

　　邊沁像愛爾維修一樣把最大多數人的最大可能的快樂（功利）當作基本的規範性標準，並且對導致最大快樂的因素提出了一個計算系統。在邊沁對快樂和痛苦的計算中，他考慮了提供最大快樂的

---

[10] 約翰・穆勒，功利主義[M]，徐大建譯，上海：上海人民出版社，2008：7。

各種因素。這種計算包括快樂或痛苦的強度，快樂或痛苦所持續的長度，快樂或痛苦可能出現的確定性程度，快樂或痛苦還會出現的時間，牽涉人數的多少，以及快樂和痛苦的各種經驗如何彼此影響。對一個人來說，一項快樂或痛苦的值的大小，依據下列四種情況而定：

1. 其強度。

2. 其持續時間。

3. 其確定性或不確定性。

4. 其鄰近或偏遠。

這是在估計每一項快樂或痛苦本身時所要考慮的情況。然而，在為了估計任何行動的造苦、造樂傾向而考慮這一苦樂之值時，還需要考慮其他兩種情況，分別是：

5. 其豐度，指隨同種感覺而來的可能性，即樂有樂隨之，苦有苦隨之。

6. 其純度，指相反感覺不隨之而來的可能性，即苦不隨樂至，樂不隨苦生。

邊沁所提出的對快樂和痛苦的計算，十分明顯地讓我們想起對利潤的計算。對於利潤，我們可以用一些可比的單位進行計算，比方說英鎊、便士或元和角，但很難看出不同的苦樂經驗怎麼進行比較。靜靜享受美食的快樂與考試透過以後的狂喜，兩者的快樂如何比較？這個問題邊沁從來就沒有成功地解決過。他的快樂計算方法因而是很有問題的。

資料來源：邊沁，道德與立法原理導論[M]，時殷弘譯，北京：商
務印書館，2000：86-87。

邊沁之後，約翰·斯圖亞特·穆勒雖然擁護功利主義，但覺得自己無法贊同邊沁的快樂計算。在這種計算中，功利是用快樂來界定

的，但「快樂」這一概念的最大弊端是，我們無法對較高形式的快樂和較低形式的快樂進行比較，因為這兩種快樂之間具有質的區別。穆勒由此重新詮釋了功利概念，使之有可能容納一些有質上區別的快樂和痛苦的形式。穆勒的解決方案是，對那些質上不同的快樂進行比較時，可以由那些有過此種快樂體驗的親身經歷者進行投票或仲裁，然後按照能力健全的人們的一致同意或多數意見作出判斷[11]。

總結邊沁和穆勒關於功利主義的基本主張，我們看出其具有以下三個特點：(1)快樂主義特徵：趨樂避苦是人類的本性，追求快樂、幸福是人生的目的所在。(2)最大化原則：主張「幸福」所能惠及的群體最大化，功利原則的實質是「最大多數人的最大幸福」。(3)結果論：把行為是否正確的判斷標準建立在結果論的基礎上，即看該行為能否增進當事者的幸福。

2. 教育是謀求最大多數人最大幸福的途徑

功利主義又是如何看待教育在實現人類幸福（或功利）中的作用的呢？從功利主義原則出發，穆勒認為，由於人人皆享有幸福的權利，而教育是謀求最大多數人最大幸福的途徑，因此，教育是人人應當享受的福祉。根據這一原則，功利主義在普及義務教育、提倡個

---

[11] 功利主義把「快樂」當作倫理學的分析單元存在著很大的侷限性，也引發了現代道德哲學對其理論前提的批評。其中一種批評意見認為，「幸福」和「快樂」之間存在著很大的區別：快樂是消費性的，每次快樂都一次性消費掉，留不下什麼決定人生意義的東西，回憶快樂不僅是很困難的，而且是不太快樂的，一個只能試圖回憶快樂的人是可憐的人。這個侷限性顯然大大減弱了快樂的重要性。與快樂相比，每一種幸福都是非消費性的，它會以純粹意義的方式被保存積累，會永遠成為一個人生活世界中抹不掉的意義。這些由幸福所造成的意義能夠改變人生的整個畫面，幸福正是生活本身的成就，是人生中永恆性的成就。一個人哪怕只是曾經有過幸福，他一生都將是有意義的。因此，倫理學應當分析「幸福」，而不是「快樂」。（趙汀陽，論可能生活[M]，北京：中國人民大學出版社，2010：137。）

性自由、實現男女平等受教權、發展科學教育等方面都提出了重要主張。

其一，從最大化原則出發，邊沁與穆勒都將教育視為實現個人幸福的重要工具，並大力提倡普及初等教育。他們認為種族、階級、性別等的區分均不能構成受教權的阻礙，人人都有接受教育的平等權利。譬如，邊沁首先積極倡導男女教育平等，希望男女兒童都有機會接受適合其地位和境況的教育。在他看來，沒有理由讓一個性別比另一個性別享受較少的幸福。在《教育文集》中，邊沁更是提出建立功利主義示範學校的主張，將其設想為任何宗教信仰、貧富、性別的兒童都應當受到公正對待的學校，這成為19世紀後半葉英國公立學校的藍本[12]。

其二，從快樂原則出發，功利主義提倡科學教育，對古典文科的教育傳統持批評態度。在他們看來，把大量寶貴的時間用於學習並無實際用處的希臘語、拉丁語是不恰當的。這些古典語言雖有助於豐富個人的修養，但卻無益於普通民眾的追求，也不能令他們快樂，課程內容應轉向現實世界。為此，功利主義主張改革課程內容。在邊沁構建的學科和課程計畫中，與科技有關的知識占較大比重。因為這些學科與日常生活密切相關，同時也有助於普通大眾生活得更好、更幸福。

其三，從教育實現人類幸福的功用原則出發，功利主義提倡培養個性。穆勒強調，個性獲得發展應首先營造自由的教育環境氛圍。秉持功利主義的後果原則，穆勒將思想和言論的自由表達放置在頭等重要的位置，認為如果剝奪人的思想和言論自由，會給人的智力與德性發展造成毀滅性後果。在《論自由》一書中，穆勒提到個性是關乎人類福祉的因素之一。只有在個性充分發展之後，人才能具有創造性。

---

[12] 蕭丹，我們需要怎樣的功利主義教育觀——J・S・密爾的應答[J]，清華大學教育研究，2010(4)：1-6。

他高度讚揚創造性的價值，並認爲現有的一切美好事物都是人類發揮創造性的結果。創造性可以豐富人類的生活，極大地促進民眾幸福的實現。

3. 功利主義的侷限

相對於倫理利己主義來說，功利主義是一大進步，因爲它努力考慮到一切道德相關者的利益。然而，功利主義的問題是，它可被歸入一種本利分析的思考模式——能給最大多數人帶來最大好處的結果就是好的。這幾乎等同於說「目的證明手段的正當性」。然而，許多道德哲學家對此提出的疑問是，在作道德決策的時候，我們是否應該只專注於結果或目的而不顧諸如手段或動機之類的因素呢？

功利主義把教育看成確保人們獲取福祉的一種有效途徑，但是其論證也存在一些困難，這就是過於強調功利的「有利」方面所造成的困難。非功利主義者會問，比如說，努力爭取「最大多數人的最大好處」是否永遠公正？由此導致的大多數人的最大好處，有時候不是同時給少數人帶來了一些很壞的結果嗎？[13]譬如，一般人們對行爲規範作出進一步的解釋時，就會給出一些更具普遍性的規範，例如：「正當的行爲應該是爲了最大多數人的最大福利。」令人遺憾的是，這類好聽的規範所企圖表明的事物是愈來愈含糊。每一個人所理解的「最大多數人的最大福利」很可能只是他自己所希望的那種福利，尤其是只有當某人屬於多數人群體時，他才會同意多數人利益的主張。假如他碰巧屬於少數人，他便不可能同意多數人的利益。如果多數人利益成爲迫害少數人的藉口，恐怕就很難成爲一個正當理由。如果某人可以被迫害，那麼，其邏輯結果就是每個人都可能被迫害。其中的道理是這樣的：假如多數人可以迫害少數人，那麼，多數人中又可以分化出多數人和少數人，隨著利益的細節化，多數人和少數人的不斷分

---

[13] 雅克·蒂洛、基斯·克拉斯曼，倫理學與生活（第9版）[M]，程立顯、劉建等譯，北京：世界圖書出版公司，2008：43。

化，最後使得誰都可能被迫害[14]。

因此，有些道德家，例如康德就認為每一個人本身就應被視為目的，絕不僅僅是手段。為了對所有社會成員都努力做到公平正義，這種態度似乎比僅僅努力實現最大多數人的最大好處更合乎道德。

二、動機論與教育

動機論道德哲學反對把結果的好壞看作道德選擇的依據，他們認為我們應當在結果之外為道德規則尋找基礎，這實際上是對結果論道德主張的一種批評——正如我們在上一節的闡述中看到的，倫理利己主義和功利主義都關心人的行為的後果或結果。倫理利己主義者認為能給自己帶來好處的結果就是好的，功利主義者認為能給一切相關者的利益帶來好處的結果才是好的。在這兩種理論裡，衡量行為的善良尺度，都取決於行為符合人們利益的程度。

(一)動機論道德哲學的基本主張

動機論與結果論的道德主張相反，認為判斷行為或人道德不道德時，不考慮、實際上也不應當考慮結果。判斷行為，只要看行為正不正確；判斷人，只要看人善不善良，其基礎是另外某個或某些道德標準。譬如，康德在《道德的形而上學基礎》一書開篇就說：在世界之中，一般地，甚至在世界之外，除了善良意志，不可能設想一個無條件善的東西[15]。這句話的意思是，世界上不存在什麼可以想到的、能夠不加限定地被稱為「善」的東西，除了善的意願。現實中唯一可以被稱為善的東西只是一種特定的思想態度，其他東西是善還是惡，都與這種態度（或動機）有關。康德這一判斷帶給人們一種全新的思考

---

14 趙汀陽，論可能生活[M]，北京：中國人民大學出版社，2010：35。

15 伊曼努爾·康德，道德形而上學原理[M]，苗力田譯，上海：上海人民出版社，2005：8。

道德問題的角度，他的理論也常常被稱爲「義務倫理學」，包含若干
道德原則。

1. 善良意志

什麼是善良意志？康德說，人們在作出道德判斷時，必須要有
善的意志，但這還不是眞正的善良意志。所謂善良意志是指意志本身
的善。那麼，善良意志究竟如何才是善的呢？康德認爲，善良意志的
唯一動機就是爲了盡自己的義務而去盡自己的義務，除此之外沒有別
的目的。正因爲如此，這種意志才是善的，而且是一切善中的至善。
譬如，如果一個人天生具有友好、助人爲樂的品格，那麼，我們對於
他幫助別人的行爲要作一些分析：如果他認識到助人爲樂是他應盡的
義務，他的行爲就具有道德價值；如果他幫助別人只是出於興趣與愛
好，那麼即便他沒有別的目的，他的行爲仍然是無道德價值的行爲。
他並沒認識到助人爲樂是一種義務，所以，這種行爲就不會被他自己
看作一種道德律令去經常執行。

康德認爲，除了善良意志，任何東西本身都不是善的。他把
「意志」解釋爲按照道德規則、律法或原則行事而不關心利益或結果
的人的獨特能力。康德的道德理論是一種道德意志的倫理學，而不是
一種結果論的倫理學：決定性因素是意志是善的，而並非是行動的結
果是善的。這裡，康德把自己與功利主義者區分開來。

2. 唯有理性才能確立道德

在將善良意志確定爲判斷行爲善惡的標準後，康德論證說，理性
是人類所獨具的一種強大的邏輯推理能力。因此有可能單靠理性基礎
即可確立有根據的絕對道德規則，而無須像宗教倫理那樣需要引證超
自然存在物（如上帝）的權威命令。理性之於倫理道德的重要作用就
在於，只需一種邏輯推理，就可能確立起正確的絕對道德規則。

康德對絕對的道德眞理提出了如下要求：首先，必須具有邏輯的
前後一致性。也就是說，不能像「圓是正方形」一類陳述那樣自相矛
盾。其次，必須具有可普遍性。也就是說，必須能毫無例外地應用於

一切情況，對所有人都具有道德約束力。若能找到這樣的道德絕對，就可以建立完全無可辯駁的道德體系，而服從這一體系的規則就是合乎道德的，不論行為給自己或別人帶來的結果如何。康德為我們提供了發現道德絕對的主要方法，他將其稱為「絕對命令」。

3. 絕對命令

所謂絕對命令，是指人應該這樣行動，以便他所遵循的規則能夠同時成為一條普遍的道德法規，使別人也同樣能夠遵循。絕對命令有以下特點：第一，不論它規定的具體內容是什麼，在形式上它總是具有普遍性的，適用於所有的人，因而它必定是先驗的，或超經驗的，即一切道德法則實質上只是一個先驗的公式（這與他的認識論是一致的）。第二，絕對命令不應有任何條件。它是自律的意志給自己制定的法則，因而具有強制性。絕對命令與「假言命令」不同。絕對命令的陳述形式是「你應當……」、「你必須……」；相反的，假言命令或叫「條件命令」，則不能產生適用於所有人的普遍規則（它在形式上表述為「如果……，就……」）。由於人們的目的總是各不相同的，因而由假言命令構成的道德規則也必定因人而異。

專欄9-2
康德的三條絕對命令

一、善良意志：「要按照你同時認為也能成為普遍規律的準則去行動。」根據這項規則，人們必定願意我們的行為準則能夠變成普遍規律。一般說來，這是對行為道德評價的標準。

二、人是目的：「你要這樣行動，永遠都把你的人格中的人性，以及每個他人的人格中的人性同時用作目的，而絕不只是用作手段。」這是因為，一般來說，每個有理性的東西，都自在地作為目的而實存著，它不單純是這個或那個意志所隨意使用的工具。

三、意志自律：「每個有理性東西的意志的觀念，都是普遍立

法意志的觀念。」按照這項原則，一切和意志自身普遍立法不一致
的準則都要被拋棄，從而意志並不簡單地服從規律或他律，他之所
以服從，由於他自身也是個立法者。正由於這規律、法律是他自己
制定的，所以他才必須服從。

資料來源：伊曼努爾·康德，道德形而上學原理[M]，苗力田譯，
　　　　　上海：上海人民出版社，2005：39，48，51。

　　顯然，這裡存在著一個理論上的難題，那就是爲什麼康德把普
遍的道德規則看作一種先驗形式，並認爲任何絕對命令一經產生就
無法用經驗來證明呢？康德的主張是正確的嗎？應當如何理解這一點
呢？中國當代著名哲學家李澤厚對這一問題進行了很好的解答。在他
看來，道德命令並不是一種無法用經驗證明的先驗公式，相反的，任
何先驗命題都產生於經驗累積。李澤厚將這一觀點概括爲「經驗成先
驗」，並從人類學的歷史解釋出發，對倫理規範的產生過程進行了說
明。

　　李澤厚認爲，道德律令是由外而內建立的，他稱之爲「理性的
凝聚」，亦即個體「通由外在強迫即學習、遵循某種倫理秩序、規
範而後才逐漸變爲內在的意識、觀念和情感。從而，這也可以說是由
倫理（外在的社會規範、要求、秩序、制度）而道德（內在的心理形
式、自由意志）」[16]。道德作爲人的自由意志，經過長期的「理性的
凝聚」，形成了一種「理主宰欲」的人性心理能力。「其特徵則是理
性對感性的行爲、慾望以及生存的絕對主宰和支配」[17]，使行爲自覺
或不自覺地符合規範。理性對感性的這種自覺地、有意識地主宰、支
配，構成了道德行爲的個體心理特徵。

---

[16] 李澤厚，倫理學綱要[M]，北京：人民日報出版社，2010：103-104，103，65。

[17] 同註16。

　　那麼，這種崇高的、絕對的自由意志和內在的絕對命令是從哪裡來的呢？李澤厚認為，這「自由意志」不在天理，而在人心，此「心」又非神祕的感召、先驗的理性或天賜的良知，而是透過歷史（就人類說）和教育（就個體說）所形成的文化心理積澱[18]。因此，康德所宣講的「應當」服從的「絕對命令」或「先驗原則」，不是來自於實踐理性的先驗形式，而是在特定文化傳統中，經由漫長的訓練、培育、修養才能出現的。

　　至此，我們可以對動機論道德哲學的基本主張作一點評價。中國著名教育學家陳元暉先生認為：從1880年代到19世紀的整個世紀，一個哲學家的思想對西方道德教育影響的深遠，還沒有可以超越康德的。即使在20世紀，康德的德育思想雖然遭到實證主義的挑戰，但也沒有被完全取代。原因即在於，以前的道德學家認為道德是他律的，是從道德以外的原則中引申出道德。一方面是從上帝的意志、社會的法規、先天感覺的要求產生某種強制性的道德原則，另一方面是從人對幸福、享樂、利益的意向衍生出來的道德原則。康德則認為，道德原則是自律的，它自身是獨立的、具有自身價值的，不是從道德以外的原則中引申出來的。除了一個善良意志以外，任何其他的東西都不能成為指導人的行為的道德原則[19]。因而，動機論的道德主張具有以下長處：首先，它們沒有必須估算行為結果的麻煩；其次，動機論道德哲學為人們提供了一套強硬的道德準則，便於人們遵守；再次，動機論道德哲學依靠善良意志來構造其道德體系，進而避免了落入道德本利分析法的陷阱。但是，動機論道德哲學也有其侷限。譬如，根據康德的理論，一個人的價值完全依賴於他是否能從意志中排除愛好和衝動，而僅僅依靠義務的感情來履行道德職責。這樣一個僅

18　同註16。

19　陳元暉，康德與近代西方教育思想[M]／／王炳照，陳元暉教育文集，南京：江
　　蘇教育出版社，2011：333。

僅爲義務而義務的人，不僅在現實生活中難以找到，而且是一個道德
體系曾經構造出的最爲呆板的「德性人」。

(二)動機論道德教育觀

動機論道德哲學反對把「幸福」、「功利」、「愛好」等外在標
準當作人們追求德性的目的，在其看來，所謂道德教育，就是要把純
粹道德的動因帶進人們的內心，而這種純粹道德的動機就被稱爲責任
（或義務）。

1. 責任（或義務）是道德教育的內在根據

在康德及其追隨者看來，責任是一切道德價值的源泉，在責任
面前，一切其他動機都黯然失色。那麼，這就帶來一個問題，即爲什
麼「責任」（或「義務」）在德性的培養中居於如此重要的地位？康
德曾舉例予以說明：設想有人給一個10歲小男孩講述一個正派人士
的故事。這個正派的人士被鼓動去誹謗一個無辜又沒有權勢的人，如
果沒有任何條件，這一正派人士是肯定不會同意的。他先是被人們許
以好處，比如重禮與高位等，這一正派人士拒絕了，此時，這一男孩
心中被引起贊同和稱許；然後該正派人士遭到威脅，其友情面臨中
止，繼承權面臨被剝奪，權貴對其迫害侮辱，其受到極端貧窮威脅的
家庭懇求其讓步，但該正派人士最終仍然忠於他的決心，毫不動搖，
該男孩的內心從最初的贊同上升到欽佩，進而驚奇，然後上升到極
大的崇敬，直到最後產生一種自己也能夠成爲這樣一種人的強烈願
望。從贊同到欽佩、到驚奇，再到極大的崇敬，到最後對德性主動的
強烈追求，展示出了不同程度的德性對人所具有的不同力量。康德
認爲：「德性越是純粹地表現出來，對於人心就必定越是有更多的力
量。」[20]德性之所以能夠施加這種影響，只是因爲它以純粹的義務爲
動機而不摻雜對自己福利的意圖，因此，它在苦難中才最莊嚴地表現

---

[20] 康德，實踐理性批判[M]，鄧曉芒譯，北京：人民出版社，2004：211-212。

出來。正是對法則的敬重、對自己義務的尊重，才會對目擊者的內心產生最大的力量。也就是說，人們根本不可能也不應當把偏愛作為前提，純粹德性要求出於義務而不是出於偏愛來遵守道德律。因此，它才會對內心具有最確定的、最透澈的影響，才可能成為趨向於善的最有力的唯一動機。

因此，動機論道德教育要求人們擔負起自己的責任，恪守自己的職責。「責任的誡命愈嚴厲，內在尊嚴愈崇高，主觀原則的作用也就愈少。」[21]一種行為只有出於責任，以責任為動機，才有道德價值。僅僅是其結果合乎責任，與責任的誡律相符合，而以愛好或其他什麼個人目的為動機的行為則無道德價值。

2. 道德教育應把人看作目的，而不是手段

康德曾寫道：「一個有價值的東西能被其他東西所代替，這是等價；與此相反，超越於一切價值之上，沒有等價物可代替，才是尊嚴。」[22]從「人是目的」的絕對命令出發，動機論道德哲學認為，具有內在價值的東西不必對任何人有用，它自身就是價值。也就是說，它的存在為了它自身的緣故就是值得的。人恰恰就是這麼一種具有內在價值的存在。所以，每一個人，不論其年齡、性別、種族、膚色如何，都擁有不可讓渡的和不可侵犯的基本尊嚴。每一個人以及每一個國家都有義務尊重並保護這種尊嚴。

因此，在道德教育的過程中，人們有必要使兒童懂得對自我和他人權利的尊重。為了在兒童身上確立尊重人的權利的道德品格，必須注意以下幾點：其一，要使兒童意識到，一個人要內在地具有一種特定的尊嚴，這種尊嚴使他比一切受造物都更高貴。人的義務就是不要在自己的人格內否認這種人性的尊嚴，而要在其自身的人格中保持人

---

[21] 伊曼努爾・康德，道德形而上學原理[M]，苗力田譯，上海：上海人民出版社，
  2005：44，55。

[22] 同註21。

性的尊嚴。其二，對他人義務的關鍵則在於，必須讓兒童儘早懂得敬畏和尊重人的權利，而且要特別注意讓他們將其付諸實行。可見，對於自我和他人權利的尊重，是「人是目的」的必然要求，只有這樣，道德教育才能真正成為人性生長的地方。

「人是目的」的原則還要求人們在道德教育中破除工具論的主張，把受教育者當作一個具有權利意識和人格尊嚴的人看待，而不僅僅是為了經濟或政治的目的來塑造他們。以此觀點來看，現代工具主義的教育顯然是存在缺陷的，它教導人們如何去提高自身的利益，雖然使人們獲得實現自己利益的有效技巧和能力，但是這些都不可能是人作為理性本身的目的的必然使命。它們是為人的，但卻不是人本身的，因此，最終與人的內在德性相偏離。

3. 動機論提出一套獨特的道德訓練方法

在道德教育的方法上，康德對所處時代的道德教育指出了兩點需要批評的地方，認為當時社會藉助於無病呻吟的「軟綿綿的」情感，或是藉助於野心勃勃的「吹脹了」的狂妄，而企圖對人的內心產生效果，前者即是情感式的道德教育，後者則類似於現代人們提及的榜樣教育。康德認為，人們為兒童樹立值得讚揚的模範時，原以為透過灌輸某種熱忱，兒童就會對模範的行為產生好感，但結果往往適得其反。兒童在評判與遵守哪怕是最普通的義務上尚且十分滯後，難以達到為他們樹立的高尚模範，因此，這種方法即便不是有害的，起碼也是沒有作用的。

在康德看來，一切情感猶如漲起的潮水一般，是必定要退回去的。它對人的行動的影響僅僅是一種刺激，只會造成一些暫時的衝動。情感是由某種因素的刺激所引起的一種非正常、非平靜的狀態，當人們的情感處於被激起狀態時，一般會引起反應，進而可能導致與此情感狀態相適應的行動。但是人的內心總是會自然地回復到自己的平靜狀態中，而帶給他刺激的情感的東西，最後也很少能留下什麼。而道德法則卻是始終處於一種雖然值得最高敬重、但卻不那麼令人喜

愛的狀態中，所以，人們在面臨道德法則時，只有懷著自我克制，才能費力地維持下去[23]。

正是出於上述情況，康德認為，首先，教育者要善於引導並運用理性對兒童的道德判斷力展開訓練。一方面，兒童需要經常練習認識具有全部純潔性的良好行為；另一方面，惋惜和輕蔑地去發現哪怕最小的對純潔性的偏離行為。上述做法哪怕只是被當作一種判斷力的遊戲，也會對推崇純潔性的良好行為而憎惡不純潔性的行為留下持久的印象。受教育者透過這些練習，就會為以後正直不阿的生活方式奠定一個良好的基礎。其次，兒童還需要開展下述道德判斷的訓練，即區分道德正確的行為與具有道德價值的行為。一項行為合「法」（法則）並不能說它就是道德的，它是「合道德」的，具有道德的正確性，但是還不能說該行為就是道德的；只有該行為是在道德法則命令下，而且是為了道德律而發生的，該行動才具有道德價值。

康德認為，透過這兩種練習，就會激發兒童產生對於道德行為的純粹動機，並產生一種對義務法則的敬重。這種敬重一旦建立起來，任何善良的道德意向都能夠嫁接到這種敬重上來。同時，敬重是防止任何腐敗衝動入侵最好的、甚至是唯一的守衛者。從康德的論述中，我們可以看出，動機論注重在道德教育的過程中培育人純粹的道德品格，這種品格的養成顯然是不易的，但是一旦養成，它就會成為一種長久的且隨時都能激起人們敬仰的德性品質。

三、儒家道德哲學：「禮」的教化功能

不論是功利主義的「能帶給最大多數人最大利益」的道德結果，還是康德式的普遍立法的道德動機，它們都屬於規範倫理學的範疇，即試圖透過確立一套倫理規範系統來協調人們的行動。然而，近年來，德性倫理學的復興則提供給人們一種完全不同的道德圖景：這

[23] 康德，實踐理性批判[M]，鄧曉芒譯，北京：人民出版社，2004：213-214。

種理論本質上不同於我們前面的所有討論，因爲它所關注的是人們自身所具有的善良或有德性的品質，而不是人們的行爲、行爲結果、感覺或規則。換句話說，倫理規範是不重要的，除非這些東西源自善人或德性人，或者促使人成爲善人或德性人。

(一)德性倫理學的復興

要想對德性倫理學復興的背景展開說明，我們必須注意到，對於倫理規範的研究儘管一直占據著主流位置，但是其自身的理論建構卻存在著多重困境。我們透過一個例證展開說明：假設一個規範系統由多個規範（a、b、c、……、n）所構成，我們準備把它應用於人類行爲領域，很顯然會有以下困境：

1. 假如規範a、b、c、……、n是普遍有效的，即具有全稱約束力的（比如說「不許撒謊」意味著「在任何條件下，對任何人，都不許撒謊」）；並且，假如a、b、c、……、n是充分有效的，即它們足夠應付全部可能出現的行爲問題，那麼，在規範a、b、c、……、n之間必定存在著不相容的情況。例如，撒謊是可能的，但人們不欣賞撒謊，於是有規範「不許撒謊」；幫助人是可能的，而且爲人們所讚許，於是有規範「應該助人」。此時，規範實際上是在造成人爲的矛盾。就像對於某個有心理障礙的人，只有對他撒謊才能使他避免做非常嚴重的蠢事，於是爲了幫助他就不得不撒謊，但是欺騙他又只能使他的神經病永遠治不好。因此，爲了消除規範系統內部的不相容性，就必須對規範系統作出修正。

2. 假如把規範的全稱約束力減弱爲部分約束力，使得規範a、b、c、……、n只意味著「在某些條件下，對某些人有效」，那麼，規範系統的相容性和充分性都不成問題。但是，這一系統卻又不得不捲入另一種困難，即解釋的困難。於是，我們必須引入規範a_1、b_1、c_1、……、n_1來解釋在什麼樣的條件對什麼人來說a、b、c、……、n

才是有效的。這樣解釋的困難首先表現爲它有著無窮倒退的危險：一個解釋又需要被解釋，以至無窮。無窮倒退就等於承認所有解釋都是不可靠的。爲了阻止無窮倒退，人們寧願把一些規範當成無條件的絕對原則。那些看上去好像不證自明的金科玉律，其實和無窮倒退的解釋同樣不可靠，同樣是任意選擇的假定[24]。上述例證表明，每一個倫理規範系統自身都不可能是一個完善的系統，於是我們必須在一個超越規範的層次上去思考倫理學問題，這便構成了當代德性倫理學復興的背景。

譬如，在倫理學分析單位上，中國哲學一直傾向於整體論的思維，傾向於以「整個人」作爲分析對象，而不是以個別行爲作爲分析對象——儘管古人並沒有直接說明這一原則。中國哲學在分析倫理學問題時，不會把「如此這般的一個行爲是不是合乎規範」當作關鍵的問題，而是更關心「什麼樣的人才是道德的人」。即使孔子這樣要求嚴格的人，即使他會對嚴重違背規範（禮）的行爲感到「不可忍」，但他仍然更關心規範背後的價值實質，比如「仁」（「人而不仁，如禮何」《論語‧八佾》）。中國哲學的這個分析模式顯然是更深刻的，「做人」才是根本問題，如果一個人做了有德性的人，他的行爲便往往是道德的，即使有時違背規範，也一定是有著更重要的道德理由或者遇到「倫理兩難」的情況；而如果一個行爲遵循了規範，並不能證明是道德的，因爲他完全可能是策略性的選擇[25]。因此，德性倫理學認爲，倫理研究應注重對人內在道德品質的培養。漢字「德」接近於英文中的「virtue」，指的是「卓越、優點、美德」，意指一個人實現了自己在盡其所能、盡其所有的意義上所能實現的做人目標。就此而論，爲了過著道德完滿的生活，人需要自我改造，而透過實現自我修養的途徑，則可以培養和發展出「德」。

---

[24] 趙汀陽，論可能生活[M]，北京：中國人民大學出版社，2010：36。

[25] 趙汀陽，論可能生活[M]，北京：中國人民大學出版社，2010：45。

　　中國傳統的儒家倫理觀即是一種德性倫理觀。儒家一致認爲，美德要透過道德自我修養來發展，直至美德成爲習慣和人的品格。這一修養過程不僅是成爲好人的過程，實際上也是成爲全人的過程。這種道德理想體現在「君子」身上，而其養成需要遵循「禮」的教化。事實上，「禮」的教化功能成爲我們今天討論道德教育的一筆寶貴財富。

　　當然，在展開對儒家道德哲學的論述前，我們需要明確兩點：一是儒家道德哲學基本上圍繞著「怎麼做人」，也就是爲人之道來展開的，這是中國傳統道德教育有別於西方傳統的一個顯著特徵。二是儒家特別看重「禮」的教化作用。因此，儒學所倡導的「仁」和「禮」，以及由此衍生的「義、智、信」等道德範疇，既是儒家的道德哲學，也是「禮化」教育的內容本身。從歷史傳承來看，儒和禮──一個學派以及由這個學派所形成的文化能夠代代相傳，並且深刻地累積在人們的文化心理之中，影響中國人兩千多年，這在世界學術史上乃至人類發展史上是不多見的。因此，立足於中國傳統教育的精神與氣質，闡明中國本土性的道德教育哲學，是非常必要的。

(二)「儒」與「禮」：基本主張

　　從歷史傳統來看，儒學與教育密不可分。儒家認爲，禮就是教育所應傳授的全部知識。因此，中國古代的教育內容基本上都是與「禮」相符的道德規範，有學問的人一定是知禮的人。儒者「把禮從行禮如儀……作爲教學的中心，從教育的內容和方法，都貫串著禮的精神。對學生的思想教育和行爲規範的訓練，都要透過禮來達到教育的目的。在儒家的教育言論中，處處談到禮，一舉一動和一言一行，都要合於禮」[26]，因爲禮是「定親疏，決嫌疑，別同異，明是非」的大事，任何事情都不能與它脫節，以至於「人有禮則安，無禮則危，

[26] 陳元暉，中國教育學史遺稿[M]，北京：北京師範大學出版社，2001：77–78。

故曰，禮者不可以不學」（《禮記·曲禮上》）。孟子認爲，教育和學習的根本目的就是求「仁、義」，使人產生「愛人」、「敬人」的利他行爲，學問之道就是知禮。荀子認爲，人雖然天生並無禮義之心，但可以透過學習和思考來獲得。儒家正是透過「教學相長」的教育過程使人「明禮、習禮、執禮」，從而「立於禮」，成爲能夠「知書達理」的謙謙君子。

因此，合乎「禮」是有教養的中國人的重要標誌和要素，以「禮」爲核心的儒學，承載著解讀中國文化和教育傳統的遺傳密碼。儘管「儒」和「禮」的內容和形式都將隨著時代的發展變化不斷地被改造、被揚棄，但是作爲一項寶貴的人類文化遺產和教育傳統，儒學中的教育思想、方法、途徑，仍可爲現代教育如何透過人性涵養和情感觀照解決道德難題，提供可能的路徑和借鑑。

(三)「禮」的教化功能

教化功能是中國傳統教育的要義。自古以來，中國歷史上凡有見識的政治家、教育家都十分重視教化的作用，把教化當作正風俗、治國家的重要國策。先秦儒家尤爲重視「禮」的教化作用，認爲它主要體現在兩個方面：一是形成良好的社會風尚，使社會安定和諧，人民互愛互敬，懂得敬讓之道；二是禮能夠禁斷禍亂的發生，就像用堤防阻止洪水的到來一樣。只是教化對於禁止邪惡的作用是隱性的，不易察覺，它能讓人們在不知不覺中日趨善良，遠離罪惡，形成敦厚的習（風）俗。正因如此，中國古代儒家一方面透過將「禮」轉換爲合乎標準的日常倫理規範和行爲實踐，另一方面透過開創建設配套的教育制度和設施來實現教化目的。其具體方式體現在以下兩方面。

1. 「教」使人「明禮」，認識禮的重要意義（為何禮）及實質（何為禮）

從禮的起源看，關於中國「禮源於俗」的歷史學考察[27]，顯示了至周公時禮的制度化進程。作為典章制度的禮是以敬鬼神、拜祖先和祭天地為旨的。這種禮制記載於《周禮》中，而《禮記》中關於祭禮以及禮的意義的篇章也多次論述了這一點[28]。帶有政治性、社會性和教育性的「禮」，則是以孔子為始的先秦儒者對制度化的「禮」進行情感化和社會化的結果，偏向重視由等級差異而成的人倫秩序，重視人與人之間的關係。至此，禮的適用範圍和影響都被擴大了。面對涵義和影響如此寬泛的「禮」，若想明白它、理解它、把握它，就必須透過教育。

2. 「教」使人「習禮、執禮」，領會「禮如何」（禮的標準），並掌握「如何禮」（符合禮的行為）

儒家認為「禮」的標準就是要做到不諂媚，不胡說，不逾矩，不輕慢，不戲弄，要修養身心，實踐諾言[29]，謙虛而尊重他人。同時，也對各式各樣的禮儀、禮制、禮節的標準作出了十分詳細的規定，包括人在日常生活中為親子、為師生、為主客、為君臣、為夫妻時，均要遵守不同的禮節和守則；行士冠禮、婚禮、鄉飲酒禮、射禮、宴飲禮、聘禮、喪服禮時，要明白它們的重大意義並執行相應的具體禮

---

[27] 李澤厚，歷史本體論・己卯五説：説巫史傳統[M]，北京：生活・讀書・新知三聯書店，2003。

[28] 《禮記・禮運》：「是故夫禮，比本于太一」；《禮記・禮器》：「禮也者，反本脩古，不忘其初者也」；《禮記・祭義》：「文王之祭也，事死者如事生」；《禮記・祭統》：「禮有五經，莫重于祭」；《禮記・樂記》：「禮者，天地之序也」，又言：「樂也者，施也。禮也者，報也。樂，樂其所自生，而禮反其所自始。樂章德，禮報情反始也。」

[29] 《禮記・曲禮上》：「禮不妄説人，不辭費。禮不逾節，不侵侮，不好狎。脩身踐言，謂之善行。」

儀；在治理國家、祭祀時，要掌握各項規章制度並採用相應的禮儀用
具；在社交、家居時，要穿戴不同的服飾並採取相應的舉止；還包括
對奔喪、投擲活動等某項具體禮節標準的詳細規定。

　　值得注意的是，在訓練學生「如何禮」時，儒家不僅透過闡釋典
籍向學生表明怎樣的行為才可謂「執禮」，而且重視透過對話和舉證
的教育手段促使他們在自身實踐中體會「禮」的精神，自覺形成合乎
「禮」的日常行為。以「孝」為例，儒家認為判斷孝的標準即是判斷
兒女是否已盡「為人子之禮」。《禮記》認為孝子要做到晨昏定省，
使父母冷暖適宜，不讓他們為子女爭執而操心[30]。孔子認為，孝順除
了要在父母健在時尊敬他們、令其愉悅，在他們生病時心懷憂慮、盡
心侍奉，在他們過世時極盡哀痛、依禮殮葬，在祭祀他們時心有懷
念、莊嚴祭奠之外，還要有發自內心的真情實感。因此，「禮」的形
式不是一切，內心的情感也是判斷一個人是否孝的重要標準。在教育
學生要時時處處依禮為人、依禮行事的同時，孔子還特別強調不可不
加反思地「行禮」，學習如此，做人也是如此，要時時省察自己、反
躬自問。

　　從上述論述可以看出，先秦儒家重視透過教育塑造「立於禮」的
人，使「禮」能夠以教育為載體發揮「化民成俗」、「謙讓利他」的
作用，形成「正君臣、篤父子、睦兄弟、齊天下、夫妻各得其所」[31]
的人倫秩序。在這個維度上，我們可以認為「禮」的形成與完善的過
程就是教育（教化）的過程。

---

[30] 《禮記・曲禮上》：「凡為人子之禮，冬溫而夏清，昏定而晨省，在醜夷不
　　爭。」
[31] 《禮記・禮運》：「……以正君臣，以篤父子，以睦兄弟，以齊上下，夫婦有
　　所。是謂承天之祜。」

(四)儒家教化傳統的當代分析

在對儒學的教化傳統進行當代分析時，我們需要注意，儘管由儒家開創的教化傳統曾經主宰了中國兩千多年的思想與文化，然而自近代以來，這一傳統卻隨著西學東漸和中國社會現代化步伐的加快而日益式微。時至今日，有人主張恢復古典傳統，有人大力呼籲全盤西化、拒斥傳統。如何調適儒學傳統與中國教育現代化的相互角色呢？李澤厚先生給出了一些解答問題的啓示。

在李澤厚看來，儒學傳統自身的複雜性表現在，它在長時間的歷史積澱過程中形成了表層、深層相互制約的雙層結構。就儒學的表層結構而言，它可指孔門學說和自秦漢以來的儒家政教體系、典章制度、倫理綱常、生活秩序、意識型態等，表現爲社會文化現象，基本上是一種理性型態的價值結構或知識—權力系統。所謂深層結構，則是「百姓日用而不知」的生活態度、思想定勢、情感取向；它們並不是純理性的，而是一種包含著情緒、慾望，卻與理性交繞糾纏的複合物，基本上是以情—理爲主幹的感性型態的個體心理結構[32]。因此，儘管儒學表層結構已隨時間的推移或消逝或動搖，但積澱在中國人深層結構上的文化—心理結構卻頑強地保存下來，甚至成爲漢民族的一種無意識的集體原型現象，構成了一種民族性的文化—心理結構。

基於上述儒學雙層結構的發現，李澤厚的解決方案是：應當堅持「轉換性創造」原則，在處理「傳統」與「現代」的問題上，要注重傳統宗教性道德與現代社會性道德的二分，把儒學深層結構納入「宗教性道德」之中，不使其侵蝕、泛濫社會性道德（理性精神、契約原則、民主法制等）的積澱，透過教育來逐漸既保存又改換傳統的「情—理」深層結構。那麼，何謂宗教性道德？李澤厚說：「康德和一切宗教，也包括中國的儒家傳統，都完全相信並竭力論證存在著

一種人類（當然更包括個體）所必須服從的道德律令或倫理規則。如
『人是目的』、『三綱五常』，便經常被稱爲『神意』、『天道』、
『眞理』或『歷史必然性』，即以絕對形式出現，要求『放之四海而
皆準，歷時古今而不變』，而爲億萬人群所遵守和履行。這就是『宗
教性道德』。」而「所謂『現代社會性道德』，主要是指在現代社會
的人際關係和人群交往中，個人在行爲活動中所應遵循的自覺原則和
標準」[33]。

　　顯然，隨著中國現代性社會的轉型，儒學已經喪失了傳統社會中
那種宗教性的政治意識型態的功能，而轉變爲一種能夠給予個人絕對
倫理價值的宗教性道德資源。在這個系統中，儒家倫理仍然可以保持
自身具備的道德崇高性，但是已經不會再受到公共權力的直接引導，
因此能夠保持道德本身的獨立性和崇高性。唯有如此，儒學的一些理
念才不至於因爲公私不分而導致混淆與異化，而是基於不同的領域發
揮各自的作用。具體而言，儒學深層結構中可以繼承發揚的，是那種
爲國爲民、積極入世的情理結構，但只能把它納入「宗教性道德」
（私德）之中，以引領個體的行爲活動，而必須與共同遵循的「社會
性道德」（公德）相區別。後者是以現代理性精神、契約原則爲基礎
的。這就是說，要注意區分理性與情感、公共道德與個人修養，雖照
顧情理交融的傳統，但絕不使其淹沒一切，泛濫無歸。與此同時，讓
現代生活的理性體系和價值規範作爲風俗習慣在日常生活中逐漸沉
積，以改變原有積澱，爲轉換性地創造新時代的深層結構而努力。這
就是李澤厚所主張的「自由主義」：以宣傳現代觀念爲根本，以建立
未來的人性爲目的，透過教育來逐漸既保存又改換傳統的情理深層結
構。

[33] 李澤厚，倫理學綱要[M]，北京：人民日報出版社，2010：22。

第三節　當代道德教育問題的哲學審視

一、教育政策分析的制度倫理視角

在分析教育政策時，我們通常會考察這項政策解決的是什麼樣的問題，為什麼是此問題而非彼問題，為什麼是這種安排而非其他安排。上述設問中就貫串著價值觀的判斷。這表明，教育政策的公布實行，內在地關聯著倫理價值問題。因此，一些學者認為，在所有的政策倫理分析中，制度倫理的視角應當占有話語優先權，這是因為人們往往會忽視這一至關重要的問題。那麼，究竟什麼是制度倫理呢？通常而言，制度倫理的內涵有兩個方面：(1)對制度的道德評價與約束，即關於任何一項制度本身是否合乎公正、正義的倫理原則問題；(2)關於道德規範本身的制度化建設問題，也就是如何將抽象的道德情感和現存的各種具體制度相結合，使其物化成為普遍的、強制地約束人們行為的現實制度力量。從中我們可以清楚地看出，制度倫理研究的不是新問題，而是長時間以來被我們忽略的一些重要的、根本性的問題。

從這一視角出發，我們可以看到，在教育領域中，教育制度時常以一種慣性的力量逃離倫理的考量，甚至變為一種異質力量扭曲制度的價值取向（譬如，重點學校政策與擇校問題的產生）。一些教育制度從設計初始起，就是作為不被理性裁量的、客觀中立的、不成問題的，它們因具有權威力量而存在。這種理解被一些制度主義學者認為是「不說話的教育制度」。所謂「不說話的教育制度」，就是指從根本上制約著並潛移默化地影響著教育過程的教育制度。在這種教育制度的氛圍裡，一項看似促進社會公平的制度架構，其實卻隱含著、維護著、甚至強化著社會的不平等。教育的公益受到擠壓，制度倫理被遮蔽。所以，對教育政策進行制度倫理分析的使命，就是使制度倫理

公正重新回復到教育制度本身[34]。

二、多元主義對道德教育的挑戰

我們正處在一個價值日益多元化的時代。多元價值時代意味著對不同道德標準的尊重，或者說不再崇尚由一個宏大的價值體系統一多數個體的生活，而是認為不同的個體和小群體都可以按照自己認定的善的形式選擇道德生活。這是相信個體或小群體都有自主決斷善惡的能力，因而肯定了其自主進行道德決斷的權利。在多元主義的影響下，一些學者提倡廣泛的平等理念，認為每種標準都具有同樣的正當性，因而具有同樣被尊重的理由。因為缺少了群體間和個體間價值上的公度性，人們便失去了在道德上評價其他群體和個體的正當性和理由，甚至把道德評價看作一種侵害他人道德生活的惡。由此，人的道德行為也就失去了由一元價值體系帶來的發生的動力。

1960年代以來，作為對多元價值觀念的回應，現代學校道德教育在策略上出現了多種調整。在西方，出現了迴避提倡某種價值觀念的主張，而只是側重於培養道德教育的思維與判斷能力，如：道德認知發展階段理論、價值澄清理論（values clarification）[35]，以及以理性為本的主張等。另外，還有一些主張要求，作為公共教育機構的學校應保持中立的道德立場，即學校教育應去道德化。即使是堅持對某些價值觀念進行引導的教育流派，也放棄了灌輸與強制的做法，轉而採用對話和生活化的方式，強調營造教育氛圍，讓學生在體驗中自主地生成某種價值觀念，以自主生成消解道德主體被安排、被要求和被

---

[34] 張燁，教育政策分析的制度倫理視角[J]，清華大學教育研究，2005(1)：34-39。

[35] 價值澄清理論的代表人物主要是紐約大學教育學院教授路易士·拉斯（Louis Raths）等。該理論認為，價值澄清法的主要任務不是認同和傳授「正確的」價值觀，而在於幫助學生澄清其自身的價值觀。

迫接受某些價值觀念的道德命運。在國內，雖然對於道德教育放棄固定的價值引導並沒有太多的回應，但道德教育中反對灌輸的聲音卻十分高漲。一些學者強調道德引導要從學生的生活中出發，回歸對學生實際成長問題的指導，這在一定程度上削弱了一元論的道德權威。在道德教育方式上，強調學生自己的體驗，強調學生自主得出結論的做法，也明顯表現出多元價值觀念對強制灌輸的排斥傾向。

　　然而，多元價值時代真的就意味著道德教育要削弱自己的權威，轉而迎合人們的各種不同需求嗎？應當如何看待道德教育在多元時代的實施策略呢？一種可行的辦法也許是：在瞭解各種價值觀念的基礎上，寬容與尊重不同的價值觀念，追求各種價值的和平共處。如果說教育要保持底線倫理的教化，那麼，寬容、理解、尊重、共處就是多元時代道德教育的底線。道德教育要以與多元時代底線倫理相一致的方式展開自身，並以此養成學生的底線倫理。在此基礎上，以促成道德決斷主體為己任，為學生自主建構自己的道德價值提供自由的空間[36]。

三、課程設計中的道德邏輯

　　課程是學生在學校生活中經常接觸到的一種德育資源。從哲學批判的角度而言，這就要求我們去思考一個問題：隱藏在課程設計中的道德邏輯是什麼？這一問題並非無關緊要，相反的，在目前的課程設計中，課程的開發者往往會忽視這一問題。由此導致了兩方面的問題：一是隱藏在課程設計中的道德邏輯難以辨認，大多數教師甚至無法清晰地得出他們需要傳遞給學生什麼樣的價值觀念；二是不同的教材往往傳遞給學生不同的道德行動邏輯，甚至在同一版本的同一課設計中，前後也可能存在著不同的道德邏輯。這顯然不利於德育的正常

---

[36] 孫彩平，多元價值對道德教育正當性的挑戰與要求[J]，教育科學研究，2007(4)：10-12。

開展。我們發現，在教材設計中通常存在著以下三種道德邏輯：功利主義、自然主義與義務論的道德邏輯。以下試分述之。

(一)功利主義的道德邏輯

功利主義的道德邏輯經常把事物或者事件的正當性建立在對結果的分析上，有利的結果是判斷行為正當性的基本依據。這樣的道德邏輯在現行的教材中非常普遍，所涉及的主題包括愛護環境、保護動植物、珍惜資源、尊重各行各業勞動者、關愛處境不利的人群等。譬如，在與勞動者相關的文章中，傳遞給學生的道德教育被演繹成如下的邏輯：農民伯伯為我們種植了糧食，工人叔叔為我們製造了使用的器具，文藝工作者為我們帶來了歡樂，我們的生活離不開他們的辛勤勞動（不是因為他們和我們一樣都是人，不是因為理解了他們勞動的辛苦），所以，我們要尊重他們，愛惜他們的勞動成果。這樣的道德邏輯也廣泛存在於誠實守信、遵守規則、與人分享等主題的教材設計中。顯然，上述課程設計中滲透著一種功利主義的道德邏輯：我們要尊重別人，或珍愛某個東西（動物、植物、水、食物、公共財物、紙、電等）的理由，是它們對我們有用，我們的生活離不開它們。

(二)自然主義的道德邏輯

自然主義的道德邏輯強調人類的道德準則來源於自然。人類不必為自己立法，更不能夠為自然立法，人類所應該遵循的道德法則就蘊藏在自然之中，人是自然萬物的一員，因而應該遵循自然萬物都需遵循的自然法則。譬如，在保護環境的課程設計中，教材引導學生透過各種途徑瞭解自己喜歡的動植物，並告訴學生，自然萬物，如人一樣，是有生命的，是生命現象的一部分，因而人類應該善待它們、珍惜它們。所以，依據這種道德邏輯，人如果想知道自己應該如何行為，如何做事、做人，都應該向自然萬物學習，從自然中理解社會運

行之理。

(三)義務論的道德邏輯

除了前面兩種道德邏輯外，我們還可以在教材中發現義務論的道德邏輯：我們愛和尊敬別人，不是因爲他們能夠爲我們提供幫助或者這樣做對我們有好處，而是因爲別人與我們一樣都是人，都希望得到他人的尊敬與愛；我們不傷害別人的原因是每個人如我們自己一樣，都不希望受到傷害。一些課程甚至明確提出了處理人與人關係中的黃金法則——「己所不欲，勿施於人」，並設計了一些表格引導學生練習這種由己及人的思維方式。

從上述分析我們可以看出，在現行與德性成長密切相關的教材設計中，道德觀與道德邏輯在不同教材間有著很大的差別。那麼，教師究竟應該如何處理上述不同的道德邏輯呢？從哲學批判的角度，我們提出下述問題供教育工作者思考：

1. 我們應該教給兒童什麼樣的道德思維？我們生活在一個多元文化的時代，一個多元文化的國度，那麼，在孩子的德性養成中，我們應該教給他們什麼樣的道德思維呢？是某一種，還是多種？是由一種思維主導，還是告訴他可以有多種思維？

2. 教材中某一主題的道德邏輯，是否是合適的道德邏輯？什麼樣的道德邏輯適合這一主題？

3. 當不同的道德思維在教材中相互摻雜，或者當孩子學到了多種道德思維時，是否會導致他進行道德選擇時的困惑呢？多元道德思維在什麼程度上有利於文化團結的形成呢？[37]

---

[37] 孫彩平，品德與生活（社會）教材中的道德理性與教學設計[J]，中小學德育，2012(2)：8-11。

專欄9-3
道德教育中是否存在著性別差異？

　　道德發展上是否存在著性別差異？強調這種差異的意義何在？這是性別分析視角帶給道德教育領域爭論的新問題。現在，讓我們來思考以下這個帶有性別分析視角的問題：女性在道德體驗中具備何種不同於男性的特殊差異？心理學家卡羅爾・吉利根（Carol Gilligan, 1936-）於1982年出版的著作《不同的聲音：心理學與女性發展》，為解答這一問題邁出了重要的一步。吉利根的方式之一是運用心理學家勞倫斯・柯爾伯格（Lawrence Kohlberg, 1927-1987）設計的一系列問題對兒童進行訪談。1960年代，柯爾伯格進行這些實驗時，認為女孩不像男孩那樣具有清晰的正義感，也不具備像男孩那樣的推理能力，無法推導出道德結論。

　　在吉利根看來，這是因為當面臨道德問題時，男女兩性的思維方式完全不同。柯爾伯格雖然也認同男女兩性在道德思維上存在差異，但他斷定，這些差異表明女性的道德推理不及男性。然而，吉利根對上述差異作出了不同的解釋。在她看來，女性的道德觀不同於男性，但兩種不同道德觀的關係是平等的。兩者的差異在於，男性的道德觀關注公正、權利、競爭、獨立性和守規則，女性的道德觀則更關注慷慨、和諧、順從和努力維持密切關係。

　　他們兩人的爭論是從柯爾伯格早年設計的一些「道德兩難問題」進一步展開的。柯爾伯格早年在實驗研究時提出了一個道德困境：妻子患有重病，而丈夫買不起為她治病所需之藥。於是，柯爾伯格問兩名11歲的兒童（其中一個是男孩，另一個是女孩）：丈夫是否應該偷藥？男孩說應該，因為妻子的生命比不偷盜的規則更重要；女孩則說不應該，這是因為如果丈夫被捕送進監獄，誰來照顧他的病妻呢？還有，他或許可以請求藥商先給他藥，以後再付款。

在柯爾伯格看來，男孩對道德規則的理解是清楚的，因為妻子的生命權利總會壓倒不偷盜的規則，也就是說，這裡完全是有關權利和公正的問題；而女孩對道德規則的理解是不可靠的。

然而，吉利根卻無法認同柯爾伯格的「男性中心主義」的解釋，進一步重複了柯爾伯格的實驗，並對實驗所呈現出的差異重新加以解釋。在她看來，這兩個小孩回答的是不同的問題——男孩回答的是：「丈夫應不應該偷藥？」而女孩回答的是：「男人應該偷藥，還是作出別的努力？」女孩不太關心權利和公正，她關心丈夫及其妻子會出什麼事，也考慮到了藥商的仁慈。換句話說，她是從關懷的角度來思考問題。吉利根認為，這是因為男女兩性在道德思維上存在差異，這些差異進一步表現在對原則性和情境性的不同理解上。面對上面所說的兩難問題，男性多傾向於將其歸結為生命與財產衝突的道德命題，然後根據「生命重於財產」的普遍原則尋求答案。因此，男性的道德思維方式總體上表現出一種邏輯運算的特點。與男性不同，女性在面對相同的問題時，更傾向於重新詢問情境的意義，比如案例中丈夫的人際關係如何？有無可能向銀行貸款？也就是說，女性不傾向於遵循普遍的原則來解決問題，而是要從具體情境出發來尋找答案。對女性的這一道德思維特點，諾丁斯有完整的概括：女性在進行道德推理時，的確以一種不同於男性的聲音說話。她們圍繞自身和所愛的人發表觀點，她們強調人際關係。她們的話語來自具體情境，也指向具體情境。她們的推理與自身所處的環境息息相關。

吉利根透過訪談還發現，兩性道德思維方式還有被動與主動的差別。吉利根的研究發現，男性基於個體性思維，在責任問題上多傾向於「不干涉原則」，將責任看作對行為的限制：每個人都做好自己分內的事情，別人不要干涉我、傷害我，我也不干涉別人、傷害別人。而對女性來說，責任不是一種行動的限制，而是一種行動的反應，即體察他人的需要，用自己的行動滿足其需要。男性的被

動思維方式導向對人的尊重,女性的主動思維方式則導向對人的關懷。

　　從性別分析的視角出發,女性主義看到對傳統道德教育進行女性探討的意義,如內爾・諾丁斯就指出,女性與柯爾伯格模式的不相吻合是對傳統「證明／判斷」方式道德哲學的抗衡,而不是婦女作為道德行為者本身的缺陷。在倫理學領域,由於人們長期以來一直僅僅注重對道德判斷的研究已經導致道德討論的嚴重失衡,如果人們透過考慮事態的具體情況來探討道德問題,把自己看成關懷方的話,那麼,或許就會用另一種方式來進行道德研究。因此,學校教育應該將學會關心作為教育的根本目的之一。正如諾丁斯所言,我們應該教育所有孩子不僅要學會競爭,更要學會關心。教育的目的應該是鼓勵有能力、關心他人、懂得愛人、也值得別人愛的人的健康成長。

　　但是也有一些人認為,吉利根攻擊的是一個稻草人。如一些學者認為,在自己研究的範圍內沒有發現男女道德思考上的差異,並且強調性別是一種由種族、階級、文化、宗教派別以及意識型態共同塑造的結構,並非女性主義倫理學所宣稱的那樣是一種男女道德思維方式的天然差異。此外,關懷倫理學理論本身也面臨著各種爭論,西方學者在爭論中普遍涉及的難題是公正與關懷的關係問題。公正與關懷是否可以和諧並存?這一問題正考驗著每一個從性別分析視角看待道德哲學的學者。

資料來源:內爾・諾丁斯,學會關心:教育的另一種模式[M],于天龍譯,北京:教育科學出版社,2003:30-31;高德勝,女性主義倫理學視野下道德教育的性別和諧[J],教育研究,2006(11):58-63。

主要結論與啟示

1. 道德哲學領域主要存在兩種分析道德問題的哲學方法。規範倫理學的方法處理倫理規範或道德標準的問題；分析倫理學的目的則不在於建立道德體系或給出道德建議，而是側重於對道德語言或道德體系的邏輯論證展開分析。

2. 道德哲學中主要存在兩種理論的劃分：結果論（道德判斷以行為結果的好壞為基礎）與動機論（不以行為結果為基礎或不關心結果）。

3. 功利主義具有以下三個特點：(1)快樂主義特徵：趨樂避苦是人類的本性，追求快樂、幸福是人生的目的所在。(2)最大化原則：主張幸福所能惠及的群體最大化，功利原則的實質是「最大多數人的最大幸福」。(3)結果論：把行為是否正確的判斷標準建立在結果論的基礎上，即看該行為能否增進當事者的幸福。根據上述原則，功利主義在普及義務教育、提倡個性自由、實現男女平等受教權、發展科學教育等方面都作出了重要主張。

4. 動機論的道德主張認為，判斷行為或人道德不道德時，不考慮、實際上也不應當考慮結果。判斷行為，只要看行為正不正確；判斷人，只要看人善不善良，其基礎是另外某個或某些道德標準。動機論道德哲學反對把「幸福」、「功利」、「愛好」等外在標準當作人們追求德性的目的。在其看來，所謂道德教育，就是要把純粹道德的動因帶進人們的內心，而這種純粹道德的動機就被稱作責任（或義務）。

5. 儒家道德哲學具有以下兩個特徵：一是儒家道德哲學基本上圍繞著「怎麼做人」，也就是為人之道而展開的；二是儒家特別看重「禮」的教化作用。

6. 教育政策的公布實行，內在地關聯著倫理價值問題，這就需要人們運用制度倫理的視角審視教育政策；同時，課程設計中隱藏的道德

邏輯也是道德教育需要著重關注的問題。

學習評價

1. 對於休謨提出的「是與應當」的問題，你是怎樣理解的？請說明理由。

2. 分析你所作的一些決定和決定背後的動機，並判定你受自身利益激勵的程度。你曾經有過純粹利他的行為嗎？分析你這樣做的動機是什麼。

3. 請運用功利主義的基本主張，説明為什麼普及義務教育是必要的。

4. 在作道德決定時，動機論認為世界上存在一些絕不應當違反的道德絕對（例如「人不應當偷竊」），你在多大程度上同意或不同意這種觀點？你認為義務對道德而言應該具有怎樣的重要性？請說明理由。

5. 儒家為什麼重視「禮」的教化功能？自近代以來，儒家傳統隨著西學東漸和中國社會現代化步伐的加快而日益式微。時至今日，有人主張恢復古典傳統，有人大力呼籲全盤西化、拒斥傳統。你認為應當如何調適儒學傳統與中國教育現代化的相互角色呢？

6. 請運用你所學的知識，説明這篇文章試圖向學生傳遞什麼樣的道德邏輯。這樣的道德邏輯是合理的嗎？

   在「品德與生活」課程設計中，有一篇文章名為〈花草樹木點頭笑〉。文章由以下幾部分組成：第一部分是情景劇設計，名為「森林舞會」，意在透過讓學生扮演不同的植物，介紹各種植物的特點。如柳樹：我是柳樹。我的枝條又細又長，人們常把我們種在河邊、路旁。風兒吹過，我們搖啊搖，可美啦！第二部分，直接進入植物的功能，標題是「花草樹木本領大」，重點是引導學生瞭解植物對人類的功能，如食用、藥用、美化環境等。第三部分，在瞭解植物特點以及對人類的功能、作用的基礎上，進入愛護植物、保護

植物的話題，名稱為「我是綠色小衛士」，講的是「我們能為植物做什麼？」。

學術動態

20世紀以來，道德觀念每天都發生著巨大的變化。有些在昨日的儒家倫理中被視為應該受到譴責的行為，在今日看來卻不以為然，很多甚至受到大家廣泛的接受。儘管一些觀察者悲歎人類在道德態度方面的改變，例如性道德的變化，但還是有許多人歡迎這些改變。但絕大多數的我們都明白一個道理，那就是不管你喜歡還是不喜歡，道德觀念和習俗的變化還在繼續。

與此同時，道德習慣和道德哲學的改變也已經影響了道德教育的變化。其中，康德的倫理學和基於康德哲學的自由主義正遭到來自兩方面的挑戰：一個重要的挑戰來自美德倫理的復興；另一個來自男女平等主義倫理的關注，兩者都對當代道德教育產生影響。美德倫理學的復興始於麥金泰爾的《德性之後》。在這部著作中，麥金泰爾認為西方社會正在經歷一場深刻的道德危機：在道德理論與實踐中，當「規則」取代「德性」成為道德的基礎時，我們在社會生活中所使用的道德語言只是一個破碎了的「道德傳統」所遺留下來的殘章斷片。麥金泰爾認為，要擺脫這個危機，就要向亞里斯多德的傳統回歸。值得注意的是，在中國大陸，趙汀陽在《論可能生活》一書中也深刻地批評了西方的規範倫理學，並提出要回歸儒家德性倫理的目的論維度。畢竟就儒家倫理而言，它的主要內容也是關於「何為美德」的一些德目表，這是否意味著當今的道德教育應回歸傳統的美德倫理呢？這一問題引發了人們對道德教育的爭論。除此之外，女性主義倫理學作為一種思潮也正在興起。在女性主義看來，男女兩性的思維方式完全不同。兩者的差異在於，男性道德觀關係到公正、權利、競爭、獨立性和守規則，女性道德觀則關係到慷慨、和諧、順從和努力維持密

切關係。由於人們長期以來一直僅僅注重對道德判斷的研究，已經導致道德教育的嚴重失衡，因此應當在學校中開展關懷式的而非競爭式的道德教育。這一主張也正挑戰著學校道德教育的現行秩序。

參考文獻

內爾·諾丁斯，學會關心：教育的另一種模式[M]，于天龍譯，北京：教育科學出版社，2003。

以賽亞·伯林，自由論[M]，胡傳勝譯，南京：譯林出版社，2003。

伊曼努爾·康德，道德形而上學原理[M]，苗力田譯，上海：上海人民出版社，2005。

李澤厚，回應桑德爾及其他[M]，北京：生活·讀書·新知三聯書店，2014。

李澤厚，初擬儒學深層結構說（1996）[J]，華文文學，2010(5)。

李澤厚，倫理學綱要[M]，北京：人民日報出版社，2010。

李澤厚，歷史本體論·己卯五說：說巫史傳統[M]，北京：生活·讀書·新知三聯書店，2008。

約翰·穆勒，功利主義[M]，徐大建譯，上海：上海人民出版社，2008。

唐納德·帕爾瑪，倫理學導論[M]，黃少婷譯，上海：上海社會科學院出版社，2011。

孫彩平，多元價值對道德教育正當性的挑戰與要求[J]，教育科學研究，2007(4)。

孫彩平，品德與生活（社會）教材中的道德理性與教學設計[J]，中小學德育，2012(2)。

高德勝，女性主義倫理學視野下道德教育的性別和諧[J]，教育研究，2006(11)。

康德，實踐理性批判[M]，鄧曉芒譯，北京：人民出版社，2004。

張燁，教育政策分析的制度倫理視角[J]，清華大學教育研究，
　　2005(1)。

陳元暉，中國教育學史遺稿[M]，北京：北京師範大學出版社，
　　2001。

陳元暉，康德與近代西方教育思想[M]／／王炳照陳元暉教育文集，
　　南京：江蘇教育出版社，2011。

雅克·蒂洛、基斯·克拉斯曼，倫理學與生活（第9版）[M]，程立
　　顯、劉建等譯，北京：世界圖書出版公司，2008。

趙汀陽，論可能生活[M]，北京：中國人民大學出版社，2010。

邊沁，道德與立法原理導論[M]，時殷弘譯，北京：商務印書館，
　　2000。

美學與教育

內容摘要

　　「美學與教育」命題意味著不是在一般意義上來講「教育美學」和「美育學」，而是在人的發展的一致性上來呈現美學與教育的關係。或者說，在哲學高度上，美學與教育之思得到了相對的統一，教育是美學的，美學亦是教育的，「美學與教育」事關教育活動的美學理想和美學研究的教育旨歸。本章主要以李澤厚的歷史本體論美學為核心，介紹什麼是美學，介紹歷史本體論與自然的人化、人類及其個體的新感性、心理本體和情本體的塑造與形成問題，可作為本土教育中的美學趨向。最後擇取西方美學的主流思潮，闡述其理論或所關注的現象對教育的影響，並與本土美學趨向相映照，可命名為教育的美學境遇。

學習目標

1. 瞭解美學和美學研究的對象與領域，能從美學視角出發，思考教育問題。
2. 掌握歷史本體論美學的要點，能結合實際闡明廣義美育在人的發展中的重要意義。
3. 熟悉世界美學主流觀念及其對學校教育觀的影響，能作出辨別並進行合理評價。

關鍵詞

歷史本體論美學　自然的人化　新感性　情本體　生活美學　環境美學　文化政治美學

　　哲學美學是時代精神的凝練，是審美科學和審美社會學的昇華與抽象。儘管實用美學、科學美學是必要的，但是哲學美學仍然是一片自由天地，因爲哲學美學所處理、探尋的問題，涉及人類的基本價值、結構等一連串根本問題。本章從美學的邊界和多元化出發，以哲學美學爲主展開美學與教育之議題，涉及美學的教育設計、美學的教育解釋、美學的教育批判和滲透等多個方面，爲從美學視角思考教育和教育哲學提供思路與線索。

第一節　美學的邊界與多元

一、美學的邊界

　　界定美學的邊界是困難的，正如柏拉圖所講，「美是難的」[1]，我們只能從「美學」一詞和美學學科的產生來談。「美學」並不是人類思想的普遍現象，而是西方歷史的產物。在中國，美學是一門外來的學問，不過是在近代東亞的「學術市場」中，「美學」二字得以脫穎而出指稱這門學問而已。對應於西方的「Aesthetics」（感受學），當時在日本和中國有「佳美之理」、「審美之理」、「審美學」、「論美形」、「如何入妙之法」、「佳趣論」、「美妙學」、「豔麗之學」等諸多提法[2]。「美學」由日本人中江兆民（Chomin Nakae, 1847-1901）最先提出，並因著名學人如康有爲、王國維、梁啓超、蔡元培的使用而「擊敗」當時並行的「審美學」一詞，進入晚清的教育和學術體制，成爲這門學問的「官方符號」。

　　一般而言，「美學」教材都討論以下三個問題：美的本質、美的

1　柏拉圖，柏拉圖文藝對話集[M]，朱光潛譯，合肥：安徽教育出版社，2007：193。

2　張法，美學導論（第3版）[M]，北京：中國人民大學出版社，2011：19-20。

鑑賞和美的創造。對於美的本質有較為統一的認識，即美是人的本質力量的感性顯現或對象化[3]。美學作為一個學科，在中國曾經有過三次熱潮，一次是新中國成立後的美學大討論，一次是改革開放之後的美學熱，再一次是21世紀初的東西美學互動。在美學的第二次熱潮之後，以馬克思主義思想為指導的「實踐美學」成為主導，美學似乎有了如上所述的穩定範圍與界限。

　　然而，美學的範圍要廣大得多，回到美學的源頭，可能更有利於我們清楚地認識美學。在美學史中，相當長的一段時間裡只有「美學思想」，而沒有美學。美學和教育學一樣，是比較晚近的時候才從更為綜合的哲學中分離出來的。被公認為「美學之父」的德國哲學家和美學家亞歷山大‧戈特利布‧鮑姆加登（Alexander Gottlieb Baumgarten, 1714-1762），對於美學性質和學科歸屬的討論，使美學成為一門學科獨立並建立起來。

　　1735年，鮑姆加登在其博士論文《關於詩的哲學沉思錄》中，首次提出建立「美學」的構想，1750年他出版了專著《美學》的第一卷，正式以「Aesthetica」（拉丁文，英文為Aesthetics）命名「美學」，標誌著美學這門特殊哲學學科的誕生。「Aesthetica」對鮑姆加登而言基本上是指審美，他從認識論的角度定義審美為區別於「明確的」認識的一種「混沌的」認識，美學就是要對這種不同於科學認識的審美認識進行研究，其次即為研究藝術和美的科學。

---

[3] 劉叔成，夏之放，樓昔勇，美學基本原理[M]，上海：上海人民出版社，2010：30。

> 專欄10-1
> 鮑姆加登論美學

　　在《美學》第一章裡，鮑姆嘉通（即鮑姆加登——筆者注）界定：「美學的對象就是感性認識的完善（單就它本身來看），這就是美；與此相反的就是感性認識的不完善，這就是醜。正確，指教導怎樣以正確的方式去思維，是作為研究高級認識方式的科學，即作為高級認識論的邏輯學的任務；美，指教導怎樣以美的方式去思維，是作為以美的方式去思維的藝術，是美的藝術的理論。」這裡「感性認識的完善」實際上指憑感官認識到的完善。可見，美學雖是作為一種認識論提出的，同時也就是研究藝術和美的科學。

　　資料來源：朱光潛，西方美學史[M]，北京：人民文學出版社，
　　　　　　　2002：289-290。

　　從美學學科的起源出發，美學並不僅僅是藝術哲學或者關於美的學問，而是一種研究「感覺」與「情感」規律的學科；審美活動理解和創造美，只不過是在藝術中能夠達到「完美」而已。現代的美學研究也不斷出現「回到美學源頭去」的呼聲。當代英國文化理論家雷蒙・威廉斯（Raymond Henry Williams, 1921－1988）對「aesthetics」更是作了一番考察並指出：「aesthetic」的詞源最早可追溯到希臘語詞「αϊσθησις」（aisthêsis），意指「感官的察覺」，「在希臘文中，αϊσθησις的主要內涵是指可以經由感官察覺的實質的東西，而非那些只能經由學習而得到的非物質、抽象之事物。」[4]因此，美的本質、美的鑑賞和美的創造、乃至美育這樣的體系並非美學

4　雷蒙・威廉斯，關鍵字：文化與社會的詞彙[M]，劉建基譯，北京：生活・讀書・新知三聯書店，2005：1。

的單一面貌，也不意味著美學的邊界。美學的邊界不僅僅取決於對美和美感的認識，美學研究的範圍要大得多。從國際視野來看，美學也確實是多樣性現存。

給美學找出唯一的永久正確的定義是不可能的，但是出於操作性的需要，從教育哲學的角度對美學給出的寬泛的界定是：美學是以形象感知經驗，尤其是以審美經驗與藝術經驗為中心，研究人的感性發展、情感塑造和生命完善的人文學科。首先，從美學的起點和詞源來看，無論是美、藝術，還是感性、情感、生命，「具有神經基礎的感知狀態」是美學研究對象的規定性。未將美學限制在美和藝術的研究，而是擴展至感性、情感和生命是「美學和教育」議題所必需，否則，美學和教育所談及的問題就將過於狹窄，有類於美育學和教育美學。其次，關於美學的「提升性」。美學不一定必然具有提升性，例如，美學並不必然研究美的事物，也可以研究醜和荒誕；審美同樣不必然審出美來，也可能什麼也審不出來，甚至美的對象也未必一定合乎道德。但是從教育哲學出發，美學就應當落腳在「發展」、「塑造」和「完善」上，儘管這個提升過程可能是曲折的。再次，儘管美學是跨學科的，但是教育哲學不會使用科學實證的方法來研究美學與教育問題，所以，這裡將美學限定為人文學科，並進一步限定在哲學美學範圍之內。

二、美學的多元化

美學研究的主體極為複雜，美學也有很多類別，美學在今天更是呈現出多元化的趨勢。今天的美學研究者不僅有職業美學家，還有自然科學家、心理學家、病理學家、語言學家、工業設計家、神學家、藝術批評家、教育家、各類藝術實踐者等。我們也會從不同的途徑接觸到形形色色的美學，比如技術美學、生態美學、神經美學、宇宙美學、醫學美學以及身體美學、時尚美學、建築美學、表演美學、電影

美學，還有精神分析美學、女性主義美學、符號學美學、存在主義美學、後現代主義美學，乃至所謂暴力美學、骯髒美學等。對於美學的分類，以不同的標準，能作出不同的劃分。比較簡單的做法是按照當下的學科體系和理論派別進行橫向的羅列，也可以按照縱向的歷時態發展順序區分不同的美學型態。

橫向的劃分可以依據現有美學學科體系，則美學可以分爲基礎美學、實用美學和歷史美學[5]。與教育科學的基礎學科是教育心理學、教育社會學和教育哲學一樣，基礎美學包括哲學美學、社會學美學、心理學美學。實用美學包括教育美學[6]、工藝美學、裝飾美學、科技美學、社會美學、文藝批評和欣賞的一般美學、藝術各部類美學。歷史美學是指各種美學史、藝術史、藝術風格史和審美接受史。當然，一體系並不全面，還有很多邊緣學科和更細密化的美學學科（如前所述的一些）沒有被容納進來。

縱向上即按照歷時態發展，上述美學各有不同的歷史發展階段和型態。以哲學美學爲例，可以粗略地劃分爲本體論美學、認識論美學、語言論和實踐論美學、存在論美學。這和哲學從木體論轉向認識論，又轉向語言論和對存在實踐的關注發展階段是完全一致的[7]。古希臘到中世紀屬於「美學思想」時期，美學主要是關於美、詩和其他藝術的，美學家主要是對美和藝術本體進行有意識的反思。鮑姆加登的時代及其之後，美學理論大發展，美學事實上轉向認識論美學，即感性學或審美學，形成理性主義和經驗主義兩個流派。在以康德、黑格爾爲代表的德國古典美學之後，（哲學）美學走向「終結」。除了轉向心理學美學等科學美學，哲學美學在語言學方面也獲得了出路。

---

5 滕守堯，藝術社會學描述[M]，上海：上海人民出版社，1987：26。

6 教育美學包括藝術教育的研究，也包括對德、智、體三育中的美學問題的探討。

7 黃頌杰，西方哲學名著提要[M]，南昌：江西人民出版社，2002：序。

而隨著分析哲學、語言哲學在20世紀下半葉逐漸式微之後，哲學美學又轉向實踐論和存在論的方向。

所謂美學的多元化，即指在美學走出哲學的規定性之後，一方面發展出了更多新的分支學科和應用學科；另一方面也從生物學、人類學、社會學、心理學、乃至生理學汲取營養，完善了原有哲學美學研究結論，形成了更多不同的理論流派。美學在今天的復興，則是指它在社會變革和日常生活中正發揮著積極的作用。美學的後現代轉向、生活轉向、文化轉向，以及美學在新社會運動如女權運動、環保運動、種族運動、媒介批評中產生的影響都是其表現。

本書是在哲學美學的範圍內談論美學和教育的問題，但即使是哲學美學也有不同的傳統，可以概括為藝術哲學的傳統、審美哲學的傳統和批判哲學的傳統[8]。首先是藝術哲學。儘管很多觀點認為美學和藝術哲學應該分開，但是主流的觀點還是認為藝術哲學應該置於美學之下來討論。其實，在美學史上有很多美學家都將美學理解為藝術哲學，比如黑格爾。藝術哲學追問的是「藝術有價值嗎？」、「什麼是藝術？」、「什麼是藝術品？」、「藝術品及其對象還有鑑賞者是什麼關係？」、「什麼表達了情感又何以能表達情感？」等一系列問題。其次是審美哲學。近代以來，審美哲學填補了美的哲學構成中藝術哲學之外的又一美學領域。藝術哲學關注的是審美對象，審美哲學則聚焦於審美主體和審美經驗。現代審美哲學涉及的主要問題是審美判斷和鑑賞力問題（審美的主客觀性和利害性）、審美態度如何作用於審美經驗的問題。再次是批評哲學。1950年代，批評哲學加入當代美學領域中，哲學美學研究的三大傳統由此形成。批評哲學或元批評主要是由反本質主義所引發，因而它主要關注的是分析和澄清藝術批評中實際運用的基本概念，而不關心藝術特徵的描述。批評哲學無

8　余紀元、張志偉，西方人文社科前沿述評，哲學[M]，北京：中國人民大學出版社，2008：201。

疑處理了很多值得專門研究的問題，它是作爲一種重要的哲學方法，而不是一個獨立的分支學科深深地融合於當代審美研討和藝術定義之中的。

第二節　歷史本體論的美學與教育

一、歷史本體論的美學與美學──教育學

　　歷史本體論的美學是李澤厚的發明。李澤厚是中國當代最重要的哲學家和美學家，他的美學可以分爲1950年代的反映論、1960年代的實踐論和1970、1980年代至今的歷史本體論三個階段。在1950年代中國大陸的美學大討論中，李澤厚成爲除高爾泰的主觀派、蔡儀的客觀派、朱光潛的主客統一派之外的第四派，即社會性和客觀性統一派。這一時期的李澤厚美學和其他美學一樣，帶有意識反映論的痕跡，主要討論美和美感何者是第一性和美的客觀性、主觀性問題。他主要的理論資源是黑格爾和車爾尼雪夫斯基。在1960年代，李澤厚將實踐引入了美學研究，將美學討論拖出了心物對立的二元論和認識論的泥坑，直到1970、1980年代，逐漸建立了實踐美學，並成爲當時中國美學的主流。這一時期其主要的理論資源是康德、馬克思和中國古代思想傳統，馬克思的《1844年經濟學哲學手稿》中的「自然的人化」[9]，成爲實踐美學的核心概念。1970、1980年代始，李澤厚又逐步確立起自己的歷史本體論的美學，並於1990年代發展成熟。這一時期除卻康德—席勒—馬克思的線路，李澤厚還從完形心理學、榮格心理學汲取了理論營養，深化了他的「積澱」、「文化心理結構」等概念。1990年代之後，他又對「情本體」、「命運」、「偶

---

[9] 馬克思，1844年經濟學哲學手稿[M]，中共中央馬克思恩格斯列寧史達林著作編譯局譯，北京：人民出版社，2000：56-58，107-108。

然」格外關注，並對中國文化作出樂感文化的判定，從而使他的歷史本體論哲學和美學傾向於存在論。這一時期維根斯坦、海德格爾、後現代主義成為他論辯的對象。從這三個階段可以概括出他的美學所關注對象的轉換，即從美感及美感與美的關係，到人類整體生存的基礎，即人類生存所必需的物質生產實踐，再進一步到人的生存方式、生存境界和生存意義[10]（這合乎從認識論走向實踐生存論的世界美學發展趨勢）。

歷史本體論的美學是李澤厚美學的成熟型態，是其歷史本體論哲學的一部分。李澤厚給它的界定是：歷史本體論的哲學美學「屬於人的現代存在的哲學」，「它關心的遠不止是藝術，而涉及了整個人類、個體心靈、自然環境，它不是藝術科學，而是人的哲學」[11]。所以，理解本體論的美學，首先應該理解歷史本體論之哲學：歷史本體論（也稱人類學本體論）強調的是正作為社會實踐的歷史總體的人類發展的具體行程（一種超越生物族類的社會存在），這種哲學首先是從「類」出發，而又將人放在具體社會歷史中去考慮問題的。這一哲學也稱為主體性實踐哲學，主體首先也是指現實實踐活動的「類主體」，具有社會存在即工藝—社會結構的客觀方面，還有社會意識即文化心理結構的主觀方面，後者也只能是作為人類集體的歷史成果的精神文化、智力結構、倫理意識、審美享受，其後才是個體主觀的意識、情感、慾望等[12]。

因此，歷史本體論的美學是一種綜合了馬克思主義美學和中西方傳統美學的美學，它反對從抽象的心理（康德）或從抽象的人（席勒）出發看待審美問題，是遵循了康德—席勒—馬克思，而非康德—

---

[10] 朱志榮、王懷義，從實踐美學到實踐存在論美學[M]，蘇州：蘇州大學出版社，2008：前言。

[11] 李澤厚，美學四講[M]，北京：生活·讀書·新知三聯書店，1999：40。

[12] 李澤厚，批判哲學的批判（修訂版）[M]，北京：人民出版社，1984：94。

黑格爾—馬克思線路的美學，是將具體的個體及其感性放在現實生活和歷史長河中去觀照的哲學美學。所以，「從人類學本體論談美，主題便不是審美經驗的科學剖析，而是對美的本質的直觀把握；談美感，主題便不是審美經驗的科學剖解，而是提出陶冶性情、塑造人性和建立新感性；談藝術，主題便不是語詞分析、批評原理或藝術史，而是將使藝術本體歸爲心理本體，藝術本體論變而爲人性情感作爲本體的生成擴展的哲學。」[13]

在此背景下，我們便可以理解爲何李澤厚會提出「美學—教育學」。李澤厚將「美學—教育學」界定爲探究人的全面成長、個性潛能全面發揮的學科[14]。他給予教育學極大的期望：「下個世紀教育學——研究人的全面成長和發展、形成和塑造的科學，可能成爲未來社會的最主要的中心學科」[15]；「人文學科和自然科學統一的中心將是教育學」[16]；也給予美學以極高的地位：美學是歷史本體論的第一哲學。李澤厚的教育學是廣義的，教育學的任務是探究和建設人的心理本體，尤其是情本體的學問。李澤厚的美學也是寬泛的，他重視美學在於：其一，美學的對象在中國意義上不僅僅是感官審美，也包括精神陶冶和人生意義、人生境界；其二，美學事關「人活得怎樣」這一最終歸宿[17]；其三，美學包括美育這一領域；最後，美學和教育學作爲目標與手段，都指向李澤厚本體論哲學的那個心理本體和情本

---

[13] 李澤厚，美學四講[M]，北京：生活·讀書·新知三聯書店，1999：40。

[14] 李澤厚，實用理性與樂感文化[M]，北京：生活·讀書·新知三聯書店，2005：232，241。

[15] 李澤厚，批判哲學的批判（修訂版）[M]，北京：人民出版社，1984：437。

[16] 同註14。

[17] 李澤厚，將人活著作爲出發點，經由人如何活（人類總體／認識論）、爲什麼活（人的個體／倫理學）走向活得怎樣（美學）。後三者涉及超生物族類的人的認識（符號）、意志（倫理）、享受（審美），亦即心理本體。這一本體的特點在於理性融在感性中、社會融在個體中、歷史融在心理中。

體，所以可以統稱為美學—教育學[18]。

美學—教育學的內容是討論人類及其個體的新感性、心理本體和情本體的塑造與形成問題。在下文中，美學—教育學的問題將轉換為歷史本體論的美學和教育的問題，即這一美學理論對教育的認識和設想。首先是歷史本體論的美學對美、美感與藝術的認識，事實上是對人、人性、人的發展的認識。其次是這一美學自然的人化、新感性的建設與心理本體、情本體的塑造的相關觀點，對於什麼是教育、什麼是好的教育、教育為了什麼、如何教育會有啟示。

二、歷史本體論的美學論美、美感與藝術

(一)什麼是美

美是什麼？在歷史上有客觀說和主觀說兩種對立的觀點。美的客觀說的代表人物有古希臘的畢達哥拉斯、蘇格拉底和柏拉圖；在中國當代有蔡儀，認為美不以人的意志、情感為轉移。畢達哥拉斯提出了美的合規律性，例如，合乎黃金分割點的才是和諧的、美的。後來的實驗美學繼承了畢達哥拉斯的美學觀點，以找出美的數學標準為己任。蘇格拉底則提出了美的合目的性，不能滿足人的實用要求的事物就不美。是否合適本應具有主觀性，但蘇格拉底卻認為有一種絕對合適就是對神來說的合適，對神的合適才是對人的合適，這種神學目的論使蘇格拉底成為美的客觀說的代表人物。柏拉圖則認為美是理念，按現在的說法就是一種共相、一種普遍形式。但對柏拉圖而言，理念這種共相是客觀實存的，藝術家、哲學家透過迷狂可以見到理念世界中的美這一實體。中國當代的美學家蔡儀認為，美在典型，典型是美

---

[18] 尋找、發現由歷史形成的人類文化—心理結構，如何從工具本體到心理本體，自覺地塑造能與異常發達了的外在物質文化相對的人類內在的心理精神文明，將教育學、美學推向領先地位，這即是今日哲學和美學的任務。（李澤厚，美學四講[M]，北京：生活・讀書・新知三聯書店，1999：37。）

的客觀標準，也是客觀說的觀點。

　　美的主觀說的代表人物有英國經驗派哲學家莎夫茲伯里（Shattesbury, 1671-1713）、哈奇森（Francis Hutcheson, 1694-1746）、伯克（Edmund Burke, 1729-1797）和休謨。美的主觀說認為，美來自於人的主觀感受。英國經驗派哲學家洛克將事物的屬性分為第一性的質和第二性的質，其中，第一性的質是客觀可測量的，第二性的質是不可測量的，因而是具主觀性的。莎夫茲伯里和哈奇森將美歸為第二性的質，並分別認為美需要靠「內在的眼睛」、「第六感」來把握。伯克不認同兩人的觀點，認為美是事物中能引起愛等類似社會情感的屬性。儘管伯克等人將美看作事物的外在屬性，但卻顯然走向了主觀說。休謨則直接聲稱，美不是事物的屬性，它只在觀賞者心裡。

　　美的客觀說和美的主觀說的不可調和之處在於，雙方都能舉出範例證明對方是錯誤的。美的主觀說認為美是一種感覺，美的客觀說認為美是事物的屬性，這兩種觀點都有自己無法解決的問題。雙方都承認美不是美的事物，爭執在於，如果美是主觀的，美就和美感沒有區別了，我們也無法解釋「合乎黃金分割點」的比例是美的客觀標準；如果美在客觀，又為什麼對於同一件事物大家會有不同的審美判斷。

　　調和主觀說和客觀說的觀點被稱為「主客統一說」，對於「主」與「客」的理解不同而觀點各不相同。「主」是主體還是主觀？如果「主」是主觀的情感、意志、精神、心理，則在本質上仍然是主觀說；如果是主體的心智結構，或者主體的活動與實踐，則傾向於是客觀說（這裡的主體多是指人類的「類」主體）。前者的代表如里普斯（移情投射）和朱光潛（物我同一），後者的代表如完形學派（異質同構）和李澤厚（歷史積澱）。即使將「主」理解為主體的實踐，實質上成為美的主觀論還是美的客觀論還與對「實踐」的不同理解有關。如果將「實踐」理解為不只是生產實踐，而將精神活動、藝術實踐包括進去，也會走向主觀論。

李澤厚早期的美學觀點是「美是客觀性和社會性的統一」。簡單講,他認爲美的主觀說和美的客觀說沒有在一個社會關係和歷史長河中來理解審美活動,美感是主觀的,但美的標準是外在的、客觀的,即外在他人的主觀世界的集合和歷史中形成的個體的心理結構是一種我們所無法決定的客觀。如宋代以後,中國文人以小腳爲美,這是一種外在於人的普遍觀念,是不爲生活在那個時代的文人所決定的、歷史地形成的、外部社會的審美文化觀念。不能認定這是一種外在決定論,認爲客觀性和社會性統一觀點歸根結柢是客觀說的觀點,未看到這種審美在歷史流變中所體現出的個體的主觀能動性。例如,許多後來流行的大衆以之爲美的事物,在最初的時候可能僅僅是少數人的內在普遍,他們並未被決定而具有主體的能動性。

李澤厚後期的歷史本體論的美學認爲,美的起源和本質是「自然的人化」。自然的人化所指的「實踐」主要是人類的「實實在在的改造客觀世界的物質活動」,或使用製造工具的「生產勞動實踐」。歷史本體論的美學不是歷史決定論或生產力決定論,它並不只是講社會歷史積澱,並不排斥個體、主觀與情感,也不排斥創造和偶然,而是一種將個體的審美發展寓於人類歷史之中去思考和觀照的哲學美學。

對於美是「自然的人化」,我們可以從社會美的角度來理解。對於社會美,它不單是「個人」的行爲、活動、事功、業績等,而首先是指「整個人類」生長前進的過程、動力和成果[19]。人類改造世界,使世界成爲了社會的世界,實踐對象的眞(規律)合乎了人類自身的善(目的)。對於所改造的對象來說,是在其「眞」中納入了人類的「善」。而從實踐主體出發,則是使「眞」服從了「善」,或者說是克服了「眞」對於「善」的限定,而「克服限定」的過程中的張力所體現出的就是「美」了。所以,才有美是合規律與合目的的統一、是眞與善的統一的說法。例如,我們以大壩爲美,但大壩並不是我們

19 李澤厚,美學四講[M],北京:生活・讀書・新知三聯書店,1999:68。

自己親手創造的，然而，由於我們是人類的一分子，所以也能看到自身的力量。其次是自然美。自然美對很多美學理論來說都是難以解釋的。「自然的人化」如果僅僅理解為是透過人工改造自然，使自然具有人的特點，也就無法解釋自然美。「自然的人化」的真正涵義是寬泛的，基於這種狹義的「外在改造」，自然的人化還體現在一種「內在超越」。暴雨、荒漠這些原本威脅人類的自然事物，由於人對自然的征服，而能以其感性形式吸引人，這就是自然美的起源。可以說，自然美和社會美一樣是有歷史尺度的。

(二)什麼是美感

美學在它的認識論階段有經驗主義和理性主義兩派，這兩派直接將美學的問題從美導向了美感，導向了審美主體和審美經驗。經驗主義美學的代表人物就是前面所言的英國經驗派哲學家。他們研究美的路徑是從現實的美感到對美的思考，即先確定有美感，再研究美的標準問題，是歸納的思路，19世紀的德國美學家古斯塔夫・特奧多爾・費希納（Gustav Theodor Fechner, 1801-1887）稱之為自下而上的美學。不同於經驗派哲學的洛克和霍布斯，莎夫茲伯里和哈奇森站在理性派萊布尼茨等人那邊，不認為人天生是一塊白板，而是天生就有著辨識善惡美醜的能力，這種能力就是「內在的感官」和「第六感官」。與動物的外在感官不同，內在感官是屬於人的心和理性的部分。這矯正了經驗派美學強調動物本能的美學觀點。與美感有關的還有休謨的「審美趣味」概念。趣味相對於理性能力具有情感性、主觀性、創造性，它不是分析而有收穫，而是綜合而有感受。趣味是多樣的、相對的，但是也有普遍原則和共同標準，原因是有共同的人性和內心結構。伯克則進一步將理性和判斷力作為趣味的構成部分，認為判斷推理問題會帶來錯誤拙劣的趣味。

理性主義美學的代表人物是歐洲大陸理性派哲學家，主要有萊布尼茨、沃爾夫、狄德羅和鮑姆加登。他們研究美的方式是從美到

美感，即先確定美的普遍概念，然後談美感的實現問題，是演繹的思路，費希納稱之爲自上而下的美學。萊布尼茨繼承了柏拉圖，認爲美是一種客觀精神，但是他不稱爲理念，而稱爲前定和諧。前定和諧是宇宙誕生即有的理性結構，人天生也有一種先驗的理性認識能力，人透過這種認識能力來認識前定和諧。美即是宇宙的和諧與完善，是上帝所前定的。這一觀點經其弟子克利斯蒂安・沃爾夫（Christian Wolff, 1679–1754）發展爲：美是憑感官認識到的完善，感官認識不清，但只要感覺到就行了。沃爾夫的弟子、美學之父鮑姆加登又將沃爾夫的觀念更改爲美是感性認識的完善。這事實上就從客觀論走向了主觀論，也將美學從關於物的認識的學問轉向關於人的發展的學問。但是對鮑姆加登而言，審美仍然僅僅是一種「認識」，一種明晰的混亂的認識。

　　眞正實現美學的哥白尼式革命的是康德。他的美學是建立在對經驗主義美學和理性主義美學批判的基礎上，徹底將美學的出發點定爲美感、審美，而非美自身。康德在《判斷力批判》中提出了審美判斷的四個契機（關鍵）[20]，即：無利害而生愉快、非概念而有普遍性、無目的的目的性和共通感。美靠美感來判斷，一切美感都是愉悅感，但不是所有的愉悅感都是美感，審美僅僅是因「判斷」而非因利害而生愉悅。美感相對於生理的、功利的愉悅感受是自由的，因而像邏輯與概念一樣是普遍的，審美帶來的快感是唯一無利害的自由的快感。審美以自身爲目的而無功利，但又有主觀合目的性，否則愉快何來；審美沒有具體的客觀目的，其目的就是無利害的單純形式。爲了解決審美判斷的普遍性問題，康德又提出共通感這一主觀性原理，它透過情感卻可以像概念一樣普遍有效地規定什麼使人愉快。共通感是審美的先驗假設前提，即個體在認爲一件事物美的時候，先驗地假設了其他人也認爲它是美的（外在的普遍觀念），這是審美判斷的前提。康

---

[20] 康德，判斷力批判[M]，鄧曉芒譯，北京：人民出版社，2002：37–76。

德透過共通感，事實上解決了主觀說和客觀說的衝突問題，但對於共通感的來源，康德未作出有說服力的說明。

　　歷史本體論的積澱理論在一定程度上解釋了美感中共通感的來源。歷史本體論的美學受到完形心理學和精神分析心理學在美感的審美心理的解釋的影響。完形心理學認爲，物質對象的形式結構和人的心理情感結構有對應關係。歷史本體論的美學提出，文化心理結構可看作在這一觀點之上增加了社會歷史的維度而得來。精神分析心理學中，榮格的無意識集體原型也值得重視。長遠的種族社會經驗在人腦的結構中留下了痕跡，積累爲各種先天的集體無意識的原型。藝術家要喚醒的就是這種來自於原始種族的無意識原型。這和歷史本體論的美學中所講的「積澱」有關──人類祖先數百萬年的審美經驗積澱在基因裡，積澱在人的大腦裡，成爲當代人先驗的生來即有的無意識的東西，這是美感的一個深層來源。

　　基於康德之後的審美心理學的成果，歷史本體論美學得出了何爲美感的結論。美感在審美的整個心理過程中處於一個核心位置。狹義的美感即審美愉悅，在審美愉悅的一刹那，美「感」產生了。廣義的美感是將「美」與「感」分開，是指整個的審美實現階段不僅包括審美愉悅的刹那，而且包括之前的審美經驗即「審美知覺」，而審美知覺除卻單純的審美感知之外，還摻雜了審美理解、審美想像和審美情感。整個審美心理過程則是：廣義的美感之前的審美準備階段是由審美態度產生的審美注意，之後的審美成果階段是形成審美能力，即審美的趣味、觀念和理解（如頓悟）。但話說回來，對於美感有各種不同角度、層面的探討，生物基礎、文化積澱、個體差異，知覺、想像、理解、情感，這些交織在一起才形成了美感。李澤厚認爲，如果腦科學、生物科學不發達，對於美感的認識便不能達到一個清晰、深刻的層次。

(三)什麼是藝術

藝術或者說藝術領域的產生，事實上是非常晚近的事情，現代意義上的藝術不過數百年。或者說，我們現在所言的古代藝術品在前現代的漫長時期是不被稱爲藝術的。但是一旦產生了藝術，就產生了「什麼是藝術」的追問。

藝術是一種活動、一門學科或一個領域，還是僅僅就是藝術作品？如果我們暫且將藝術規定爲藝術作品的總和，那麼另一個問題是：什麼樣的人造物能被稱爲藝術？這就涉及藝術的標準問題，而藝術的標準又主要體現爲藝術和生活及實用的關係問題。慣例論或制度論認爲，什麼是藝術應該由「藝術世界」、博物館專家或者理論工作者來確定，他們執有標準。功能論則認爲，藝術不是出於實用目的而製作的，藝術作品獨有的供人鑑賞的功能決定了它的性質。更有結論認爲，在前現代，藝術和生活是不分的，藝術服從於生活；在現代，藝術和生活分離，少數職業藝術家爲藝術而藝術；在後現代，藝術和生活又走到一起，但是生活服從於藝術了[21]。

藝術最終成爲了一個分外模糊的詞：是不是藝術品不取決於創作者、鑑定專家和作品本身的功能，而取決於讀者和觀衆等鑑賞者的接受。從歷史本體論的美學看待藝術，純粹的藝術品也是不存在的，它們總是負載著各種物質或精神的功能與需要。藝術品是其物質載體和主體素養在審美意義上的交會而產生的。因此，對何爲藝術、何爲藝術品，沒有必要追求一個固定不變的規定和定義。

歷史本體論美學認爲，藝術是藝術社會學的思考對象，相對於美是哲學美學的思考對象，美感是審美心理學的思考對象。從藝術社會學來看，藝術有三個層次，分別來自不同的歷史積澱階段，即：形式

21 理查德‧舒斯特曼，生活即審美：審美經驗和生活藝術[M]，彭鋒等譯，北京：北京大學出版社，2007：譯者前言III。

層的原始積澱、形象層的藝術積澱和意味層的生活積澱[22]。

1. 形式層的原始積澱。審美先於藝術。在原始的勞動生產中，人類逐漸對節奏、韻律、對稱、均衡、間隔、重疊、單複、粗細、疏密、反覆、交叉、錯綜、一致、變化、統一、升降等自然規律性和秩序性有所掌握和熟悉，於是便完成形式層的審美心理積澱。

2. 形象層的藝術積澱。在感知的人化基本完成之後，便是情慾的人化，在本能情慾和理性觀念的交錯中，從再現之後的表現（原始積澱的形式抽離）走向對表現的形式主義和裝飾化的不滿，從而進一步走向再現與表現，如此反覆循環，便實現了形象層的藝術積澱。

3. 意味層的生活積澱。最後的生活積澱的過程是整個心理過程的人化，生活積澱形成意味層，意味層是對形式層和形象層原始積澱與藝術積澱的突破創新，克服兩者的化內容爲形式從而習慣化、凝固化的傾向，進而體現出時代背景下生命的力量和激情。

這就是對藝術形成爲藝術的整個社會過程的總結，概括爲：原始積澱是審美，藝術積澱是形式，生活積澱是藝術。這裡的幾種積澱交錯重疊、彼此滲透，而且是狹義的積澱，即審美的心理情感的構造，而非廣義的由理性化爲感性、由社會化爲個體、由歷史化爲心理的積澱、建構行程。

三、新感性的建立與審美能力的培養

(一)內在自然的人化與新感性的建立

使用技術工具改造外在世界、超越外在世界是「外在自然的人化」，而人的感官、情慾、乃至整個物質性心理過程的人化是「內在自然的人化」。內在自然的人化和外在自然的人化是相伴隨的，通俗地解釋就是人在改造外部世界的時候也改造了自己，改造了自己血

---

[22] 李澤厚，美學四講[M]，北京：生活・讀書・新知三聯書店，1999：160-199。

肉的自然，即生理性的感性存在。新感性的建立屬於「內在自然的人化」的一個方面。

　　所謂「新感性」，就是人類歷代的革新創造積澱下來的一種心理本體，是數千年來人類對自己的感性「人化」的結果。對於新感性建立可以舉一個視覺文化的例子，即「看電影是學會的」。動物不會看電影，人類也不是天生就會看電影，這一點在原始部落有很好的證明，比如第一次看電影時，人會到幕布後面去尋找在電影中消失不見的人物。在另外一個層次上，懂得電影的基本原理的人要比毫無相關知識的人更善於看電影。這就涉及人的感性的建設問題，而新感性就是適合一定社會發展階段的屬人的感性。教育是加速社會化的過程，可以有目的地加速個體的感性「人化」，即內在自然的「人化」過程，即個體新感性的建立要靠教育。

　　新感性的建立可以分爲感官的人化和情慾的人化。感官的人化主要指人類的感官經過長期的發展，逐漸失去了維持生存和生理需要的狹窄的功利性質，而具備了人獨有的文化性、社會性特點，尤其是成爲了能審美的感官。所以，審美由於感官的人化而既是直觀的、個體的、感性的、非功利的，同時又是間接的、社會的、理性的、功利的（社會的功利取代了生理的功利）。情慾的人化是指人的喜怒哀樂的情感和性慾的人化，是內在器官和身體慾望的人化，這種人化使情慾成爲超生物性的需要和享受。情慾儘管仍然未脫離動物性和自然性，但是隨著歷史的漸進，也積澱著深厚的理性（歷史中形成的理性就是這樣提升感性而約減爲認識，抑制感性而凝聚爲道德，融化於感性而形成審美）。

(二)審美能力的三種境界及其培養

　　新感性的形成表現爲感性能力、審美能力的發展。在美育中，即爲愛好美、感受美、欣賞美、認識美與創造美的能力的形成。歷史本

體論的美學，將美學作為探討人的感性「人化」發展和感性能力形成的學問，美學也就成了人學或者教育學。這種美學將審美型態按照審美能力分為三種不同的方面或者等級，即：悅耳悅目、悅心悅意與悅志悅神。這一等級劃分可以作為審美教育的目標或標準來參照。

悅耳悅目是指耳目感官的愉悅。人的感官是超生物的、社會化的。悅耳悅目的審美能力形成是新感性建立中感官人化的成果。從審美心理機制來看，耳目之悅並不簡單是愉悅體驗而已，其中包含著情感、想像和理解等各種要素，可以形容為一種「數學方程式」（言其不同配比形成的多樣性與複雜性）。人的感官是易疲勞的，於是造就了不同的風格流變，一部藝術史就是一部風格流變史。風格的變易有舒緩式和急遽式的區分，無論哪一種變易，對我們的感官都是一種培養、鍛鍊、陶冶和塑造。人類的自然生理性能與社會歷史性能在五官感知中交融會合，人類就是這樣使自己的內在自然不斷豐富起來。[23]

悅心悅意是指心靈與意識的愉悅。心意的愉悅相對於耳目之愉悅更為深廣，基於更多的理解和想像，它更具精神性、社會性，也更複雜，但它仍然包含著無意識的本能滿足的成分。悅心悅意是對人的心思意向的培育，不同的人對悅心悅意的要求不盡相同。相對於悅耳悅目需要自然風光、草木魚蟲，以及書法、繪畫、音樂這些表現藝術來塑造，悅心悅意常常需要文學、影視這些內容大於形式的再現藝術來培育。與悅耳悅目一樣，心靈和意識在今天更有包容力，這正是審美能力提高的表現。比如對於醜的形象、不協調的風格和抽象藝術的接受，都體現出自然的人化下感性的超越。

悅志悅神是指意志的與境界性的愉悅。在中國，悅志悅神就是一種砥礪志氣，復在一種天人合一的境界中把握到自我存在的自由、無限和永恆的狀態。不同於悅耳悅目和悅心悅意是理性和感性的統一協調，悅志悅神是理性對感性的勝利，從而使感性得到了洗滌、陶冶和

---

[23] 李澤厚，美學四講[M]，北京：生活・讀書・新知三聯書店，1999：135–136。

建構。中國的悅志悅神的審美型態發展應吸收西方的痛苦悲厲的深刻感受，在在世的衝突、爭鬥、苦難中，而非僅僅是在寧靜平和中達到天人合一。悅志悅神將審美提升到人生和存在的高度，是審美能力的最高級型態，也只有最高級的藝術能引發這種感受。

四、情本體的構建與教育的使命

(一)心理本體與情本體的構建

按照歷史本體論的觀點，人有兩個本體：一個是工具本體（工藝社會本體），另一個是心理（情感）本體，人將從工具本體走向心理本體（這裡所謂的本體即根本、最終的實在，不是西方哲學中與現象界相區分的本體與實在）。工具本體就生產、勞動和科學技術而言，是人類包括個體得以活著、發展的根本。心理本體指人的精神世界，包括認知、倫理和審美三個方面。

工具本體有待發展為心理本體，尤其是情感本體，相對的，審美的哲學將取代認識論哲學、倫理哲學和政治哲學而成為第一哲學。說得淺白些，即當有一天吃飯不是問題了，審美就是最高追求了，人的發展簡單講即是如此。審美之所以是最高追求，是因為審美意味著自由：自由感受即審美的快樂，審美就是欣賞美、創造美的活動，是自由的重要形式，自由是人生的最高境界。審美超越認識和倫理的最高境界體現為：美是合規律性（真）與合目的性（善）的統一；自由直觀是認識的最高境界，即「以美啟真」；自由意志是道德的最高境界，即「以美儲善」。

工具本體和心理本體是人和動物的根本區別所在。製造和使用工具，體現為工藝社會本體，在物質沒有極大豐富的時期，人只能以自己為工具，心理本體只能有適當的發展。心理本體是人性的世界、人類獨特的世界。人是生物性和超生物性融合的動物。所謂超生物性，即認識、意志或倫理和審美，就是真善美，或者說是認知、情感

和意志，這三個世界的人化是歷史演化的結果。儘管人和動物有共同之處，但還是有很大差異，這個差異是由勞動、社會和歷史積澱形成的。認識是理性的內化，意志是理性的凝聚，美是理性的融合，美是最高境界。這個過程也可以概括爲「歷史建理性，經驗變先驗，心理成本體」，這個「心理」是哲學意義上的「心理」，是人類的文化心理結構，不是心理學上的「心理」。

　　心理本體中，情本體尤爲重要。人的工具本體解決的是人「如何活」的問題，而心理本體關注的是「爲什麼活」和「活得怎樣」的問題，亦即人生的意義和境界問題——歷史本體論提出情本體的思想解決人生的意義與境界問題（情本體哲學是繼康德、馬克思、海德格爾和種種後現代思潮之後提出的，以中國傳統爲基礎，卻是世界性視角，或者說是中國眼光、人類視角）。情本體論是後哲學或後馬克思主義哲學，它重視審美，尤其是新的天人合一。西方狹義的形而上學是排斥情感的，似乎談情感就不是哲學。廣義的形而上學包括對情感和信仰的思索，如果不稱哲學而稱思想的話，中國思想的特點就是講情感[24]。情本體的提出要解決的是命運、人性、偶然的問題[25]。對人生的眷戀、珍惜、感傷和了悟，能夠替代空洞而不可解決的「畏」和「煩」，替代由它而激發出的後現代的「碎片」、「當下」。人總要尋找信仰，並且終將會尋找宗教之外的「所信」，情本體爲之提供了一條出路。

　　所謂心理本體、情本體，歸根到底是歷史本體[26]。這種歷史本體關注的是人類學意義的實存個體，強調「個體主體性」。心理本體作

---

[24] 李澤厚，該中國哲學登場了？[M]，上海：上海譯文出版社，2011：8，24，77。

[25] 同註24。

[26] 同註24。

為一種文化─心理結構是個體先驗的、超越個體存在的[27]，其形成經歷了漫長的歷史過程，可以稱為「積澱」。這種心理本體在個體身上的實現要結合具體社會和時代的經驗，靠的則是「教育」。作為心理本體的情本體不是一種既定的規範，而是一種開放的結構，使個體以他既有的積澱面向新的人生中的偶然和不確定。人被拋到這個世界即是一種偶然，人類歷史也充滿著各種偶然，面對偶然，積澱無法調控，教育格外重要。

(二)構建情本體的教育使命

教育何以肩負心理本體、情本體建設的使命？歷史本體論的美學屢次提到全面發展（人性比例形成問題）、以美育代宗教（信仰問題），並對教育寄予厚望，認為教育應然肩負這樣的使命。可作出的解釋是，首先，教育是有目的乃至有計畫、有組織的經驗改組和改造，教育能以其特殊的組織方式、認知方式、體驗方式加速心理本體或人性結構的形成，加速情本體的塑造。其次，中國教育的實然面貌是，人生意義和信仰危機成了大問題，中國教育也在努力尋找人的全面發展、潛能提升、幸福享受的各種出路。李澤厚以其哲學美學規定了教育的使命，這一規定和教育的現實是相符的。在另一種意義上則是，李澤厚基於其歷史本體論指出了什麼是好的教育，為教育發展指明了方向──走向情本體的教育。

人類的歷史是進步的歷史，是經驗積澱的歷史，是個體主體性不斷被遮蔽與解蔽的歷史。歷史的總體性、經驗性和累積性不僅從根本上解釋了人類社會發展諸多現實的問題，揭示了人類文化、心理形成、發展與變化的源頭與動因，更賦予了個體存在的價值、意義、

---

27 李澤厚，實用理性與樂感文化[M]，北京：生活‧讀書‧新知三聯書店，2005：137。

獨特性和豐富性[28]──情本體的教育正是基於這種歷史本體論之上，試圖透過情理交融的人性教育達到「真正發現和發揮每個人潛在的能力」[29]，實現身心健康、愉悅地發展自身的目的。從歷史本體論出發，就意味著「人的發展及其教育的過程是一個自然歷史過程。它不僅需要浪漫的感傷、美好的設想和批判的激情，更需要的是一種尊重歷史的理性。」[30]歷史本體論及其對情本體教育的闡釋，將為我們反思教育理論與教育實踐中面臨的歷史主義與倫理主義、必然與偶然、理性與人性等諸多前提性問題提供一種可能[31]。

美學教育學不僅為教育提出了使命和任務，即建設新感性、情本體，而且也在某種程度上為其提出了方法論，比如說「以美啓真」、「以美儲善」，最終達到「以美立命」。「以美啓真」和「以美儲善」是一反理性對個體、偶然的規劃、管轄、控制、支配，而經由某種審美認識論和審美倫理學實現理性和感性調和、實現全面發展和潛力提升的方法論。

(三)以美啓真：審美認識論與教育

在人的情理結構，亦即人性結構、人性能力或主體性形成中，以美啓真和以美儲善是兩個重要方面。以美啓真屬於審美認識論。相對於哲學和科學認識論對概念、邏輯、推理論證的重視，審美認識論是強調非理性，包括頓悟、直覺、形象思維等在認識中的作用的一種認識論類型。西方傳統的認識論是貶低感性認識和認識中的情感、直觀要素的，理性主義也好，經驗主義也好，都是如此。審美認識論首先

[28] 于偉，樂天，歷史本體論與走向情本體的教育[J]，教育學報，2011(4)：36-45。

[29] 李澤厚，該中國哲學登場了？[M]，上海：上海譯文出版社，2011：121。

[30] 于偉，論人類中心主義教育觀問題[J]，教育研究，2006(1)：16-19。

[31] 同註28。

承認日常生活中人們更多經由感性形象和共通感來認識，其次會指出重大的發明創造中感性形象和審美創造的作用。人不總是透過概念化的總結概括才會信以為眞，很多時候都是透過感性形象而獲得眞的信念。緘默知識和個體知識的研究即對審美認識論有較多的支持，尤其是那些操作的、實踐的知識有更多的審美成分。從審美角度看，認識是個性化的、創造性的，有一定的自由度，是主體的活動。歷史本體論的美學提出「以美啓眞」，認爲自由直觀、抽象的感性或審美優於理性。

歷史本體論認爲實踐操作活動才是人的智力、思維的基礎和來源，而實踐操作活動是充滿感性的。從人類學角度來看，人類的思維形式，諸如邏輯形式、語言文法、認識規律等，是從原始勞動經由社會意識（巫術禮儀）而提煉、生成的，這其中自覺注意、想像、類比諸功能得以產生、發展；從教育學的角度來看，兒童透過使用物質工具和符號工具而逐漸建立自己的思維形式，這其中涉及不同形體、色彩的物質和符號工具在喚起和培育自覺注意、想像、類比諸功能的作用和影響。儘管人類的社會意識取得觀念體系的地位而相對獨立發展，但是它在最終意義上是依賴於外在的工藝—社會結構方面的物質發展的。既然要重視使用物質工具的活動在整個實踐中的基礎地位，就必須要維護感性在認識中的重要意義[32]。

專欄10-2
愛因斯坦論想像、科學和藝術

　　「我相信直覺和靈感。……想像力比知識更重要，因為知識是有限的，而想像力概括著世界上的一切，推動著進步，並且是知識

---

[32] 李澤厚，實用理性與樂感文化[M]，北京：生活・讀書・新知三聯書店，2005：222-224，44-51。

進化的源泉。嚴格來說，想像力是科學研究中的實在因素。」

至於藝術上和科學上的創造，「我完全同意叔本華的意見，認為擺脫日常生活的單調乏味，和在這個充滿著由我們創造的形象的世界中尋找避難所的願望，才是它們最強有力的動機。這個世界可以由音樂的音符組成，也可以由數學的公式組成。我們試圖創造合理的世界圖像，使我們在那裡面就像感到在家裡一樣，並且可以獲得我們在日常生活中不能達到的安定。」

資料來源：愛因斯坦文集：第一卷[M]，許良英等編譯，北京：商務印書館，2010：409。

歷史本體論將理性內化和自由直觀（或審美優於理性）相提並論，前者生成普遍的智力結構，後者帶來個體的創造能力。以美啓眞是實用理性的「邏輯」核心，實用理性的邏輯不是推論的邏輯學，不是實驗室方法論，它並不提供某種特定的方法論、認識論或推理原則，它強調和個體密不可分的各種非理性因素或功能的重要創造，本就是個體發展和展現的創造[33]。個體創造的關鍵就在於透過使用——製造工具的操作活動，透過「度」的把握和理解而捕捉到各種形式結構並形成對它們的感受。透過這些形式結構和形式感，人們一方面借以維繫生存、生活、生命，另一方面又在對這些形式結構的體會和自由使用中達到與宇宙—自然的共存共在，即這種操作、實踐中的形式感同時達到與宇宙自然節律及自我愉悅情感的相通同一。個體創造性的重要環節之一是「抽象的感性」，這種脫離了視聽感覺的感知來自於人類長期積澱形成的人性能力，某種程度上是一種先驗想像力。這種想像力會隨著物質材料及工具的進步和人類造型力量的發展而不斷發展。所以，教育活動的科學性與審美性是統一的，人類生活中的邏

---

[33] 同註32。

輯和數學本身就體現對精密之美的追求。

最後要指出的是，以美啓眞只是「啓」而已。形式感只是開拓領悟眞理的門戶，仍需演繹推理和歸納實驗的邏輯通道來最終找到眞理。美不必即是眞，眞不必即是美。以美啓眞的眞是非倫理認識上的眞，多是在科學技術意義上的認識之眞，最終仍要得到理性的表達。換言之，以美啓眞也仍然要西體中用，實用理性在科技和教育中的認識論方面的意義即在於此。

(四)以美儲善：審美倫理學與教育

「以美儲善」和中國傳統的以審美代宗教是相關的，審美代宗教即是以潛在的超道德的審美本體境界，儲備了能跨越生死、不計利害的道德實現的可能性，亦即是「以美儲善」。道德秩序不是宇宙秩序，理性不能統治一切，人的道德心理結構是一種情（慾）理結構，以不同的方式、比例、關係、韻律而關聯、滲透、交叉、重疊著[34]。所不同的是，西方哲學是以理入情，中國文化則是以情入理。總的來看，以美儲善的依據在於，美意味著無功利而愉快，無概念而普遍，一個人如果能愉快地、無功利地控制自己的行為，就能達到德性的最高境界。人的德性的形成都是由他律走向自律的過程，而自律的高境界是自由，即孔子講的「隨心所欲不逾矩」。

「以美儲善」是一種相對於審美認識論的審美倫理學。審美倫理學大概是說，規範倫理學並不是倫理學的全部，倫理學不僅僅是規範，而且更應以光輝的、美好的、值得嚮往的事物來引領人[35]。審美倫理學也可以狹義理解為審美中的倫理學，僅就藝術和日常審美中的倫理性問題作出探討，但這就成為一般的應用倫理學。歷史本體論的

---

[34] 李澤厚，實用理性與樂感文化[M]，北京：生活・讀書・新知三聯書店，2005：71，227。

[35] 趙汀陽，論可能生活[M]，北京：中國人民大學出版社，2007：附錄。

審美倫理學是講審美和道德理性形成的哲學倫理學，「以美儲善」是其核心觀點，指稱理性的凝聚不能僅僅靠強迫和灌輸，而且要靠主體的自覺自願，進而獲得道德理性的自由和道德上的審美愉悅。

以美儲善的審美倫理學調和道德絕對主義和道德相對主義。道德絕對主義認為有永恆的、普世的倫理存在，道德相對主義則持相反觀點。歷史本體論認為，人既被社會倫理文化結構所決定，又具有能動性。在漫長的歷史過程中，他律轉化為自律，個體將本是外在約束的群體規範移入內心，成為自身的自覺命令。由於歷史久遠，人們忘記了這種外在理性凝聚的道德起源，而以為道德具有純粹的自然性，是所謂的天理、律令、良知或本心。但人不是機器，也不能是道德機器，人也不能滅盡人慾而成為神，人是動物性、神性和社會性的統一，人性是綜合的。人性在道德方面的突出表現在於人有自由意志，自由意志有著超出自然和現實因果的主體選擇性特徵。所以，就道德教育來說，它要培養的是一種意志結構，對於這種意志心理結構的塑造，主要不在於培養遵從外在規範的倫理規範或行為模式，而主要在於培養自我意志去選擇的能力[36]。倫理規範儘管必要，卻並非真正意義的道德。當然，自我意志的選擇也不是空洞的、絕對自由的，而應寄寓現實社會人生與情感之中。

概言之，美學和當下歷史現實與社會結構中個體對於「度」的自由使用有關，也和人們以之為精神家園的情本體有關，它是開發自己的智慧、能力、認知的起點，也是寄託自己的情感、信仰、心緒的重點——人類以審美始，進行發明發現；以審美終，達到天地境界。

---

[36] 同註34。

第三節　教育的美學境遇

一、生活美學與教育

(一)什麼是生活美學

在分析美學占據世界美學主流長達半個世紀之後，在新舊世紀交替的時代，當代全球美學終於突破了僅聚焦於藝術的窠臼，開始轉向了對於自然與生活的關注，從而在當代藝術哲學之後，先後興起了環境美學與生活美學的新潮[37]。環境美學最初只是狹義的自然美學，後來才實現了向人類環境美學的重要轉變。生活美學最初來自對於藝術界的關注，並最終回歸到廣闊的生活世界來構建美學。由此，當代藝術、環境與生活的美學已經成爲了全球美學發展的新潮與主潮。

從教育哲學的視角來看，這些美學新潮流不僅僅是作爲美學理論作用於教育理論，它們所描述的美學現象，如泛審美化等，也直接作用於教育和教育思想，可以稱爲教育的美學境遇。藝術哲學在前文已經涉及，下文將先交代何爲生活美學，進而擇選日常生活審美化和審美人這兩個主題論述其與教育的關係。

生活美學與日常生活美學不同，它不是大眾文化的通俗美學，而是把日常生活美學作爲其有機構成部分的一種「美學新構」[38]。生活美學不是「日常生活中」的美學，而是「日常生活本身」的美學。在中國大陸，以車爾尼雪夫斯基「美是生活」思想爲起點的中國當代美學，經歷了從「實踐論美學」、「生存論美學」到「生活論美學」的轉向，它們分別代表了當代中國美學的「實踐主義」、「生存主義」與「生活主義」三種思潮。生活美學試圖超越傳統的對立與分化，以

---

37 劉悅笛，從當代藝術、環境美學到生活美學[J]，藝術百家，2010(5)：35-41。

38 王確，生活美學的多元對話——「新世紀生活美學轉向：東方與西方對話」國際研討會綜述[J]，哲學動態，2012(12)：105-107。

「生活」為本體重構美學[39]。生活美學也受到西方日常生活審美化理論、中國古典和近現代生活美學的直接影響。概言之，生活美學是中西方近十年來同時興起的美學新潮，它是「文化間性」浪潮和美學多元化的產物，在中國即是一種與國際潮流同步，回歸生活世界，從生活本體出發所構建出來具有「中國性」的「生活美學」的努力[40]。下文擇選生活美學中的日常生活審美化和審美人議題作具體介紹。

(二)日常生活審美化與教育

日常生活審美化是21世紀初文藝理論、文化批評領域的一個熱門名詞，既是理論話語，又是社會現象。對日常生活審美化的界定有兩種：一種是沃爾夫岡·韋爾施（Wolfgang Welsch, 1946- ）《重構美學》中的界定[41]，另一種是邁克·費瑟斯通（Mike Featherstone, 1946- ）《消費文化與後現代主義》的界定[42]。在韋爾施看來，日常生活審美化主要是指日常各種消費品的美學化，和大眾文化的經驗與娛樂、工業設計領域的進展以及經濟領域的美學策略有關。日常生活的審美化有表層和深層之分，產品內部形成的技術和藝術、功能和審美的統一屬於深層審美化的表現。表層的審美化則是對毫無內容的符號價值（軟體）的販賣，物品本身變得不重要（無人問津的物品也能夠銷售出去）[43]。費瑟斯通則在三個維度上理解日常生活審美化，即1920、30年代以來無處不在的藝術亞文化，將生活轉化為藝術品的

---

[39] 趙強，「新世紀生活美學轉向：東方與西方對話」國際研討會綜述[J]，美育學刊，2013(1)：115-120。

[40] 同上註。

[41] 沃爾夫岡，韋爾施重構美學[M]，陸揚、張岩冰譯，上海：上海譯文出版社，2006：4-6。

[42] 邁克·費瑟斯通，消費文化與後現代主義[M]，劉精明譯，南京：譯林出版社，2000：94-105。

[43] 趙光磊，視覺文化教育研究[D]，長春：東北師範大學，2009：11。

謀畫和充斥當代日常生活經緯的符號與影像之流[44]。

日常生活審美化帶來的第一個教育哲學反思是對消費社會的反思。「日常生活審美化」是一個外來詞，在中國可能出現一些曲解。首先，在西方，日常生活審美化是普遍現實，而在中國並不是。從消費社會的角度看日常生活審美化，它其實是後工業社會的現象：經濟發展的主要方式從擴大生產轉向了刺激消費，審美要素參與了價值構成並占據重要地位。在中國，這種後工業社會尚未來臨，即中國尚不是一個西方1960、70年代以來呈現出來的那種發達的消費社會。其次，對日常生活審美化，西方學者的態度多是批判的，在中國卻受到追捧。日常生活審美化是誰的日常生活審美化？日常生活審美化意味著什麼？日常生活審美化是否可以是少數人日常生活的審美化，借以和其他人相區分，維持一種社會階層的劃分？下層及底層社會是否可以實現日常生活的審美化？在消費社會的意義上，多數中國人的生活相距審美化是遙遠的，日常生活審美化既不現實，也不合理。所以，在一個以人的全面自由發展和建設資源節約型社會為教育發展目標的社會主義國家，對日常生活審美化應謹慎看待。

日常生活審美化帶來的第二個教育哲學反思是對藝術生活的反思[45]。日常生活審美化在這一意義上包括生活藝術化和藝術生活化兩個方面。首先是生活藝術化。日常生活審美化易於被中國人接受的主要原因是中國有生活藝術化、人生藝術化的傳統。中國文化傳統中，生活美學的鼻祖是老子。在老子看來，順乎自然或合乎道的生活是本

---

[44] 黃應全「日常生活審美化」與「末人」時代[DB/OL]，http://www.literature.org.cn/column.aspx?id = 13000000，2006-03-10。

[45] 生活和藝術的關係是美學史上的重要問題，車爾尼雪夫斯基、杜威、舒斯特曼等人都有相應的論述，這裡不再贅述。（車爾尼雪夫斯基，生活與美學[M]，周揚譯，北京：生活‧讀書‧新知三聯書店，2012；杜威，藝術即經驗[M]，高建平譯，北京：商務印書館，2005；理查德‧舒斯特曼，生活即審美：審美經驗和生活藝術[M]，彭鋒譯，北京：北京大學出版社，2007。）

真的生活。道家傳統影響了傳統中國文人的生活美學，從文人書齋延伸到戶外的詩歌雅集，透過具體的生活作爲，展現的是傳統中國的人文精神[46]。這種生活美學在20世紀上半葉的人文知識分子那裡得到繼承，王國維、蔡元培、豐子愷、朱光潛、宗白華等的人生藝術化思想是一種面貌，梁啓超、林語堂、張愛玲、周作人、梁實秋的生活細節、生活藝術是另一種面貌[47]。然而，在科舉制度取消、新式教育系統移入中國後，中國傳統文人生活美學遭遇現實的課題，失去了現實上的實踐基礎。而21世紀以來的日常生活審美化風潮中的生活藝術化，卻需要警惕落入現代商業的神話，抽空生活的意義而非賦予其意義，抬高日常生活審美化而傷害日常生活本身。相反的，在西方並非沒有生活藝術化的思想，典型的如尼采、齊克果和傅柯，也都是一種人文意義的，我們將在後文審美人中介紹。其次，和生活藝術化對應的是藝術生活化。一方面是前衛派衝破藝術邊界的努力，但這並非如一些理論家所言取得了好的效果，而是常常把傳統的藝術態度引進現實並加以泛濫複製，從而造成了日常生活中的審美疲勞、藝術疲勞[48]，另　方面是審美與藝術活動不再是少數菁英階層的專利，也不再侷限在音樂廳、美術館、博物館等傳統的審美活動場所，它藉助現代傳媒尤其是電視而普及化、「民主化」，走進了人們的日常生活空間。但是，藝術「推廣」或公共藝術呈現的過程中，又出現了對多元審美旨趣的相對剝奪和對審美意識型態性的規避等問題[49]。生活藝術化和藝術生活化，無論是思想觀念還是社會現象，都在直接影響著當

---

[46] 趙強，「新世紀生活美學轉向：東方與西方對話」國際研討會綜述[J]，美育學刊，2013(1)：115-120。

[47] 杜衛，中國現代人生藝術化思想研究[M]，上海：上海三聯書店，2007。

[48] 陸揚，何以批判日常生活[J]，學術月刊，2008(9)：107-113。

[49] 王確，生活美學的多元對話——「新世紀生活美學轉向：東方與西方對話」國際研討會綜述[J]，哲學動態，2012(12)：105-107。

今的兒童與教育，生活和藝術的關係應在一種具體的情境下得到很好的反思。如果教育的最終指向仍然應是新感性的建設和心理本體，尤其是情本體即意義世界的培育的話，人文教育尤其是美學教育和美育確實是任重而道遠。

日常生活審美化帶來的第三個教育哲學反思是對視覺文化時代的反思。視覺文化是指現代文化在現代傳播科技的作用下，「文化脫離了以語言爲中心的理性主義型態，日益轉向以形象，特別是以影像爲中心的感性主義型態。」「視覺文化，不但標誌著一種文化型態的轉變和形成，而且意味著人類思維範式的一種轉換。」[50]圖像和影像充斥於各個角落，中國身處視覺文化時代是毋庸置疑的，日常生活由此審美化了。但是這種日常生活審美化存在著很多問題：世界被複製了，我們看到的都是媒介眞實，眞實被無形之中「謀殺」了；電子文化取代了口傳文化和印刷文化，表徵的泛濫使生活被肢解、意義被稀釋了；商品景觀世界與自然景觀一樣引人入勝，滑動的能指支配著湧動的慾望；身體的每一部分肌膚都被開發用來販賣，在時尚帝國中，學校、家庭、社會，所有的規則結構與普世價值都能在一瞬間土崩瓦解。媒介研究對於教育科學和教育哲學的影響還微乎其微，但是媒介對青少年和教育的影響卻已「深入骨髓」。重視實用性的、技術性的媒介教育的同時，媒介批評的教育及媒介環境下的人文教育勢在必行。

(三)審美人與教育

1. 日常生活審美化與倫理學美學化

西方的日常生活審美化產生的是一種後現代的生活方式，支撐這種後現代生活方式和日常生活審美化的是一種美學化的倫理學。按照後現代主義的說法，主體已經被證明是無中心的、零散的、隨機的，不存在本眞的自我供人去發現和認同，那麼，道德反思和道德完善就

---

[50] 周憲，視覺文化與消費社會[J]，福建論壇，2001(2)：29-35。

變成了自我實現和自我擴展，倫理學不得不美學化。對此，韋爾施還只是提出所謂「倫理／美學」的主張，認爲美學必須包含生活中存在的審美成分而並不認爲美學可以代替倫理學傅柯、羅蒂等人則明確主張倫理學應該美學化，倫理學應該成爲趣味倫理學[51]。傅柯更是自己發展出了一套「生存美學」：涉及「知識考古學」、「權力和道德系譜學」、「眞理遊戲」、「生命政治」、「自身的技術」、「關於我們自身的歷史存在論」、「關懷自身」等術語，以及「語言遊戲的審美藝術」、「身體、性和愛情的美學」、「生活的技藝」、「老年生活和死亡的美學」等主題[52]。這就是費瑟斯通所言將生活轉化爲藝術作品的「謀畫」。這種謀畫置於消費社會之中，就誕生了一種作爲道德人反面的審美人。

2. 作爲道德人反面的審美人和現代、後現代的審美人形象

在社群主義者麥金太爾和後現代美學家韋爾施看來，當代審美人的形象是負面的。麥金太爾在《德性之後》（又譯《追尋美德》）中明確提出審美人，這種審美人具體描述如下[53]：首先，這種現代的審美人不相信任何價值準則，他們遵循審美原則而非道德原則去「欣賞」生活，對生活的評價準則是有趣與否，而非有無意義。其次，這種審美人對社會生活不參與、不合作、不建設、不批判，是消極的、冷漠的旁觀者，是一個社會的邊緣人。再次，審美人不能正視無論是人類還是個體的人的必然生存困境。即人是不完善的，具體歷史處境永遠充滿問題，他們沒有認識到有德性的生活對人健康地生活是一種保證。最後，審美人不是自由的主人，而是爲自由所累。規範倫理和美德倫理雙重失效的自由給他們帶來無序的生活狀態。自由的多重性

---

[51] 黃應全，「日常生活審美化」與「末人」時代[DB/OL]，http://www.literature. org.cn/column.aspx?id＝13000000，2006-03-10。

[52] 高宣揚，傅柯的生存美學[M]，北京：中國人民大學出版社，2005：目錄。

[53] 趙光磊，視覺文化教育研究[D]，長春：東北師範大學，2009：12。

使審美人喪失了確定性，他尋求快樂的自由，最終得到的卻是不安。韋爾施的美學人和麥金太爾的審美人是相近範疇，都體現出齊克果式風格。美學人十分敏感，喜好享樂，受過良好教育，尤其是有著細緻入微的鑑別力。「他拋棄了尋根問底的幻想，瀟瀟灑灑地站在一邊，享受著生活的一切機遇。」[54]這種淺表的自戀主義，使道德標準的選擇與生活實踐的態度具有相當的審美品質。加上社會的原子化和責任的落寞，總之，當代的審美人成為了道德人的反面。

後現代的審美人是從現代審美人而來，他們有著不同的形象。事實上，後現代性不過是現代性中啓蒙現代性對立面的審美現代性和早期浪漫主義的一種發展[55]。所不同的是，啓蒙現代性藝術家們透過為藝術而藝術逃離理性秩序，而後現代時期人們透過消解差異而逃離理性秩序，前者超越規範，後者顛覆規範。在超越和顛覆中，生成了不同的審美人形象。

回溯審美人的歷史，它首先是由席勒塑造出來的。席勒在《審美教育書簡》中設想了審美的人，成為審美的人是從感性的人到理性的人並克服理性和感性分裂的唯一途徑，人只有成為審美的人才真正完美。這種浪漫主義是作為高揚理性、科學旗幟的啓蒙現代性的對立面存在的，它反對理性的桎梏，意圖用審美人超越理性人。所以，在李澤厚的人的理想形象中滲透著席勒的影子，情本體將理性融於感性，和席勒用遊戲統一人格很相似。只是席勒的理想，在今天的社會條件下更是可觸及的。

席勒之後的現代主義以一種菁英的方式超離啓蒙現代性的規約，現代主義的審美人主要有強健詩人型、反諷哲人型和古希臘社

---

54 沃爾夫岡·韋爾施，重構美學[M]，陸揚、張岩冰譯，上海：上海譯文出版社，2006：10。

55 李澤厚，現代性與後現代性——與周憲、吳炫、爾健的筆談對話[M]／／李澤厚，走我自己的路：對談集，北京：中國盲文出版社，2002：412。

群型三種[56]。「強健詩人」（出自美國批評家哈羅德・布盧姆）努力創造獨一無二、不可重複的自我，「反諷哲人」力圖消解一切穩定自我，追求自我的「多樣性和新異性」（兩者都來自於浪漫主義和先鋒派的藝術觀念，較爲菁英化）[57]。古希臘社群型的審美人對嚴格規範自覺遵從，儘管具有苦行禁慾色彩，但也是一種生命藝術意識的構造，因而是一種人生的風格化形式。傅柯即喜歡將整個生活構成一個有機整體的古希臘形象，當然他也認同波德萊爾的「花花公子」形象，後者把他的全部存在，包括身體、行爲、感覺和激情，都轉變成藝術作品。

　　經尼采、齊克果等人轉向的後現代時期，藝術和生活新的組合爲人生藝術化和生活審美化提供了新的契機[58]。相對於前面所言的強健詩人、反諷哲人和古希臘社群型的審美人的菁英化和苦修，尼采詛咒的末人和鮑曼提出的流浪癖或觀光客是民主化或大衆化的[59]。尼采本人是生活審美化最大的推動者之一，但生活審美化最終促成的卻可能正好是尼采理想目標的反面。尼采的審美人是崇高的超人（即英雄），不僅是嚴肅價值的維護者，而且是嚴肅價值的創造者（設定者）。但民主化了的審美人卻是英雄的反面，是根本不關心什麼崇高偉大的事物，只沉湎於玩樂之中的人，即末人[60]。也許，尼采的目的

[56] 黃應全，「日常生活審美化」與「末人」時代[DB//OL]，http://www.literature. org.cn/column.aspx?id = 13000000，2006-03-10。

[57] 理查德・舒斯特曼，實用主義美學[M]，彭鋒譯，北京：商務印書館，2002： 314−332。

[58] 斯蒂芬・貝斯特、道格拉斯・科爾納，後現代轉向[M]，陳剛等譯，南京：南京大學出版社，2002：49，71。

[59] 黃應全，休閒時代不是末人時代[M]／／鄭也夫，社會學家茶座：第八輯，濟南：山東人民出版社，2004：18−23。

[60] 弗朗西斯・福山，歷史的終結及最後之人[M]，黃勝強、許銘原譯，北京：中國社會科學出版社，2003：339。

本來就是要阻止後現代式審美人的出現，因爲尼采的審美向來就是貴
族化的和反民主的（人人都是英雄和征服者）。而漫遊癖或觀光客的
形象較早在本雅明的著作中出現，一些在早期大城市遊蕩的人，他們
看到一件事物，又迅速被另一件事物所淹沒。像海德格爾所作的區別
那樣，他們只有好奇而沒有驚奇，只是冷漠地駐足觀望，不斷發現卻
沒有探索。[61]鮑曼的大眾化的審美人是最廣意義上的享樂主義者。遊
戲娛樂、玩賞體驗是他的基本追求。他是一個地道的「玩家」，一切
事物只以好不好玩爲標準來評判。不好玩的東西（包括人）被列入低
等，好玩的東西被列入高等。「遊玩者」最適合用來描述這種大眾化
的審美人。[62]

　　審美人思想對於教育的意義在於：應該關注審美和道德觀念的變
化問題，關注日常生活審美化的現象對道德教育的衝擊；在教育回歸
生活的風潮之下，審美教育如何回歸生活，怎樣回歸生活值得深思；
全球化帶來的西方後現代文化對人的影響成爲教育的新挑戰，教育尤
其是德育如何面對人的形象的審美取向問題值得注意。

二、環境美學與教育

(一)環境美學的發展與環境審美的主要模式

　　現代環境美學是從20世紀60年代開始的，是環境運動及其思考
的產物，環境美學的誕生也是對傳統美學即藝術哲學和忽視自然審美
的突破。[63]環境美學是對自然景觀和人造景觀進行審美觀照的美學，

---

[61] 湯瑪斯·古德爾、傑弗瑞·戈比，人類思想史中的休閒[M]，成素梅、馬惠娣、
季斌、馮世梅譯，昆明：雲南人民出版社，2000：237。

[62] 黃應全，「日常生活審美化」與「末人」時代[DB/OL]，http://www.literature.
org.cn/column.aspx? id = 13000000，2006-03-10。

[63] 約·瑟帕瑪，環境之美[M]，武小西、張宜譯，長沙：湖南科學技術出版社，
2006：221。

是將環境作爲非藝術品的事物來欣賞的美學，乃至有以欣賞自然事物的模式來欣賞藝術品的觀點的美學。環境美學區別於生態美學。1990年代生態美學產生於中國，和環境的包繞性不同，生態更是有機的，兩者產生在不同的生產力發展水平和環保現實的國家，但在生態原則和對傳統美學的突破上，兩者是同盟。從事環境美學研究的學者可以劃分爲從事環境規劃和景觀設計的專家，與從事哲學思考和批判的美學家兩大陣營。

　　環境美學中具有哲學味道的是它對自然美難題的處理。環境美學認爲，自然事物和環境跟我們是「連結」的，也是變動不居的，缺少審視藝術品時那種孤立性和穩定性；自然事物全面作用於人的各種感官，使我們無法逃離而更加接近現實世界；自然美沒有起源，無從評價（自然美無從評價產生了英美的肯定美學，認爲自然中的所有事物都具有全面的、肯定的、不可分級與比較的美學價值）[64]。在對環境美的審美的當代研究中，有三種典型的環境審美模式說，分別是介入模式、自然的環境模式和描述—闡釋—評價模式。

　　介入模式認爲，環境審美並非採取有距離的靜觀模式，而是全身心地介入到環境之中。該模式的代表人物是環境美學家伯林特（Arnold Berleant, 1932- ）。他爲了應付環境向美學的挑戰而提出了一種新的審美模式，即介入模式，以區別現代美學所宣導的分離模式[65]。所謂分離模式，是18世紀現代美學確立以來所宣導的審美模式，典型特徵是無利害關係的靜觀，不涉及對象的任何功利、概念、目的，只涉及對象的純粹形式；更具體地說，就是對象的純粹形式所引起的想像力和知解力之間的和諧合作。介入模式則認爲，要充分領會環境的美，尤其是人爲環境的美，就不能和環境保持距離，而應該

---

[64] 彭鋒，環境美學的興起與自然美的難題[J]，哲學動態，2005(6)：26-30。
[65] 阿諾德·伯林特，環境美學[M]，張敏、周雨譯，長沙：湖南科學技術出版社，2006：132。

將身體「結合」進各種場所，充分調動視覺、聽覺、觸覺、嗅覺等各種感官的作用。伯林特主要關注的是對建築、城市等人造環境的審美，但他進一步甚至要使審美參與成爲一般藝術審美的審美模式。

自然的環境模式認爲，應該依據自然科學的知識「如其所是」地欣賞環境。這種審美模式的代表人物是環境美學家卡爾松（Allen Carlson, 1949-）。卡爾松主要是針對自然環境的審美，他先是考察了其他的多種審美模式，認爲對象模式和風景模式是借用藝術欣賞模式形成的環境審美模式，將環境對象化並想像成無利害的二維平面，忽視了環境的豐富性；介入模式無法保證審美的距離感，容易沉迷於對象，無法進入對環境的深層次審美；神祕模式提供的是宗教方法而非審美方法，會導致環境審美活動的非審美化；後現代模式將環境視爲文本進行多元解讀，民間故事、文學、宗教、神話等積澱文化都可以使用，但容易使欣賞變爲主觀幻想而失去純粹性；對後現代模式進行修正的多元論者模式儘管限制文化在自然欣賞中的泛濫，但它只關注與自然相連的「基層文化」，與之相對的是形而上的想像模式，在自然欣賞中關注生命意義、人類狀況[66]。相對於非認知模式，卡爾松認同認知模式，但在認知的基礎上，他最終選擇了可靠的自然科學知識。他認爲，對自然的審美欣賞主要是欣賞自然物的表現形式而非形狀和顏色等外在形式。如自然史和自然科學，尤其是生物學和生態學的知識，界定了我們的感知範疇，我們將鯨魚作爲哺乳動物來感知其宏偉，而非像其他一般自然物一樣僅僅欣賞其優美的線條，這就是自然審美的認知觀點。

描述—闡釋—評價模式主張以環境批評的方式對環境進行審美。其代表人物是約·瑟帕瑪（Yrjö Sepänmaa, 1945-）。瑟帕瑪沿著藝術哲學、審美哲學和批評哲學三大哲學美學傳統，從分析哲學的

---

[66] 艾倫·卡爾松，環境美學[M] / / 陳望衡，環境美學前沿：第一輯，武漢：武漢大學出版社，2009：3。

角度，對環境、環境美、環境哲學和環境美學作了剖析。他將環境美學的基礎研究稱爲消極研究，而將其應用研究稱爲積極研究。環境不是與人無關或者若即若離，環境就是人的環境。人面對環境是通感的，藝術品和虛擬世界也都是環境，尤其是在邊界模糊的今天。審美和非審美對立，而並不和審醜對立，但審美當然不能泛化而應有其標尺。藝術作爲典型的審美型態，其審美應對環境審美有所啓示。在藝術哲學、審美哲學的基礎上，瑟帕瑪力拓環境美學的批評哲學的傳統。

(二)審美環境教育的設想

瑟帕瑪從哲學美學路向提出了審美環境教育的設想。他對環境美學的應用，一方面是環境立法，另一方面就是環境教育。在環境教育方面，作爲一個學科的環境美學必須與其他學科如教育學、社會學、心理學、藝術學進行合作[67]。環境教育可以分爲一般的環境教育和專門的審美環境教育。前者透過提供自然運行機制和自然史知識以及人化了的自然特性，爲人們熟悉環境規律、協調各種環境關係奠定基礎。審美環境教育尚未專門化，可以借鑑藝術教育和環境批評獲得相應的模型，目的除了培養受教育者的敏感力和審美趣味外，更重要的在於教授描述、闡釋和評價的方法。漫長的藝術發展史的一系列藝術慣例都可以爲環境美學模型提供根據，如再現性藝術品的形式法則就可以類比到環境審美教育；在語言層面，藝術和環境批評的很多術語可以互換，這就更直接地爲形成環境審美教育機制提供了方便[68]。國外的環境教育興起於1970年代初，提出人人都有環境教育權，也就

---

[67] 張文濤，作爲環境批評的哲學——約·瑟帕瑪環境美學思想簡評[J]，鄭州大學學報：哲學社會科學版，2006，39(4)：117-120。

[68] 約·瑟帕瑪，環境之美[M]，武小西、張宜譯，長沙：湖南科學技術出版社，2006：192-203。

是人人都有審美地生存、詩意地棲居和有尊嚴地生活的權利。

從教育現實角度看，中國的生態美學學者大力提倡生態審美教育，但是在實踐上，環境審美教育的責任多數時候仍屬於專業設計師。現實中的環境教育多是一般的環境教育。但隨著生態美學的發展，對自然美理解的哲學基礎已經發生變化。過去美學科學的哲學基本問題是認識論問題，美是「人的本質力量的對象化」的觀點已不被接受。美學界開始關注馬克思力主從人的感性的實踐角度去理解事物，並從內在尺度與種的尺度統一的角度來闡釋美的規律觀點，包括馬克思在《關於費爾巴哈的提綱》提出的，對「對象、現實、感性」應該從「感性的人的活動」角度加以理解，在《德意志意識型態》中提出的把歷史唯物主義的邏輯建構奠定在「現實的個人」基礎之上等觀點[69]。將實踐活動確立為哲學的立足點，改變了人與自然關係的基本格局。人與自然是人類活動基礎上的統一，這突破了傳統的認識論與人類中心主義的哲學觀。

從教育哲學角度來看，人的自然化和自然人化思想對自然美教育和審美環境教育或許是一種選擇。歷史本體論的美學將人使用工具與自然互動的實踐活動的歷史作為最後的根本，在這個過程中實現了內在自然的人化。就人的自然化而言，歷史本體論美學更承繼了中國美學中天人合一的思想。自然美有社會歷史尺度，這就意味鑑賞、理解自然美以及環境美是需要教育的。生產力的發展使自然美的審美有了不間斷的超越，對自然的審美和科技的發展進步是聯繫著的，也就意味著改造環境的科學教育和保護環境的審美教育在某種意義上並不衝突。最後，環境美也有生活美或社會美的部分，在審美教育中，歷史本體論美學的積澱理論、新感性和心理本體理論都多有啓益。

---

[69] 曾繁仁，生態美學究竟有哪些新突破？[N]，中國社會科學報，2009-09-01(5)。

三、文化政治美學與教育

(一)文化政治美學與文化研究

這裡所說的文化研究是有其特定領域和歷史的文化研究。文化研究早期受到法蘭克福學派（注重結構）和伯明罕文化研究中心（注重能動）的滋養，是今天西方最富有活力的一個學術領域和對話平臺。文化研究被稱為豐裕哲學，包容哲學的創新哲學，將整個生活納入自己的研究範圍。與人類學一樣，它研究的東西似乎都是不合法權的東西，不同的是人類學研究叢林誌，文化研究的是廣告詩（當代的、大眾文化的）。和社會學偏重實證不同，文化研究經常使用質性資料，總是以一種文學批評性的心態區別於一般化、分類化、規範化的社會學。文化研究反對一個學科對一個問題的單獨占有，它以跨學科的方式思考問題，文學、文化學、地理學、翻譯理論、心理學、美學、教育學、符號學、政治經濟學、傳播學，包括媒介研究和電影研究，都成為文化研究的理論資源。在某種程度上，文化研究成了一種知識策略，透過學術民主化解決複雜的現實問題。

> 專欄10-3
> 文化研究是動態的跨學科領域
>
> 　　我們建議把文化研究看作一個活動領域，它由相互作用和合作進展到生產新的和富有挑戰性的觀點和主題。文化研究並不是學科海域中的一個小島，它是一股水流，沖刷著其他學科的海岸，以產生新的變化著的形構。
>
> 資料來源：阿雷恩‧鮑爾德溫等，文化研究導論[M]，陶東風等譯，北京：高等教育出版社，2004：43。

　　文化研究有其「政治的」意圖，它是文化政治美學的基礎，甚至是其本身。首先，文化研究是「政治的」。文化研究的核心範疇可以概括爲「表徵」、「差異」和「權力」，而又以權力爲核心。這些差異表現在性別、階層、種族、地域、年齡等方面。作爲個體哲學，它是個體獲得解放的方式。但它只是觀念內的變革。所以，可能當今文化研究爲人詬病的一點即是由於其多學科性和專業的學術性，常常由於過於花俏和令人費解，而不能爲有待解放的被壓迫者所接受。但很多能夠使用受眾語言的文化研究，確實引發了解放行動。比如批判教育學即是文化研究和教育學的聯姻而生成的。批判教育學相對於教育中的文化研究更具行動者色彩，後者的邏輯多是觀念─接受─解放，前者往往是研究者直接參與行動。其次，文化研究作爲一種綜合性的學科力量，是當代美學發展的重要影響勢力。文化研究與美學的聯繫之一是，做美學研究和做文化研究的差不多是同一個群體；聯繫之二是，1990年代的中國大陸，文化研究取代了在1980年代具有啓蒙作用的美學，承擔起「公共論壇」的使命。美學熱的消退是由於它在啓蒙上的菁英主義色彩，文化研究則關注弱勢群體，致力於社會公平與正義，宣導打通日常生活與藝術之間的壁壘。文化研究使美學走出了「審美無功利」的狹隘圈子，而美學需要回應文化研究在理論與現實方面所提出的問題，從而實現自我的復興。政治美學不是文化政治美學，但是由於文化研究的「表徵」常常是美學的（表現爲符號性、感性），所以，文化研究就成爲文化政治美學的重要基礎，甚至可以說，文化研究在一定意義上就是文化政治美學，文化研究由於其綜合性而具有多種界定的可能。

　　如果給文化政治美學一個界定的話，那就是：文化政治美學是基於文化研究及其方法，對廣義政治[70]中的美學現象和美學應用的機制

---

[70] 政治分爲狹義政治和廣義政治。狹義政治和政府及公共領域相關，廣義政治和妥協、共識及權力相關（這裡的權力也是廣義的，指一種決策、阻止決策和控制思想的能力）。本書所言教育中的政治問題多是廣義的政治問題。

進行研究，揭示其中的道義問題、價值問題的一種學問。美學應用指的是政治關係中美學手段的使用，在美學應用中呈現的是雙方的政治智慧。上述界定是學術意義上的文化政治美學，文化政治美學也可以描述爲美學應用的技術和藝術本身，即學術意義上的文化政治美學的研究對象，亦即將文化政治美學日常化、個體化，作爲一種實踐的精神力量，例如，「這個校長深諳一種文化政治美學，老師們被他折騰得團團轉。」揭示道義和價值問題是文化政治美學的一個目的，因而文化政治美學是現世的、實踐指向的，面向眞實的複雜問題。

最後，對於教育，文化研究或文化政治美學一方面作爲其思潮或內容，另一方面更作爲方法和態度而對教育和教育研究有所作用。可能對於中國人來說，更願意接受非面對面的抵抗，更容易在溝通和互相妥協中維護自我利益共生共存。所以，對我們更有借鑑意義的是文化研究的方法及態度：文化研究的方法，由於其跨界性、開放性、多元性、模糊性、建構性而合乎實用理性的邏輯思維，更以其文學批評的態度而迎合樂感文化的情感本體。

(二)文化政治美學、美育與教育變革

美育與教育變革表現爲兩個方面：一是文化研究／文化政治美學作爲美育的工具方面，二是美育作爲文化研究的工具方面。文化研究／文化政治美學和美育都有著自己的目的，這種目的的協調一致就達成了文化研究／文化政治美學和美育的融合。需要重申的是，這裡的文化研究／文化政治美學更多的是就方法態度而言的文化研究，是和美學相聯繫的文化研究／文化政治美學，不是西方那個原原本本或整體的文化研究／文化政治美學，或是中國的實用理性、情本體可接洽的文化研究／文化政治美學。

文化研究／文化政治美學作爲美育的工具，是說可以打通各個人文社會學科來實施美育。文化的表徵載體都可以稱爲文本。文本的

鑑賞可以分爲內容的、形式的、歷史的、社會的、符號的、主體的和接受的研究，這些研究又可以不同維度相互交叉。對文本的分析有內部分析和外部分析，文化研究／文化政治美學進行的更是一種外部分析，比如文本的傳播及其中的爭奪和鬥爭（政治和倫理），文本反映的社會歷史觀念包括無意識觀念以及不同解釋背後的哲學觀。這樣美育就不僅僅是美育，而是走向德育和智育，背後的學科知識也從美學走向歷史學、社會學、人類學乃至心理學、教育學等。文化研究／文化政治美學就成爲心理本體與內在自然的人化實現和以美啓眞、以美儲善落實的工具，美育也走向通識教育乃至教育本身，也就達成了美育和文化研究在目的上的統一。

美育作爲文化研究／文化政治美學的工具，文化研究針對的是一種追求解放的實現公平正義的實踐活動，也是某種意義上的自由，或對相關普世價值的某種追求。文化研究／文化政治美學透過美育揭示這種不公平，並賦予被壓迫者以解放自我的文化或觀念的武器。透過文化的調和可以同時改造對立的雙方。文化研究鼓勵教師成爲轉化性知識分子，不僅是知識人，而且是政治人。美育本身的功能不僅僅是掌握表現性的技能技巧，還是自我解放的工具。這種自我解放首先要識別出自己的尷尬境遇，透過不同的審美表徵的裂縫，現實地抵抗與爭取權益，實現完整的自我認同和個體自由。這一過程當然是曲折的，因爲個體首先應意識到自己所處的歷史階段，在大的歷史背景下理解人和人道，然後才能改進自己的情理結構，調整自我工具本體和心理本體的關係與比例，獲得相對的自由與解放。文化研究／文化政治美學在中國透過和美育的結合統一，能夠在多大程度上促進教育變革，仍需審愼反思和逐步摸索。

主要結論與啓示

1. 美學的邊界是不易界定的，寬泛意義上的美學即關於感性發展、情

感建設和生命完善的學問。美學的現狀是多樣性共存的,教育哲學以哲學美學的視角審視教育。

2. 歷史本體論的美學的核心主張是馬克思的「自然的人化」理論。美的本質即為「內在自然的人化」。美感的深層來源是人類歷史審美經驗「積澱」而成的心智結構。從藝術社會學來看,藝術有三個層次,分別來自不同的歷史積澱階段,即形式層的原始積澱、形象層的藝術積澱和意味層的生活積澱。

3. 美學—教育學討論人類及其個體的新感性、心理本體和情本體的塑造與形成問題。新感性有悅耳悅目、悅心悅意、悅志悅神三個層次。心理本體或者人性結構,由認知、倫理和審美三方面構成,人類最終將依賴歷史積澱和教育啟蒙走向心理本體尤其是情本體或美學境界。

4. 日常生活審美化和審美人是西方後現代、消費時代的社會現象與理論創造,並不適用於中國的經濟社會結構。但日常生活審美化和審美人形象還是在某些側面和一定程度上有所顯現,這帶給教育很多思考。

5. 環境美學和文化政治美學可以看作全球範圍內新社會運動的產物,它們拓寬了美學的職能和研究方式。

學習評價

1. 歷史本體論美學的主要觀點有哪些?
2. 日常生活審美化對學校教育有哪些影響?
3. 環境美學是如何看待自然美的?
4. 嘗試從文化研究的視角出發,討論美學和教育問題。
5. 結合美學與教育等章節的相關知識,對這些現象作出評價,談一談當代學校中的形式運動、媒介宣傳與學校改進、學生發展之間的相互關係。

網路上有很多的「高考誓師大會」、「跑操」、「送考」的影片，部分高中以多種師生共同參與的大型集體活動作為鼓舞士氣、提高高考成績的方式，這些影片也掛在學校網站上供師生以及家長、社會人士反覆觀看。

6. 請結合以下內容，分析美學、哲學等人文知識的地位和作用。

專業和職業是什麼關係？可以這樣說，專業對應於學問領域，大學裡的專業，其功能之一是文化傳承；職業則意味著「應用」，職業可能需要或對應於若干不同的專業。當今大學教育面臨著職業導向，因職業而非學問而設立的專業愈來愈多，如小學教育專業、學前教育專業，乃至將來或許有輔導員專業，都是因職業而設立的專業。相對的，今天應用性較差的學問或專業在職場上受到了排擠，在大學教育中也變成了低等的專業（比如人文科學中的文史哲專業）。哲學和美學這樣的專業能與什麼樣的職業「對口」呢？哲學和美學專業的學生怎麼才能在教育市場上增加所學知識的「交換」能力，將自己「販賣」出去呢？是不是沒有實用性的知識，就沒有什麼價值呢？

學術動態

近來的一些美學研究，對美的無功利說等一些美學「教條」構成了挑戰。2004年杜衛出版了《審美功利主義》，認定中國古代的人生藝術化思想是以審美為塑造人生之手段，所以是功利主義的。

西方的生活美學研究也質疑審美無功利論的教條。2005年劉悅笛出版文集《生活的美學》和安德魯・萊特、喬納森・史密斯主編《日常生活的美學》之後，齋藤百合子2007年的《日常美學》、凱蒂亞・曼多奇2007年的《日常美學》、查克瑞・辛普森2012年的《人生作為藝術：美學與自我創造》和托馬斯・萊迪2012年的《日常中的超日常：生活的美學》陸續出版。這些日常美學基於胡塞爾、

海德格爾以及中國的老莊等不同資源，作為一種思潮對審美無利害說作出了矯正。日常審美中，審美經常是有利害的，審美常常基於對審美對象的占有，審美之物也是慾望之物。

事實上，較早的實用主義美學家如杜威就從經驗論出發批判過審美無利害論，從實證和主觀心理的角度來看審美確實有利害。中國人民大學出版社2008年出版的《西方人文社科前沿述評·哲學》美學部分集中呈現了近年來的爭論（例如，為了考試寫音樂分析而聽歌曲，那麼，這種藝術欣賞的非功利性和應對考試的功利性是混同不可分的）。

其他一些觀點也可以幫助我們。從人的感知來說，人的感知器官是物質的。比如審美中的筋肉感（內模仿），朱光潛即認為筋肉感是審美的重要方式。然後是傅柯等人對視覺中心主義的顛覆，視覺成為審美的主要器官而變得神聖，視覺和概念相關是純粹的，其他的感官則由於發揮作用時和物質性對象的交接而被視為是不純潔的。但事實上，視覺也時常輔助於非藝術的慾望實現，而非視覺的感覺如觸覺也在雕塑等審美過程中發揮作用。感官的愉悅和心理的、精神的愉悅可以截然劃分嗎？這確實是個問題。總之，「審美無功利」也是一種知識創造與理解工具，以現實的眼光審視，或許並不合乎實情。

參考文獻

王確，生活美學的多元對話──「新世紀生活美學轉向：東方與西方對話」國際研討會綜述[J]，哲學動態，2012(12)。

朱光潛，西方美學史[M]，北京：人民文學出版社，2002。

余紀元、張志偉，西方人文社科前沿述評，哲學[M]，北京：中國人民大學出版社，2008。

李澤厚，批判哲學的批判（修訂版）[M]，北京：人民出版社，1984。

李澤厚，美學四講[M]，北京：生活・讀書・新知三聯書店，1999。

李澤厚，現代性與後現代性——與周憲、吳炫、爾健的筆談對話[M]
　　／／李澤厚，走我自己的路：對談集，北京：中國盲文出版社，
　　2002。

李澤厚，實用理性與樂感文化[M]，北京：生活・讀書・新知三聯書
　　店，2005。

沃爾夫岡・韋爾施，重構美學[M]，陸揚、張岩冰譯，上海：上海譯
　　文出版社，2002。

阿雷恩・鮑爾德溫等，文化研究導論[M]，陶東風等譯，北京：高等
　　教育出版社，2004。

阿諾德・伯林特，環境美學[M]，張敏、周雨譯，長沙：湖南科學技
　　術出版社，2006。

約・瑟帕瑪，環境之美[M]，武小西、張宜譯，長沙：湖南科學技術
　　出版社，2006。

張文濤，作為環境批評的哲學——約・瑟帕瑪環境美學思想簡評
　　[J]，鄭州大學學報：哲學社會科學版，2006(4)。

彭鋒，環境美學的興起與自然美的難題[J]，哲學動態，2005(6)。

曾繁仁，生態美學究竟有哪些新突破？[N]，中國社會科學報，2009-
　　09-01。

愛因斯坦，愛因斯坦文集：第一卷[M]，許良英等編譯，北京：商務
　　印書館，2010。

雷蒙・威廉斯，關鍵字：文化與社會的詞彙[M]，劉建基譯，北京：
　　生活・讀書・新知三聯書店，2005。

滕守堯，藝術社會學描述——走向過程的藝術與美學[M]，上海：上
　　海人民出版社，1987。

邁克・費瑟斯通，消費文化與後現代主義[M]，劉精明譯，南京：譯
　　林出版社，2000。

您，  了没？

趕緊加入我們的粉絲專頁喲！

教育人文 & 影視新聞傳播～五南書香

等你來挖寶

【五南圖書 教育／傳播網】
s://www.facebook.com/wunan.t8

絲專頁提供──

書籍出版資訊（包括五南教科書、
知識用書，書泉生活用書等）

不定時小驚喜(如贈書活動或書籍折
扣等)

粉絲可詢問書籍事項（訂購書籍或
出版寫作均可）、留言分享心情或
資訊交流

封面圖
不定期
會更換

請此處加入
按讚

國家圖書館出版品預行編目資料

教育哲學／于偉著. -- 初版. -- 臺北市：
五南，2016.10
　　　面；　　公分
ISBN 978-957-11-8846-1（平裝）
1.教育哲學
520.11　　　　　　　　　105017460

1IJK

教育哲學

作　　　者 ─ 于　偉(479)

發 行 人 ─ 楊榮川

總 編 輯 ─ 王翠華

主　　　編 ─ 陳念祖

責任編輯 ─ 劉芸蓁　李敏華

封面設計 ─ 陳翰陞

出 版 者 ─ 五南圖書出版股份有限公司

地　　　址：106台北市大安區和平東路二段339號4樓

電　　　話：(02)2705-5066　　傳　　　真：(02)2706-6100

網　　　址：http://www.wunan.com.tw

電子郵件：wunan@wunan.com.tw

劃撥帳號：01068953

戶　　　名：五南圖書出版股份有限公司

法律顧問　林勝安律師事務所　林勝安律師

出版日期　2016年10月初版一刷

定　　　價　新臺幣700元